璧山年鉴

BISHAN NIANJIAN

（2019）

《璧山年鉴》编辑委员会 编

西南师范大学出版社
国家一级出版社 全国百佳图书出版单位

图书在版编目(CIP)数据

璧山年鉴. 2019 /《璧山年鉴》编辑委员会编. --
重庆：西南师范大学出版社, 2019.12
ISBN 978-7-5697-0175-3

Ⅰ. ①璧… Ⅱ. ①璧… Ⅲ. ①璧山区－2019－年鉴
Ⅳ. ①Z527.193

中国版本图书馆CIP数据核字(2019)第292735号

璧山年鉴(2019)
BISHAN NIANJIAN(2019)
《璧山年鉴》编辑委员会 编

责任编辑：段小佳
责任校对：黄 璜
装帧设计：张 艳
照 排：重庆大雅数码印刷有限公司·张艳
出版发行：西南师范大学出版社
网 址：http://www.xscbs.com
地 址：重庆市北碚区天生路1号
邮 编：400715
电 话：023-68868624
经 销：新华书店
印 刷：重庆友源印务有限公司
幅面尺寸：210mm × 285mm
印 张：28.25
插 页：11
字 数：779千字
版 次：2019年12月 第1版
印 次：2019年12月 第1次印刷
书 号：ISBN 978-7-5697-0175-3
审 图 号：渝S(2019)079号

定 价：368.00元

编辑说明

一、《璧山年鉴(2019)》坚持以马克思列宁主义、毛泽东思想、邓小平理论、"三个代表"重要思想、科学发展观、习近平新时代中国特色社会主义思想为指导，坚持辩证唯物主义和历史唯物主义的立场、观点和方法，旨在为社会各界人士了解和研究璧山提供基本信息资料。

二、《璧山年鉴》创刊于1998年，逐年编纂。本卷为第22卷，全面记录璧山区2018年政治、经济、文化、社会和生态文明建设的发展变化。本卷年鉴共有15个部分，分别是特辑、大事记、区情概述、"三大攻坚战"、政治建设、经济建设、文化建设、社会建设、生态文明建设、街道 镇、人物、光荣榜、文献、统计资料、附录、索引。

三、本年鉴框架采取类目、分目、条目的编辑体例，以字体、字号等版式设计区别不同层次。条目标题用黑体字加【 】表示。

四、本年鉴所载稿件内容和数据由区内各部门(单位)、党派、团体、街道 镇提供，并经各单位领导审核，其中统计资料主要由区统计局提供。文中数据如有不一致，则以统计部门数据为准。

五、本年鉴光荣榜收录排序为国家部委以上、市委、市政府、市级部门(主管部门和行业表彰除外)、区委、区政府表彰的先进集体和个人。

六、本年鉴为免累赘，凡直书月、日而未写明年份的，即为2018年，数据增加和减少未说明与某一年份比较的，即为本年鉴记载当年(2018年)与上年(2017年)比较。

七、本年鉴具备双重检索系统，即书前目录和书后索引，索引采用主题分析法，按主题词首字汉语拼音字母顺序排列。

璧山速览

（2018年度）

辖区面积	914.56平方千米
年末户籍人口	64.77万人
年末常住人口	74.80万人
地区生产总值	527.3亿元
一般公共预算收入	52.9亿元
固定资产投资	475.0亿元
社会消费品零售总额	156.1亿元
年末金融机构本外币存款余额	542.3亿元
年末金融机构本外币贷款余额	362.0亿元
外贸进出口总额	23.5亿元
城镇常住居民人均可支配收入	38590元
农村常住居民人均可支配收入	18698元

壁山城区全景(2019年,曾世雷摄)

璧山城区生态一景(2018年,陈亮摄)

2018年开业的璧山俊豪中央大街鸟瞰(2018年6月,陈亮摄)

秀湖汽车露营公园(2018年6月9日,陈亮摄)

枫香湖儿童公园(2018年10月5日,曾世雷摄)

壁北田园风光(2019年,曾世雷摄)

目　录

CONTENTS

政治建设

经济建设

文化建设

社会建设

生态文明建设

街道　镇

人物 光荣榜

文 献

统计资料

附 录

索 引

特 辑

重庆市璧山区创建全国水生态文明城市

山川秀美，关键在水。长期以来，我国经济社会发展付出的水资源、水环境代价过大，导致一些地方出现水资源短缺、水污染严重、水生态退化等问题。水生态文明是生态文明的核心组成和基础保障，是美丽中国建设的重要内容。为不断完善水生态文明建设制度政策体系，因地制宜探索水生态文明建设途径，2013年，水利部先后印发《水利部关于加快推进水生态文明建设工作的意见》《水利部关于加快开展水生态文明城市建设试点工作的通知》，成立以水利部部长陈雷任组长的水利部水生态文明建设领导小组，组织、协调和推动全国水生态文明城市建设试点工

璧山秀湖水生态一景（2018年6月，曾世雷摄）

作有序展开，并于2013年、2014年分两批确定了105个基础条件较好、代表性和典型性较强的市、县（区），开展试点建设，探索符合我国国情的不同经济发展水平、不同水资源禀赋条件和水生态系统特点下的水生态文明建设模式和经验。璧山区于2014年5月被水利部列为第二批全国水生态文明城市建设试点。

紧邻重庆主城西郊的璧山区，境内没有大江大河过境，也没有大的湖泊水库，资源性缺水与工程性缺水并存，属于典型的低山丘陵缺水地区。璧山多年平均地表水资源量为4.18亿立方米，占重庆市地表水资源的2.0%。人均水资源量559立方米，为重庆的1/3，全国的1/4。每年高温伏旱时节，璧山会因工程性缺水而爆发旱情。但又因地势低洼，璧山"十年九淹"，2007年更是遭遇了"7·17"洪灾，全城几乎成为孤岛。通过水生态文明建设，璧山坚持"与水共生、依水发展"理念，着力建设"活力水城"，对水安全、水节约、水环境、水监管等诸多问题进行一一破解。

一、解决水安全问题

实施一系列外域调水，新（改）建水库、湿地，整治河流等工程，有效改变资源性缺水和工程性缺水困境。全区新建成三江中型水库1座，扩建盐井河小型水库为中型水库1座，扩建柯家桥、莲花等小型水库2座，新建东岳、大岚、三角滩等小型水库10座，整治扩容山坪塘2800口，新增蓄水能力近5000万立方米。2017年，启动长江提水璧山供区工程，新建DN1200mm原水管道至璧山城市新区水厂，管线长度11.5千米，每天可向璧山调引长江水5万立方米。实施大学城—璧山调水工程，每日调自来水能力能达3万立方米。全面开展15个城镇水厂的优化升级改造和农村集中式饮水工程建设，让所有城乡居民都用上自来水。

遇沟不填、遇水架桥、水系保护优先，缺水的璧山在加强骨干水源建设、启动提水工程补给城市水源的同时，实施千秋堰水库—盐井河水库—同心水库连通工程、璧北河—璧南河水系连通工程，确保城区水源可调可控。通过连通工程加强

观音塘湿地公园（2018年6月14日摄，璧山报社供图）

对水的调控，将“一河六湖十八湿地”连通，在丰水期对富余水进行有效拦蓄，使璧山工程性缺水的状况得到改变。

二、解决水节约问题

璧山区从2010年开始启动中水回用工程的建设、使用和推广。坚持中水管网建设与城市建设同步、中水管网建设和污水处理厂站建设配套的原则，城市和集镇发展到哪里，中水工程就建设到哪里，中水管网也同步跟进建设到哪里，确保中水最大程度地得以有效利用。截至2018年，全区建成全市最大规模的中水回用工程，建成中水处理设施13处，每天可提供中水4.5万吨，铺设中水管网70余千米，中水回用率达到35.77%，有效节约水资源。1吨中水实际投入不到1元钱，可代替自来水用于市政、消防、工业，相比工业用水价格与污水处理费用，每吨可节约3.72元，仅此一项，一年可为区财政节约水费1000余万元。

为进一步节约水资源，全区实施居民供水“一户一表”改造42万户，在机关、企事业单位和城市居民家庭推广感应节水龙头等器具，倡导全民节水。加强供水管网升级改造，实行农业水价综合改革试点，逐步建立节水优先的水资源利用体系，使璧山用水总量得到有效控制。同时，大力推进农业产业基地高效节水灌溉工程，完成璧南河大灌区、大沟中型灌区续建配套与节水改造，农田灌溉水系数提升至0.4928。

三、解决水环境问题

全区从水环境整治入手，采取镇街和部门联动方式强力整治、关闭污染源，先后整治河流周边污染源426处，并在全区建成45座污水处理厂站，对城区和镇街污水实行全面处理，城市污水处理率达到93%以上，其余镇街达85%以上。大力开展山坪塘、水库整治，关停精养鱼池等工作，通过采取换水、清淤、消毒、晾晒、栽植水生植物、投放水生动物等方式净化水质。鼓励

东岳体育公园（2018年7月，陈亮摄）

漫水湾公园湿地景观(2018年5月,曾世雷摄)

养鱼业主进行转产,种植莲藕、水稻等加强水生态修复。截至2018年,关停或整治水库72座、山坪塘3189口、养鱼池699个。使全区饮用水源80%以上达Ⅱ类以上标准,城区公共水体水质、中小河流水质达到Ⅲ类水质标准,实现"水清、水畅、岸绿、景美"的城市水生态景观目标。

坚持库塘、河岸建设到哪里,水域绿化就配套到哪里。出台规定,在璧南河观音塘下游河道两岸30米内一律不得作为开发用地,一律实行绿化美化,通过有效控制开发来保护水生态。在各大公园构建环水步道,让百姓能近水亲水,在河道以及湖库中大力发展水生植物,实施水生态涵养工程,净化水质。截至2018年,城区水面积占比达10.8%,人均水域面积达到10.5平方米,溪道密度为每平方千米3.8千米。建设各类水体景观工程130余处,并通过生态修复打造成湿地公园或景观公园,不但使人均公园绿地面积达29平方米,也在近5年的10多次大暴雨中安然度汛,使"十年九淹"的场景成为历史。

四、解决水监管问题

重点抓好全面推行河长制工作,落实最严格的水资源管理制度,制定最严格的考核办法,启动大规模专项整治,通过精准施策,确保区域内河流清水长流,强化河湖库管理。结合全域生态文明建设的实际,采取河长办与生态办联合办公的方式设立生态河长办,把河长制与生态创建工作结合起来,系统推进。全面推行河流生态补偿机制,打响治水攻坚战。根据河流、湖泊等水域的水质监测结果进行年终结算,并产生罚款,纳入生态环保建设基金当中,应用于污水处理设施建设和生态修复,形成生态保护良性循环。

璧南河全长73千米,属长江一级支流,穿璧山区全境。曾经由于污染严重,璧南河长年臭气

秀湖公园水景(2018年摄,璧山报社供图)

熏天,沿河居民苦不堪言。2010年,璧山区启动璧南河综合治理,通过“河外截污、河内清淤、外域调水、生态修复”的系统治理,“臭水沟”变成“清水河”。2017年,在中国首届“寻找最美家乡河”大型主题活动中,璧南河成为重庆唯一入选“最美家乡河”的河流,被评为“城市中小河流治理典范”。虽然璧南河清澈了,但水质仍未达到国家要求。2017年,璧山区启动新一轮水质攻坚战,并制定最严格的水质考核奖惩办法,区域内由生态河长每两个月开展一次水质保护集中督查,特别是对15个镇街养鱼池整治、新增污染源等生态文明建设工作进行全面督查考核。璧南河沿途的各个镇街,在河水流入和流出地都设立水质断面监测点,每月对最主要的COD、氨氮、总磷等进行监测。如果水质达到要求,就会给当地划拨10万元工作经费,反之,不仅考核要扣分,还要扣减10万元。这种奖惩分明的方式,让璧南河沿线镇街形成人人共抓水质保护的良好氛围。截至2018年6月,璧山区共通报水质不达标35起,相关单位共实施整改项目40余个,消除一大批污染隐患。

在加强相关制度建设、开展璧南河流域环境整治的基础上,还对可能出现的新增污染源加上一道“金箍”。璧山区出台《2018年生态文明建设和全面推行河长制工作考核办法》,将新增污染源作为一项重点考核项目,凡是出现新增污染源的,除了考核扣分外,还要扣除镇街当年可用财力的1%。在这道“紧箍咒”的制约下,镇街对新增洗车场、养殖场等可能造成水质污染的项目十分谨慎,都会先报区生态河长办备案,在获得同意后,才会交由相关职能部门进行最后审批。推行这种机制后,截至2018年6月,璧南河流域没有新增一个污染源,这为保护河流水质打下坚实的基础。

壁南河青杠新城区段(2018年6月26日,曾世雷摄)

2018年8月1日,中央电视台《朝闻天下》和《新闻联播》栏目,报道璧山水生态文明建设成果。图为央视《新闻联播》截图

游客漫步秀湖公园亲水栈道（2018年摄，壁山报社供图）

通过璧南河治理、水库建设、河湖连通和中水回用等工程的实施，璧山由“十年九淹”的脏水、缺水地区向清水富水地区转变；通过治理水环境倒逼产业转型，实现由城郊型经济向高质量发展的“新型工业化示范区”转变；通过水生态修复、水文化打造，实现了由环境滞后城市向生态宜居、山清水秀美丽之城转变。试点工作的开展，提升了生态文明建设水平，构建了人、水、城和谐共生的水城环境，推动了产业转型，增进了百姓福祉，取得显著的生态效益、经济效益和社会效益。

2018年8月，璧山创建全国水生态文明城市建设试点工作以91分的优异成绩通过技术评估。11月30日，水利部和重庆市政府在璧山共同召开璧山区水生态文明城市建设试点验收会议。水利部副部长魏山忠、副市长李明清参加现场考察并出席验收会。魏山忠指出：“璧山以水环境打造带动地区价值提升、推动产业转型，以水生态文明建设推动高质量发展、创造高品质生活等创新做法，为各地水生态文明建设提供了有益参考和基层范本。”会议成立验收委员会，委员会成员在现场考察、查阅资料、听取汇报后，一致同意璧山区水生态文明城市建设试点通过验收。自此，璧山正式成为国家水生态文明城市，小城璧山又添一张“国字号”名片。

三大攻坚战

防范化解重大风险攻坚战

【概况】 坚持底线思维，防范化解重大风险，维护社会环境安全稳定。按照市委工作要求，区委成立防范化解重大风险攻坚战指挥部和12个专项工作组，并以“两办”名义印发重点任务责任分解清单，建立工作责任倒查制度。

【防范化解政治安全风险】 夯实“四位一体”反恐防暴长效机制，10家反恐重点单位安保措施全面落实到位，90余名在璧关注人员总体平稳可控；打响3个反邪教专项行动战役，境外斗争取得突破性成果，政治类案件破案率100%。

【防范化解经济金融风险】 开展打击风险型经济犯罪“云端”行动，成功处置房地产领域房屋买卖合同群体性纠纷共244件。打击重庆民合投资公司非法吸存案等涉众型经济犯罪，为群众挽回经济损失1500余万元。

2018年3月16日，璧山区2018年公安工作会召开（璧山报社供图）

【防范化解公共安全风险】 在15个镇街20个村社开展重点地区挂牌整治，3个市级挂牌A、B类整治地区立刑事案件数同比下降30%，治安秩序满意度96.6%；完成重大活动安保任务70余起；开展交通、安全生产、消防、治安、地质灾害等领域安全隐患排查，2018年全区未发生较大及以上安全生产事故、未发生亡人和较大社会影响的灾害与险情。

【防范化解社会矛盾风险】 不断深化"2+N"矛盾纠纷多元化解联调机制，15个"驻所调解室"调解纠纷3483件，调解成功率100%；全年处理信访5219件次、8536人次，劝返集访、缠访、闹访等突出矛盾170多批次，妥善处置"6·13"各类群体性事件160余件，信访稳定目标考核"零扣分"，位居主城区和渝西片区前列；2018年"民转刑"案件零发生。

【防范化解网络风险】 24小时在线敏锐高效监测舆情，处置"5·3自带自泡药酒中毒"等突发舆情事件11件；增加"天蝎"核心资产管理系统和网站安全云防护服务，实时监控网站集群和互联网办公网络的安全态势，全区信息系统安全"零事故"。

【扫黑除恶专项斗争】 始终坚持从政治上认识、把握和推动专项斗争，迅速落实中央、市委工作要求，成立扫黑除恶专项斗争领导小组及办公室，印发工作方案及相关配套机制10余个。广泛精准宣传发动群众参与，发放各类宣传资料167万余份，开展集中宣传2100余次，推送宣传短信息超过1000万条，组织"两代表一委员"旁听专项斗争以来璧山区首起恶势力犯罪案件的公诉公审。全年收集涉黑涉恶线索427条，查结383条，录入扫黑除恶工作平台129条，立为刑事案件侦办36件，办结36件，打掉恶势力犯罪集团1个，恶势力犯罪团伙4个，刑拘88人，逮捕27人，移送起诉60人，累计公诉48人，判决51人，专项斗争取得阶段性成效。坚持将扫黑除恶与破"网"打"伞"相结合、同推进，严格"一案三查"逐案过筛，受理有关"保护伞"线索84条，核查出涉嫌黑恶问题线索31条，办结17条，立案3件。对全区2967名村（社区）干部开展联合审查，依法依规处置有前科劣迹的村干部158人，基层组织建设更加有力。

精准脱贫攻坚战

【概况】 以坚决抓好中央脱贫攻坚专项巡视反馈意见整改落实为主线，一手抓精准脱贫提质量，一手抓巡视整改补短板，把思想武装贯穿始终、把精准方略贯穿始终、把发现解决问题贯穿始终、把党建引领贯穿始终、把责任履行贯穿始终，注重把激发内生动力与用好外部力量结合起来、实现把打赢脱贫攻坚战与实施乡村振兴战略的有机结合和统一。

【产业扶贫】 投入30.6万元，为年初新增建卡贫困户落实每户2000元的产业扶持资金，发展产业增收致富。创建璧山区第一批就业扶贫示范车间，带动吸纳了5名贫困人员就地就近就业。

【教育扶贫】 一是开展学生资助工作自查自纠活动，针对机制建设方面、资金管理方面、资助对象认定方面、档案及信息管理方面进行边查边整改。二是加强督查监督。在全区学校进行抽检，重点检查学生资助政策实施情况，资助资金是否及时足额发放到受助学生手中，资助信息系统使用情况，资助档案管理情况等。三是实现贫困子女学生助学全覆盖，累计投入资助资金1220.52万元。

【健康扶贫】 成立璧山区健康扶贫工作领导小组，统筹推进全区健康扶贫工作，建立贫困户精准疾病档案，实现贫困户人口家庭医生签约服务全覆盖。

2018年5月25日，全区脱贫攻坚问题整改和工作部署会议召开(璧山报社供图)

【生态扶贫】 在继续巩固3个市级贫困村脱贫成果的基础上，识别基础设施薄弱村15个，落实区领导"包干制""指挥长制"，投入建设资金9094.6万元，推进15个薄弱村交通、水利、人居环境等基础设施建设。新建人行便道49.1千米，新建及整治山坪塘5口、提灌站改造1处、蓄水池2口；改造4个村电网，建设改造10个薄弱村光纤到户，安装路灯35盏，建设5个薄弱村便民服务中心，实施70千米"四好农村公路"路基修建。

【"两不愁、三保障"】 一是对象识别工作。按照"八步、两评议两公示一比对一公告"标准流程，新识别建卡贫困户131户385人。二是解决"吃穿"问题。对辖区建卡贫困人员就失业状况、创业意愿和培训需求逐户走访、逐人摸底、逐一登记，建成537人的建卡贫困户人员就业信息"大数据"。推进扶贫爱心公益岗位，优先安置难以实现市场化就业的贫困人口。三是解决"教育"问题。开展学生资助工作自查自纠，针对机制建设方面、资金管理方面、资助对象认定方面、档案及信息管理方面进行边查边整改。四是解决"住房"问题。开展全区农村贫困户危旧房存量摸底排查，聘请专业机构开展危房鉴定，制定全区危旧房改造整改工作方案，将符合条件的农村四类重点对象危房户全部纳入2018年改造任务。五是解决"医疗"问题。

【贫困家庭子女义务教育】 全区贫困户子女学生助学实现全覆盖。其中：学前教育免保育保教费和生活费70.2万元；义务教育阶段爱心午餐107.3561万元、寄宿生生活补助144.55万元；高中阶段免学费46.39万元、发放助学金537.8万

2018年3月9日，丁家街道三五村村民从生产便道返家（璧山报社供图）

元、免教科书费3万元。

【农村“四类人员”危房消除】 一是开展全区农村贫困户危旧房存量摸底排查，聘请专业机构开展危房鉴定，并制定全区危旧房改造整改工作方案。二是将符合条件的农村四类重点对象危房户3219户全部纳入2018年改造任务，年内全部完成改造。三是启动对前期筛查出的第二批11324户非四类对象的疑似危房进行安全等级鉴定。

【“万企帮万村”行动】 发动工商联会员企业和行业商会参与帮扶，组织企业实施各类帮扶项目36个，投入帮扶资金近120万元，发动160多家会员企业以订单的形式采购农户农产品60余万元，并与3个市级贫困村（大面坡村、三五村、二郎村）签订540万元农产品采购合同，承诺每年每村采购60万元农副产品。

【扶贫宣传】 一是脱贫政策宣传。印发5000余册《扶贫政策汇编（2018年版）》，梳理囊括各级各部门扶贫政策，脱贫攻坚干部、贫困户人手一册。每村每月集中开展1次扶贫政策宣讲，结对帮扶干部入户为贫困户解读政策。镇街、村分别设立扶贫宣传专栏，将扶贫政策、制度、公示公告、影像等资料上宣传栏。二是用好媒体资源。在璧山报社、广播电视台开设扶贫专栏，累计刊发播放扶贫宣传报道200余篇（条），在重庆卫视、重庆电视台影视频道等连续播报“璧山葡萄”公益扶贫宣传片3561次。三是开展全区扶贫干部政策理论培训，全年开展政策培训4期，培训近2000人；开展脱贫攻坚专题培训4期，培训429人。

污染防治攻坚战

【河流治理】 改建污水处理厂(站)及配套管网 累计建成投运45个污水处理厂(站),实现1000人以上居民聚集区全覆盖。青杠、来凤、丁家等3个日处理规模1万吨以上的中心城镇污水处理厂主要指标按地表水Ⅳ类标准完成建设。投入资金2亿余元,城市污水处理厂按地表水Ⅳ类标准、镇街政府所在地场镇按一级A标、其他按一级B标开展升级改造,2018年基本完成27座,实施改造6座。在未完成改造前,采取投加碳源及除磷剂的方式脱氮除磷。开展城乡污水管网普查并建立档案,摸清相关底数,修缮整改污水管网15千米,实现污水管网全覆盖,明确将污水管网的规划、审批、验收纳入建设综合验收内容。

铁腕关停整治各类污染源 自开展璧南河治理以来,累计关停污染源1000余个,整治污染源4000余个。全年投入资金4000余万元,关停“小散乱污”企业164家,拆除养殖场204家,关停取缔潲水养猪场78家,完成77座水库、4166口山坪塘、983个养鱼池达标整治。建立区、镇街两级督查巡查机制,将工业企业、畜禽养殖、水产养殖、餐饮、屠宰场、集贸市场、洗车场等各类污染源的整治巩固和关停反弹纳入日常监管巡查,实现常态管控。

农村面源污染专项整治 构建冬水田减肥减药生态缓冲区,在璧南河两岸主河流500米、支河流300米内,且能直接流入璧南河的正沟(正冲)田适宜田块,修建水深不低于15厘米的囤水田,种植水稻或水生植物,通过吸附分解作用,减少因农业生产进入河道的总磷,每亩补助农户300元,完成整治3012亩冬水田。开展农村辖区工业企业污水排放口专项整治,对农村企业生活污水采取无害化处理或还田消纳,对璧南河流域内生产环节涉水企业严格排放标准,不能达到地表水排放标准的强力关停或强制转运到就近的城镇污水处理厂(站)处理。开展农村生活污水处理专项整治,全年帮助6.7万户农户实施卫生厕所改造。凡纳入农村人居环境整治三年行动实施方案建设计划的新建村民聚居点,同步建设污水处理设施。

多渠道生态补水 衔接江津区,将原每天流入长冲养鱼池的8万立方米干净地下水,通过建设管道部分引出养鱼池后直接流入璧南河,并将璧山区健龙镇玉林村石膏矿原每天流入养鱼池的1万立方米干净地下水,同样实施管道分流部分引入璧南河一级支流,同时关停该片区精养鱼池。结合渝西水资源配置工程,实施璧北河—璧南河连通工程,在嘉陵江提水工程完成后每天可向璧南河生态补水2万立方米。

净化辖区河流水质 投入约1500万元,改造璧南河流域在璧山境内的6座拦河堰并及时清淤疏浚,最大限度地增加河流流速,降低水位,尽可能降低河流富营养化。针对两河口总磷超标的问题,在河流干支流,投放花鲢、白鲢等鱼类,适度种植水生植物,构建生物生态链净化水质。明确今后河道沿岸整治必须后退5~10米再实施,形成水生态自然净化带,提升河流自净能力。

建立横向补偿机制,增强治理主动性 2月1日,永川、璧山、江津三区签订璧南河流域横向生态保护补偿协议,在全市率先建立河流流域横向生态保护补偿机制。在此基础上,建立区内横向生态补偿机制,制定实施《璧山区2018年“三河”流域交界断面水质考核奖惩办法》,将璧山高新区管委会、绿岛新区管委会和15个镇街纳入考核范围,每月对23个河流交界断面水质进行监测,按达标奖励10万元/月、不达标惩罚10万元/月进行考核。收取2个管委会及15个镇街生态补偿金1090万元,最少10万元,最多160万元,增强镇街治理水污染的主动性和积极性。

【生态镇街建设】 大路街道、丁家街道、河边镇、福禄镇、七塘镇、八塘镇、大兴镇、正兴镇、三合镇、广普镇、健龙镇等11个镇街创建成为重庆市生态文明建设示范乡镇(街道),青杠街道中兴村等52个村(社区)创建成为重庆市生态文明建设示范村(社区),并获得命名(渝环〔2018〕24号)。截至年底,全区80%的镇街创建成为重庆市生态文明建设示范乡镇(街道),80%的村社创建成为重庆市生态文明建设示范村(社区),璧山区的区级、镇街、村社三级生态文明创建同步推进工作成效显著。

【“三线一单”环境管控】 按照生态环境部关于印发《长江经济带战略环境评价工作方案》(环办环评〔2017〕83号)通知要求和全市统一安排部署,于5月启动“三线一单”编制工作,区政府成立长江经济带战略环境评价璧山区“三线一单”工作推进小组。在区生态环境局下设办公室,负责统筹协调“三线一单”编制日常事务。全区划定优先保护区10个,面积204.55平方千米,占区域总面积的22.31%;重点管控区3个,面积562.80平方千米,占区域总面积的61.38%;一般管控区1个,面积149.59平方千米,占区域总面积的16.31%。璧山区“三线”划定、环境管控单元划定和准入清单等初步成果基本完成,形成技术报告初稿、成果图集和生态环境准入清单。“三线一单”编制初步成果已开始应用于璧山高新区及电镀集中加工区的招商引资、工业集聚区规划调整及规划环评的编制和正兴镇场镇规划调整等工作中。

【污染防治攻坚战典型案例】 《重庆市璧山区污染防治攻坚战实施方案(2018—2020年)》于7月27日经区委常委会审议通过并印发《实施方案》(璧山委发〔2018〕18号)明确污染防治攻坚战需达到的30个指标,将22项重点工程相关措施细分为133项工程内容,建立指挥长制和项目责任

2018年4月12日,重庆市第十二环境保护督察组督察璧山区工作动员会召开(璧山报社供图)

制，由区委书记任总指挥，区长任副总指挥，各项重点工程的分管区领导任指挥长，牵头单位主要（常务）负责人任副指挥长，实行工作进展定期通报制度。截至12月31日，璧南河、璧北河出境断面水质分别为Ⅳ类、Ⅲ类，均达到市级考核要求；空气质量优良天数266天，同比增加24天，比市级考核目标增加19天，空气中细颗粒物（PM2.5）年均浓度48微克/立方米，圆满完成市级考核目标。全区土壤环境质量总体稳定，建设用地土壤环境安全基本得到保障。

空气环境质量方面。一是加强空气质量管控力度。先后出台《关于印发2018年璧山区大气污染防治攻坚专项行动方案的通知》（璧山府办发〔2018〕53号）、《关于开展时段性大气污染防控工作的通知》（璧山府办发〔2018〕58号），对大气污染防治、臭氧时段性控制提出相应要求。二是加强空气质量点位论证与科技支撑。邀请市环科院专家指导新增空气自动站选址工作，新建机电校空气自动站投入运行并纳入市控站管理；根据专家意见，在城区上风向、城市建成区范围内等5个点位开展连续监测，为提升空气自动站数据的科学性、真实性提供基础参考。结合区空气质量夏季臭氧突出、秋冬季可吸入颗粒物（PM10）、细颗粒物（PM2.5）易超标的特点，邀请专家团队开展以上三个重点因子的源解析工作。三是加强大气污染防治攻坚行动督查和执法。自2018年6月25日成立大气污染防治攻坚行动领导小组以来，同比上年，可吸入颗粒物（PM10）下降15.0%、细颗粒物（PM2.5）下降8.9%；共督查执法整治对象227个，11个执法整治小组累计检查执法整治对象15851个，累计立案查处1074起，累计处罚金额1827.218万元。四是加大大气污染防治硬件投入。新增相关硬件设施，投入805万元新增10台雾炮车，由原来的3台增加至13台，每日按照规定路线进行降尘工作；投入312万元购买13套高空智能化降霾除尘设备，针

截至2018年，璧山区累计投入7亿元资金，建成污水处理厂站48座，日处理污水能力16万吨，实际日处理污水8.5万吨，城区污水处理率93%，场镇污水处理率85%。图为2018年7月12日，观音塘污水处理厂正在处理污水（曾清龙摄）

对全区渣场、道路及建筑工地污染排放较为突出的问题通过区域化的连片安装布控高空降霾除尘系统设备，解决洒水治理空气污染达不到的高度；使空气中重度污染区内的可吸入颗粒物（PM10）、细颗粒物（PM2.5）在高空得到有效地抑制和降落。

土壤环境质量方面。一是建设用地风险管控，区环保局、区国土房管局、区规划局联合印发《关于加强土地出让前土壤性质审查工作的通知》，进一步完善巩固环保、国土和规划等部门联动机制，确保“净土开发”。二是土壤污染治理与修复，11个疑似污染地块土壤环境质量调查和风险评估工作基本完成，污染地块信息全部录入全国污染地块土壤环境管理信息系统，根据评估结果适时开展治理修复或风险管控。三是推进重点重金属总量减排，重庆红宇精密工业有限责任公司镀铬生产线已关停，重庆金仑工业股份有限公司电镀废水重金属减排工程和璧山工业园区电镀集中加工区电镀废水重金属治理减排工程完成年度考核任务。四是固体废物污染防治工作，按部署完成长江经济带固体废物大排查工作，排查期间共对发现的31起环保主体责任落实不到位的违法问题进行依法查处，处罚金额57.7万元。

大事记

1月

2日，中国共产党重庆市璧山区第十四届委员会第三次全体会议召开。全会的主要任务是：全面贯彻党的十九大精神，以习近平新时代中国特色社会主义思想为指导，切实落实中央经济工作会议，市委五届三次全会和全市各项工作部署，以“三区一美”战略行动为重要抓手，力求各项工作走在全市前列，为全面建成小康社会奋力冲刺，共同书写新时代的壮丽篇章。会议审议通过了《中国共产党重庆市璧山区第十四届委员会第三次全体会议决议》。

5日，位于河边镇复兴村的重庆西郊福寿园人文纪念公园启用。首期108套免费公益性墓位和255套经营性墓位投入使用，可容纳逝者2600余名。该项目是璧山区人民政府与福寿园国际集团共同出资建设，融入生态、文化、旅游等元素打造的公园式公墓，是璧山建设“一生之城”殡葬环节的重要项目，总占地100公顷，总投资35亿元。

8日，璧山区在全市2017年地方志工作考评中以113分的高分获得第一名，在全市地方志系统通报表扬。

10日，璧山新能源汽车关键零部件绿色智能制造产业集群入选科技部第三批创新型产业集群试点集群名单。

11日，璧山区第十七届人民代表大会常务会员会第十一次会议通过决定，接受章勇武辞去璧山区人民政府区长职务，任命秦文敏为璧山区人民政府副区长、代理区长。

12日，璧山区妇幼健康优质服务工作被国家卫生计生委专家组综合评估为合格，成功创建为国家级妇幼健康优质服务示范区。

17日，《爱是现在》MV在璧山电视台播出。该音乐作品由万水千山作词、易丹作曲，反映璧山在建设重庆“乡村振兴先行区”过程中体现的“小城大爱、幸福农村”这一主题。

17—20日，政协璧山区第十届委员会第二次会议召开。

19—21日，璧山区第十七届人民代表大会第二次会议召开。秦文敏当选区人民政府区长，李金泉当选区监察委员会主任。

22日，重庆市璧山区监察委员会挂牌成立。按照深化国家监察体制改革试点工作相关要求，原区监察局、区检察院职务犯罪侦查局、职务犯罪预防等部门撤销，相关机构、职能、人员转隶区监察委员会。区纪委与区监察委合署办公，实行一套工作机构、两个机关名称。

22日，国家节能中心与璧山国家高新区签订关于共同深入推进璧山国家高新区节能环保产业园区建设的合作备忘录。

25日，渝贵高铁开通运营。璧山作为成渝高铁站点，经停高铁列车可直达贵阳、昆明、南宁、广州等城市。

28日，中国工程院院士杨士中、陈杰等科学技术专家学者组成考察组，到璧山考察指导城市建设和产业发展。

29日，区民政局为璧泉街道文风社区居民委员会颁发璧山区首张“基层群众性自治组织特别法人统一社会信用代码证书”。

同月，璧山区将每周三、周四作为“无会日”，“无会日”期间不再安排全区性会议，以精简会议，推动工作作风、会风改进。

同月，璧山区开展2018年首次国有水域渔业资源增殖放流活动，在璧南河城区段、青杠段、健龙段以及梅江河三河段、会兴段、石院段等河段共计投放优质鱼苗147.9万尾。

同月，重庆盾之王实业有限公司被国家知识产权局批准为“国家级知识产权优势企业”。

2月

2日，财政部副部长刘伟带领长江流域横向生态保护补偿工作会议的13个省区(市)参会代表到璧山调研。

7日，由区委、区政府主办，区委宣传部、区文化委承办的“拥抱新时代，描绘新璧山——重庆市璧山区2018年春节联欢晚会”在区文化艺术中心大剧院上演。

9日，璧山区举行首届“企业创新型人才”“璧山英才”颁奖大会，25名“企业创新型人才”、14名“璧山英才”获表彰。

同月，璧山中学被教育部评为“2017年中小学国防教育示范学校”。

3月

1日，璧山区将老年人免费乘坐公交车的年龄降低到年满65周岁。

7日，璧山国家高新区15项工业项目集中开工。

17日，居然之家璧山店开业运营，位于璧青北路870号(原大宏鼎家具建材市场)。

19日，全国工商联党组副书记、副主席樊友山带领全国工商联第三调研组到璧山调研军民融合产业。

21日，全国爱国卫生运动委员会命名重庆市璧山区等9个城市(区)为国家卫生城市(区)。

29日，重庆遗体器官捐献纪念园在位于河边镇的重庆西郊福寿园人文纪念公园开建。

30日，秀湖汽车露营公园建成投用。公园于2017年3月开建，总投资8000万元，占地13公顷，内设小车停车区、大巴车停车区、帐篷露营区、房车露营区、儿童游乐区、烧烤区等六大功能区。

30日，因舍己救人在泰国遇难的璧山籍导游何永杰，入选2018年3月“中国好人榜”，评选活动由中央文明办、全国总工会、共青团中央、全国妇联组织开展。7月，璧山区在何永杰家乡河边镇成立以他名字命名的“何永杰”志愿服务队。

同月，璧山区特殊教育学校被全国妇联授予“三八红旗集体”荣誉称号。

4月

2日，璧山区开出首张环保税税票，环保税首个征期开始。

11日，“云雾山樱桃采摘节”在八塘镇凉水村樱花广场开幕。

16日，国际战略学和国家安全学专家罗援少将以“我国周边安全环境与软实力建设”为题，为璧山干部大讲堂授课。

21日，璧山首支航空医疗救援队成立。

22日，“2018重庆璧山国际半程马拉松赛”在璧山举行，是璧山区首个中国田协注册马拉松赛事。赛事共设置半程马拉松、迷你马拉松两大项目，来自全球多个国家的5000余名选手参加。其中半程马拉松项目男子组第一名被肯尼亚选手 Ndirangu Simon Gichuki 以1小时7分32.96秒获得，女子组第一名被埃塞俄比亚选手 Kaptimer Lensa Daba以1小时17分19.48秒获得。

22日，商业综合体项目俊豪·中央大街开业，该项目位于红宇大道，建筑面积18万平方米。

同月，棕树湖水库开建，水库位于青杠街道棕树村，总库容156万立方米，是璧山区“一河六湖十八湿地”中第五个开工建设的“湖”。

同月，璧山区首个高压氧舱在区人民医院投用。

同月，重庆移动发布清明节出游大数据显示，清明节期间璧山秀湖公园客流量突破17万人次，位列区县景区客流人气第三名。

同月，轨道交通1号线璧山站开工建设。

同月，璧山区东风林场被中国林场协会授予“2017年度全国十佳林场”称号。

5月

2日，塘坊363套公共租赁住房公开分配安置，接受申请。

3日，由区政府主办、区卫生计生委承办的第三届“万步有约”职业人群健走记录大奖赛在东岳体育公园启动，400多名选手参加活动。

8日，主城及渝西片区城市品质提升工作现场会在璧山举行。

9日，来凤街道来凤村成为全市农村“三变”改革试点村。

19日，重庆首届城市露营文化节暨汽车文化嘉年华活动在秀湖汽车露营基地举行。

23日，文化和旅游部办公厅公布第六次全国县级以上公共图书馆评估定级结果，璧山区图书馆获评“国家一级公共图书馆”。

28日，璧山区人民医院被重庆市卫生计生委确定为国家三级甲等综合医院。

31日，重庆市政协主席王炯到璧山调研环境建设、生态保护、养老产业发展、绿色产业发展等情况。

同月，璧山区傅菊娘家庭荣获2018年“全国最美家庭”称号，华成群家庭荣获“第十一届全国五好家庭”称号。

同月，璧山区“一河六湖十八湿地”水城建设格局“六湖”中第四顺位建设的玉泉湖水库开始蓄水，水库位于璧城街道三角村重庆轨道交通1号线璧山站附近，总库容464.4万立方米，水域面积580亩。

6月

9日，璧山籍微雕艺术家潘启慧被中国轻工业联合会评为“第七届中国工艺美术大师”。

22日，第九届重庆璧山葡萄采摘节在大兴镇莲生村葡萄广场开幕，葡萄采摘活动持续两个月。

23日，重庆六旗水乐园开工建设，项目占地约15万平方米。

同月，文化和旅游部授予璧山龙大江“全国非物质文化遗产保护工作先进个人”称号。

7月

2日，中国水利报社、中国行业报协会、中央广播电视总台、《经济日报》等中央级媒体采访团走进璧山，集中报道璧山河流治理经验和水生态文明建设成果。

5日，国家税务总局重庆市璧山区税务局挂牌成立，原重庆市璧山区国家税务局与原重庆市璧山区地方税务局正式合并。

31日，因身背母亲观看马拉松比赛的璧山人黄勇，入选中央文明办发布的2018年7月“中国好人榜”。

31日，中国工程院院士吴伟仁、陈杰、邓宗全一行，到璧山研讨特种智能机器人研究院项目。

同月，璧山区首个手动式自助信号灯在黛山大道城丁路口建成投用。

同月，六旗大道完成施工。该项目按一级公路兼城市主干路标准建设，双向八车道，全长2.2千米。

同月，璧山区被农业农村部纳入2018年度国家农村集体产权制度改革试点单位名单。

8月

1日，璧山区“智慧党建”平台上线，该平台依托12371信息系统和“璧山智慧党建”微信公众号的多功能平台，实现党组织和党员管理、组织生活全程纪实等功能。

3日，10个战略性新兴产业领域项目签约落户璧山国家高新区，涉及科技孵化器、生物医疗、产业基金、智能制造等领域，总投资37亿元。

15日，以反映“医者仁心，大爱无疆”为主题的璧山原创MV《行者》上线，献礼首个“中国医师节”，歌曲新媒体点击量和网站阅读量当晚就突破200万，截至8月19日22时，《行者》线上关注量超过500万。

19日，璧山区委、区政府发布《致全区医师的一封信》，并举行庆祝首个“中国医师节”表彰大会暨医师形象展示活动。

23日，比亚迪股份有限公司与璧山区签订建设动力电池生产项目投资合作协议，总投资人民币100亿元，主要包括动力电池电芯、模组以及相关配套产业等核心产品制造。

29日，国务院大督查第二十二督察组到璧山，对中央转移支付项目落实情况进行督察。

9月

3日，璧城街道香江嘉苑3019套公共租赁住房接受申请。12月5日，完成摇号配租。房屋租金标准按建筑面积每月每平方米6元计算。

18日，璧山国家高新区15家企业集中开工，总占地面积672亩，总投资46.25亿元。

20—28日，2018重庆秋季旅游启动仪式暨璧山区城市露营文化节在璧山举行，举办2018秋季旅游新闻发布会、“小城故事”音乐会、2018中国璧山国际长板Dancing大师赛等活动。

28日，枫香湖儿童公园投入使用。公园于2018年4月初动工建设，总占地面积800亩，公园以耕读文化为底色，囊括16个主题区，布局秋千岛、水乐园、木偶奇遇、帆船区、球塔区、大钟塔、戏沙池、蜘蛛侠、植物迷宫、空中探险、珠算岛等11处无动力驱动游乐设施。国庆期间接待游客43万人次。至11月28日，共计接待游客110万人次。

28日，龚琳娜与璧山少儿合唱团音乐会在区文化艺术中心举行。

28日，璧山区首届“农民丰收节”在七塘镇四合村举行。以“庆祝丰收、弘扬文化、振兴乡村”为主题，开展民俗表演、吃火龙果、浑水摸鱼、掰手腕、扭扁担等趣味活动。

10月

11日，大润发超市璧山店开业，营业面积8100平方米，提供商品3万余种。

20日，第四届重庆市“拥抱新时代 践行新思想 实现新作为”人生规划大赛渝西片区赛在璧山举行。

24日，中央电视台《新闻联播》栏目以《重庆璧山：政府给民企当“靠山”》为题，对璧山创新机制，深入推进民营经济高质量新发展的情况进行报道。

24日，一站式大型家居集采中心——红星美凯龙·星艺佳重庆璧山商场A、B、C馆投入运营，占地7万余平方米，入驻商家300余家。

25日，故宫博物院院长单霁翔以“坚定文化自信 做中华传统文化忠实守望者”为题，为2018年第三期璧山干部大讲堂开讲。

同月，璧山区旅游发展中心发布《璧山区国庆旅游大数据分析报告》，国庆长假期间，璧山区累计接待旅游人数106.6万人。

11月

30日，水利部和重庆市政府在璧山召开璧山区水生态文明城市建设试点验收会议，同意璧山成为“国家水生态文明城市”。

29日，位于丁家街道天灯村的璧山区心理康复中心投入使用，原璧山精神卫生中心老院区233名住院患者迁入新院。

12月

6日，璧山区政府、重庆大学、钱学森空间技术实验室联合主办的空间太阳能技术暨第三届重庆军民深度融合产业发展交流会在璧山召开，中国科学院院士包为民，中国工程院院士段宝岩、杨士中等参会。璧山区政府、重庆大学、中国空间技术研究院西安分院、西安电子科技大学联合签署合作协议，璧山空间太阳能电站实验基地建设启动。

6—21日，“放歌新时代·共筑中国梦”系列演出在璧山上演。6日，《庄奴作品音乐会》上演。11日，交响乐《2019新年音乐会》上演。14日，中国佤族原生态歌舞剧《佤部落》上演。21日，舞台剧《平潭映像》上演。演出地点均为区文化艺术中心。

8日，由璧山区政府主办的“2018‘上战’中国武术技击对抗赛”在璧山区体育馆开赛，来自7个国家和地区的15对职业选手参赛。

13日，中共重庆市璧山区委十四届五次全会召开，审议通过《重庆市璧山区机构改革方案（送审稿）》。

14—31日，璧山区在区文化馆举行庆祝改革开放40周年重庆市璧山区书法美术摄影艺术展览。

18日，经中国动物卫生与流行病学中心确诊，璧山区一养殖户发生非洲猪瘟疫情。农业农村部立即派出督查组到达璧山，璧山区启动应急响应机制，采取封锁、扑杀、无害化处理、消毒等措施，对全部病死和扑杀猪进行无害化处理。同时，禁止所有生猪及其产品调出封锁区，禁止生猪运入封锁区。

21日，中国银行保险监督管理委员会江津监管分局挂牌运行，负责管辖江津、璧山两区内银行、保险机构及业务，对两地实行统一监督管理。

24日，璧山区召开干部大会，宣布重庆市委决定：蓝庆华任中共重庆市璧山区委委员、常委、书记，吴道藩不再担任中共璧山区委书记、常委、委员职务。

25日，中国人民大学校长刘伟以“贯彻新发展理念，建设现代化经济体系”为题，为2018年第四期璧山干部大讲堂开讲。

26日，璧山科技装备业商会成立。

同月，黛山大道南延线工程开工。工程总里程9.18千米，为一级公路兼城市主干道，起点位于虎峰大道与黛山大道交汇处，终点连接九永高速来凤互通收费站。

同月，璧北河喜观桥至智灯段河道治理工程开工建设。治理总长度5.023千米，分为璧北河、张家河两段，投资1700万元。

璧山概览

基本区情

地　理

璧山区位于重庆市主城区以西，渝东南平行岭谷褶皱区西南侧，系华蓥山脉向西南延伸的低山丘陵体系。北纬29°17′~29°53′，东经106°02′~106°20′，南北长665千米，东西宽155千米，辖区面积914.56平方千米。区境形如柳叶，外高中平，两江夹送，东邻沙坪坝、九龙坡，南界江津，西连铜梁、永川，北接合川、北碚。

璧山，自古居成渝要冲、扼渝西咽喉。宋李浚《璧山普泽庙记》云："国朝蜀分为四，而方各有镇。由剑之里为七曲，剑以东为白崖，剑之西为玉垒，自蜀而下为渝，则有璧山。是四山者，如蜀之镇，一道生灵之司命也。"璧山境内旧有东大路、东小路、小川东路、西北路。其中，东大路系驿传古道，自巴璧交界处老关口入璧山境，经来凤、丁家、马坊桥到小马坊入永川界，跨境30千米，为历代重庆至成都的驿传、调遣军队、运送粮饷及商贾往来的主要通道。西北路系重庆至合川的旱塘路线，由青木关入璧山境，经六塘、七塘、八塘，在风垭入合川界，跨境35千米。

璧山，如今已成为重庆向西连接成渝经济带的重要节点。成渝、渝蓉、渝遂、九永4条高速公路穿越境内，成渝客运专线（高铁）建成通车并开设璧山站。连接重庆主城的璧山隧道于2010年9月28日建成通车，重庆轨道交通1号线璧山段正在建设。璧山正由重庆西大门蝶变为渝西交通枢纽。

建置沿革

禹贡时期，今璧山区境属梁州地。商周时期（前11世纪—前315年），属巴国地。秦惠文王更元九年（前316年），秦将张仪、司马错率兵灭巴，置江州县，今县境为江州县地，属巴郡。汉至两晋，均为江州县地，属巴郡。北朝时为垫江县地，属巴郡。隋代为巴、江津二县地，属渝州。

唐至德二年（757年），析巴、江津、万寿三县地置璧山县，属渝州。县域大致为中梁山以西、云雾山以东、长江以北、嘉陵江以南地区，包括今璧山境域及永川北部、九龙坡含谷和白市驿、沙坪坝西永和陈家桥、北碚缙云山北温泉和澄江等地。

唐大历十一年（776年），析璧山地置永川县。

唐宋时期，璧山县先后属渝州、恭州、重庆府。

元至元二十二年（1285年），璧山县因屡遭兵灾，人丁稀少，并入巴县。

明成化十九年（1483年），复置璧山县，治璧城，属重庆府。县域大致为缙云山以西、云雾山以东、小马坊古桥头铺以北、今保家分水岭以南地区。

清康熙六年（1667年），璧山县因战乱频仍、户口减少，并入永川县。

清雍正七年（1729年），置璧山县，寄治来凤驿，属重庆府。雍正十年（1732年），治璧城，属重庆府。清乾隆二十四年（1759年），巴县祥里之西划入璧山。

中华民国时期，1914年属四川省川东道。1928年撤道后，属四川省。1936年，设行政督察区制，璧山县属四川省第三行政督察区。同年，璧山县澄江镇、缙云山、北温泉等地划归四川省嘉陵江三峡乡村建设实验区。1940年，重庆成为陪都，以成渝、川黔公路两侧80千米范围为重庆卫戍区和陪都迁建区，璧山属之。

中华人民共和国成立后，1949年12月1日璧山解放，属川东区巴县行政专员公署。同年12月20日，巴县行政专员公署改驻璧山，更名璧山行政专员公署。川东区璧山专署辖巴县、璧山、江津、永川、合川、江北、铜梁、荣昌、大足、綦江、南川、长寿、涪陵13县和北碚管理局。1951年4月，璧山专署迁江津，更名江津专区。1952年，璧山县青木乡划归北碚市第五区。1968年，江津专区更名江津地区。1981年，江津地区更名永川地区。璧山先后属江津专区、江津地区和永川地区。1983年4月1日，永川地区并入重庆市，璧山属重庆市。1997年重庆直辖，璧山县隶属重庆直辖市。2014年5月2日，经国务院批准，撤销璧山县设立重庆市璧山区。

璧山县（区）建置沿革简表

历史时期	建置名称	直隶	总隶
夏			梁州
商、周			巴国
秦	江州县地	巴郡	
汉、三国	江州县地	巴郡	益州
西晋太康六年（285年）	江州县地	巴郡	梁州
西晋永嘉五年（311年）	江州县地	巴郡	荆州
东晋永和三年（347年）	江州县地	巴郡	梁州
南朝（420年）	江州县地	巴郡	益州
南朝（502年）	江州县地	巴郡	楚州
北朝（553年）	垫江县地	巴郡	巴州
北朝（557年）	垫江县地	巴郡	楚州
北朝（561年）	巴县地	巴郡	楚州
隋开皇三年（583年）	巴县、江阳县地	渝州	
隋开皇十八年（598年）	巴县、江津县地	渝州	
隋大业三年（607年）	巴县、江津县地	巴郡	
唐武德元年（618年）	巴县、江津县地	渝州	山南道
唐武德三年（620年）	巴县、江津县、万春县地	渝州	山南道
唐武德五年（622年）	巴县、江津县、万寿县地	渝州	山南道
唐天宝元年（742年）	巴县、江津县、万寿县地	南平郡	山南东道

续表

历史时期	建置名称	直隶	总隶
唐至德二年(757年)	璧山县	南平郡	山南东道
唐乾元元年(758年)	璧山县	渝州	山南东道
五代十国(907年)	璧山县	渝州	前蜀(孟知祥)
北宋崇宁元年(1102年)	璧山县	恭州	夔州路
南宋淳熙十五年(1188年)	璧山县	重庆府	夔州路
元至元二十二年(1285年)	巴县地	重庆路	大夏(至正末,明玉珍据重庆)
明成化十九年(1483年)	璧山县	重庆府	
清康熙六年(1667年)	永川县地	重庆府	川东道重庆府
清雍正七年(1729年)	璧山县	重庆府	川东道
中华民国(1914年)	璧山县	川东道	四川省
中华民国(1928年)	璧山县	四川省	四川省
中华民国(1936年)	璧山县	第三行政督察区	四川省
中华民国(1940年)	璧山县	陪都迁建区	四川省
中华人民共和国(1949年)	璧山县	巴县行政专员公署 璧山行政专员公署	川东行署
中华人民共和国(1951年)	璧山县	江津专区	四川省
中华人民共和国(1968年)	璧山县	江津地区	四川省
中华人民共和国(1981年)	璧山县	永川地区	四川省
中华人民共和国(1983年)	璧山县	重庆市	四川省
中华人民共和国(1997年)	璧山县	重庆市	中央直辖
中华人民共和国(2014年)	璧山区	重庆市	中央直辖

气　候

【概况】　璧山地处中亚热带湿润季风气候区。区域东、西是低山区,两山间为丘陵谷地,受夏季来自海洋潮湿的气流扰动辐射作用,具有春旱、夏热、秋迟、冬暖霜雪少、无霜期长、雨量充沛,以及风速小、湿度大、云雾多、日照少、绵雨多、多雷电等特点。同时,受东南季风、西南季风和北方冷空气的影响,以及它们与西风带和副热带高压的不同季节配合、进退各持续时间的长短,形成区域冬半年、夏半年的另一个特征。

历年平均气温18.0℃,极端最高气温42.2℃,极端最低气温-3.0℃;历年平均降雨量1064.7mm;历年平均日照时数1051.0小时;历年平均风速1.7米/秒;历年平均相对湿度81%;历年平均无霜期364天。

【2018年气候数据】　2018年,境内气象灾害有:干旱、洪涝、寒潮、低温、阴雨、大风、冰雹和雾,其中危害最大的是阴雨和洪涝,其次是干旱、寒潮、低温、大风、冰雹和雾。主要灾害是暴雨、强降温、干旱、连阴雨,其中暴雨较为突出。年内:本年平均温度18.6℃,极端最高气温40.2℃;年极端最低气温-0.4℃。年降水量1117.1mm。雨日173天,大于50.0mm雨日数2天,一日最大降水量127.4mm,距平百分率-16%。年日照时数987.6小

时。全年气象站出现特强降温天气两次、强降温天气一次、大暴雨一次、暴雨天气两次、连阴雨大气四段、大风天气两次。雨量偏多，温度略偏高，日照偏少，年内出现的强降温、暴雨、连阴雨、大风等天气给璧山区的工农业生产和人民的生活带来一定影响。

自然环境

【地质】 璧山区地质构造属川东南弧形构造带华蓥山复式背斜中的温塘峡背斜（东山，缙云山脉）与沥鼻峡背斜（西山，云雾山脉）之间璧山向斜。缙云山、云雾山为天然屏障，其间为丘陵，总地貌有两山夹一谷之特点。东山，北段称缙云山，中段称金剑山，南段称龙隐山。海拔500~810米，绵延61千米，山势磅礴，北高南低。西山，北起八塘镇仰天高，南止永川区云谷关，海拔500~885米，其中燃灯寺峰高885米为区境最高。西山插旗山以南，受构造控制分为两支，构成背斜核部的高山入铜梁区为东山，构成背斜翼部的低山延至花果山。

区境地形地貌，清同治《璧山县志》载："形如柳叶，环境皆山，外高中平"。璧山区地貌按其海拔高度，可分为低山、丘陵、宽谷几种地貌类型。低山海拔为500～885米，分布于境内东西两山，山间灰岩溶蚀成槽谷。低山占全区总面积的176%。丘陵海拔为240~500米，按海拔高度梯次及丘陵形态可分为坪状高丘、桌状高丘、山麓状深丘、单斜深丘、桌状中丘、馒头状中丘、单斜中丘，丘陵占全区总面积的43.6%。宽谷海拔240米左右，分布于璧南河、璧北河、梅江河流域广大地区，宽谷占区域总面积的388%。

全境内断层不发育，主要分布在缙云山、云雾山两背斜，走向多数与褶曲轴线一致，为纵向逆断层。境内出露地层为第四系堆积层、三叠系上统须家河组、下统嘉陵江组及侏罗系地层。缺失白垩系及第三系地层，地腹内隐伏三叠系下统飞仙关组及其以下地层。

【山脉】 区境内受地质控制，形成东山（缙云山脉）、西山（云雾山脉），其间为丘陵。东山北起巴山十二峰之一的缙云山，南止江津区华盖山。海拔500～885米，绵延61.5千米。山势磅礴，北高南低，中部隆起。西山为金屏山东麓延至璧山境内称之。北起八塘仰天窝，南止永川云谷关。海拔500~885米，绵延68千米。西山由北而南至插旗山，山势雄伟，有名峰36座，其燃灯寺峰高885米，为境内最高峰。插旗山以南，西山受构造控制，分为两支，构成背斜部的高山进入铜梁区为铜梁东山，构成背斜翼部、海拔在500米以下的低山继续南延至花果山复升到600米。东西山约161平方千米，占全区的17.6%，丘陵753平方千米，占824%。东西山间为丘陵，其间，龙门溪，保家的石弹沟、鸡公山、堡上、连架山一线，分水岭以北为二峡夹一谷，分水岭南低山集聚，以太仙山、龙梭山、茅莱山地势较高，海拔在400~500米。与东山、西山组成三峡二谷的特点。中部丘陵除低山外，还广布海拔40米以下的高丘。

【河流】 璧山区域有大小河流72条，总长200千米。境内璧南河、梅江河、璧北河3条主要河流均发源于璧山中部地区云雾山即西山地区。3条主要河流及其支流分别属长江水系和嘉陵江水系。其中，璧南河为长江水系左岸一级支流、梅江河为长江水系左岸二级支流；璧北河为嘉陵江水系右岸一级支流。

璧南河 璧南河位于长江左岸嘉陵江右岸主河道发源于大路街道大竹村古老寨、黄桷桥一带，由西北向南方流经大路、河边、璧城、璧泉青杠、来风、健龙、广普等镇街辖区，于广普镇柏杨村与江津区吴滩镇金山村"两河口"交界处与梅江河汇流后进入江津区吴滩镇，再经江津区油溪镇注入长江左岸。璧南河河流总长度95千米，区境内长度为79.89千米，平均坡降265%，境内流域面积452.63平方千米，占区域面积的42.7%，多年平均年径流量20725万立方米。璧南河在璧山区境内河段集雨面积5平方千米以上支流共25条。

梅江河 梅江河位于璧南河右岸，主河道发源于璧山区云雾山福禄镇境内浸河村一带，由西北向南方向流经福禄镇、梅江场、石院场、会兴场、马坊场、三合镇等场镇，在丁家街道马坊场官井村小河坝处右纳发源于永川区的九龙河，于三合镇天星村离境进入江津区吴滩镇，在璧山区广普镇柏杨村两河口与江津区交界处汇入璧南河。梅江河总长76.88千米，总流域面积737平方千米，璧山区境内河长62.08千米，流域面积247.63平方千米，平均比降2.02‰，多年平均年径流量11524万立方米。梅江河在璧山区境内河段集雨面积5平方千米以上支流有13条。流域内有永川区九龙河在丁家街道马坊场官井村小河坝处汇入梅江河。

璧北河 璧北河位于嘉陵江右岸，主河道发源于境内大路街道大沟村与铜梁区西泉镇南天门村交界处一带，由西向东北方向流经大路、七塘、八塘等街道场镇辖区，止于八塘镇智灯村大水塘堰出境进入北碚区澄江镇五一村、盐滩村交界处，再经北碚区澄江镇汇入嘉陵江右岸。璧北河河流总长47.8千米，总流域面积264.2平方千米，璧山区境内河长40.89千米，流域面积214.30平方千米，平均比降446%，多年平均年径流量9560万立方米。璧北河在璧山区境内河段集雨面积5平方千米以上支流有13条。

过境河流 璧山区境内唯一过境河流是九龙河。九龙河发源于永川区大安街道薄刀岭，先北偏东流后转南，由永川区隆济镇进入璧山境内最南端的丁家街道马坊场官井村小河坝处汇入梅江河右岸，九龙河入境璧山境内约10千米后在境最南端三合镇天星村离境进入江津区境内。九龙河流域面积218平方千米，多年平均年径流总量9478万立方米。

自然资源

【矿产资源】 璧山境内发现矿产有煤、铁、天然气、石膏、重金石、页岩、石英砂、瓷土等。其中石膏、石英砂、石灰石、页岩等建材矿产配套产出，规模大、品质高，开采条件好，属地区优势矿产。

【水资源】 璧山区无大江大河过境，水资源较为匮乏，年人均水资源量仅560立方米左右，属于重庆西部典型的缺水区。从近30年来看，水资源总量不足是璧山区经济发展的主要制约因素之一。

1959—2016年，全区多年平表水资源量为418亿立方米，占重庆市地表水资源量的2.0%；相应径流深为449毫米，高于重庆市平均值。在丰水年（p=25%）情况下全区地表水资源量4.90亿立方米；一般枯水年（p=75%）情况下全区地表水资源量322亿立方米，特枯水年（p=95%）情况下全区地表水资源量225亿立方米。璧山区水能资源也较为短缺，理论蕴藏量仅为2489千瓦，其中可开发水能资源1535千瓦。现已建成的水电站有7个，总装机容量1435千瓦，年发电量495千瓦·时。

【生物资源】 野生动物有30种。其中常见的有野兔、白鹤、秧鸡、斑鸠、野鸡、画眉、山雀、燕子、点水鹊等。家禽家畜有40余种，其中良种约有14种，常见的有猪、牛、羊、鸭、鸡、兔、鹅、蜂等。鱼有15科、36种，主要有青鱼、草鱼、白鲢、花鲢、鲤、红鲤、非洲鲫鱼、泥罗罗非鱼等。两栖、爬行类有团鱼（鳖）、乌龟、青蛙、癞蛤蟆、蝙蝠、四脚蛇、菜花蛇、乌梢蛇、青竹标蛇等。昆虫有蜜蜂、蝴蝶、蜻蜓等85种。其中对农业生产有密切关系的有水稻害虫（大螟，二化螟等）、麦作害虫（麦小蝇、麦长管蚜等）、杂粮害虫（大螟、玉米螟等）、柑橘害虫（以螨类，蚧类较为普遍）以及地下害虫、蔬菜害虫、森林害虫、捕食性益虫、寄生性益虫等。

境内植物属亚热带常绿阔叶林区川东盆地偏湿性常绿阔叶林带。植物种类繁多，资源丰富。常见高等植物有191科586属900种。其中孢子植物40科63种，裸子植物8科25种，被子植物143科810种。植物为自然植被和栽培植被。

自然植被中常绿针叶林以马尾松为主，杉木林、柏木林为辅；常绿阔叶林是区内主要森林植被，现被常绿针叶林取代；竹林属木本群落，有大径竹、小径竹2类。栽培植被主要植物有禾本科的水稻、玉米、高粱、小麦等；十字花科的油菜、白菜、卷心菜、萝卜等；蝶形花科的黄豆、蚕豆、豌豆、绿豆、四季豆、花生等；葫芦科的西瓜、黄瓜、冬瓜等；茄科的茄子、辣椒、番茄等24科58属。

境内植物资源主要分森林资源、农作物资源、中药材资源。森林资源主要分布在东西低山区，其特点：(1)针叶林多，阔叶林少。由马尾松、杉木、柏木组成，约占境内林地的60%。亚热带竹林以慈竹为主，占林地188%。(2)单纯林多，混交林少。在东西两低山的马尾松纯林，占乔木林地的70%，极少有杉木、线栗和其他阔叶林树种的混交林。(3)中幼林多，成熟林少。中幼林占全区森林的91.2%，成熟林仅占88%。

农作物资源丰富：种植业中有粮、油、麻丝、茶、糖、菜、烟、果、药、杂等。农作物品种分属34科58属，约有上千个品种。其中粮食作物有136个品种。境内常产常销的野生药材94种，种植23种产量较多的13种，即半夏、香附子、管仲、黄栀子、苡仁、陈皮、积壳、青皮、薄荷、淡竹叶、菊花、鸡血藤、杂枳实。

旅游资源

【概况】 璧山旅游资源丰富，古有“璧山八景”，即“金剑晴雪”“东林晓钟”“觉院夜雨”“茅莱仙境”“圣灯普照”“虎峰马迹”“凉伞云遮”“石泉凝脂”。自古被誉为“巴渝名邑”，拥有众多文物古迹。全区有国家级4A级景区1个（观音塘湿地公园），2A级景区2个（露德堂、三担湖公园），国家森林公园、省级风景名胜区1个（青龙湖），国家级城市湿地公园1个（观音塘湿地公园）；温泉酒店1个（天赐华汤温泉酒店）；国际旅行社1家，国内旅行社1家，旅行社网点20余个。

2018年2月15日，市民在秀湖公园游览（曾清龙摄）

2018年4月6日，市民在秀湖汽车露营公园休闲娱乐（曾清龙摄）

2018年10月5日，枫香湖儿童公园游人如潮（曾世雷摄）

2018年元旦，人流如织的东岳体育公园（璧山报社供图）

观音塘湿地公园 位于璧山城区，占地41.53公顷，是重庆最大城市湿地公园，于2014年5月30日，被批准为“国家AAAA级旅游景区”。紧邻的璧南河沿河路2011年被评为重庆“最美大道”。

秀湖公园 位于璧山老城区与绿岛新区的结合部，紧邻璧山新商业中心，公园占地100公顷，其中水面33.33公顷，公园建筑全部为仿古建筑，43000平方米，再现璧山建县1200多年的人文景观、名胜古迹、民俗风情，成为演绎璧山厚重文化的优美“画卷”。

秀湖汽车露营公园 2017年3月开园，地处璧山区黛山大道与雪松路之间，与秀湖傍水毗邻。占地面积186亩，绿地面积80亩，内设小车停车区、大巴停车区、房车露营区、帐篷露营区、儿童游乐区、烧烤区六大功能区。集生态、汽车露营、古城墙文化、老城记忆为一体。

东岳体育公园 2017年9月28日建成投用，因地处东岳庙原址而得名，位于璧山绿岛新区核心区，东临黛山大道，西临枫香路，南临永嘉大道，北临文化艺术中心。公园以体育为主题，数百件健身器材分布其中。广植花草树木，绿化率高。错落安放文化石、景观石、假山、雕塑，注入艺术元素，阐释地域故事，传承璧山文脉，体育与山水、历史、艺术融为一体。东岳体育公园是璧山“体旅”融合的匠心之作，既“让体育绿起来，又让公园动起来，更让城市活起来”，成为璧山旅游一大亮点。2018年1月22日，被重庆市体育局授予“重庆市2017年市级大型城市体育公园”称号。

枫香湖儿童公园 2018年9月28日开园，因地处明代璧山古地名“枫香里”而得名，位于璧山区茅莱山脚，毗邻璧山国家高新区，风光旖旎，景色宜人。公园总占地面积800余亩，拥有200亩水体，可览湖光水色，种植200余种植物供游人观赏。公园以儿童娱乐为主题，以耕读文化为底色，融游乐、科普、山水为一体，包括16个主题娱乐区和10个特色场景区，设置几十种大型游乐玩具，是全国一流的无动力游乐设施儿童主题公园。截至2018年11月28日，枫香湖儿童公园就接待游客110万人次。

璧南河水利风景区 位于璧山城市核心区，景区因其紧紧依附在穿城而过的璧南河上，故称为璧南河水利风景区。该景区主要由璧南河畔的秀湖公园、璧南河城区段及观音塘湿地公园三大骨干水利景区组成。景区规划6.3平方千米，其中三大骨干景区2.78平方千米，水域1.15平方千米。景区将山、水、城、林、路、石、亭、廊等融为一体，是典型的城市河湖型水利风景区。2014年10月，璧山区璧南河水利风景区被水利部评为“国家水利风景区”。

青龙湖风景区 位于璧山城区西北29千米处的大路镇云雾山，2000年被评为“市级风景区”，2002年被评为“国家级森林公园”。以青龙湖和两座宋代寨保为中心，有12个景观和72个景点，被园林专家誉为“川东小九寨沟”，旅行家誉为“川东小峨眉”。

金堂湖风景区 位于璧山城区以西35千米处的正兴镇金堂湖，主要景点是重庆地区保存最好、最大的天主教堂“露德堂”，占地2公顷，历时百年，至今完好无损。

三担湖公园 位于璧山区大路街道办事处三担村，属璧山区国家农业科技园区管理。公园以“乡村生态旅游”为主题，保持巴渝原生态自然山水和传统农村的风貌，具有良好的自然景观和生态环境，是集田园观光、农耕体验、休闲度假、康体养生于一体的主题乡村休闲生态园。获“重庆市乡村文化乐园”、璧山区科普基地、美丽农庄等荣誉，2016年被评为“国家AA级旅游景区”。

人　口

2018年年末，全区总户数256167户，总人口（户籍人口）647658万人，其中城镇人口33.98万人，乡村人口30.78万人。在总人口中，男性32.74万人，女性32.02万人。全年出生人口6615人，死亡人口5090人，人口自然增长率为2.04‰。出生人口性别比为105.5（出生人口、死亡人口含漏统数据）。2018年，全区常住人口74.80万人，其中城镇常住人口43.56万人，农村常住人口31.24万人，城镇化率为58.24%，比上年提高1.98个百分点。

民族宗教

璧山区系少数民族散居地区，有土家族、苗、回、蒙古、彝、满等少数民族37个，总人数3571人，分布在全区15个镇街。璧山区有佛教、天主教、基督教三大宗教。有爱国宗教团体2个（天主教爱国会、基督教三自爱国会），宗教活动场所23处（其中佛教11处、基督教10处、天主教2处），分布在全区15个镇街。有宗教界人士40余人，共有信教群众6万余人，其中信奉佛教的人数5万余人，天主教信徒近4000人，基督教真耶稣教派信徒5000余人，道教信众数百人。信教群众构成的基本特点是：“四多四少”。即年纪大的多、年轻的少；女性多、男性少；文盲半文盲多、有初中以上文化的少；信佛教的多，信天主教、基督教的少。

行政区划

1949年12月1日璧山解放，属川东区巴县行政专员公署。是年12月20日，巴县行政专员公署改驻璧山，更名璧山行政专员公署。川东区璧山专署辖巴县、璧山、江津、永川、合川、江北铜梁、荣昌、大足、綦江、南川、长寿、涪陵13县和北碚管理局。

1951年4月，璧山专署迁江津，更名江津专区。1968年，江津专区更名江津地区。1981年，江津地区更名永川地区。璧山先后属江津专区、江津地区和永川地区。1983年4月1日，永川地区并入重庆市，璧山属重庆市。1997年，重庆直辖，璧山县隶属重庆直辖市。

2014年5月2日，经国务院批准，璧山撤县设区，1257年的置县历史结束。

县署，唐置县时即设于今璧城街道。清雍正六年（1728年）复置时，因县城残破，衙署无存，短时寄治来凤驿。清雍正十年（1732年），于璧城重建县衙署。此后，今璧城街道一直为璧山县政府、璧山县人民政府、重庆市璧山区人民政府所在地。

特色产品

【特色美食】 璧山特色美食当属享誉四方的“来凤鱼”“璧山兔”。除此之外，璧山特色美食还有“大刀烧白”“罗板鸭”“水八碗”“璧山面”“翔和豆腐脑”“曾氏家常鲫鱼”“张氏松花皮蛋”“168汤包”“璧山糖画”等。

来凤鱼 历史可追溯到明末清初，发源于被誉为成渝古道四大名驿之一的璧山“来凤驿”（今来凤街道），被誉为重庆江湖菜鼻祖，其特点为麻、辣、鲜、香、嫩。2016年，来凤鱼烹饪技艺被重庆市政府列入重庆市第五批非物质文化遗产代表性项目名录。

璧山兔 璧山美食的一张重要名片，主要有白砍兔、烧烤兔、火锅兔、汤锅兔、红烧兔、酸汤兔、板兔、烧兔丝、粉蒸兔等数十种菜品，年销售兔子近200万只。其中白砍兔发源于璧山丁家坳（今丁家街道），已有数百年历史，传承至今已形成多家知名品牌，如“唐兔”“财兔”“鲍兔”“江兔”等。

【土特产品】 璧山传统土特产品是“璧山土布”“璧山干酒”“玉麒麟锦缎”“青杠板栗”“大路七蕊黄花”“天池银丝粉”等。除“大路七蕊黄花”“青杠板栗”“璧山干酒”还有生产外，其余已无生产。现土特产品有“璧山葡萄”“丁家儿菜”“三合茶叶”“大路黄花”“七塘血橙”“广普脐橙”“正兴蜜柚”“福禄沃柑”等。2018年，为推动品牌农业的发展，举办“三品一标”申报动员会及各类培训

2018年4月9日，市民咨询购买璧山特产（璧山报社供图）

会，宣传"三品一标"相关知识，提高农产品品牌意识。2018年全区特色农产品新认证"三品一标"42个，新获市级名牌农产品9个。"璧山葡萄""璧山儿菜""大路黄花"3个地标产品2018年产量分别为3万吨、5.2万吨、750吨，产值分别为12000万元、8800万元、4500万元。

2018年璧山区新增市级以上名特优产品统计表

名称(商标)	主要产地	批准时间	授予(批准)单位	生产规模
三贵葡萄	正兴镇	2018年8月	重庆名牌农产品认定委员会	11公顷
绿壳鸡蛋	大路街道	2018年8月	重庆名牌农产品认定委员会	140万枚
七蕊黄花	大路街道	2018年8月	重庆名牌农产品认定委员会	33公顷
夏黑葡萄	大兴镇	2018年8月	重庆名牌农产品认定委员会	24公顷
璧玉秀芽	三合镇	2018年8月	重庆名牌农产品认定委员会	110公顷
渝璧香	正兴镇	2018年8月	重庆名牌农产品认定委员会	16公顷
璧北番茄	七塘镇	2018年8月	重庆名牌农产品认定委员会	23公顷
渝璧玉血橙	七塘镇	2018年8月	重庆名牌农产品认定委员会	100公顷
柚子	正兴镇	2018年2月	中国绿色食品发展中心	30吨
后皇嘉树	福禄镇	2018年11月	中国绿色食品发展中心	100吨
登云坪脐橙	广普镇	2018年9月	中国绿色食品发展中心	2000吨
百香果	七塘镇	2018年10月	中国绿色食品发展中心	50吨
火龙果	七塘镇	2018年10月	中国绿色食品发展中心	300吨
枇杷	大兴镇	2018年1月	中国绿色食品发展中心	70吨
鲫鱼、草鱼	大路街道	2018年11月	重庆市农委	70吨

经济社会发展

2018年，璧山区深学笃用习近平新时代中国特色社会主义思想，坚持稳中求进工作总基调，坚定践行新发展理念，按照市委、市政府要求，围绕高质量发展这一主线，稳步实施"三区一美"行动计划，经济运行态势良好。

【主要指标】 2018年，全区地区生产总值527.3亿元，同比增长10%，增速居全市第二位，考核组第一位。其中，第一产业增加值28.7亿元，同比增长4.2%；第二产业增加值325亿元，同比增长10.3%；第三产业增加值173.4亿元，同比增长10.4%。全体居民人均可支配收入29888元，同比增长10.3%。进出口总额23.5亿元，同比增长27.5%。全区地方财政收入144.5亿元，同比增长15.7%。其中：一般公共预算收52.8亿元，税收收入31.8亿元，同比增长14.1%。全区存款余额542.3亿元，同比增长20.1%。

【投资增长】 2018年,全区固定资产投资474.9亿元,同比增长10.2%。专项基金联席会议制度、重大项目建设联席会议制度作用得到有效发挥,项目储备、实施、管理的统筹能力不断增强。从行业看,工业投资稳定增长,完成投资235亿元,同比增长10.5%,占全社会固定资产投资的49.4%;基础设施投资105.9亿元,同比增长16%。从区域看,高新区完成投资213.5亿元,占全社会固定资产投资的44.9%;绿岛新区完成投资23.9亿元,占比约5%。从结构看,一产业完成投资11.3亿元,同比增长63.6%;二产业完成投资235亿元,同比增长10.5%;三产业完成投资227.7亿元,同比增长8.1%。

【工业经济】 规上工业企业新增38家,累计333家;规上工业产值781.4亿元,增长10.7%;规上工业主营业务收入增长8.9%、利润总额增长23.5%。助力企业摆脱困境。为134家企业提供资金支持29亿元、帮助企业融资8.5亿元、减免税费18.1亿元。其中,建立规模为1亿元的科技型企业知识价值信用贷款风险补偿基金,61家科技型企业获得贷款7840万元;设立2亿元工业企业流动性贷款补偿资金池、5000万元中小微企业转贷应急周转资金池和3000万元创业种子基金,分别发放资金8490万元、1800万元、170万元。扶持企业做大升级。累计培育15家企业挂牌上市,其中:蓝黛传动、嘉陵集团分别在沪、深主板上市;瑞普电缆、兴渝涂料等6家企业挂牌新三板;金冠汽车、爱华机械等7家企业在重庆股份转让中心(OTC)挂牌。开放平台加速成长。高新区建成区拓展到21平方千米,入驻企业1146家,引进战略性新兴产业项目34个,在全国高新区排名提高9个位次。工业用地产出强度达到每平方千米103.3亿元,工业集中度达到87.3%。

壁山城区一景(2018年6月,陈亮摄)

【现代服务】 社会消费品零售总额增长12.9%；批发和零售业商品销售总额增长16.6%；住宿和餐饮业营业收入增长16.1%。大力培育商圈经济，南门唐城入驻商家97家，入驻率72%。俊豪中央大街开街运营，引进大润发、俏巴渝等众多知名商家。红星美凯龙建成投运。举办“璧山2018十大名店名菜评选大赛”。电子商务快速发展，建成电商公共服务中心和物流公共配送中心，43个物流点实现镇街全覆盖，限额以上商贸流通企业实现网上销售4.2亿元，同比增长129%。建成“璧山大学生文化创意实训基地”，举办“阿里巴巴产业节——走进璧山”活动。全年接待旅游1380.41万人次，同比增长3.1%；旅游收入48.31亿元，增长29.7%。打磨推广旅游线路4条，其中“公园之城”旅游线路被各大旅行社广泛推广。签约朗廷·康得思酒店，推进10条“文化主题街区”建设，俊豪中央大街夜市街获评“市级特色夜市街区”。

【乡村振兴】 成功创建“国家出口农产品质量安全区”，大路黄花申报成为国家地理标志产品。现代农业产业体系进一步壮大，璧北蔬菜、璧南苗木、璧西水果“三大基地”提质增效，实现产值3.2亿元。丁家儿菜、三合茶叶、正兴蜜柚、七塘血橙、福禄沃柑、大路黄花等产业基地提档升级，培育喜观昆虫王国、三担健康城、炫彩万木源等乡村旅游亮点。

【民生工作】 教育事业发展均衡，推进学校标准化建设，完成“全面改薄”年度建设任务，创建3所智慧校园示范学校。医疗卫生事业健康发展，实施医疗机构服务能力提升、儿童医疗能力提升等8大工程，推进建立医改便民长效机制、完善分级诊疗制度等5项改革，全区人均预期寿命提高到79.01岁。科技工作成效显著，全社会研发经费投入占地区生产总值比重达到3.25%；新授权发明专利110件，万人有效发明专利拥有量达7件。文体事业丰富多彩，开展“放歌新时代·共筑中国梦”精品文艺演出17场，完成重大演出98场次，开展流动文化进基层600场次，吸引观众达38.6万人次；举办璧山区第一届全民健身运动会以及各类群众体育赛事40余次。就业和社会保障体系不断完善，实现城镇新增就业2.3万人，城镇登记失业率仅为1.53%；实施医疗救助、临时救助、特困人员救助21.7万人次，发放救助金8649万元；城乡低保实现应保尽保，发放低保金5126万元，12.1万人次获益。

精神文明建设

【公民思想道德建设】 *推荐评选和宣传关爱道德模范* 开展“我推荐我评议身边好人”活动，获评“重庆好人”12人、“中国好人”4人，推荐市级道德模范5人，举办“好人在身边”微访谈12场。举办2018年第二季度“好人在身边”微访谈（璧山）市级示范活动。制定《璧山区道德典型关爱帮扶制度》，全年累计关爱慰问、关心帮扶“身边好人”和道德模范29人次。

“孝善立德”实践活动 指导镇街开展“孝顺儿女”“好媳妇”等孝善典型评选。2018年6月“璧山孝子”黄勇获评孝老爱亲“中国好人”。孝老敬老类主题活动常态开展，组织“微爱行·尚善

敬老”“奉献温暖 关爱夕阳”等志愿服务活动70余场次，惠洋孤寡老人、空巢老人近4000人次。

职业理想、职业操守教育 开展“岗位学雷锋”评选、“微笑满璧山”等活动，制定《关于健全师德建设长效机制的意见》，开展“最美老师”等评选，提升教师职业道德水平。深化医德医风建设，推动职工队伍素质建设。

诚信制度化建设 深化“璧山千店讲诚信”活动，开展涉旅商铺文明创建，组织涉旅商铺签订“诚信服务承诺书”，评出“文明商铺”“诚信商家”20家。开展“文明在行动·满意在璧山”行动，整治旅游领域不文明行为。

“家风润万家”活动 开展“传家训·树家风·立家德”好家风好家训系列活动，开展“好家风”网络评比活动15期，征集好家风130余个，评出推送优秀“好家风”故事30期，打造“家风”主题示范点3个。

2018年4月22日，璧山人黄勇背着90岁的母亲看马拉松赛，被誉为”璧山孝子“。7月，黄勇被中央文明办评为“中国好人”(杜微摄)

“我们的节日”主题活动 在传统节日举办“立春·送福”“我们的节日·清明——缅怀先烈 传承奉献”“端午情·中华魂——我们的节日·端午”经典诵读等传统节日庆祝纪念活动6场，示范带动全区“我们的节日”主题活动深入开展，增强市民文化自信和爱国情感。

【文明新风尚建设】 **普传文明理念** 做好“讲文明树新风”公益广告刊播，璧山广播电台播放公益广告2000分钟、《璧山报》刊播公益广告52个整版，“璧山网”首页常态刊播公益广告图片，点击量超过200万次；策划“做‘礼所能及’的璧山人”“二十四节气·立春”“清明·让为我们为璧山英烈送上一束花”等网络文明传播活动，传播文明理念。

倡导文明生活 开展“衣食住行”“文明礼仪我带头·争做璧山好市民”等系列文明生活行动，开展“衣旧情深”主题活动7次，募集、捐赠衣物3000余件，引导市民节用惜福、崇尚文明。

推进文明行动 推进“山水重庆·文明同行”“文明在行动·满意在璧山”等工作，开展“礼让斑马线·文明我点赞”“周六文明劝导我参与”“文明出游·人人有礼”等主题活动，区内媒体曝光市民不文明行为1000余次，引导人们养成良好行为习惯。

【志愿服务工作】 一是持续壮大志愿力量。新增志愿服务团体278个、志愿者6600余人，“小城大爱”志愿服务队人数增至703人；截至2018年底全区共有15个镇街志愿服务指导中心，志愿服务站覆盖全区187个村、社区，注册志愿服务组织达750个、志愿者10.16万人。二是推进志愿服务季行动。以行业部门、专业志愿服务队为主力，结合世界环境日、国际禁毒日等特殊时间节点设置志愿服务季活动27个，开展“向春天报到”——“3·5”学雷锋志愿服务暨雷锋故事展演、“山水之城·美丽之地”等大型志愿服务活动30余场。三是常态开展志愿服务活动。持续以“小城大爱　有你有我”志愿服务品牌统领全区志愿服务工作，常态开展“志愿服务赶场天”“璧山绿”“中医走基层”等特色项目，2018年全区累计开展志愿服务活动近1000场次，惠及群众近5万人次。

【精神文明创建】　一是深化精神文明五大创建。开展“城市文明我先行”“烟头不落地”等活动，推进文明城区创建；深化文明村镇、文明单位、文明家庭、文明校园创建，向市推荐申报市级文明村镇6个、市级“文明单位”4个，市级“文明家庭”3个，市级文明校园4所。二是做实文明细胞创建。实施“文明在行动·璧山更洁净”“文明院落”等创建行动，以文明实践活动引导市民文明习惯养成，深化“爱心进农家”文明单位扶贫行动，发挥文明单位模范作用。三是丰富基层文明创建。开展“美丽庭院”“整洁庭院”“最美阳台”“最美家庭”“五好家庭”以及好婆媳、好儿女、好夫妻、好妯娌、好邻居等评选活动，深化基层文明创建，拓宽群众参与渠道，评出“最美家庭”10户，“最美庭院(阳台)”15户。

【未成年人思想道德建设】　一是参与市级活动。参与“九童圆梦”“红樱桃”“寻根乡愁”“劳动小能手”等市级活动，开展“新时代好少年学习宣传”、未成年人“三结合”孝善立德教育工作、“扣好人生第一粒扣子”主题教育实践活动；评选新时代好少年30名，10个学校(学生)在市“九童圆梦”狗年春节行动中获奖；12月7日承办市第三季度“新时代重庆好少年发布会”，获好评。二是关爱困境儿童。募集善款物资10万余元，组织中秋关爱、“新年微心愿”等爱心活动，招募爱心志愿者近200名对全区困境儿童进行“1+1+N”结对帮扶，“冬日针爱”志愿行动关爱困境儿童80人。三是乡村学校少年宫建设。9所乡村学校少年宫均按测评体系要求和“六个一”标准开展“一校一特色”品牌建设，青杠实小扇面书画、三合小学剪纸、保家小学麻袋绣、文风小学正则绣等已成各校特色品牌；参与乡村学校少年宫年画大赛、优秀童谣创建传唱、“最美教师”推荐评选等活动，报送优秀童谣13首，8名教师获评市“最美教师”等称号，14幅作品在乡村学校少年宫书画大赛中获奖。

【农村精神文明】　一是深化乡村典型评选。深化“美丽乡村·善美巴渝”建设，推进社会主义核心价值观进农家，开展“星级文明户”、乡村洁净典型等创建评选，评出区级“十星级文明户”16户、“整洁庭院”3000余户、乡村“好儿女”“好婆媳”100余人。二是做实乡村志愿服务。做好“我们一起奔小康”“幸福满乡邻”等活动，开展助耕助收、帮贫助困等志愿服务活动100余场次，帮助贫困群众400余人；推进乡村振兴志愿服务试点工作，50个村(涉农社区)打造标准化志愿服务站点，开展“助推乡村产业振兴”“助推乡村文化振兴”等五大类乡村振兴志愿服务活动100余场次。三是推进乡村移风易俗。开展婚丧礼俗整治、文明礼仪宣教等工作，以整治“烧火佬”婚嫁恶俗为重点，突出抓好“移风易俗——婚嫁恶俗整治”工作，打造镇街级移风易俗示范点12个，组建“移风易俗理事会”187个，253家酒店、婚庆公司等签订抵制《责任书》，印制抵制婚嫁恶俗《宣传图册》《倡议书》等资料5万余份，举办文艺演出、文明婚嫁“龙门阵”等近100场次，除恶俗树新风，工作经验“璧山‘四招’整治闹婚陋习”上报中央文明办和市委办公厅。

政治建设

中国共产党重庆市璧山区委员会

综　述

【概况】 党的十八大以来，区委坚持贯彻新发展理念，抢抓机遇、应对挑战，全区综合实力快速提升，城乡面貌日新月异，经济活力不断增强，人民生活持续改善，和谐局面更加巩固，党的建设全面加强，各项事业取得了长足进步，发展成就令人振奋。2018年，在市委的坚强领导下，区委团结带领全区各级党组织和广大党员干部群众，贯彻新发展理念，统筹推进“五位一体”总体布局，协调推进“四个全面”战略布局，以打好“三大攻坚战”、实施“八项行动计划”为重要抓手，推动经济建设、政治建设、文化建设、社会建设、生态文明建设和党的建设取得新成效。

【经济建设】 聚焦高质量、供给侧、智能化，全力推动质量变革、效率变革、动力变革。地区生产总值增长10%；一般公共预算收入实现52.9亿元，其中税收收入完成31.9亿元；规上工业增加值增长9.4%；社会消费品零售总额增长12.9%；全体居民人均可支配收入达到29888元，增长10.3%，主要经济指标保持稳定增长态势。在首届“智博会”引进比亚迪等市场主体，56家企业完成智能化改造，蓝黛、龙润、红宇等企业转型和产品升级提速见效，新技术、新产业、新业态、新模式不断发展。加快构建支撑高质量发展的现代产业体系，“智能装备、信息技术、生命健康”三大主导产业产值占比提高到89.1%。璧山国家高新区进一步发展壮大，军民融合“1+10”产业研究院体系日臻完善，规模以上企业建立研发机构比例提高到36.9%，产业和股权投资基金初具规模，42家企业进入市级挂牌上市储备库，全区R&D占比达到3.25%，成功创建“国家知识产权试点城区”。举办第三届重庆军民深度融合产业发展交流会，启动全国首个空间太阳能电站实验基地项目建设。设立产业发展资金、工业企业流贷风险补偿资金等6个“资金池”，开展行政执法“零检日”行动和精准走访服务民营企业活动，落实减税降费各项政策，积极争取国家专项基金投向实体经济，营商环境不断优化。采取系列管用措施，有效防范债务风险，全区政府性债务绿色可控。

【政治建设】 始终把旗帜鲜明讲政治摆在首位，引领各项事业发展进步。深学笃用习近平新时代中国特色社会主义思想，扎实推进党的十九大精神轮训党员全覆盖，努力做到学懂弄通做实，真正学出觉悟、学出信仰、学出担当。树牢“四个意识”，坚定“四个自信”，坚决做到“两个维护”，坚决落实市委“三个确保”政治承诺。坚持破立并举，注重法德结合，出台《关于营造良好政治生态的意见》等系列文件，全面彻底干净肃清孙政才恶劣影响和薄熙来、王立军流毒。紧紧围绕习近平总书记对重庆提出的“两点”定位、“两地”“两高”目标和营造良好政治生态，做到“四个扎实”的重要指示要求，统筹推进“五位一体”总体布局、协调推进“四个全面”战略布局，认真落实陈敏尔书记调研璧山重要指示精神，切实打好“三大攻坚战”、实施“八项行动计划”，有效保证中央和市委决策部署全面落实在璧山大地上，推动各项事业始终沿着总书记指引的正确方向不断前进。

【文化建设】 文化主题街区再现历史场景，古建筑、文化墙、老照片展示人文历史，优秀传统文化不断传承和弘扬。全区万人公共文化面积达890.25平方米，免费开放率100%。全年投入资金618.7万元，组织演出团队62支，编排节目413个，举办十九大精神“文艺”六进宣传、“红色文艺轻骑兵”文艺家下基层、戏曲进校园、“文化进万家”、文化惠民展演、流动文化进基层等重大演出98场次，流动文化进基层600场次，吸引观众达38.6万人次。坚持“公园之城”生态奠基、“石头上的小城故事”文化铸魂、六旗乐园等龙头引领、马拉松赛等农体商旅“多产融合”，以“生态+文化+项目”为方向，深刻融入城市的肌理、文化和发展定位。“开笔礼·状元行”国学亲子游、云雾山樱桃节、璧山葡萄采摘节、国际马拉松赛、国际长板Dancing大师赛等日益成为璧山节会(体育)旅游新名片。100余万字的文化解读，让“石头上的小城故事”串联文化记忆，200余块文化石“开口”讲璧山故事；水街、耕读大街等10条“文化主题街区”为璧山本土文化传承提供了最有温度的平台。

【社会建设】 深入贯彻“以人民为中心”的发展思想，始终把人民对美好生活的向往作为奋斗目标。坚持60%以上的财政收入用于保障和改善民生，努力推动经济社会协调发展。扎实推进基本公共服务标准化、均等化，一批重点民生实事全面完成，40万平方米保障性住房建成交付，各类社会保障覆盖面不断扩展，人民医院成功创建“三甲”，智慧校园跻身全市一流，“国家卫生区”实至名归。深入实施精准扶贫“八大工程”，15个薄弱村基础设施全面提升，农村C、D级危房改造年度任务顺利完成，“两不愁三保障”得到有效落实。坚守安全稳定底线，扫黑除恶专项斗争取得阶段性成果，“2+N”联调机制全市推广，社会治理“网格化”把平安和谐的网底越织越密，全年未发生较大及以上生产安全事故，璧山父老乡亲的获得感幸福感安全感更加充实、更有保障、更可持续。

【生态文明建设】 深入践行“绿水青山就是金山银山”理念，促进人与自然和谐共生。坚持把绿色作为城市发展底色，秀美绿城、活力水城、文化古城取得新进展，新增城市公共绿地面积100万平方米，植物品种更加丰富；“全国水生态文明城市”通过国家验收，“一河六湖十八湿地”构架基本成型。启动交通“三年行动计划”，六旗大道建成通车，轨道交通1号线加紧推进，国省道和县乡公路接续改造，“四好农村路”快速建设，内畅外联的交通格局基本成型。统筹推进山水林田湖草系统治理，坚持对环境污染“零容忍”，持续推进“五大环保行动”，有序整治缙云山国家级自然保护区，全面推行河长制，强化大气和水环境治理，境内三条主要河流水质全部达标，环境空气质量持续改善。

【党的建设】 全面落实新时代党的建设总要求，坚持从严管党治党，压紧压实“两个责任”，自我净化、自我完善、自我革新、自我提高的能力明显增强。动态整治软弱涣散基层党组织，推动全面从严治党向基层延伸。严肃党内政治生活，涵养党内政治文化，扎实推进“两学一做”学习教育常态化制度化，思想政治建设持续加强。严格执行中央八项规定精神和市委实施意见，设立“无会日”，推广“马路办公——千里眼”工作法，严防“三多一懒”，“四风”整治成效明显。强化理论武装、价值引领、阵地管理、舆论引导,意识形态领导权有效巩固,宣传思想工作卓有成效。接续实施"千人引才计划",评选表彰"企业创新型人才"和"璧山英才",累计引进和培养1933名高学历、高职称、高技能人才。突出党管干部原则,坚持用"二十字"好干部标准选人用人,建立完善干部"能上能下"和容错纠错机制,营造了风清气正的良好环境。推进"家门口、指尖上、一体化"服务体系建设,变"群众跑腿"为"信息跑路",让基层组织回归服务群众本质。保持良好迎考备考状态,先后经历环保专项督察、脱贫攻坚常态化督查、扫黑除恶检查指导,有力促进相关工作不折不扣落实。稳步推进国家监察体制改革,坚定不移深化区委政治巡察,用好监督执纪"四种形态",严肃查处群众身边腐败和作风问题,持续巩固反腐败斗争成果。

【中国共产党重庆市璧山区第十四届委员会第三次全体会议】 1月2日,中国共产党重庆市璧山区第十四届委员会第三次全体会议在璧泉街道召开。区委常委会主持会议。区委委员、候补委员出席会议。不是区委委员的区级领导、副厅局级干部,担任过四大家领导班子主要领导的退休老同志,区纪委常委,区属工作部门、各镇街党政主要负责人,市级在璧直属机构主要负责人,区属单设中学、区管医疗单位党政主要负责人,部分国有企业、金融单位主要负责人和部分基层区党代表、重点民营企业代表等列席会议。全会的主要任务是:全面贯彻党的十九大精神,以习近平新时代中国特色社会主义思想为指导,切实落实中央经济工作会议、市委五届三次全会和全市各项工作部署,以"三区一美"战略行动为重要抓手,力求各项工作走在全市前列,为全面建成小

2018年1月2日,中共重庆市璧山区委十四届三次全会召开(曾清龙摄)

康社会奋力冲刺，共同书写新时代的壮丽篇章。听取和讨论了吴道藩代表区委常委会所做“紧跟新时代步伐　冲刺全面建成小康社会”的讲话，讨论了《关于区委常委会工作的报告》。审议通过了《中国共产党重庆市璧山区第十四届委员会第三次全体会议决议》。

【中国共产党重庆市璧山区第十四届委员会第四次全体会议】　4月17日，中国共产党重庆市璧山区第十四届委员会第四次全体会议在璧泉街道召开。区委常委会主持会议。全会的主要任务是：深入学习贯彻党的十九大精神，以习近平新时代中国特色社会主义思想为指引，全面贯彻习近平总书记视察重庆重要讲话和参加重庆代表团审议时重要讲话精神，扎实落实市委五届四次全会各项部署，坚决肃清孙政才恶劣影响和薄熙来、王立军流毒，加强法治和德治工作，营造风清气正的良好政治生态，推动全面从严治党向纵深发展，为更好地把党的十九大精神和总书记殷殷嘱托扎根于璧山提供坚强保证。听取讨论了吴道藩代表区委常委会所做“全力营造风清气正的良好政治生态把党的十九大精神和总书记殷殷嘱托扎根于璧山”的讲话，审议通过了《中共重庆市璧山区委关于营造良好政治生态的意见》《中共重庆市璧山区委关于加强法治和德治工作的实施意见》和《中共重庆市璧山区委关于坚决肃清孙政才恶劣影响和薄熙来、王立军流毒的意见》和全会决议。

【中国共产党重庆市璧山区第十四届委员会第五次全体会议】　12月13日，中国共产党重庆市璧山区第十四届委员会第五次全体会议在璧泉街道召开。区委常委会主持会议。区委委员、候补委员等出席会议。全会主题是：深入学习习近平总书记关于深化党和国家机构改革重要论述，全面贯彻落实中央和市委关于机构改革各项部署，研究讨论璧山区机构改革工作。审议通过了《重庆市璧山区机构改革方案（送审稿）》和全会决议。

【区委常委会】　十四届区委常委会召开会议27次，分别是第26次至第52次。研究的主要议题：第26次传达学习习近平总书记在全国政协新年茶话会上的讲话精神等，审议《关于建立容错纠错机制激励干事创业的实施办法（试行）》等。第28次传达学习了中共十九届二中全会、中央政法工作会议精神等，审议《关于加强巡察工作的实施意见》等。第29次传达学习习近平总书记在中央党外人士座谈会上的重要讲话精神等，审议《深化抓党建促脱贫攻坚行动方案》等。第30次传达学习习近平总书记在中共中央政治局第四次集体学习时的讲话、在打好精准脱贫攻坚战座谈会上的讲话精神，陈敏尔书记在市委常委会2017年度民主生活会上的讲话精神等，审议《区委常委会2018年工作要点》等。第31次传达学习党的十九届三中全会精神，习近平总书记在参加十三届全国人大一次会议重庆代表团审议时的重要讲话精神等，审议《重庆市璧山区乡村振兴战略行动计划》等。第32次传达学习习近平总书记在十三届全国人大一次会议、在审阅中央政治局同志述职报告时的重要讲话精神等，审议《重庆市璧山区促进金融产业发展办法》《关于进一步加强和改进党对政法工作领导的实施意见》等。第33次传达学习习近平总书记在博鳌亚洲论坛2018年年会开幕式上的主旨演讲精神，市委五届四次全会精神等，审议《璧山区扫黑除恶专项斗争工作方案》。第34次传达学习习近平总书记在深入推动长江经济带发展座谈会、在全国网络安全和信息化工作会议上的重要讲话精神等，审议《璧山区委巡察工作规划（2017—2021）》《璧山区2018年招商引资工作考核细则》等。第35次传达学习习近平总书记在北京大学师生座谈会和关于中国特色社会主义新型政党制度重要讲话精神等，审议《“健康璧山2030”规划》《重庆市璧山区党委联系服务专家工作暂行办法》等。第36次传达学习习近平总书记在全国生态环境保护大会上的重要讲话精神等，审议《2018年党风廉政建设“两个责任”清单》《中共重庆市璧山区委关于加强新形势下党的督促检查工作的实施意见》等。第38次传达学习习近平总书记在上海合作组织青岛峰会上重要讲话精神，重庆市委书记陈敏尔在重庆市深入推动长江经济带发展动员大会暨生态环境保护大会上的讲话精神等，审议《璧山区精准脱贫攻坚实施方案》《璧山区分层分类开展乡村振兴试验示范实施方案》等。第40次传达学习中央全面深化改革委员会第三次会议精神等，审议《璧山区缙云山国家级自然保护区生态环境综合整治实施方案》《璧山区污染防治攻坚战实施方案》等。第42次传达学习习近平总书记在党外人士座谈会上的重要讲话精神等，审议《重庆市璧山区加强干部法治素养建设的工作方案》。第43次审议《加快全域旅游发展的实施意见》《重庆市璧山区工业企业流动性信用贷款风险补偿资金管理办法》等。第44次传达学习习近平总书记在全国宣传思想工作会议、中央全面依法治国委员会第一次会议上重要讲话精神等，审议《璧山区科教兴区和人才强区行动计划（2018—2020年）》《关于进一步加强城市基层党建工作的通知》《关于全面优化营商环境促进民营经济发展的实施意见》等。第45次传达学习习近平总书记在中非合作论坛北京峰会开幕式、全国教育大会上的重要讲话精神等，审议《关于加强法官检察官正规化专业化职业化建设全面落实司法责任制的实施意见》等。第46次传达学习习近平总书记在中共中央政治局第八次集体学习时重要讲话精神等，审议《璧山区实施生态优先绿色发展行动计划（2018—2020年）》《重庆市璧山区保障和改善民生行动计划（2018—2020年）》等。第47次传达学习习近平总书记对脱贫攻坚工作重要指示、对全国党委秘书长会议做出重要指示精神等，审议《关于加强和改进新时代人大工作的意见》《重庆市璧山区关于加强和完善城乡社区治理的实施意见》等。第48次传达学习习近平总书记在中共中央政治局第九次集体学习、民营企业座谈会上的重要讲话精神，陈敏尔在市委常委会会议分析当前经济形势部署下步经济工作时的讲话精神等，审议《璧山区一体化在线政务服务平台建设方案》《重庆市璧山区生态环境损害赔偿制度改革实施方案》等。第51次传达学习习近平总书记在参观“伟大的变革—庆祝改革开放40周年大型展览”时重要讲话精神等，审议《重庆市璧山区机构改革方案》《关于加强和改进新时代人民政协工作的意见》《关于贯彻重庆市军民融合发展战略行动计划（2018—2020年）实施方案》《关于进一步统筹规范督查检查考核工作的通知》等。第52次传达学习习近平总书记在庆祝改革开放40周年大会、中共中央政治局第十次集体学习时重要讲话精神等，审议《重庆市璧山区关于打赢打好精准脱贫攻坚战三年行动的实施计划》《关于开展质量提升行动推进质量强区建设的贯彻实施意见》等。

纪检　监察

【概况】 全区各级纪检监察组织认真贯彻落实党的十九大、十九届中央纪委二次全会、市纪委五届二次全会精神，在市纪委监委和区委的坚强领导下，树牢“四个意识”、坚定“四个自信”、坚决做到“两个维护”，忠实履行党章和宪法赋予的重大职责和神圣使命，始终保持冷静清醒和战略定力，重整行装再出发，以永远在路上的执着与坚韧，坚定不移推动纪检监察工作取得新成效，得到市纪委主要领导的高度肯定。

【纪委重要会议】 2月9日，召开中国共产党重庆市璧山区第十四届纪律检查委员会第三次全体会议，深入学习贯彻习近平新时代中国特色社会主义思想，全面贯彻落实党的十九大和十九届

2018年2月9日，璧山区十四届纪委三次全会召开（璧山报社供图）

二中全会精神，认真落实十九届中央纪委二次全会和市委五届三次全会工作部署，按照市纪委五届二次全会和区委十四届二次、三次全会工作安排，总结2017年全区纪检监察工作，安排2018年任务。区委、区人大、区政府、区政协领导同志出席会议。有关方面负责同志参加会议。会议审议通过区、纪委书记李金泉代表区纪委常委会所做的《深学笃用习近平新时代中国特色社会主义思想坚决把党的十九大全面从严治党战略部署扎根于璧山》工作报告，形成决议。

2018年，璧山区纪委召开纪委常委会11次，传达学习中央、市委重要会议精神，讨论审议《璧山区纪委监委特邀监督员聘用管理办法（试行）》《纪检监察干部联系村（社区）工作制度》等相关制度，研究违纪违法人员处分情况等。

【纪检监察体制改革】 深入推进国家监察体制改革试点工作。1月，区监委顺利挂牌，与区纪委合署办公，共设办公室、组织部、宣传部、党风政风监督室、信访室、案件监督管理室、第一纪检监察室至第六纪检监察室、案件审理室、纪检监察干部监督室等共14个内设机构，全区监察对象较改革前增加1万余人。8月，区监委4个派出监察室成立，实现对全区15个镇街的监察监督全覆盖。10月，区纪委监委派驻机构调整完成，撤销原派驻机构8个，10个原派驻机构更名为区纪委监委派驻纪检监察组，赋予其监察权；成立第七纪检监察室，加强民生领域监督执纪问责。12月，全区186个村（居）设立村（居）监察监督员，延伸监察监督“最后一千米”，稳步推进改革试点工作向深水区迈进、监察职能向基层延伸。

【巡察工作】 坚持巡察重心、抽查情况、谈话对象“三个下沉一级”，开展专项巡察和“机动式”巡察。紧盯涉及信访量大、资金量大、宗族势力大、任职时间长等"三大一长"的村(社区)和基层站所负责人,紧盯基层"小官、小事、小钱、微权力"等"三小一微",深度聚焦"三大攻坚战""八项行动计划",最大限度发现问题、形成震慑。2018年对5个部门、4个镇街开展常规巡察,对4个部门、3个市级贫困村开展扶贫领域专项巡察,共发现问题204个,移送问题线索69件,立案9件、结案8件,党纪政务处分8人。

【纪律审查】 持续加大纪律审查力度,2018年,收到信访举报539件,同比上升51%(其中:检控类279件,同比增长39.5%)。处置问题线索374件,增长113.71%;立案78件,增长18.18%;结案70件,增长12.9%;给予党纪政务处分73人,增长7.35%;涉嫌犯罪依法留置5人,移送司法机关7人。成功抓获1名潜逃8年的职务犯罪嫌疑人归案,受到市委追逃办通报表扬。精准运用"四种形态"处理371人次,增长71.76%。其中,第一种形态294人次,第二种形态48人次,第三种形态18人次,第四种形态11人次,结构比为79.2%、12.9%、4.9%、3.0%,监督执纪由"惩治极少数"向"管住大多数"拓展。

【作风建设】 巩固拓展中央八项规定精神成果,持之以恒纠正"四风"。璧山区委出台《璧山区委常委会贯彻落实中央八项规定精神实施办法》,专题听取《关于五年来我区贯彻落实中央八项规定精神加强作风建设情况的报告》,带头贯彻落实中央八项规定精神,持之以恒转作风改作风。编印《落实中央八项规定精神有关问题释疑》,对50个具体问题,划出纪律"红线",消除"模糊地带";开展作风建设"大约谈、大检查",列出14项负面清单,"三级约谈"干部1.4万余人;联合公安、税务等力量,开展专项检查10余次、明察暗访150余次,运用票据管理系统、"天网"和大数据平台筛查"四风"问题线索。坚持越往后越严,严肃查处并通报曝光违反中央八项规定精神44起65人,党纪政务处分14人。深化"1+3"专项整治,严肃查处违规收受礼品礼金问题4个、违规吃喝问题3个,清退违规发放津补贴243.2万元,15名党员干部主动上交红包礼金4.4万元。集中整治形式主义官僚主义四个方面12类突出问题,严肃查处32起61人,党纪政务处分5人。

大力整治群众身边的腐败和作风问题。以"脱贫攻坚作风建设年"为契机,查处扶贫领域腐败和作风问题93件141人。严惩涉黑涉恶腐败和"保护伞",完善与政法机关的问题线索移交办理机制、案件协作配合办法等,受理问题线索82件,办结17件,立案3件,移送司法机关3人。紧扣缙云山生态环境综合整治,抓好生态环保领域监督执纪问责,查处问题5起17人。加强民生监督工作,实施党员干部亲属涉权事项公开制度,开发"璧山民生监督"手机APP并正式上线运行;推进优化营商环境专项整治试点,查处涉企服务问题3件5人,推动构建"亲""清"新型政商关系。创新开展纪检监察干部联系村(社区)工作,实现186个村(社区)联系全覆盖、走访全方位,组织处理7人,中国纪检监察网、"风正巴渝"网、重庆新闻联播相继对此进行了经验性报道。2018年,全区共查处侵害群众利益的作风和腐败问题158件245人,党纪政务处分21人,问责44人,让人民群众感受到实实在在的获得感、幸福感、安全感。

【党风廉政宣传教育】 以入脑入心的思想浸润宣传管党治党的正能量好声音。主动融入党的宣传工作格局,全区党风廉政建设和反腐败工作在《中国纪检监察报》《重庆日报》、重庆电视台、"风正巴渝"网等市级以上媒体宣传59篇(次);通过广播电视台、《璧山报》等区级媒体,持续宣传党章、党规,宪法、监察法;将新修订的《中国共产党纪律处分条例》纳入区委党校主体班、远程教育、机关党建微信在线学习内容;依托"璧山清风"率先在区县建立网上警示教育阵地,营造了良好宣传舆论氛围。

【队伍建设】“浓情”管理彰显厚爱与激励。开展集中培训1期、“双周一课”8期，参训干部1000余人次；抽调干部跟案学习、上级调训40余人次，打造干部成长“快车道”。谈心谈话120余人次，慰问干部职工11人，帮助解决困难8人，体现关心关怀。“绝情”管理体现严管与约束。实行季度“派账、建账、报账、对账”的“四账”制度，传导压力促履职，约谈后进纪检组织负责人12人次，处置纪检监察干部问题线索6件，组织处理3人，其中问责区管纪检监察干部2人。将1名行为失范的干部调离纪检监察队伍，坚决严防“灯下黑”。

组织工作

【概况】中共重庆市璧山区委组织部是主管全区组织建设、干部队伍建设及人才队伍建设等工作的区委工作部门，与区委非公经济和社会组织工委合署办公，下属区远程教育中心（参公副处级）和区人才引进服务中心（正科级）2个事业单位，内设办公室、干部科、干部教育科、干部监督科、干部考核科、人才科、组织科、党代表联络科、信息调研科、非公党建科等10个职能科室，截至2018年年底，实有行政人员（含参公人员）25名、事业人员6名、工勤人员2名。

全年举办主体班10期、专题班37期，培训各级领导干部5770余人次。品牌化开展“干部大讲

2018年5月17日，区委召开党内法规工作联席会议第一次会议（璧山报社供图）

堂”千人学习论坛4次。“全覆盖”回访考察区管领导班子，全面掌握班子成员履职情况。规范干部选拔任用，树立重实干重实绩的用人导向，健全选人用人全程把关机制和“凡提四必”审核措施。开展年轻干部回访及专题调研，分级储备优秀年轻干部，工作做法被《中国组织人事报》刊载。接洽走访清华大学、北京大学等30余所国内重点高校，策划实施“百名博士璧山行”活动，11所“双一流”高校将璧山作为硕博实训基地。高规格评选第二届“璧山英才”13名、“企业创新型人才”25名。有序推进“千人引才计划”，全年引进培养高层次人才325名。“璧山智慧党建”平台于7月正式上线，集成基层党建、干部全息、人才管理等功能，在探索“互联网+”推进党建工作方面在全市走在前列。对全区1.2万户非公企业开展全面“回头看”，摸清党建工作底数；对纳入党建工作范围的1500余家非公企业和240余家社会组织，全覆盖选派专、兼职党建指导员178名。

2018年，全区共有党组织1077个，其中：党工委13个、党委85个、党总支38个、党支部941个；共有党员29808人（其中预备党员252人，新发展党员214人），其中：农牧渔党员11833人（占党员总数的39.7%）、公有制经济单位党员6829人（占党员总数的22.91%）、非公经济和社会党组织党员3182人（占党员总数的10.67%）、离退休党员4984人（占党员总数的16.72%）、其他党员2980人（占党员总数的10%）。

【干部管理】 **干部选任管理** 全年共提拔领导干部65名，平级重用4名，交流98名，晋升处级非领导职务13名，因自愿改非、身体健康等原因或推动工作不力、能力偏弱调整职务27名。发现挖掘各层级优秀年轻干部，储备副处级127人、正科级187人，其中短期可用86人、中期培养101人、长期储备127人。对优秀年轻干部开展针对性培养，比如将有发展潜力的副处级领导干部放到镇街党（工）委副书记岗位上磨砺锻炼，其中9人提任为正处级领导干部。2018年提拔的65名领导干部中，“80”后23名，占35.4%。严格依照规定程序选任干部，2018年3名干部因个人有关事项报告问题、2名干部在考察环节因廉政问题被“放下”，1名干部在公示环节因廉政反映被暂缓任用。制定出台《重庆市璧山区干部选拔任用工作纪实办法（试行）》，对各个环节应纪实内容做出明确要求，进一步规范和健全干部选任机制。制定出台《重庆市璧山区调整不适宜担任现职干部实施细则（试行）》，适用对象从全区处级及以下领导干部扩展到非领导职务干部，倒逼干部履职尽责、担当作为。制定《关于建立容错纠错机制激励干事创业的实施办法（试行）》，细化容错纠错的情形和程序，旗帜鲜明地“为担当者担当，为干事者撑腰”。

干部监督考核 开展干部选拔任用“一报告两评议”和“带病提拔”倒查，清理出3名处级干部、1名科级干部倒查对象。开展个人有关事项报告政策法规培训，通过远程教育网上系统，培训区管干部700余人。全年共查核166人，其中随机抽查73人、重点查核93人，对被认定为瞒报的13人进行诫勉处理，其中3人在选拔任用中被“放下”。全年共提醒229人、函询24人、诫勉13人。研究部署12个单位15名党政主要领导经济责任审计工作。向2017年度被审计单位逐一反馈经责审计结果。向19名党政主要领导发出离任经责事项交接通知书。办理区委巡察办移送的2批次11个单位涉组涉干问题，提醒4人，函询1人，调整2人，发送5份《限期整改通知书》。办理31名区管干部出国（境），并做好行前教育。运用12380举报系统，全年办理信访举报38件次。2017年度领导班子和领导干部考核中，33个领导班子被评为“好班子”“一等奖”，126名领导干部考核等次为“优秀”。对107个单位领导班子和723名领导干部“一对一”反馈年度考核结果清单并对排名靠后的领导干部“一对一”重点约谈。

干部教育培训 完成中组部调训任务3人次，市委党校主体班调训任务20人次，其他市级调训任务780人次，举办10期主体班，培训各级领导干部310人次，举办37期专题班，培训各级领导干部5467余人次，举办“习近平新时代中国特色社会主义思想”“党的十九大精神”专题培训班22期。举办1期西藏芒康县、昌都市和开州区到璧培训班，培训135人。高品质打造“璧山干部大讲堂”千人学习论坛，全年邀请罗援、于丹、单霁翔、刘伟等著名学者到璧讲学4次。常态化开展研讨式、情景式、互动式课堂教学，新增现场交流和情景交流，设计新闻发布会等具体情景，通过交流互动，体验式培训，增强培训实感。选派干部赴高校专题培训541人次；结合创新驱动、乡村振兴、精准扶贫等，全年选派学员到经济、服务、基层等一线主战场开展顶岗锻炼185人次。依托远程教育平台，实现“足不出户”开展视频“面对面”培训。借助重庆干部网络学院、璧山智慧党建微信平台、红岩网平台等开展网络常态化在线学习。

【人才管理】 将制定全区全年人才工作要点、制定新的人才政策纳入区委常委会议事范围；区委人才工作领导小组全年研究人才工作6次。出台《璧山区科教兴区和人才强区行动计划（2018—2020）》，明确高端人才等9个方面26项具体目标任务，组建璧山区科教兴区和人才强区工作领导小组。落实1000万元区人才开发专项资金和2000万元区创新型人才专项资助资金，兑现“璧山英才”“企业创新型人才”、机关事业单位引进高层次人才、企业引进培养高层次人才优惠政策。全年引进培养325名高学历、高职称、高技

2018年4月16日，著名国际战略学和国家安全学专家罗援少将，以“我国周边安全环境与软实力建设”为题，为2018年首期璧山干部大讲堂授课（璧山报社供图）

能人才。重点打造“创新人才集聚工程”，遴选出第二届“璧山英才”10名、“企业创新型人才”25名。新创建吴伟仁市级院士专家站，中国首个空间太阳能电站实验基地落户璧山；新增博士后工作站2个；引进尤政等4名院士，盘登科等19名博士。

【基层党建】 开展“百堂党课送基层、千名书记上党课、万名党员进党校”行动，全覆盖培训1032名党支部书记和2.9万名党员。坚持每月15日主题党日，全面推行“先锋工程”，打造党员宣誓厅（室）、规范宣誓7项流程，每年常态开展1次“五个一”活动（重温一次“入党誓词”、举行一次“集体政治生日”、讲述一个“我的入党故事”、参加一次“志愿服务”、拍摄一张“党员全家福”），集中开展“不忘初心、牢记使命”党员形象展示月活动，创新打造“璧山智慧党建”平台，搭建党员管理、组织管理、组织生活管理、党费管理等系统，加强对基层党建工作的服务，以信息技术提升党建效能。抓好村（社区）党员冬训工作，全区1.6万余名党员参加培训。

党建引领 全覆盖研判，对综合评定为“较差”“一般”的村干部责成相关镇街及时调整或约谈提醒，调整不齐不强党组织书记15人。全覆盖审查，对2967名村（居）干部是否有前科劣迹进行拉网式排查、全方位体检，稳慎精准分类处置。全覆盖备案，落实村级班子区级备案管理制度，坚持任前联审、任职报备、变动报告。从区级部门选派9名优秀年轻干部担任贫困村“第一书记”、驻村工作队员。坚持驻村工作队“周例会、月对账、季述职、年考核”制度。15个区级“双强双带”示范党组织与3个市级贫困村签订“结对共建协议”，砂之船奥特莱斯集团牵手市级贫困村三合镇二郎村，预计投入3.5亿元打造“二郎岗

2018年6月15日，璧山区举办“不忘初心 牢记使命”党员形象展示活动（曾清龙摄）

超级农庄”生态田园综合体，开辟农旅融合助推脱贫攻坚新路径。制定《2018—2020年全区村级集体经济发展规划》，“一村一策”发展壮大村级集体经济，消除15个“空壳村”。17名党员区领导挂点整顿软弱涣散村级党组织，镇街班子成员包村整顿，第一书记驻村整顿，帮助解决问题和困难110个。

城市基层党建 建立区、街道、社区城市基层党建工作三级联席会议制度和议事规则，统筹解决驻区单位参与区域共驻共建、服务管理中的问题。成立枫香湖儿童公园项目临时党支部并设立“建设者之家”，通过开展支部“联合主题党日”为建设者“夏送清凉、秋送温暖”。6个街道建立党建责任片区制度，在社区人口集聚的居民区建设11个“党群服务站”，为群众提供家门口的便民服务，打通联系群众“最后一千米”。全面推行“三张清单”。通过“订单式”服务，联席会议成员单位积极对接社区群众“需求清单”，结合自身“资源清单”，主动认领“项目清单”，为群众和企业等提供精准服务和个性化服务。目前，已收集需求清单635张、资源清单419张，形成项目清单140张，已有106个项目清单“对账销号”。

【非公有制经济党的建设】 一是全面开展“回头看”。对全区1.2万户非公组织再次摸排，并完成互联网企业调查摸底工作，全覆盖选优配强专、兼职党建指导员178人。二是非公党建助推民营企业发展。园区党群服务中心编印《璧山区涉企文件政策汇编》丛书，深入开展“订单式”服务，整合资源筹备活动200余次，3个党群服务中心实现“周周有沙龙，月月有活动”。区律师行业党委开展“结对民营企业”活动，结对企业200余家，其中党员结对企业98家。三是抓党建促脱贫攻坚，引导15家“双强双带”示范党组织与3个

2018年6月15日，璧山区举办“不忘初心 牢记使命”党员形象展示活动（曾清龙摄）

市级贫困村结对共建，9个社会组织党组织为贫困村提供帮扶项目21个、资金158万元，66名社会组织党员与贫困村党员开展结对帮扶。四是命名表彰27个区级“双强双带”示范党组织、47个“共产党员示范（明星）经营户”；全覆盖培训非公领域党组织书记320余人次；常态实施“先锋工程”。

宣传工作

【党的十九大精神学习宣传】 在区内媒体和新媒体开辟“把党的十九大精神全面落实在重庆大地上·璧山篇——把党的十九大精神扎根于璧山”“推动重庆各项事业沿着习近平总书记指引的方向奋力前行”等大型全媒体主题专栏，组织开展“在行动”“看效果”“一批民生实事”等主题采访，展示区委、区政府贯彻落实党的十九大精神的成果。全媒体设置专栏，连续推送党的十九大精神。

【新闻宣传】 在区内全媒体开辟专栏庆祝改革开放40周年。重庆电视台“改革开放40周年”直播连线璧山。央视网播发“改革开放40年百年纪事”之璧山篇。全媒体开辟“小城故事”“乡村振兴在行动”“推动民营经济高质量发展”等专栏、专题，为全区发展营造良好舆论氛围。“大江奔流——来自长江经济带的报道”，璧山成为全市唯一一个非沿江采访区县。作为先行先试区，璧山“公厕革命”舆论影响全国，被新华社、中央电视台、人民网等媒体聚焦。全年央媒发稿28条，市级主流媒体发稿1130条，其中中央电视台《新闻联播》3条。调整璧山官微、APP运营主体，整顿社会公众号，形成“官方+政务+社会”微信公众号的

2018年4月10日，璧山国际半程马拉松赛新闻发布会在市政府新闻办举行（璧山报社供图）

"新媒体传播矩阵"。重大主题、重要活动宣传效应呈几何级数增加，单条新媒体产品阅读量突破100万，秀湖汽车露营公园、枫香湖儿童公园经新媒体推送，成为璧山网红打卡地。在市政府新闻办举办"2018璧山国际半程马拉松赛"新闻发布会。承办"重庆与世界文化嘉年华璧山·日本"活动周，通过"小城故事秋季旅游发布会""国际长板大师赛""台胞台属中秋赏月会""'上战'中国武术技击对抗赛"等赛事、活动推广璧山，接受第十届"重庆·台湾周"集中采访。升级"葡萄采摘文化节"等传统节会活动，"璧山葡萄"公益广告在重庆广电集团全媒体免费播放。持续全媒体推广"音乐与城市营销"，拍摄MV作品3首。璧山亮相清华大学"文化自信与国家形象"国际论坛。

【理论武装】 区委中心组全年开展集中理论学习18次。各党委(党组)将225名内设机构负责人纳入中心组成员。围绕《习近平新时代中国特色社会主义思想三十讲》(以下简称《三十讲》)开展微宣讲比赛25场、巡回示范宣讲15场，直接受众7000余人；组织开展全区《三十讲》知识竞赛、读书沙龙，3000余人参与。组建20人的区委"全国两会精神"宣讲团，开展全国两会精神宣讲60余场次；组建15人宣讲团，开展民营经济座谈会精神宣讲24场次，直接受众约4000人。新媒体开设"理论微课堂"专栏，连续推送《平"语"近人——习近平总书记用典》《三十讲》，直接受众50万人。正兴镇柚子树宣讲团、七塘镇余林川被市委宣传部表彰为全市基层理论宣讲先进集体、先进个人。强化理论研究，中心组成员在区级媒体以上发表文章45篇。

【意识形态】 创新构建完善"五本台账"工作体系，意识形态管控系统化、规范化。建立区内全

2018年6月23日，"重庆与世界嘉年华"日本领事馆VS璧山区主题周美食"PK"现场(璧山报社供图)

部180家旅馆、农家乐台账。将各重点场所纳入综治视频监控。对16个重点党委(党工委、党组)意识形态工作责任制进行专项督察。每月召开意识形态工作联席会议,建立全区63个直属党委(党组)月报表制度。充分发挥全区1548个网格作用,全年未发生意识形态问题。先后两次按要求抽调精干力量参与全市意识形态专项督查。经验材料《强化“三方面”管控落细意识形态工作责任制》上报中宣部。

【思想政治】 建设标准化“梦想课堂”42个,开课450余次,直接受众2万人次。承办重庆市乡村振兴报告会璧山专场、人生规划大赛渝西片区赛等活动,直接参与人数3000多人。500余篇自然笔记大赛作品参加市级评选。创造性举办首个“家风”主题中秋晚会。围绕音乐营销城市,创作《爱是现在》《你我他》《行者》等MV,弘扬良好家风和环卫工人、医生优秀品质,其中《行者》从两千多部作品中脱颖而出,荣获全国“最佳医师节宣传片”奖,并参加央视现场节目录制。通过城市景观石直接呈现,社会主义核心价值观得以广泛弘扬。“我与宪法的成长故事”入围第四届“爱·重庆”微电影大赛优秀作品。璧山2名选手在重庆市人生规划大赛总决赛中分获一、二等奖。邹瑜、黄勇获评“最美巴渝·感动重庆”月度人物。举办“璧山区书法美术摄影作品联展”等庆祝改革开放40周年系列活动。

【文化建设】 全区万人公共文化面积890.25平方米,免费开放率100%。承办“到人民中去——重庆市文联送欢乐下基层”到健龙镇演出。举办十九大精神“文艺”六进宣传、“红色文艺轻骑兵”文艺家下基层、戏曲进校园、“文化进万家”、文化惠民展演、流动文化进基层等文艺活动147场,直接受众10万余人。承办重庆市首届群众书法大赛,受到陈敏尔书记的关注和称赞。璧山少儿合唱团走进央视“经典咏流传”栏目。举办璧山区庆祝改革开放40周年书法美术摄影展,100件作品入展。修复历史文脉,出版《民国续修璧山县志》,龙大江获评全国非遗保护先进个人。创作四川盘子《我们的日子越过越香》、音乐快板《好人在身边》、小品《懒汉扶贫》《两份规划图》《活着》等文艺作品。《薅秧鼓歌》获第八届重庆市乡村文艺会演音乐类二等奖,小品《活着》、四川盘子《日子越过越香甜》获重庆市第六届戏剧曲艺大赛三等奖,两项活动璧山均获组织工作奖。《拟写来凤驿》散文集入选重庆市作家协会2018年定点深入生活项目。诗词《诗望星空》获海岳杯第三届传统诗词大赛三等奖。新编舞蹈《稻田欢歌》引领全区坝坝舞。

【印刷出版】 印刷出版业资产总值63253万元,总产值82772万元,利润总额4437万元,税收总额4521万元,从业人员2825人。年末共有印刷企业159家。其中从事包装装潢112家,从事其他印刷品32家,从事内部资料出版2家,注册资本上千万的印刷包装出版13家。与全区印刷企业签订《安全责任书》,组织企业开展消防应急演练,指导企业提升消防安全四个能力建设,在“3·15”“4·26”“12·4”等重大时间节点,对企业开展法治宣传教育。结合“扫黄打非净网2018”专项行动,对全区发行单位进行集中清查,检查出版物市场62家次,取缔1家无证经营地摊,没收书籍65册,区境内未出现传播、制作、销售、下载涉藏等非法出版物和反宣品的行为。

【电影院】 璧山电影院全年放映电影1786场,观众18263人次,电影收入48万元,在镇街设立13个放映队,财政拨款39万元负责全区农村惠民电影放映及小学爱国主义教育片的放映工作,全年农村惠民电影放映1275场、社区放映236场、广场电影放映52场、学生爱国主义教育片放映1700场。海上明珠国际影城璧山店全年放映1万场,观影人次13.8万,票房收入393.1万。保利万和国际影城璧山南门店影院全年放映1.45万场,观影人数28.46万人次,票房收入800多万元。璧山中影星美VIP影城全年放映场次1.6万场，观影人次12.7万，票房收入376.7万元。璧山摩登时代横店影城全年放映场数8390场，观影人数70219人次，票房收入235万元。

【《璧山报》概况】 系中共璧山区委机关报，为对开四版全彩印刷大报，每周一、三、五出版，每期赠阅量12000份，全年共出版146期，刊登各类稿件（含新闻图片）5200余篇，约500万字，承担起了“举旗帜、聚民心、育新人、兴文化、展形象”的使命任务，为璧山全面建成小康社会提供了正确的舆论导向，被重庆市文化委员会评为“优秀区县报”。

【报纸新闻策划与宣传】 《璧山报》开设“把党的十九大精神全面落实在重庆大地上·璧山篇——把党的十九大精神扎根于璧山”“推动重庆各项事业沿着习近平总书记指引的方向奋力前行”“兴调研 转作风 促落实”“新时代 新气象 新作为”“乡村振兴看璧山”等专栏，采用群众喜闻乐见的方式，把党的十九大精神和习近平总书记系列重要讲话精神讲清楚、讲明白、讲到位，以此增强“四个意识”，坚定“四个自信”。策划刊出“千年璧山·文化塑城”“聚焦重点民生实事”“在行动大型系列报道”“看效果大型系列报道”“党风廉政看璧山”“专项扫黑除恶斗争”“创建国家食品安全城市”“绿岛论坛”等围绕区委、区政府中心工作的新闻专题报道；开辟“德润巴渝·新时代重庆人”“惠民政策”“法润万家”“新闻故事”等主题宣传栏目，弘扬主旋律，凝聚正能量。全年刊发深度报道版46个；各类专题版55个，其中包括视界版（图片专版）12个，新闻故事专版7个，编辑发送手机报、微信各220余期。全年在《重庆日报》城市版上稿约166条，在《重庆日报·农村版》上稿129条，合计295条。在《重庆日报》官网、华龙网、区县头条等新媒体上稿370余条。

【媒体融合发展】 7月，原区党政信息中心运营的“和美璧山”APP、“和美璧山”微信公众号移交璧山报社运营。报社以新的视角和表现形式，将无人机航拍、VR全景拍摄、H5互动场景和现场直播等最新的新媒体技术融入新媒体产品中。3月30日，重庆秀湖汽车露营公园开园，VR产品“720°鸟瞰秀湖汽车露营公园”点击量114万；9月28日，枫香湖儿童公园开园，“和美璧山”APP开启图文直播，点击量151万。

统一战线工作

【概况】 区委统战部现有行编7人，区政府民宗侨办、区委台办、区政府台办挂牌区委统战部。区委常委刘晋任部长，副部长3名，其中1名常务副部长，1名副部长兼任区工商联党组书记。部机关下设党派科、民宗侨务科、综合科3个科室；下属正科级事业单位区统战服务中心事业编5人。

【民主党派工作】 完成民建璧山工委机构设置，推进党派专职副主委和专职干部配备工作。有序发展29名民主党派成员，全区民主党派成员341名。投入70余万元完成民主党派办公场所升级改造，为在璧民主党派、知联会、新专联提供工作场所。支持民主党派开展履职实践基地建设，支持民主党派和无党派人士深入基层，走访调研。共提交建言93篇，较2017年增长288%，其中《建议加强“鱼安定”等鱼用麻醉剂监管》一文，被中央统战部直报中央政治局领导的《零讯》内参刊用后，获得胡春华副总理批示，中央统战部和市委统战部为此专函璧山区予以表扬感谢。另有9篇建言或统战工作信息得到市领导批示。按照“质量双提升”要求，全年围绕民营经济发展、民主党派履职实践基地建设等重点课题开展政党协商10次，较上年上升25%。注重协商成果转化，推动实施规上企业“零检日”创新举措，切实减轻企业负担，被人民网和《重庆日报》宣传报道。

【党外代表人士工作】 推荐“三大班子”党外优秀年轻干部3名，新增6名党外优秀年轻干部，总数达到35名。新提拔党外干部5名，其中正职1名，政府工作部门已配备党外干部14名，其中正职1名，全区正处级党外干部6名。法检两院各配备1名党外副职，其他单位配备区管党外干部13名。党外优秀年轻干部储备和党外干部配备均按照市委统战工作部署完成相关量化要求。2018年11月15日，组织全区70余名新阶层代表人士，成立区新专联。

【民族宗教工作】 投入20余万元组织在璧就业新疆籍维吾尔族同胞开展古尔邦节等联谊活动，在重庆瑞润电子有限公司创建民族团结进步进企业示范点。争取少数民族发展资金40万元，新建标准化便民服务中心1个。区委常委会、区委统一战线工作领导小组研究解决宗教工作相关问题5次。“三级网络两级责任制”落实到位并纳入社会网格化管理体系。纠正佛教商业化倾向问题2起。集中开展“两乱一私设”整治工作，归并和取缔20处基督教私设聚会点，取缔辖区27处“中国真理教会”活动点，拆除和封存乱建小庙25处。依法制定规范宗教活动场所的财务、安全、消防等管理制度。培养、引进教职人员9名，全区佛教活动场所教职人员配备率91%。

【对台侨务工作】 宣传“惠台31条”“重庆惠台58条”等系列惠台政策，印发政策解读手册300余本。接待台商到璧考察20余人次。引进品冠精密模具有限公司、淞智汽车零部件公司等台资企业落户璧山国家高新区。接待台湾党派团体到璧参访100余人次。7月9日，渝台学子夏令营一行30余人来访。10月26日，台湾新党主席郁慕明率团一行24人到璧参访。第十届“重庆·台

2018年6月5日，璧山区传达市委统战工作会议精神（璧山报社供图）

湾周”活动期间，台湾旺旺中时媒体集团集中赴璧参观、采访。举办“秀湖月·云庄夜·两岸情”璧山台胞台属中秋赏月会，共度中秋佳节。区行政服务中心大厅开辟绿色通道，增设办证窗口，为辖区40余名港澳台居民集中办理港澳台居民居住证。为台胞、台属排忧解难10余起。协调相关部门为4名在璧台胞子女办理就近入学。

【非公有制经济领域统战】 由区领导带队对全区304家规上（限上）民营企业进行全覆盖走访，全面听取民营企业家的意见和诉求，收集研处民营企业发展难题。中央电视台《新闻联播》《经济日报》《重庆新闻联播》等中央和市级主流媒体多次聚焦报道璧山区优化营商环境和帮扶民营经济发展的举措和成效。制定《关于全面优化营商环境促进民营经济发展的实施意见》《关于进一步营造企业家健康成长环境弘扬优秀企业家精神更好发挥企业家作用的实施意见》。成立旅游发展商会、女企业家商会和科技装备业商会。引导非公经济人士积极参与精准脱贫，全年非公经济人士累计投入帮扶资金200余万元。

政法工作

【风险防控】 落实10家反恐重点单位安保措施，90余名在璧关注人员总体平稳可控；开展3个反邪教专项行动，政治类案件破案率100%。打击重庆民合投资公司非法吸存案等涉众型经济犯罪，为群众挽回经济损失1500余万元。完成璧山国际马拉松等重大活动安保任务70余件。

【社会矛盾纠纷化解】 15个“驻所调解室”调解纠纷3483件，调解成功率100%。全年处理信访5219件次、8536人次，劝返集访、缠访、闹访等突出矛盾170多批次，积极化解房地产领域群体性纠纷，处置房屋买卖合同群体性纠纷244起。处置“6·13”等各类群体性事件160余件，信访稳定目标考核实现“零扣分”，位居主城区和渝西片区前列。

【公共安全】 全区未发生较大以上食品药品安全事件，民众对食品安全的综合满意度96.52%；开展交通、安全生产、消防、治安、地质灾害等领域的安全隐患排查，生产安全事故起数和死亡人数同比分别下降18.75%和27.78%，未发生较大及以上安全生产事故、未发生亡人和较大社会影响的灾害与险情。

【服务经济发展】 挂牌成立民营经济服务中心，开通涉企案件“绿色”办理通道，审结与经济发展密切相关的商事纠纷案件3262件。开展“保护长江母亲河”“保障千家万家舌尖上的安全”等公益诉讼专项行动，维护社会公共利益。

【基层基础工作】 升级合成作战中心，研判明确各类犯罪嫌疑人380余人，发起反恐维稳工作预警信息2000余次。开展门禁系统试点，逐步建立基层人口综合治理的大数据支撑体系。公共法律服务平台建成。在全市率先开展企事业单位内部防控网全覆盖建设。深入推动服务学校29条，推进校园人防、物防、技防等安防设施建设，1789个公办学校视频监控镜头接入公安机关，提升师生家长安全感。青杠司法所荣获“全国优秀司法所”称号，司法规范化建设成为全市标杆。新建并投用禁毒教育基地、区精神卫生中心，基层基础硬件水平大幅提升。

【“5·3”居民饮用自配药酒中毒事件】 5月3日，璧山区来凤街道一家酒楼内发生居民自带自配药酒中毒事件，导致5人死亡、10人住院救治的突发公共卫生事件。事发后，市委市政府领导高度重视并做出批示，璧山区启动突发公共卫生应急预案，区委区政府主要领导带队现场参与调查，安排医疗救助以及相关善后事宜。通过调查，检测出药酒中含有雪山一枝蒿、乌头碱等毒性成分。

机构编制

【控编减编工作】 严格遵守"严控总量、严把入口、调整结构、严肃纪律"机构编制管理工作方针；坚持"机构撤一设一，编制减一增一，用编进一配一，监管实名制度，倾斜社会管理"工作措施；实行核定编制和控制编制管理，严格执行用编比例结构，严格用编计划审批和余编管理，明确机关后勤服务人员事业编制以及部分职责弱化、消失的事业单位实行人员"只出不进"，编制"只减不增"，强化现有编制使用效益，推进政府购买服务。截至2018年年底，机构个数由2012年底的375个调整优化为336个，净减机构39个；行政事业编制总数较2012年底净减编制286名。累计调整行政（政法专项）事业编制共计60名，用于纪检监察、保密、教育等领域。

【行政审批制度改革】 一是推进工程建设项目审批制度改革试点，审定17个建设领域审批部门的审批事项服务指南和流程图，印制发布五大环节并联审批服务指南、流程图。二是推进行政许可标准化建设，印发《关于深化完善行政许可标准化有关工作的通知》。三是做好行政审批事项动态调整，继续推进简政放权，清理并向社会公布《重庆市璧山区行政许可事项清单（2018年版）》，2018年净减行政许可事项26项（大项）。四是行政审批中介服务管理，对保留的区级行政审批中介服务事项实行清单管理，并做好动态调整。五是推进审批服务便民化工作，优化营商环境，为全区高质量发展提供优质政务服务环境支撑，制定印发《重庆市璧山区深入推进审批服务便民化工作方案》及"四办"清单。六是印发区编委《关于推进"两集中两到位"机构设置有关事宜的通知》（璧编委〔2018〕2号），文件明确：在不增加机构和人员编制的前提下，按照"撤一设一""挂牌"两种形式，设立行政审批科，进一步完善各区级相关部门行政审批科室设置；同时在符合有关规定的前提下，为设置行政审批科的部门增核内设机构负责人副职职数1名。

【行政体制改革】 一是积极稳妥开展区级党政机构改革，及时起草形成《璧山区机构改革方案》并获市委、市政府批准。二是推进综合行政执法改革，对生态环境保护、文化市场、交通运输、农业、城市管理、卫生健康等重点领域和其他领域的机构编制情况、执法情况开展自查，为制定具体改革方案，稳步推进综合行政执法改革做好相关准备。三是进一步做好优化完善镇街机构设置有关工作。对15个镇街的机构编制等情况进行调研，结合调研报告形成《重庆市璧山区优化完善镇街机构设置实施方案》。四是做好纪检监察和巡察机构编制工作。审核完成区纪委监委"三定"方案，按规定划转和置换区检察院、区公安局、区司法局政法专项编制，建立和完善区监委派出镇街监察室机构设置和编制核定工作，设置区委巡察工作机构，完善区纪委监委向区一级机关派驻纪检监察机构工作。五是组建退役军人事务局，为做好全区退役军人事务工作提供体制保障；设立太阳堡幼儿园、香江嘉园幼儿园，为有序推进璧山区第三期学前教育行动计划的落实提供了体制保障；重新核定全区中小学教职工编制4454名，调增中小学教职工编制30名。

政策调研

【服务区委】 起草区委十四届四次全会、区委十四届五次全会、区委常委会班子民主生活会对照检查材料、关于加强璧山经济社会发展重点课题咨询工作的实施办法、各级领导到璧视察检查汇报材料、区委常委会议纪要、重要会议讲话录音整理等一系列重要文稿。

【调研成果】 紧扣区委中心工作的开展，制定重点调研课题，通过《调研与思考》和《信息参考》这两个刊物平台，为领导科学决策提供参考依据，发挥参谋助手作用。全年共编印《信息参考》12期,撰写《调研与思考》6期。

【其他重要工作】 组织撰写《关于璧山区招商引资工作的调查与思考》《关于璧山区民营经济发展的调研与思考》《突出“生态+文化”打造重庆“乡村振兴先行区”》等总结和推广璧山工作亮点的调研文章,及时宣传推介璧山工作,提升璧山对外知名度和影响力。对接市委政策研究室到璧开展专题调研3次,为市委决策提供服务。接待中共乌鲁木齐市委政策研究室、石柱县委政策研究室等市外相关省市考察团和区外相关兄弟单位到璧学习调研。开展依法治区,履行好区委法治办职责,召开区委全面推进依法治区领导小组会议、领导小组办公室与各专项小组联络员会议,协调推进全面依法治区工作。推进依法治区教育宣传,开展书面和实地督察2次。

党　校

【概况】 中共重庆市璧山区委党校(区行政学校)突出主业主课,创新教学管理,健全科研机制,开拓现场教学基地。市委党校常务副校长谢金峰到校指导教育教学工作以及校园建设工作。区委召开三次会议专题研究党校工作,区委书记亲自审定外立面改造方案,出台《区委党校教学科研资政工作激励措施专题会议纪要》解决部分经费问题,落实专项资金用于改善办公环境,将党校外立面、内部改造两项工程纳入2019年政府投资项目。新配备专职校委1名,提拔区管领导干部1名、引进高层次人才1名,晋升3名教师职级。

【干部培训】 党的理论教育不少于总课时50%,党性修养课程不少于20%。举办各类培训班次36期,培训学员5712人次。其中常规班7期,培训学员282人次;专题班4期,培训学员388人次;其他班次21期,培训学员4800人次;计划外班次4期,培训学员242人次。

【教学管理】 与组织部合作举办“璧山干部大讲堂”6期,邀请单霁翔、孙立平等著名学者到璧山讲学,搭建干部更新观念、拓宽思维、掌握世情的平台。采用校内外培训相结合,主体班次分赴北大、清华、复旦、浙大等知名高校学习。依托远程教育站点开展视频培训,实现干部“足不出户”参训。打造党校微信公众号,策划编发图文信息51篇,阅读人次1938人。建立成果函送机制,以简报形式将主体班学员学习动态报送区委、区人大常委会、区政府、区政协领导,整理汇编调研报告4篇。与组织部联合发文将优秀学员、论文名单反馈给学员所在单位。建立璧山高新区塘坊党群服务中心和台商工业园党群服务中心分校,年度培训党员人数1000人。

【科研管理】 建立《璧山党校科研项目管理办法》《璧山党校科研项目经费管理办法》等,激发教职工科研资政的热情。以《资政参考》形式上报教师调研文章或建言建议,完成区科委2017年软科学课题结项(题),与区残联合作开展残疾人“十三五”规划实施情况中期评估调研工作。申报市委党校2018年校级课题6个,获重点1个、一般立项课题2个,完成2017年立项课题结题3个;教师在省级公开刊物发表理论文章44篇,其中3篇在北大中文核心期刊上发表。

【现场教学基地建设使用】 申请35万财政资金升级打造“璧山民生之城”现场教学基地。发挥“产城融合现场教学基地”的品牌效应,成为市内外培训单位现场教学的首选之地。全年,除本校主体班外,接待国外团体、市外党校、市委党校和市内党校主体班38个,培训人数1868人次。

机关党建

【概况】 中共重庆市璧山区直属机关工作委员

会是中共璧山区委的派出机构，职责是在区委的领导下，负责领导璧山区直属机关党的工作。截至2018年年底，工委下辖区直属机关51个单位党组织，其中，机关党委4个，机关党总支12个，党支部104个，党员1882名。

【思想政治建设】 坚持以政治建设为统领，重点组织学习贯彻习近平新时代中国特色社会主义思想和党的十九大精神，市委、区委重要文件及会议精神。坚决肃清孙政才恶劣影响和薄熙来、王立军流毒，培训机关基层党组织书记224人次，全覆盖培训了机关党员2600余人次、党员发展对象240人次，高度重视意识形态工作，强化党风廉政建设。

【基层组织建设】 机构改革中，撤建并调整组织关系33个机关基层党组织，65个机关基层党组织按期换届，审查40名区外转入组织关系党员的入党材料，严格标准和要求发展党员14名、预备党员转正17名。指导机关基层党组织“三会一课”、组织生活、“先锋工程”和在职党员到社区报到开展志愿服务等活动，注重党支部战斗堡垒作用和党员先锋模范作用的发挥，3个机关基层党组织、8名党员受到区委表彰，工委表彰先进基层党组织15个、优秀党务工作者25人、优秀党员45人，走访慰问党员152人，为32名50年党龄党员颁发纪念章。

【其他工作】 开展“不忘初心、牢记使命”主题微党课评选、“把党的十九大精神扎根于璧山”主题党日活动、党员形象展示文艺演出专场和知识竞赛读书沙龙等活动，推进“两学一做”常态化制度化。专题调研机关如何开展思想政治工作课题，撰写《党政机关开展思想政治工作应重点把握的几个问题》调研文章，参加市直机关工委在彭水举办的机关思想政治工作专题研讨会；在区属机关开展机关党的政治建设、机关党的思想政治工作和实现机关党建“零距离”服务等课题调研，完成调研文章12篇，1篇文章获市机关党建优秀论文奖，工委获市机关党建研究先进集体表彰。

老干部工作

【概况】 截至2018年年底，全区实有离休干部、处级以上退休干部431人。其中离休干部27名（含代管离休干部2名），区（县）级退休干部43名，处级退休干部361名。

【老干部政治和生活待遇】 2月9日，区委、区政府召开璧山区经济社会发展情况通报会暨老干部迎春座谈会。3月5日，区委召开全区党建工作会，对全区老干部工作做出部署。8月31日，区委第44次常委会审议并同意区政府党组《关于解决离退休干部相关经费的请示》，进一步明确离退休干部相关待遇。9月13日，召开上半年经济社会发展情况通报会，全区所有离休干部、区（县）级退休干部、处级退休干部代表及各单位老干部工作分管领导参加会议。邀请部分离退休老干部列席区委全会、区人代会、区政协会，参加全区重大活动。区委老干局每月定期组织离休干部、区（县）级退休干部开展政治理论学习以及“夏送清凉”“冬送温暖”等活动；在元旦、春节等重要节日，慰问老干部、困难遗属715人次，发放各种慰问金57万元；帮扶离休干部及困难遗属15人次，解决困难帮扶资金7.4万元；为老干部赠阅《中国老年》《老同志生活》《璧山报》等报纸杂志，并按有关规定向离休干部、区（县）级退休干部发放书报费3.65万元；5月，组织离休干部和区（县）级退休干部进行健康检查；发放离休干部、区（县）级退休干部健康休（疗）养费18.75万元。有19名离休老干部因生活长期完全不能自理，享受每人每月2500元的护理费。

【处级退休干部管理】 150余名处级退休干部参加门球、乐器、声乐、太极拳（剑）、棋牌等经常性活动，560人次参加全区经济社会发展情况通报会、座谈会、就近参观等活动。全年，为区属部门的处级退休干部发放健康疗养费39.84万元。

【离退休党组织建设】 年底，全区共建有离退休干部党组织35个。其中机关事业单位离退休党组织30个，市直单位离退休党组织3个，其他（社会组织）离退休党组织2个。离退休干部党组织书记和委员全部配齐并参加市、区党组织书记全覆盖培训，工作补贴（书记300元/月、委员150元/月）全部落实到位。

【老干部活动情况】 组织老干部参加重庆市第十届老干部门球邀请赛（市老干部活动中心）、渝西片区五届三次老干部门球赛（永川区）、重庆市第十三届老干部桥牌赛（市老干部活动中心）、老干部棋牌赛（重庆市老干部休养所，永川）、渝西片区五届四次老干部门球赛（江津区）等。分批次组织全区离休干部、区（县）级退休干部和处级退休干部进行就近参观活动（参观秀湖汽车露营公园、西郊福寿园、枫香湖儿童公园）等。组织全区离退休老同志参加“增添正能量·共筑中国梦”系列活动，共收到老同志建言文章11篇，回忆录9篇，其中1篇被收入《优秀畅谈文章选编》，1篇被收入《优秀建言文章选编》。

党史工作

【征集史料】 坚持开门办史，积累各种素材。收集县（区）十二届、十三届、十四届党代会县（区）委工作报告纪委报告及决议，收集历次县（区）人民代表大会第一次会议的重要报告及决议；收集政协县（区）八届至十届第一次会议工作报告提案报告及决议。形成2018年区委大事记草稿。

【编研成果】 编辑印刷《中国共产党重庆历史大事记·璧山卷》《中共重庆市璧山区委文献资料汇编》《璧山撤县设区纪实》党史书籍。形成《璧山抗战历史档案资料汇编》审定稿。为全区提供党史教育与资政资源。

【宣传教育】 以党员领导干部和青少年为重点对象开展党史教育宣传工作。主要负责人在区委党校主体班进行党史教育培训授课1次，征宣科科长在清明节期间为前往烈士陵园扫墓的青少年作《继承先烈遗志，听党话跟党走》革命传统报告。到璧城街道大旺社区报到发挥作用，提供资源清单，送去党史书籍。到七塘镇阳岫村开展脱贫攻坚工作，对该村的5户贫困户，坚持每月一次帮扶活动，对其中的3户实施血橙种植产业扶贫项目。

关心下一代工作

【主题教育活动】 关工委思想道德教育团利用清明节和其他节日，开展“传承红色基因，争做时代新人”主题报告25场，参与学生17000多人。国家公祭日，在璧山烈士陵园纪念碑前，开展“烈士公祭日”活动，参加公祭活动的有学生、青年、党员、群众、烈属、老战士代表160余人。开展“新时代璧山好少年”学习宣传活动，评选出新时代璧山好少年40人，有2人获市“新时代好少年”称号。开展“中华魂”主题教育活动，全区订阅“中华魂”《腾飞的祖国——改革开放四十年》读本70401册，10万余人参与读书活动。参加区级征文比赛303篇，演讲比赛106人。获征文演讲等次奖319人，指导奖老师292余人（次）。有17个单位获优秀组织奖，23人获优秀组织者奖。选拔推荐参加市级征文演讲比赛61人均获等次奖，其中13人获市级演讲比赛一、二等奖，并获得全国《演讲与口才》青少年演讲能力等级认定。璧山中学张旭老师获市“优秀组织者”奖，区关工委获市“优秀组织单位”奖。

【青少年法制教育】 在全区中、小学集中开展“宪法在我心中、争做守法少年”主题宣传教育活动，受教育师生6万余人次。编写发行《青少年违法犯罪案例汇编》，参与“七五”普法中期督查工作。在“12·5”国家宪法宣传日活动期间，对有关未成年人应享受的权利及应尽的义务等进行宣传。

【参与社会治理】 网吧监管 全区聘有“网吧”义务监督员20人，志愿者27人，集中或分地区对120多家网吧开展“净网”巡查480余次，劝导进网吧未成年人50余人，提出改进意见100多条。

家校共育 开展“璧山区家庭教育流动学校百场讲座进万家”活动，在各学校、社区开展讲座和指导100余场，受益家长2万余人次。承办由中国关工委主办的“千万家庭有义方”公益捐赠仪式暨校长培训会，对全区各学校（幼儿园）分管家庭教育的副校长、德育主任以及部分小学一年级家长共150余人进行专题培训，向一年级学生家长捐赠了5870份“义方家长网络学院”的免费学习卡。对全区70名心理教师进行能力培训。

关爱帮扶“五失”困境青少年 在璧城、璧泉、大路、青杠、丁家等街道各选1个“优秀儿童之家”着力培育；在各镇街分别选1名“带领群众致富的农村青年人才”发挥其积极作用。全区各级关工委为500余名“五失”困境青少年送去5万余元资助金。利用“暖冬行动”，在端午、“六一”等节日，先后为全区300余名学生送去价值4万余元的节日礼物及学习用品。联合区工商联和爱心企业开展“情暖童心与爱同行”爱心资助，为全区30名困境少年和19名贫困大学新生发放爱心资助金13万元。

【科技服务】 4月，关工委科技服务团到大兴初中、璧泉初中为44个班2390名师生做食品安全知识讲座。3月至9月，分别到七塘镇喜观村、八塘镇敢英村、丁家镇高古村等种植户进行农业土壤生态修复与乡村振兴、果蔬品质提升技术培训，参加培训人员390多人。

【加强组织建设】 区关工委设有思想道德教育团、科技服务指导团、校外工作指导团、法制宣传教育团、读书活动指导团和办公室共五团一室，有30余人。全区创建区“五好”基层关工委313个，市级“五好”基层关工委11个。复查验收2016年授牌的区级“五好”基层关工委195个。新评审并授牌区级“五好”基层关工委10个。全区镇街、村（社区）、部门、学校关工委主任均由主要领导担任，各级关工委组织健全。

督查工作

【概况】 全年共开展各类督查60余次，编发《督查报告》26期，《督查专报》4期，《督查通报》4期，实事求是地反馈督查情况，为领导决策提供翔实可靠的第一手资料。

【督查机制建设】 创新大督查工作机制，推动党中央、市委重大决策部署贯彻落实，印发《中共重庆市璧山区委关于加强新形势下党的督促检查工作的实施意见》和《中共重庆市璧山区委办公室关于印发〈任务分解工作操作办法〉等10项督促检查工作操作办法的通知》《中共重庆市璧山区委办公室 重庆市璧山区人民政府办公室关于进一步统筹规范督查检查考核工作的通知》，结合市委、市政府，区委、区政府重点工作清理出2019年拟开展督查检查考核事项53项。

【专项督查】 每季度组建专项督查组，严格按照督查方案明确的内容和目标进度要求，逐项对各责任单位2018年“两会”报告任务分解完成情况进行专项“对账”督查。对全区15个镇街和部分重点部门开展了6次专项督查，发现问题27条，形成《督查报告》《督查通报》6期，督促相关单位就存在问题及时整改。对六旗乐园项目推进、敬老院达标建设、比亚迪动力电池项目推进和保障农民工工资支付等工作开展督查10余次，发现问题20余条。对建设领域并联审批制度改革工作推进情况、俊豪中央大街项目开街运营相关事项、“供水、供电、供气事项审批不集中”整改情况、恒泰悦府规划设计方案审批推进情况开展4次专项督查，发现问题6条，形成《督查报告》4期。成立专项工作督查组，从疫情发生至疫情解除不定时对各镇街检查点设立、检查点人员到岗到位及生猪、猪肉流通管控等开展督查，确保疫情处置高效有力。对“来凤街道建卡贫困户胡敬昌就医报账情况”“《预计不能完成全年目标的“两会”报告重点任务清单》和《预计不能完成全年目标的2018年国民经济和社会发展主要指标清单》中的滞后工作任务推进情况”“全国两会期间全区信访维稳工作”“敬老院达标建设”等工作开展督查，推动工作落实。

保密工作

2018年，璧山区保密工作着力解决保密管理源头性根本性问题，提高依法治密能力和科技支撑水平，打造新时代维护党和国家秘密安全的牢固防线。作为全市唯一区县接受中央保密办督导组实地调研督导，经验做法在《重庆保密工作》刊载。

严格检查考核。强化制度设计，确保保密工作责任落地；强化督查考核，确保保密工作自查自评常态化开展；强化专项检查，确保保密工作安全；强化督促指导，确保保密工作转型升级。2018年，区国家保密局开展高考、成人高考、中考等各类考试保密督查，确保全区中、高考及成人高考无一例考试泄密事件发生。

坚持宣传教育强意识，切实筑牢思想防线。一是中央和市委重要文件精神学习宣传，及时召开相关会议专题传达学习；二是涉密人员培训，举办全区涉密人员保密知识全员培训班，严格考核并发放结业证书；三是领导干部教育培训，建立领导干部保密教育培训长效机制，将保密教育培训纳入全区干部教育培训规划和公务员培训纲要，纳入“七五”普法教育内容；四是典型案例通报宣讲，发挥好警示教育作用；五是保密法治宣传教育，创新保密法治宣传教育形式，以保密法治宣传月、宣传周、新修订保密法颁布十周年纪念日、全民国家安全教育日等为载体，推动保密法治宣传教育“七进”，充分发挥“保密观”微信公众号作用，把保密工作融入全区经济社会发展、各机关单位日常工作和干部职工一言一行之中。

重庆市璧山区人大常委会

【概况】 依法履行重大事项决定权、监督权和人事任免权，召开人代会会议1次，常委会会议11次，主任会议26次，做出决议、决定17项；向区委专题请示重要工作10次，专题报告重大事项5次；坚持围绕中心推动发展，听取和审议专项工作报告8项，开展调研22项，视察7项，调查1项，执法检查3项，专题询问1次，评议2次，对区政府规范性文件备案审查7件。处理来信来访来电101件次，其中转办交办44件；接收代表建议172件，需办理的158件代表建议按时全部办理回复，办理答复率为100%，代表对答复的满意率及基本满意率为100%。

【重要会议】 第十七届人大第二次会议于1月

18日至21日在璧山区文化艺术中心召开。会议听取和审议区人民政府代理区长秦文敏所做的政府工作报告、区人大常委会主任陈强所做的区人大常委会工作报告、区人民法院院长陈宏宇所做的法院工作报告、区人民检察院检察长孟卫红所做的检察院工作报告；审查和批准璧山区2017年国民经济和社会发展计划执行情况与2018年国民经济和社会发展计划(草案)的报告，批准璧山区2018年国民经济和社会发展计划；审查和批准璧山区2017年预算执行情况和2018年预算(草案)的报告，批准璧山区2018年区本级预算；选举产生区人民政府区长、区监察委员会主任，19名重庆市第五届人民代表大会代表。

【重要事项审议决定】 听取和审议《区人民政府关于学前教育工作情况的报告》《2016年度区本级预算执行和其他财政收支审计发现问题整改情况的报告》《2017年区本级决算草案》《2017年度区级预算执行和其他财政收支情况的审计工作报告》《区2018年上半年财政预算执行情况报告》《区2018年国民经济和社会发展计划上半年执行情况报告》《2018年区本级财政预算调整方案》《〈重庆市璧山区城市总体规划(2013年编制)〉(2018年重大修改)方案》。做出关于批准2017年区本级决算的决议、关于批准2018年区本级预算调整方案的决议、关于接受章勇武同志辞去重庆市璧山区人民政府区长职务的决定、关于秦文敏同志为重庆市璧山区人民政府代理区长的决定、关于同意《〈重庆市璧山区城市总体规划(2013年编制)〉(2018年重大修改)方案》的决定等重大决议、决定。

【人事任免】 办理人事任免47人次，其中决定任命、任命29人次，决定免去、免去18人次。组织任命人员向《中华人民共和国宪法》宣誓29人次。

【监督工作】 听取区人民政府关于2018年环境状况和环境保护目标任务完成情况报告、区人民

2018年5月21日，区人大常委会十三次会议召开。图为代表们审议人事任免议案(璧山报社供图)

法院、区人民检察院2018年上半年工作报告。检查全区贯彻实施《重庆市食品生产加工小作坊和食品摊贩管理条例》《重庆市河道管理条例》情况；受市人大常委会的委托，赴市级有关部门、有关区县开展《重庆市产品质量条例》执法检查。调查全区社会养老服务情况、全区15个基础设施薄弱村提升工程建设推进情况。评议区政府旅游产业发展工作、建设领域并联审批制度改革工作；跟踪监督2017年服务高新区发展专题询问整改情况。

【代表工作】 依法确认并公告区人大代表资格变动19人次。组织64名区人大代表进行述职；组织开展市人大代表璧山联系组集中活动4次；组织区、镇两级人大联动开展代表活动17次，参与活动的区人大代表377人次；组织区人大代表列席区人大常委会会议38人次。各区人大代表小组组织代表开展集中视察91次，开展专项调研95次，对辖区40个部门开展工作评议，形成代表建议139件；组织联系群众活动138次，参加活动的区人大代表1099人次，形成代表建议96件，协助群众解决问题262项，化解199项。出台《关于加强代表履职平台规范化建设的实施意见》，严格落实《代表履职积分暂行办法》，利用市人大代表履职服务平台，对区人大代表履职情况实行量化管理，代表履职活跃度大幅提升。分3批次组织区人大代表赴全国人大深圳培训基地和全国干部教育复旦大学培训基地，开展为期7天履职培训，实现市、区人大代表和人大干部培训全覆盖。

【视察与调研】 视察区公安局视频监控系统及“雪亮工程”建设情况、区法院“基本解决执行难”工作推进情况、区检察院公益诉讼工作开展情况、城区违法建筑整治情况、“四好农村路”建设情况、六旗乐园数字体验园建设情况、区精神卫生中心迁建工程。专题调研工业经济主导产业转型升级情况，调研“七五”普法决议落实情况和法治政府建设推进情况、贯彻实施《重庆市税收

2018年5月7日，市人大代表璧山组在蓝黛变速器有限公司视察（璧山报社供图）

征管保障办法》情况、全区人才工作和区委人才计划落实情况、工业企业工人供需情况、全区果蔬品牌建设情况、璧南河污染整治巩固情况、全区农村贫困户危房改造情况和农村卫生改厕工作、学前教育工作、义务教育阶段学生营养餐实施情况、家庭医生签约服务工作、全民阅读工作情况。

【制度建设】 认真贯彻区委《关于健全人大讨论决定重大事项制度、区政府重大决策出台前向区人大报告的实施意见》，制定《重庆市璧山区人民代表大会常务委员会讨论决定重大事项的规定》，解决重大事项范围、讨论决定程序等关键问题，为人大依法、规范行使重大事项决定权提供制度遵循。制定《区人大常委会与区“一府一委两院”联席会议规则》，使常委会与“一府一委两院”沟通情况、听取意见、协调工作更加制度化规范化，有效形成推动发展的工作合力。制定《重庆市璧山区区本级项目预算公开评审工作监督办法》，推动2019年区级部门项目预算公开评审工作全覆盖。制定《关于认真做好镇人民代表大会审查和批准镇本级决算草案的指导意见》，首次明确将审查和批准镇本级决算列入镇年中人代会议程。

【开展建设领域并联审批制度改革评议工作】 历时8个月，组织32名区人大代表和机关工作人员成立评议调查组，分别到21个被评议对象开展2次走访座谈、2次现场调研，问卷调查15190人次，基本找准影响并联审批制度改革的堵点、卡点和难点，明确指出21个被评议对象存在的突出问题，为整改施策提供了依据，成为本届常委会任期以来“时间最长、涉及部门最多、调研走访范围最广”的一项工作。

重庆市璧山区人民政府

综　述

【概况】 2018年，全区经济社会发展取得新进展。全年累计签约项目92个，投资额超过530亿元，在首届中国国际智能产业博览会上签约200亿级比亚迪新能源汽车电池生产基地项目。设立助保贷、银政通、工业企业流动性信用贷款、转贷应急周转金、科技型企业知识价值贷款、两山担保公司贷款担保，落实各项减税降费政策，为134家企业提供资金支持29亿元、帮助企业融资8.5亿元、减免税费18.1亿元，“璧山政府给民企当‘靠山’”登陆央视新闻联播。

【区政府常务会议】 2018年，区政府召开23次常务会议（第20次至第42次）审议并原则通过有关事项决议260余项。主要涉及10个方面内容：一是经济发展方面，审议通过《中共重庆市璧山区委　重庆市璧山区人民政府关于区委十四届三次全会报告和2018年政府工作报告责任分解表（送审稿）》《2018年区级重点项目联系名单（送审稿）》《璧山区促进金融产业发展办法（送审稿）》《璧山区促进总部经济发展扶持办法（送审稿）》等。二是招商引资方面，审议通过了《璧山区2018年招商引资工作考核细则（送审稿）》《区政府办公室关于进一步完善招商引资决策机制的请示》等。三是创新创业方面，审议通过了《璧山区关于入驻人工智能产业园的引导扶持办法（试行）（送审稿）》《重庆军民融合协同创新研究院建设方案（送审稿）》《璧山高新区管委会关于中国科技开发院有限公司投资项目的请示》等。四是全面深化改革方面，审议通过了《璧山区开展农村“三变”改革促进农村“三增”工作试点实施方案（送审稿）》《区编办关于取消一批行政审批等管理事项的请示》《璧山区“证照分离”改革试点实施方案（送审稿）》等。五是城乡统筹和区域发展方面，审议通过了《璧山区乡村振兴战略行动计划（送审稿）》《璧山区2017年度区县党委和政府扶贫开发工作成效考核反馈意见整改方案、璧山区精准脱贫攻坚战实施方案（送审稿）》《璧山区分层分类开展乡村振兴试验示范实施方案（送审稿）》等。六是城乡规划和建设方面，审议通过了《渝遂高速大路下道口改扩建工程建设方案（送审稿）》《区城乡建委关于调整城市建设配套费征收标准有关事宜的请示》《区城市管理局关于生活垃圾外运处置的请示》等。七是社会事业和社会保障方面，审议通过了《重庆市璧山区人民政府办公室关于实施一批民生实事的通知（送审稿）》《区卫生计生委　区财政局关于调整计划生育特别扶助金标准的请示》《璧山区社会治理智能化网格化防控体系建设方案（送审稿）》《璧山区全面深入推进社会稳定风险评估工作实施意见（送审稿）》《关于做好当前和今后一段时期就业创业工作的实施意见（送审稿）》等。八是生态文明和环境保护方面，审议通过了《璧山区实施生态优先绿色发展行动计划（2018—2020年）（送审稿）》《璧山区污水处理项目框架协议（送审稿）》《璧山区2018年国土绿化提升行动工作方案》《重庆市璧山区污染防治攻坚战实施方案（送审稿）》等。九是安全生产方面，审议通

2018年5月14日，区政府举行新任命国家工作人员宣誓仪式（璧山报社供图）

过了《璧山区推进安全生产领域改革发展的实施意见(送审稿)》《关于划定高污染燃料禁燃区的通告(送审稿)》等。十是政府自身建设方面,审议通过了《璧山区政务信息系统整合共享工作方案(送审稿)》《关于加强镇政府服务能力建设实施方案(送审稿)》《璧山区政府投资项目管理办法(送审稿)》《璧山区成立科教兴区和人才强区工作领导小组的方案(送审稿)和科教兴区和人才强区行动计划(2018—2020年)(送审稿)》等。

【经济运行分析会议】 2018年,召开经济分析会议3次。其中,4月27日召开全区一季度经济运行分析会议;8月7日召开全区半年经济运行分析会议;11月2日召开全区三季度经济运行分析会议。三次经济运行分析会议精准分析研判了2018年各阶段经济社会发展情况,为完成全年目标任务打下了坚实基础。

【重大活动】 2018年,区政府开展各类重大活动10余次。2月2日,开展长江经济带横向生态保护补偿工作会议参会代表到璧调研活动。3月7日,开展璧山国家高新区15家企业集中开工活动。7月18日,开展御湖国际生态旅游度假区朗廷—康得思酒店签约活动。8月3日,开展璧山国家高新区集中签约活动。8月15日,开展璧山区首个“中国医师节”庆祝表彰暨形象展示活动。9月18日,开展璧山国家高新区15家企业集中开工活动。9月19日,开展成立重庆市璧山区人民武装部有关活动。9月28日,开展枫香湖儿童公园投用慰问活动。12月28日,开展重庆山水主题小镇——六旗乐园规划馆投用慰问活动。

【应急处置】 一是健全体制机制。制定并下发了《璧山区自然灾害联合会商制度(试行)》《重庆市璧山区人民政府办公室关于加强突发事件预警响应的通知》等。二是夯实基层基础建设。细化明确基层基础建设标准,充分发挥基层在防范控制、监测预警、先期处置等方面“哨兵”作用。三是提升风险防控能力。发布强降水等恶劣天气防范应对紧急通知14条、重要天气服务快报26期。完成风险登记5955条,较大以上风险均制定了整改、防控措施。四是完善应急预案体系。完成林业有害生物、公共密集场所、非煤矿山、水上交通等13个区级预案修订工作。五是开展常态化应急演练。开展专项应急演练4次,各行业组织应急演练、队伍拉练或桌面推演300余次。六是增强综合保障能力。完成“1+9+12”区级专业队伍训练大纲编制工作,投入320万元/年建立灾害保险制度,启动1处短期避难场所、4处暂时避难场所建设工作。

【外事】 一是健全机制,强化区委对外事工作领导。成立区委外事工作领导小组,由区委书记任组长,区政府区长、区委专职副书记、区政府分管领导任副组长,相关部门分管负责人为成员,印发了《中共重庆市璧山区委外事工作领导小组职责和工作规则》《中共重庆市璧山区委外事工作领导小组办公室工作细则》。二是强化职能职责。加强在璧外国人管理,全年核查到璧境外人员临住信息2318人(次)。圆满完成国际半程马拉松、国际长板DANCING大师赛、《上战》中国武术技击对抗赛等涉外活动,妥善处理重庆媚颜舞蹈健身有限公司举办的涉外培训活动。圆满完成匈牙利森特什市市长西尔比克·伊姆雷一行、芬兰清洁能源考察团和意大利驻重庆总领事馆总领事倪飞一行到璧考察接待任务。

【政务督查】 一是严格落实领导决策事项,认真开展“重点民生实事农村改厕工作”“帮助重点工业企业解决问题”“璧山粮食物流园项目规划设计方案审查阶段相关工作推进”“新图书馆装修”等一系列难点热点问题督查督办工作。二是推进“放管服”改革工作。开展建设领域并联审批改革,实现五大环节有效并联审批。推进“一网两端”建设,打造智能化、信息化、一体化线上+线下政务服务平台。清理公布“马上办、网上办、就近办、一次办”审批服务事项清单，实施审批服务“五个100”行动计划，推进审批服务便民化。三是重视建议提案办理工作。155件代表建议（含闭会期间代表建议、跨年跟踪督办建议）和228件政协提案（含闭会期间提案、跨年跟踪督办提案）均在规定时限内办理答复完毕，限时办复率100%。

【信息调研】 2018年，共上报市政府办公厅信息317条，采用97条，得分549，居全市38个区县第3位。其中，市政府办公厅采用政务工作交流1条；采用专报信息15条，获市领导及秘书长批示9条；采用“上报国办信息”30条；采用简况信息48条。共编辑《政务信息》54期，采用区级部门及镇街信息近350条。

行政审批

【概况】 重庆市璧山区行政服务中心管理办公室为正处级事业单位，内设机构4个：综合科、督查科、行政审批改革工作科、基层指导科。内设机构规格为正科级，编制12人，领导成员4人。其中主任1名，副主任3名，内设机构负责人4名。

【政务服务】 一是调整窗口设置，减少办件量少的窗口，增加公安局、税务局等办件量大的窗口，并在中心设置3个综合办事窗口，将区司法局等12个部门的审批事项全部纳入中心，督导工商、城管、环保、税务等窗口部门设立咨询、接件、帮办窗口，指导高新区、农业园区、绿岛新区窗口发挥代办作用。入驻中心的部门有37个，入驻行

2018年5月11日，区长秦文敏（中）调研建设领域并建审批改革工作（璧山报社供图）

政审批事项314项，入驻率99%。二是所有入驻部门均开通行政审批事项办事指南二维码。三是拓展服务功能，采取增设智能化手机充电桩、叫号机，实行免费复印、打印，提供行政审批事项二维码等措施，方便群众办事。协调区税务局将二手房交易业务搬迁至区地房局不动产登记中心一起办公，实现让老百姓"只进一扇门""最多跑一次"的目标。四是全年累计受理审批（服务）事项77.35万件，税费征收127.52亿元。

【放管服改革】 一是将企业开办时间压缩至5个工作日以内。企业开办精简为工商登记、印章刻制、申领发票三个环节，依托信息共享平台，实现"一窗受理、一次提交、并行办理"。二是将一般工业投资项目建设审批时限压缩至20个工作日以内。改革企业投资项目管理模式，对璧山高新区范围内的项目通过政府定标准、企业作承诺、过程强监管等手段，再造办事流程，探索以标准替代审批、"先建后审""容缺受理""提前介入"的管理模式。三是将工程建设项目审批总时限稳定压缩至50个工作日以内。目前已将建设领域17个审批部门73个审批事项纳入并联审批改革，通过设立改革牵头部门、实行首问负责制、启用2号印章、落实"三集中、三到位"等措施，各部门磨合运转较为良好，平均每个办理事项审批效能提升84%。根据渝府发〔2018〕43号文件要求，施工环节对社会投资项目取消了初设审批，对建设工程实行建设、消防、人防、气象、城管等部门的联合图审对接落实，深化建设领域并联审批改革新办法。四是实施"5个100"行动计划，按照"马上办、网上办、就近办、一次办"改革要求，推动100项审批事项和100项公共服务事项精简程序"马上办"、100项审批服务事项下沉至镇街、村社"就近办"，两年内实现所有审批服务事项100%"网上办"、100%"一次办"。

【互联网+政务服务】 一是加强行政审批事项管理，取消区级行政审批证明材料事项5项，取消行政审批事项2项，制定《重庆市璧山区行政许可事项清单（2018年版）》，纳入行政许可事项291项。并将全区291项行政审批事项纳入网审平台，并完善要素清单，关联审批业务流程和申请表单，切实保障所有行政审批事项在网审平台正常运行。截至年底，网上行政审批平台累计受理业务152975件、办结152766件，办结率99.86%。二是推广行政审批"扫码办事"，印制行政审批事项二维码，并放置到行政服务中心各办事窗口，办事群众可通过手机微信扫描二维码，快速查询标准办事指南，并进行在线申请，实现"一扫可查""一点即办"功能。三是建设一体化在线政务服务平台。按照将一体化在线政务服务平台打造为"全区'一网通办'的总门户、总操作台"的目标，依托市网审平台，深度定制符合璧山审批服务实际的在线政务服务平台2.0版本，打造"24小时不打烊"的网上政府。实现"智能化"：在新行政服务中心集成"人脸识别、语音交互、指纹认证"等智能化技术，引入自助查询机、自助终端机、自助文件柜等方式，打造全链条自助专区。实现"信息化"：推进跨部门、跨区域、跨层级、跨业务政务信息可靠交换与安全共享，并依法依规向社会开放，实现办事全过程公开透明、可追溯、可核查，切实保障群众的知情权、参与权和监督权。实现"一体化"：全线打通114个部门、15个镇街、187个村（社区）电子政务外网，推进区、镇街、村（社区）"互联网+"集成政务服务，构建覆盖全区的政务服务体系。实现"一网通办"：推动政务服务"应上尽上、全程在线"。四是打造"数据信息集成端"。目前全区有364个垂管系统和62个自建系统，采集46个部门、共计682项政务信息资源项目，但这些系统多数都是各自为政、信息孤岛，为实现系统对接融合、信息交换共享，按照"联网通办是原则、孤网是例外"的要求，推进政务信息共享平台建设，统筹融合全区信息系统，通过数据信息收集、共享、挖掘，推动各类本地电子材料库、证照库等建设应用。

五是开发“璧山政务”微信公众号。群众可通过手机终端自助预约、取号、查询、办事，政府可依托微信公众号平台，及时发布重要信息、回应咨询留言，进一步加强与企业和群众之间的互动。再造群众办事服务流程。推出全程代办、在线支付、快递送达、网上预约等便利化措施，保障办事企业群众“尽量不跑，最多跑一次”。

【政务服务改革创新】 一是推行导办领办代办服务。设置厅内导引指示牌、设置自助查询导引设备、工作人员主动提供导引服务等方式，引导前来大厅办事的群众取号、咨询、自助填表等服务。针对办理业务较为困难的办事群众或其他特殊情况，可由服务台工作人员为办事群众提供全程指导，协助办理业务。为重点项目、重点企业、特殊服务对象等开通“绿色通道”优先办理，在符合法律法规且在办事群众给予充分授权的情况下，工作人员全程协调相关窗口办理业务或提供上门办理业务。二是推行快递送达服务。按照“政府引导、自愿选择”的原则，推行快递送达服务。企业和群众通过网上办事大厅或线下窗口申请办理事项时，可自主选择通过邮政EMS寄送审批结果。

【新行政服务中心建设】 为打造与建设内陆开放高地相适应的一流政务环境，构建高效快捷、阳光透明的行政审批服务模式，积极推进行政审批制度改革进程，璧山区拟打造全国领先、全市一流的行政服务中心。新中心位于璧山高新区太阳堡标准厂房处，包括1号楼和6号楼两栋，共10层，总面积26648平方米，含行政服务中心、公共资源交易中心、就业培训及人才市场、社保局等，预计入驻部门41个，入驻项目291项，入驻率达到100%。完成装修设计、招投标工作，预计2019年7月竣工并投入使用。

人　事

【公务员队伍建设】 严格贯彻实施《公务员法》，进一步完善公务员管理制度。按照管理权限，做好了选拔任用、职务任免、年度考核、奖励表彰、公务员调任等工作。加强公务员职位管理，核准职务与职级并行11人。加强机关科级领导职务和非领导职务管理，审批晋升科级非领导职务245人。畅通渠道积极开展录用工作，面向社会公开招录公务员5名，在大学生村官中招录公务员4名，在优秀村社区干部中招录公务员4名。举办扶贫攻坚专题培训班1期、初任公务员培训班1期、内设机构负责人培训班1期，组织全体公务员参加“以大数据智能化引领创新驱动发展”公需科目培训。

【人才队伍建设】 参加“鸿雁计划”，引进高层次、高技能人才，全年累计申报8名“鸿雁计划”人选，成功申报2人。公开招聘事业单位工作人员10批次，招聘事业单位工作人员173名（硕士研究生57人，本科生113人，专科3人），其中通过校园招聘及公开招聘方式共聘用基层教师96人，基层医疗卫生机构紧缺实用人才23人。得润汽车电子、兴渝涂料等2个企业申报设立市级博士后科研工作站，截至2018年年底，全区共设立2个国家级博士后科研工作站、5个市级博士后科研工作站。完成全区232个事业单位岗位聘用备案审核工作。开展2018年职称申报评审，审核送评高级职称人员100余名，中级职称人员47人，初级职称人员52人。开展企事业单位专业技术人员公需科目远程教育网络培训，培训课程包含知识产权保护等50余门课程，全区7177名专业技术人员参与学习；开展新取得中级职称资格人员岗前培训网络学习，全区350名专业技术人员参与学习。举办高级专业技术人员岗前培训1期，参加培训人员150人；举办事业单位负责人培训1期，参加培训人员50人；举办事业单位副高级专业技术人员创新理论培训2期，参加培训人员150人。全区9671人参加职业技能鉴定并获取国家职业资格证书。

信　访

【概况】 全年信访总量5219件次、8536人次，信访信息系统应用率100%；信访事项及时受理率和按期办结率继续保持100%；群众参评率78.7%，群众对事权单位和信访部门满意率均达100%，2018年进京越级走访11人次(2017年14人次)，同比下降21.4%。

【四大攻坚】 全区以“解决问题、化解矛盾、息诉罢访”为目标，推进“重点领域、重点群体、重点问题、重点人员”四大攻坚战活动。市级交办重点人员5名，化解4名，化解率80%，超过市级考核指标50%。市交办信访重点问题12件，化解12件，化解率100%，超过市级考核指标20%。区联席办集中交办20件重点问题，化解19件，化解率95%，超过市级考核指标15%。市联席办交办重点群体案件1件成功化解。区联席办集中交办5件重点群体案件，化解5件，化解率100%。

【干部下访】 区级四大班子领导和各级各部门领导开展干部接访下访群众工作，走访群众4886件次，26891人次，投入资金1801余万元，解决问题3785个，惠及群众5.1万余人。

【复查复核】 收到信访复查(复核)申请件42件，作出复查意见件10件，经现场疏导解释后群众自动放弃复查申请21件，调解成功后群众主动撤销复查申请11件。10件复查案件实体维持4件，程序撤销6件，经市政府复核案件3件，复核意见均维持璧山区复查意见。

【网上信访】 全年来访1037件，来信504件，网上投诉3553件(其中领导信箱2542件)，网上信访占比68.1%，

【社会稳定风险评估】 按照区委、区政府《关于全面深入推进社会稳定风险评估工作的实施意见》(璧山委办〔2018〕26号文件)，重点开展胶轮有轨电车工程建设等项目社会稳定风险评估。全年，区维稳办共收到风险评估备案报告36件，准予实施35件，暂缓实施1件。

【区领导公开接待】 区领导批示件556件，其中群众合理诉求得到化解450余件，化解率80.9%。

【矛盾纠纷排查调处】 每月定期由区委、区政府领导组织召开矛盾纠纷排查调处会议，全年排查重点矛盾纠纷51件，化解48件，化解率94.1%，超过市级考核指标9.1%。

【联合接访】 安排20个区级职能部门轮流到区信访办参与联合接访，形成大信访格局。联合接访上访群众306批次，1089人次，解决信访问题216件次，化解率70.6%。

机关事务管理

【公务接待】 严格按照中央八项规定精神，认真落实市委《贯彻落实中央八项规定实施意见》，坚持厉行节约、反对浪费，充分发挥“公务接待基地”作用，打造务实节俭接待新风。完成全国人大常委会副委员长，重庆市政府、市政协主席主要领导，中央党校、全国工商联，干部大讲堂专家、教授、学者等重要领导和嘉宾到璧接待工作。承办全区各界人士迎春茶话会，配合完成了区“三会”筹备及后勤保障工作，协助完成渝西片区城市管理工作会、区庆祝建党97周年表彰大会暨党员形象展示集中会演、医师节表彰、全国网信系统工作会、第三届军民融合交流大会以及区内突发疫情应急处置工作后勤保障等任务。接待来宾72批次，1000余人次。其中省部级及以上领导45人次，厅级领导200余人次，指导和协助各部门公务接待270批次，接待费用持续降低。

【公务用车管理】 拟定《重庆市璧山区党政机关公务用车管理实施办法(审核稿)》,严格按照规定审批党政机关保留车辆和事业单位特种专业技术用车处置更新。积极探索公车改革后保留车辆的使用管理,确保公车使用合法合规,全区公务用车实现标识化管理。区跨部门公务用车服务平台出车2700余次。做好区公务用车制度改革日常工作,11月启动事业单位和国有企业公务用车制度改革工作,起草《重庆市璧山区事业单位公务用车改革实施意见(初稿)》《重庆市璧山区国有企业公务用车改革实施意见(初稿)》。做好区车改办日常工作,完成公务用车改革考核数据上报,对长期租车行为进行规范,新确定1家公务出行定点租赁服务商,对市纪委反馈的涉嫌违规长期租用车辆、涉嫌违规使用公务加油卡线索进行清理和调查核实。

【公共机构节能】 印发《璧山区2018年公共机构节能工作要点》,有计划有步骤地开展全区公共机构节能工作。开展"节能降耗保卫蓝天"为主题的节能宣传周活动。区行政中心于11月6日顺利通过国家验收组考核验收,创建为第三批全国"节约型公共机构示范单位"。印发《璧山区党政机关等公共机构垃圾强制分类工作方案》,建成行政中心垃圾分类示范点和全区公共机构生活垃圾强制分类工作。完成行政中心周边绿化带中水喷灌系统安装和1、2、3号楼地下车库智能节能照明系统改造。开展全区公共机构食堂油烟污染治理,超额完成市里下达的37家公共机构食堂油烟污染治理工作任务。对全区公共机构的能耗统计员进行能源资源消费统计培训,8名同志参加公共机构节能远程培训并获得结业证书。全区公共机构人均综合能耗下降2.15%,单位建筑面积能耗下降2.18%,人均水耗下降3.53%。在2017—2018年度重庆市生态文明群众性创建示范典型活动中,区机关事务局荣获"绿色年度集体"和"节约型机关"两项殊荣。

【办公用房管理】 开展区法院新建审判综合楼、璧南人民法庭、璧北人民法庭、区检察院办公综合楼和车库资产上划,完成区公立幼儿园场地划拨使用,区城市管理局支队执法四大队办公用房调配使用,协调区生态环境局、区总工会做好太阳堡行政服务中心2号楼第5层、7号楼第5层的调配使用。完成全区103个党政机关办公用房管理信息化初期工作,逐步实现办公用房管理集中统一、规范有序。

【后勤服务】 后勤服务市场化、社会化。与新大正物业管理公司续签合同,委托物业公司继续做好行政中心和后勤服务中心保洁、保卫、维护维修、会场服务等,共完成维护维修1317次,提供会议服务1380次。协调相关部门完成行政中心周边道路区域车辆电子抓拍系统的安装工程,有效控制车辆乱停乱放现象。提升异地交流领导干部住房、饮食、安保服务质量。区机关职工食堂为行政中心集中办公区1300余名干部职工和全年5000余人次会议用餐提供安全、营养的餐饮保障,通过每半年"后厨开放日"活动和满意度测评,职工满意度80%以上,并继续保持区"健康食堂""示范食堂"荣誉。12月中旬完成两个职工食堂的重新公开招标工作,中标方为重庆市玖鑫酒店有限公司和合肥市振华快餐有限公司。

政协重庆市璧山区委员会

【概况】 2018年，区政协坚定正确政治方向，以习近平新时代中国特色社会主义思想为指导，深入贯彻落实中共十九大精神，紧紧围绕全区中心工作，开展政治协商、民主监督、参政议政，以及委员履职实践活动、脱贫攻坚、理论研究、团结民主联谊、文化文史、政协宣传工作，加强政协党的建设。协助召开区委政协工作会议。组织召开区政协十届二次全会，召开政协常委会议6次，主席会议15次。组织开展各种协商议政100余次，调查研究120余次，视察监督67次。帮扶24户贫困户。征集提案296件，立案交办231件。编印《社情民意信息》106期。编印大会发言材料51篇。入选《重庆市政协理论研究会论文集》2篇。征集各类文史资料稿件50篇，编印《文史通讯》4期。市级以上媒体采用宣传稿件43条，区级媒体或刊物采用408条。区政协机关领导班子连续6年工作考核为"好班子"。

【区委政协工作会议】 12月28日，区委在区文化艺术中心A区二楼会议室召开政协工作会议。会上，区委书记蓝庆华讲话，对加强和改进党对政协工作的全面领导，不断谱写新时代我区政协事业发展新篇章提出明确要求。区政协主席向邦俊，区政府、区委统战部、民建璧山工委、区总工会做发言。会上印发《中共重庆市璧山区委关于加强和改进新时代人民政协工作的意见》（璧山委发〔2018〕33号）。

【区政协十届二次全会】 1月17至20日，中国人民政治协商会议重庆市璧山区第十届委员会第二次会议在区文化艺术中心B区演出大厅召开。听取并审议十届区政协常委会工作报告及提案工作报告；列席重庆市璧山区第十七届人民代表大会第二次会议；听取并协商讨论区政府工作报告及其他工作报告；审议通过政协重庆市璧山区第十届委员会第二次会议决议。

【常委会议】 1月10日，召开区政协十届六次常委会议。审议《关于召开区政协十届二次会议的决定（草案）》；审议《区政协十届二次会议日程（草案）》。1月20日，召开区政协十届七次常委会议。决定区政协十届二次会议相关事宜。3月26日，召开区政协十届八次常委会议。传达学习全国"两会"精神；听取区政协十届二次会议提案审查情况的报告；通报《区政协2018年工作要点》和《区政协2018年协商计划》。7月26日，召开区政协十届九次常委会议。听取并协商区法院、区检察院2018年上半年工作情况；传达学习全国政协系统党的建设工作座谈会会议精神；学习研讨习近平总书记关于加强和改进人民政协工作的重要思想；总结区政协2018年上半年工作；听取并协商区委、区政府关于区政协十届二次会议提案办理的情况；听取并协商我区2018年上半年经济运行情况和重点项目推进情况；审议有关人事事项。9月29日，召开区政协十届十次常委会议。学习《关于加强新时代人民政协党的建设工作的若干意见》（中办发〔2018〕48号）；民主评议区环保局；审议《政协重庆市璧山区委员会关于深入推动长江经济带发展加快建设山清水秀美丽之地委员履职尽责实践活动方案（审议稿)》;审议有关人事事项。12月27日,召开区政协十届十一次常委会议。传达学习习近平总书记近期对人民政协工作的重要讲话精神及陈敏尔书记的批示,传达学习市委、政协工作会议精神和市政协系统党的建设工作会议精神;听取并协商璧山区2018年经济社会发展情况和重点项目推进情况;听取并协商区委、区政府关于区政协十届二次会议提案办理的情况;专项监督"规范村(社区)证明事项"工作;审议有关人事事项。

【主席会议】 2月27日,召开区政协十届十四次主席会议。协商《政协重庆市璧山区委员会2018年工作要点(讨论稿)》《政协重庆市璧山区委员会2018年协商计划(讨论稿)》《区政协2018年重点提案、跟踪提案初步遴选情况》。3月12日,召开区政协十届十五次主席会议。部署"兴调研转作风促落实"行动相关工作。3月21日,召开区政协十届十六次主席会议。协商《政协重庆市璧山区委员会联系和服务工作制度(送审稿)》《开展民营工业企业发展专题调研工作方案》等。4月28日,召开区政协十届十七次主席会议。协商区政协关于联系工作的有关事项;研究区政协关于扶贫工作的有关事项;研究区政协委员全部安排到专委会的有关事宜;研究区政协委员担任监督员的规范管理事宜;研究机关管理其他事宜;协商人资环建委《关于我区建设"山清水秀美丽之地"的调研报告》。5月11日,召开区政协十届十八次主席会议。协商十届区政协委员2017年度履职考核结果(送审稿)、区政协专门委员会、委员小组、界别小组2017年度工作考核结果(送审稿);协商《区政协农业委员会关于我区森林防火工作情况的视察报告(送审稿)》《政协重庆市璧山区委员会办公室关于学习贯彻新〈政协章程〉的实施方案(送审稿)》《政协重庆市璧山区委员会关于政协委员担任民主监督员的管理办法(送审稿)》《重庆市璧山区政协工作考核办法(试行)》等。6月7日,召开区政协十届十九次主席会议。研究机关管理相关事宜。6月28日,召开区政协十届二十次主席会议。协商《区政协学习及文史委员会关于打造10条文化主题街区推进情况的调研报告》《区政协科教文卫体委员会关于整合医疗资源落实分级诊疗的调研报告》《区政协科教文卫体委员会关于区妇幼保健院三级创建工作的协商意见》《区政协人口资源环境建设委员会关于我区立体绿化工作的调研报告》《区政协提案委员会关于物业管理工作情况的调研报告》;听取《社情民意信息中心关于赴九龙坡区政协考察学习的报告》。7月19日,召开区政协十届二十一次主席会议。协商《区政协经济委员会关于全区文化体育产业发展情况的视察报告》《区政协人口资源环境建设委员会关于〈绿岛新区南部片区规划研究〉专题协商意见》《区政协2018年上半年工作总结(送审稿)》;协商并决定《区政协十届九次常委会议召开时间及议程(草案)》。8月20日,召开区政协十届二十二次主席会议。协商《区政协农业委员会关于新型农业经营主体发展情况的调研报告》《区政协社会和法制委员会关于〈慈善法〉实施情况的调研报告》《区政协慰问政协委员管理办法》。9月26日,召开区政协十届二十三次主席会议。区政府通报《重庆市璧山区人民政府 比亚迪股份有限公司战略合作协议》《重庆市璧山区人民政府 比亚迪股份有限公司动力电池项目投资合作协议》;协商《政协重庆市璧山区委员会关于民主评议区环保局的初步评议意见(送审稿)》《政协重庆市璧山区委员会关于全区民营工业企业发展情况的调研报告(送审稿)》《区政协提案委员会关于六旗乐园项目建设情况的视察报告》《区政协社会和法制委员会关于我区消防安全工作的调研报告》《政协重庆市璧山区委员会关于深入推动长江经济带发展加快建设山清水秀美丽之地委员履职尽责实践活动方案(送审稿)》;协商并决定区政协十届十次常委会议召开时间及议程(草案);通报有关人事事项。11月14日,召开区政协十届二十四次主席会议。协商《深入推动长江经济带发展加快建设山清水秀美丽之地委员履职尽责实践活动工作简则(送审稿)》《深入推动长江经济带发展加快建设山清水秀美丽之地委员履职尽责实践活动领导小组成员名单(送审稿)》《政协重庆市璧山区委员会提案办理协商办法(送审稿)》《开展2018年区政协委员年终视察和走访委员活动的方案(送审稿)》《区政协科教文卫体委员会关于学前教育行动计划落实情况的视察报告》;提案委、人资环建委、社法委外出考察团汇报考察情况;协商一至十届区政协委员名录编印事宜;研究扶贫工作及其他工作。12月14日,召开区政协十届二十五次主席会议。协商《关于规范村(社区)证明事项的专项监督报告(审议稿)》《关于民主评议区民政局提案办理工作的情况报告(审议稿)》《关于对区林业局民主评议回访情况的报告(审议稿)》《区政协人口资源环境建设委员会关于我区"公园之城"建设情况的视察报告》;听取2018年年终视察和走访委员情况的汇报、区政协2018年精准扶贫工作情况汇报、区政协十届三次会议大会发言材料征集和评审工作情况的汇报;协商《中国人民政治协商会议重庆市璧山区第十届委员会第三次会议工作方案(审议稿)》《协商区政协十届十一次常委会议议程(草案)和日程》。12月26日,召开区政协十届二十五次主席会议。通报政协委员调整情况;协商区政协十届十一次常委会议议程(草案)(修改稿);传达学习习近平总书记近期对人民政协工作的重要讲话精神及陈敏尔书记的批示。

【政治协商】 一是积极营造协商民主氛围,围绕贯彻落实党和国家大政方针政策,推动"三大攻坚战""八项行动计划",以及助力璧山发展,精选协商内容,确保政协协商与全局工作同频共振、同心同向。二是深层拓展协商民主平台,在不断完善"平台+议题"的"10+N"多种协商制度的基础上,进一步完善协商机制,开展多种形式协商,实现协商更加广泛多层、更加灵活常态。三是不

2018年3月21日,区政协举行协商座谈会(璧山报社供图)

断丰富协商民主实践，开展全委会协商1次，常委会协商5次，主席会协商15次，秘书长会协商12次，专题协商10次，对口协商16次，界别协商18次，提案办理协商173次，逐步形成协商议题精、协商频次密、协商参与广、协商成效实的良性循环格局，有效促进决策的科学化、民主化。

【民主监督】 全年共征集提案296件，经审查立案交办231件，会中协商办理《关于在中小学教育活动中增加璧山历史文化内容的建议》提案。收集社情民意信息361条，区政协编印《社情民意》专刊106期，其中76期得到市、区领导批示或部门回复。扎实开展对法检两院工作的协商监督，对规范村（社区）证明事项的专项监督，对区环保局的民主评议，对区林业局的评议回访，对区民政局提案办理情况的民主评议。民主监督工作为推动工作、提高效能发挥了积极作用。

【参政议政】 在璧市政协委员向市政协提交《关于尽快开工建设渝蓉高速至内环延伸段工程的建议》《关于规划建设璧山至江津城市轨道交通的建议》等提案，围绕助推渝西地区发展主动参政议政。区政协领导及各专门委员会、委员小组、界别小组结合兴调研转作风促落实行动，围绕中铁任之健康城、璧山红星美凯龙家居广场、东林大道南延段道路建设、城区停车难、打造10条文化主题街区等开展各类调研120余次。围绕森林防火工作、文体产业发展、六旗乐园建设、“公园之城”建设、学前教育规划布局等主题，开展视察67次。11月，围绕“名家工作室”推进、轨道交通1号线尖顶坡至璧山段建设、“海绵城市”建设等开展年终视察，提出意见建议40条。

【其他工作】 ***政协党的建设*** 全面学习贯彻习近平新时代中国特色社会主义思想和党的十九大精神，以党章为根本遵循，严格落实市委、区委政协工作会议和全市政协系统党建工作座谈会精神，以党的政治建设为统领，全面推进政协党的政治建设、思想建设、组织建设、作风建设、纪律建设，把制度建设贯穿其中，充分发挥政协党组在政协工作中的领导核心作用、机关党支部的战斗堡垒作用、政协组织中共产党员的先锋模范作用，实现党的组织对党员委员的全覆盖，党的工作对政协委员的全覆盖。

履职实践活动 积极开展深入推动长江经济带发展、加快建设山清水秀美丽之地委员履职尽责实践活动。在市政协主席、副主席的示范带动下，区政协领导积极对应区级河长组织体系，开展巡河20余次，围绕“山水自然美”“人文精神美”“城乡特色美”“产业素质美”积极开展调查研究、协商议政和视察监督，为助力建设山清水秀美丽之地贡献智慧和力量。

脱贫攻坚工作 由主席会议成员牵头联系，机关委室对13户贫困户实行分组结对帮扶，切实帮助8户困难群众顺利完成D级危房改造；积极引导28名民营企业委员对11户特殊贫困家庭进行针对性帮扶。针对民营企业发展问题，区政协领导走访服务民营企业67家，解决或协调突出问题35个。各参加单位、专门委员会、委员小组、界别小组向贫困群众、公益事业捐款230余万元，化解矛盾931件，发出了促进社会和谐、密切联系群众的“好声音”。

团结民主联谊工作 主动争取市政协的指导和支持，5月30日、7月25日市政协主席王炯两次到璧调研。积极加强与市内外区县政协的联系，接待市内外政协到璧考察，为宣传推介璧山发挥了积极作用。主动为各民主党派和无党派人士履职创造条件，各民主党派通过各种方式参政议政，形式多样，成果丰硕。各界别开展丰富多彩的界别活动，充分彰显界别特色。

理论研究工作 围绕习近平总书记关于加强和改进人民政协工作重要思想开展理论研究，2篇入选《重庆市政协理论研究会论文集》，分获市政协理论研究优秀论文二、三等奖。区政协主席两次应政协全国委员会办公厅邀请，参与习近

平总书记关于加强和改进人民政协工作的重要思想、人民政协系统党的建设等主题的集中研讨,并作为基层政协代表,参加全国政协四川片区会议,就“构筑三大平台保障委员履职的探索与思考”做交流发言。

文化文史工作 积极参与秀湖汽车露营公园“璧山城垣”文化,以及枫香湖儿童公园“璧山耕读”文化、璧山古道文化的发掘工作。征集编印《文史通讯》4期,刊发文史资料稿件47篇。编印《璧山文史》第三十辑《长河拾贝》。

政协宣传工作 认真办好《璧山政协》杂志和政协网站,主动加强与媒体的联系协作,全年区级媒体或刊物采用宣传信息408条,《人民政协报》、人民政协网、《重庆政协报》等市级以上媒体采用43条,不仅展示了区政协履职动态,更多角度提升外界对璧山的认知度和认同感。

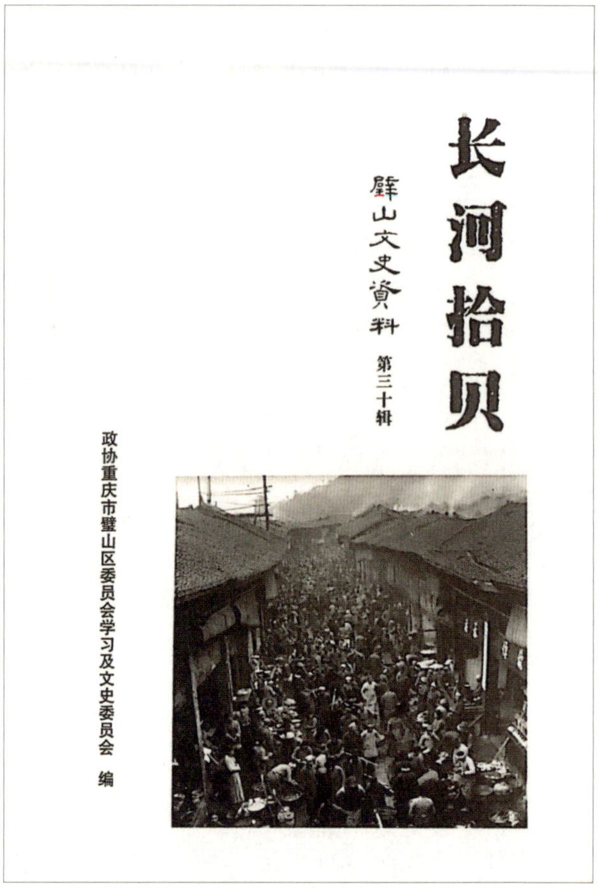

璧山文史资料第三十辑《长河拾贝》封面

民主党派和工商联

民盟璧山支部

【概况】 有盟员71人,设教育组、医卫组、综合组3个小组开展活动。支部获民盟重庆市委参政议政先进集体奖、反映社情民意信息工作二等奖、“不忘合作初心、继续携手前进”主题教育活动先进集体奖,1位盟员获民盟中央反映社情民意信息先进个人,3位盟员分别获民盟市委反映社情民意信息先进个人、参政议政先进个人、思想宣传工作先进个人,5位盟员分别获民盟重庆市委优秀盟员、优秀新盟员、优秀盟务工作者荣誉,3篇征文获民盟重庆市委纪念中共中央发布“五一口号”70周年主题征文优秀奖。15位盟员获得国家级、市级、区级奖项共33个。

【参政议政】 参加区委政党协商11次,积极发表意见建议。反映社情民意信息获中共中央统战部《零讯》采用1篇,并得到中共中央政治局委员、国务院副总理胡春华批示；民盟中央采用5篇；市政协采用2篇；市委统战部《党外人士建言》采用4篇；民盟重庆市委采用31篇；区政协《社情民意》刊物采用19篇。向区政协提交大会发言材料4篇，均被采用；提交集体提案3件，全部立案。

【社会服务】 开展送医下乡和捐资助学活动。

【自身建设】 全年新发展盟员9人，死亡1人。盟员中，有市管干部1名、区管干部4名。

民建璧山支部

【概况】 工委有会员87名，工委委员成员12人，下设支部3个，成立参政议政及理论宣传委员会、妇女工作委员会、企业家联谊会。区级以上集体表彰4个，个人表彰4人。

【参政议政】 全年形成调研报告6篇，政协大会发言3篇，理论文章3篇，建议、提案20件，反映社情民意101篇，其中市委统战部采用4篇，市政协采用7篇，区政协采用9篇。王复莲撰写的《关于加强食品药品安全保险的建议》获得潘毅琴副市长批示。汪强撰写的《坚信“两个毫不动摇”坚定发展信念——把总书记讲话精神扎根民营企业家心田》被中共中央党校出版社刊载，唐磊撰写的理论文章《民主党派深化政治交接的几点思考》获“民建中央2018年重点理论研究课题优秀成果二等奖”。

【社会服务】 开展“母亲邮包”孝敬老人、“冬日阳光·温暖你我”爱心助学、“夏日送清凉”慰问户外工人、走访帮扶贫困户等一系列活动，累计捐赠10.09万元扶贫助困资金。开展精准扶贫，与正兴镇大面坡村、丁家镇三五村、三合镇二郎村签订三年扶贫采购合同，采购农副产品，已累计投入104万元采购资金。开展“送科技、文化、卫生、法律下乡”活动20场，璧山民建企业家联谊会向璧山心理康复中心捐赠300套夏装病员服和300套冬装病员服。会员企业安置就业1600余人。

【组织建设】 全年考察发展新会员4名，经济界人士会员占总会员数的52.8%。会员在新一届区人大、区政协中，有人大代表3名，政协委员19名，其中区人大常委会委员1名、区政协常委3名。

民进璧山支部

【概况】 民进璧山支部成立于2016年4月，现有会员52名，主界别35名，博士1名，研究生5名。会员中有市政协委员1名，区政协委员8名，区人大代表1名。支部始终坚持中国共产党的领导，遵循民进的宗旨和章程，履行好“参政议政、民主监督、参加中国共产党领导的政治协商”基本职能，在璧山经济建设和社会发展中发挥积极作用。

【参政议政】 2018年，支部累计提交人大建议4篇、政协提案11篇、社情民意16篇，为区政协提交大会发言4篇。会员刘荣海获市委统战部纪念“五一口号”发布70周年主题征文三等奖，其诗歌《我喜欢农人的担了》在《团结报》登载。

【社会服务】 民进璧山支部积极开展扶贫、送教下乡、家校共育、“春联进万家”等活动，社会服务形成一定特色，会员主动性、积极性和集体荣誉感在各项活动中倍增。

农工党璧山支部

【概况】 中国农工民主党重庆市璧山区支部委员会成立于2014年12月31日，2018年新发展党员8名，全区共有农工党党员43名。有重庆市人大代表1名，重庆市政协委员1名，璧山区人大代表2名，璧山区政协委员9名，其中区政协常委5名。

【参政议政】 深入开展“不忘合作初心，继续携手前行”主题活动，积极开展调查研究，建言献策，全年参加政党协商活动6次，提交市人大代表建议2件，市政协提案2件，区政协提案和社情民意24篇、建言6篇、人大建议2篇。完成重庆市农工党调研课题“养老产业现状及对策”。

【社会服务】 积极参加社会活动，开展扶贫工作，捐款28160元。捐物55件，共计3600元。为罹患白血病党员亲属捐款1.5万余元。

致公党璧山支部

【概况】 2018年有正式党员45人，预备党员8人。有市政协委员1人，区人大代表2人，区政协委员7人，其中区人大常委会委员2人、区政协常委1人。

【组织建设】 增补欧阳武夷为支部委员。推荐支部委员陈志强到致公党中央挂职锻炼，党员欧阳武夷到重庆市统计局挂职。组织党员参加各级各类培训41人次，邀请党派市委领导和党内专家学者到璧山区开展专题报告会2场、参政议政能力培训1场。组织骨干党员前往致公党宜昌市委、南岸区委、江北区委等兄弟组织进行党务工作交流5次。致公党中央组织部副部长康凯带领致公党北京市委、广西壮族自治区委调研观摩致公党璧山支部组织生活活动，对致公党璧山区支部的组织工作给予充分肯定。

【参政议政】 在重庆市政协四届二次会议期间，提交委员提案2件。在璧山区人大十七届二次会议期间，提交代表建议4件；在璧山区政协十届二次区会议期间，提交集体提案4件，委员提案13件；1篇被区政协定为重点跟踪提案。全年提交党外人士意见建言40余篇，有5篇引起相关部门高度重视；累计报送社情民意30余篇，其中致公党重庆市委采用3篇，区政协采用5篇。

【社会服务】 为结对帮扶的12户扶贫户送慰问金和慰问品。协助致公党市委承办致公党西部五省市(云、贵、川、陕、渝)扶贫工作会。到健龙小学、三合小学、河边小学和河边初中开展图书捐赠活动、“梦圆六一，幸福‘童’享”捐赠活动和澳大利亚魏基成慈善列车冬衣捐赠活动。到正兴镇开展“助力乡村振兴健康行”义诊活动，发放价值2000余元的防暑降温药品和医疗保健宣传资料500余份。到福禄镇敬老院开展爱心捐赠活动，向老人赠送衣物。

【联络联谊】 9月，支部主委刘华随致公党重庆市委代表团一行4人出访瑞典和芬兰。10月，邀请致公党重庆市委协商议政专委会、致公党南岸区委专家学者党员近60人到璧山，为璧山发展出谋划策。12月，承办致公党中央“学习十九大，弘扬好传统”大讲堂活动。

工商联

【非公有制经济】 全区非公经济增加值380.1亿元，占全区地区生产总值的72.1%，纳税额占全区税收的82.15%。全区非公经济市场主体累计达到51977户，其中：私营企业12423户、外资企业72户、个体工商户39482户。

【非公有制经济人士教育引导】 邀请全国工商联、市工商联领导深入企业宣讲党的十九大精神，为全体执委、行业商会、镇街商会做学习十九大精神的主题报告，积极宣讲习近平总书记在民营企业座谈会上的讲话精神。邀请重庆海关、区税务局、区金融办和银行等金融机构为民营企业解读相关优惠政策，解答企业涉税问题。组织召开劳动用工权益保护协调会，联合高新区、经济信息委、商务委、人力社保局等职能部门对镇街商会、行业商会100余人开展相关法律知识培训、政策咨询等活动。组织60余名非公有制经济人士赴厦门大学、新疆大学、大连理工大学、中

2018年3月19日，全国工商联党组副书记、副主席樊友山（中）一行到璧山调研军民融合发展工作（璧山报社供图）

山大学开展系统专题学习培训。组织民营企业家到古田会议旧址等革命教育基地扎实开展“不忘创业初心，接力改革伟业”主题教育实践活动。

【社会责任实践】 集中组织8个行业商会和青年商会对结帮扶丁家、广普、健龙三个镇街的8户建卡贫困户开展精准帮扶。据统计，全区非公经济人士积极响应各级各部门号召，在精准脱贫社会帮扶工作累计投入帮扶资金200余万元。组织我区22家爱心企业参与四川郎酒集团和重庆迦禾酒业公司开展助学义卖活动，为18名贫困大学生以及30名困境儿童发放爱心资助金13万元。组织品正食品积极关爱留守儿童和孤儿学生，为太阳堡幼儿园、青杠街道幼儿园捐赠价值1.5万元慰问品。据不完全统计，我区非公经济人士在捐赠区慈善会、捐建标准化公厕、捐资助学等社会公益事业活动中，累计捐款捐物500余万元。

【参政议政】 围绕民营企业发展难点，组织开展军民融合发展调研、民营企业融资调研，以及民营企业运行状况、履行社会责任等一系列调研，协调相关职能部门和争取区政府出台解决民营企业融资难的政策文件4个，减轻企业税费政策文件1个。积极协调区领导集中走访民营企业，31名区领导共带队走访297家民营企业，实现全区所有的规模以上民营工业企业和其他行业规模（限额）以上民营企业走访全覆盖，解决一批长期困扰企业发展的老大难问题，减轻企业部分负担，帮助20多家企业走出困境，提振全区民营企业发展信心。

【优化服务方式】 一是搭建经贸交流平台。组织企业参加"民参军"技术展、重庆市智博会，积极组织装饰建材商会、汽车商会、餐饮商会举办家装建材购物节、车展、十大名店名菜评选大赛、网商交流大会等"节会"活动。二是搭建政企交流对话平台。组织召开民营经济高质量新发展座谈会、银税助推民营经济发展座谈会，协助组织召开全区民营企业座谈会，提供非公经济人士与区领导、区职能部门、金融机构直接对话平台。三是坚持人文关怀制度。坚持开展投保服务，为非公经济人士70人次选购人身意外伤害和车辆意外保险。组织110名非公经济人士到区医院进行健康体检，并建立民营企业家健康档案，此项工作已连续坚持开展9年，受到民营企业家的广泛好评。四是扎实推进企业文化建设。组织4个行业商会和9家民营企业参加第一届全民健身运动会篮球比赛，选拔一批由企业及商会自编自导精品文艺节目在年终执委会上进行会演，进一步丰富企业的文化建设。

【组织建设】 新增补龙冯刚、刘宝玉、张福珍等3名区工商联(总商会)副主席(副会长)、24名区工商联(总商会)执委；先后成立旅游发展商会、女企业家商会和科技装备业商会；成立重庆市湖北恩施商会璧山分会。积极与区外工商联、商会建立友好关系，组织到区外工商联开展考察学习7次，增强了商会组织的凝聚力。

社会团体

璧山区总工会

【概况】 重庆市璧山区总工会经过不断调整、发展，办公地址于2015年4月由原璧城街道沿河东路南段12号搬迁至璧城街道双星大道369号1号楼5楼，办公室共10间(501－505，507，508，545，546，548)，会议室2间(502、506)，在编职工8人，临聘人员5人，劳务派遣2人，志愿者1人。基层共有1个高新区总工会、6个街道总工会和9个镇工会联合会、12个部门工会联合会。机关下属事业单位重庆市璧山区群团活动中心，共有在职职工11人。

【职工合法权益维护】 一是建立健全劳动关系三方协商机制，全区所有镇、街道已全部建立协调劳动关系三方机制。二是认真贯彻《重庆市集体合同条例》，聘请3名集体协商专职指导员，签订集体合同382份，覆盖企业1501家、职工2.6万余人，已建工会组织的规上企业集体合同与工资专项集体合同签订率继续保持在90%以上。三是持续开展"千名律师进企业、服务职工在基层"活动，派驻10名志愿律师到4个辖区、100家企业开展法律服务工作，全年服务职工2600余人次。其中，进驻联系单位390余次，开展宪法及法律宣讲116次，接受热线咨询450余人次，提供法律援助46人次，为职工追加经济损失88万余元。四是积极参与安全事故的调查和善后处理工作。2018年，参与全区6起安全事故的调查和善后处理工作，按规定赔付500余万元。五是集中开展企业职业病检查和宣传工作，全年不定期对家具行业、制鞋行业、机械制造行业等相关企业进行职业病防范、劳动安全隐患、高温劳动保护专项排查10余次，邀请重庆职业病防治院派出体检车和专家，对200余名家具厂职工免费开展听力、肺功能等八个项目的体检。

【工会帮困扶贫】 一是做实困难职工帮扶服务。对全区建档困难职工进行彻底核查清理，将建档困难职工“六节”慰问标准从600元/人提高到1000元/人，全年发放慰问金17万元。为20人次在档残疾困难职工发放1.25万元慰问金；为54名建档困难子女发放“金秋助学金”26.9万元，为35人发放“医疗救助金”43万余元，为46人发放“生活救助金”26万余元，为62名建档困难职工购买职工互助保险。联手三友集团与26名建档困难职工一对一结对帮扶；联手区侨联为建档困难职工捐赠价值12万余元的防寒服、助听器等物资；联手重庆爱尔眼科医院深入企业、镇街、社区免费为500余名职工群众提供义诊服务。二是开展女职工“关爱行动”。通过“六节”为388人(次)困难女职工发放慰问金36.67万元；为67名建档困难女职工购买特殊疾病保险，联合区妇联为2.3万余名女性提供“两癌”筛查活动；通过六一节、9月开学季、春节等节点，加强对留守儿童、单亲困难女职工子女进行慰问。三是继续推进职工互助保障工作。参保单位327家，入会人数21020人，金额235万余元，理赔1008次，理赔金额146万余元，切实帮助职工解决了部分因医疗造成的经济缺口，缓解了经济上的压力。四是继续开展在职党员进社区发挥作用、精准扶贫等帮扶活动，在重阳节、端午节等节日期间，为结对户送去慰问品，结对的11户均已脱贫。

【工会组织建设】 一是扎实推进非公企业、社会组织、八大群体建会和网上实名登记工作。全区基层工会组织901个、有职工70411名，录入“实名制”系统工会组织887个，会员49415名。全区66个机关单位、268个事业单位、20家国有企业建会率、入会率均达到100%，13091名职工已全部网上实名登记；200人以上非公企业共72家已全部建会，职工22469名中网上实名登记21282名会员，占94.7%；其他类非公企业和八大员职工34989名，网上实名登记15042人，占43%。全区农民工输出登记4960人。积极做好劳动关系领域社会组织联系引导工作，建立工会组织3个。二是开展工会干部培训，提升工会干部履职能力。2018年，组织40人次参加市总及以上培训17班次；以新任区属工会主席(干部)、非公企业工会主席(干部)、村(社区)工会干部为重点，开展2期基层工会干部培训班进行专题业务培训，参训工会干部400余人次；推行“工会组织+社工+志愿者”工作模式，聘用工会社会化工作者23名，充实高新区和各镇街工作力量。三是加大职工之家规范化建设。印发《关于进一步加强职工之家建设的通知》，细化不同行业、领域的具体考评指标，出台激励政策优中选优打造区级先进职工之家。目前，全区有基层合格职工之家680家，占75.5%，新评定先进职工之家27家，已有全国和市级模范职工之家42家。

【服务经济】 一是开展劳动和技能竞赛。举办建筑和交通行业、汽车检测与维修2场区域性劳动竞赛，23家企业千余名职工参加。联合区卫计委、区城市管理局开展卫生计生、城市管理劳动竞赛各1场，600余名选手参赛。选拔10余名选手参加市级技能大赛，获得市级技能大赛一等奖1名、二等奖1名、三等奖2名，区总工会获得优秀组织奖2次。组织企事业单位参加市级网上劳动和技能竞赛，7家单位5000余名职工参与，区卫计委、万泰电力公司竞赛方案被市总选用，璧山获得先进集体三等奖2个、金牌班组1个、金牌职工1名、十佳职工创新成果1项。督促指导262家事业单位、297家规上企业结合自身实际以各种形式自行开展劳动和技能竞赛，开展率83.9%。二是推进革新创新。创建1家市级劳模创新示范工作室和2家区级劳模工作室，复查8家区级劳模创新工作室。广大职工依托工作室积极开展技术革新、合理化建议、节能减排、"五小"等活动。2018年，璧山区荣获"全国工人先锋号"1个，"重庆五一劳动奖状"1个、"重庆五一劳动奖章"3个、"工人先锋号"2个。评选区级优秀创新集体10家、优秀创新个人15名。将劳模分为4个小组，分别深入企业、学校、社区开展"中国梦、劳动美"活动7批次。出台《重庆市璧山区基层工会经费收支管理规定》，加强对全区基层工会经费的收支审计，其中，在2018年度全国工会优秀审计项目评比工作中，《璧山区总工会经费审查委员会对重庆市绿岛新区管理委员会工会委员会2017年度工会财务收支管理审计》项目获"全国工会优秀审计项目"。

共青团璧山区委

【概况】 2018年，璧山共青团工作获得区四大家主要领导肯定性批示6次。璧山区实验小学校少先队大队被团中央、教育部、全国少工委授予2018年度"全国优秀少先队集体"荣誉称号。4月，央视《新闻联播》报道了团区委组织少先队员观看《厉害了，我的国》。8月，团中央"少年之声"报道璧山青少年畅游智博会暑期实践活动。10月，新华社报道璧山区北街小学少先队户外研学旅行活动。

【思想政治引领】 广泛组织团员青年深入学习习近平新时代中国特色社会主义思想、党的十九大精神和习近平总书记"7·2"重要讲话、团十八

2018年2月22日，志愿者在大兴镇船形村参加植树活动（璧山报社供图）

2018年5月2日，团区委联合相关培训机构，对54名青年市民开展为期20天的烘焙、茶艺等订单式特色技能培训（谢捷摄）

大精神。组建三级宣讲队，共计宣讲450余场次，覆盖所有团支部和18000余名团员及青少年。全区所有团支部，28905人次参与团中央网上主题团课学习。

【从严治团】 一是加强团组织建设。在全区团组织中择优打造了30个团建示范点，每个示范点做到"四有"（有活动阵地，有常态化的学习及活动，有记录、图片，有1块以上展板）；推进区域化团建，每个镇街团（工）委均以文件明确至少9名专兼职团干部，建立共青团共建委员会，明确轮值主席。每季度开展一次"璧青共享汇"团建沙龙活动；在台商工业园群团服务站（全国"青年之家"示范点）、"砂之船奥特莱斯"群团服务站、塘坊社区群团服务站常态化开展青少年活动110余场次，覆盖4200余人次。二是加强团干部队伍建设。4月，举办"五四"团干部培训班，8月30日召开璧山区党建带团建工作推进会暨培训会，对330名（占50%）团组织负责人进行培训。3月，全区648个团支部均按时完成2017年度团支部书记满意度测评工作，有2名团支书测评结果为不满意，对其进行组织调整。4月底组织完成本区的3场团干部岗位实践能力比赛，75%的团支部书记参与比赛。5—6月，共推荐4名团干部参加全市岗位实践能力大比武决赛。11月，完成重庆市首届中学中职学生会干部风采大赛璧山区复赛。三是从严发展团员和管理团员。坚持一人一号，坚持年满14周岁推优入团，全区新发展团员1138名；共收取团费20680元，上交团市委2080元，购买团内学习、宣传资料、订阅团内报纸杂志支出8735元，表彰优秀团干部、优秀团员、先进基层团组织和团内有关会议、培训支出9865元。

【青少年活动】 与区文明办合作开展"小城故事"演讲比赛；开展青春无界·创意无限——"五四"大学生帐篷创意赛。联合区禁毒办、区卫生计生委开展禁毒防艾宣传进校园活动。以璧山区青少年宫为主阵地，城乡市民学校为分阵营，开展公益活动32次，覆盖青少年900余人次。开展节庆活动13场次，覆盖青少年1500余人次。组织80余名青少年开展"大手拉小手　畅游智博会"主题团队活动。12月9日，举办璧山区庆祝改革开放四十周年系列活动之画出家乡大变化绘画大赛，100名少年儿童踊跃参与。开展4场"青春偶遇·'璧'定是你"青年交友联谊活动，有36名青年现场牵手成功。

【少先队改革】 按照团中央和团市委部署，对红领巾等少先队标志标识使用情况进行全面清理，未发现违规使用情况。11月，在璧山金剑小学开展少代会示范活动，在中小学全面建立少工委。召开全区中小学团队改革工作推进会。12月29日，召开璧山区第七次少代会，完成区少工委换届。

【青年志愿服务】 常年组织110名青年志愿者每逢周末节假日在枫香湖儿童公园、东岳体育公园、秀湖汽车露营公园开展志愿服务。组建45支生态文明传播青年志愿服务队，并于9月17日集中开展"守卫母亲河　共护璧山绿"暨"河小青"巡河护河志愿服务示范活动。45支服务队每月常态化开展一次巡河护河，将发现的1050个大小问题按属地原则移交给镇街进行处理解决。12月21日，15个镇街又集中开展生态文明传播暨文明餐桌志愿服务活动，600多名青年志愿者走上街头向行人、餐馆、中小学生发放宣传资料3.8万余份。

【青年创新创业】 重庆市青年创新创业促进会璧山分会有正式会员25名，于8月召开工作推进会，举办各类会议11次、创业活动9次；推荐20人次参与市、区两级各类培训及展会活动；帮扶项目11个，为10名会员提供政策咨询等帮扶服务。开展配套活动5次，分别为青创工作坊，青创沙龙，青创巡诊第一、二期，青锋人讲堂，累计交流培训青年创客200余人次。10月，与区科委、璧山高新区管委会等部门联合举办璧山区第三届创新创业大赛，共有102个项目报名参赛，其中青年创业者占比90%，由璧山团区委推荐的青年创业团队唯爱公益、"焊武帝"、重庆怀旭科技，分别斩获团队组决赛一等奖、二等奖、三等奖。

【社会组织联系工作】 2018年，团区委有效联系璧山区向日葵社会工作服务中心、璧山区阳光社工服务中心等13家青年社会组织，并建立起璧山区青年社会组织联席会，制定联席会工作制度。政府购买服务金额为47.2万元，实施项目5个，开展活动10场。

璧山区妇女联合会

【概况】 2018年，全区共15个镇街妇联(下辖135个村妇联，51个社区妇联)，18个区直属妇委会。辖区妇女31.83万人，占辖区人口的49.35%。十届区政协妇联界别小组政协委员8名。

【思想引领工作】 成立宣讲团，深入宣讲党的十九大精神和中国妇女十二大精神，全区共开展"巾帼心向党·建功新时代"主题活动450余场。开展"百千万巾帼大宣讲""乡村巾帼大讲堂"活动263次，原创音乐快板《巾帼心向党》在各镇街、村社巡回演出，并参加全国妇联"百千万巾帼大宣讲"网上投票展示活动，点击点赞量95万余次，在"妇联通"APP上展播。开展点赞改革开放40周年网上接力传播活动，制作宣传视频《家风，一种无形的力量》，妇女群众反响热烈。开展"争做巾帼好网民活动"，组织基层群众观看直播，并转载《涓涓细流，润物有声——她从网络电台传来最美声音》等10篇巾帼好网民故事，营造良好

2018年3月2日，璧山区举行"三八"国际妇女节108周年纪念暨表扬活动（璧山报社供图）

的向榜样看齐氛围。

【脱贫攻坚、乡村振兴工作】 依托"巾帼培训进乡村""巾帼培训网络学"，组织农村留守妇女开展血橙、樱桃栽培，家政服务等实用技术培训40场2950人次。发动村居妇联开展农业特色"双学双比"技能竞赛活动200余场，打造璧山特色花木、葡萄、文艺、家风传承、绿色生活互助组和巾帼志愿队等20余个，助推地方经济和家风文明建设。开展"巾帼家庭农场""巾帼示范基地"等命名活动，积极培育巾帼农字号产业。培育"巾帼家庭农场"17个，打造"巾帼家庭农场示范点"5个、农村电商"山城网姐"示范店10个。

【城市提升、创业创新工作】 发挥"巾帼文明岗"的示范带动作用，组织发动全区各级巾帼文明岗组依托党建带妇建，广泛开展"巾帼建功""巾帼文明""巾帼维权""巾帼关爱"等"巾帼心向党·建功新时代"主题活动。依托妇女之家、巾帼大讲堂等阵地，向广大妇女进行经济形势、创业创新政策宣讲61场。开展家政护理、电商、手工编织等培训3000余人次，引导广大妇女不断增强创新创业意识，为有创新创业梦想的妇女开启起航之路。成立璧山区女企业家商会，加强女企业家之间的交流，搭建政策、培训、推介、交流平台，为女性提供资源共享、优势互补、技能培训、创业实践等全方位的服务。

【妇女儿童权益维护】 常态化开展"法治中国·巾帼在行动"维权行动，利用"3·8""6·1""6·26""11·25""12·4"法制宣传节点，开展莎姐讲师团"四进活动"、宪法大宣讲、知识讲座、文艺宣传以及"千万妇女大学法活动"等普法宣传106场次，面对面现场咨询20次，法治文化活动24场，发放宣传资料4万余份，50余法律志愿者开展志愿服务活动550场次，惠及5万余妇女群众，切实让妇女维权和法治宣传教育活动有影响、有实效。深入开展"平安家庭"创建工作，制定《璧山区创新开展"平安家庭"建设工作方案》，召开全区"平安家庭"建设工作联席会。成立重庆市璧山区婚姻家庭纠纷人民调解委员会，全年调解婚姻家庭纠纷185起。

【妇女儿童项目发展】 妇女儿童发展纲要(规划)强力实施,推动区政府出台《重庆市璧山区儿童事业持续健康发展实施方案》,继续获得"全国两纲示范区"建设支持。持续推进国务院妇儿工委办和联合国儿童基金会联合在重庆市实施的"重庆市儿童工作资源中心项目",推动璧山高新区塘坊党群服务中心等10个社区"儿童之家"工作常态化开展。

【妇女参政议政】 选好配齐妇联干部,187个村(社区)妇联组织组建率实现100%,村(社)妇联主席进入"两委"实现100%。落实妇联执委联系群众制度、培训制度、家访制度、妇女需求调查制度、日常管理制度。健全"妇联工作+社会组织+志愿服务"的工作机制。选派和组织妇联干部参加各类培训600余人次。

【妇联扶贫助困】 开展"两癌"免费检查宣传服务工作,完成宫颈癌免费检查11204人,占全年任务的102%,乳腺癌免费检查8022人,占全年任务100.3%;对符合救助条件的35名贫困"两癌"母亲实行救助慰问,邀请巾帼志愿者现场开设"两癌"保健知识讲座。开展"母亲邮包""困境儿童微爱行动"等捐款活动,募集爱心捐款6.7万余元。开展"迎春送温暖·真情进万家"慰问活动,为305名农村贫困妇女送去价值6万余元棉被和慰问金。开展"新春送福"巾帼志愿服务进村社活动187场。在御湖小学开展困境儿童关爱服务活动,发放51个"困境女童微爱健康包"。开展"春蕾圆梦行动",划拨资金5万元,资助16名贫困女大学生、10名女高中生继续学业。

【家庭文明建设】 以家风建设为重点,推进寻找"最美家庭"系列活动,评选出"十佳最美家庭""十佳书香家庭""十佳绿色家庭""十佳好婆媳""十佳好夫妻"和"十佳好邻居"先进典型60个(人),用最美家风促进好的社会风气。积极培育和践行社会主义核心价值观,广泛开展文明家庭创建、文明新风进万家等活动284场。组建"绿色生活"巾帼志愿服务队伍,广泛开展"以洁净城、以绿美城"绿色生活主题巾帼志愿服务活动214场。

【家庭教育】 开展2018年全区家庭教育工作推进会,印发《重庆市家庭教育促进条例》2万份,开展以"共同养育·幸福成长"为主题的家庭教育流动课堂11场,8000余名家长受益。命名御湖小学、福禄镇"福文化"基地为璧山区家庭教育实践基地。举办璧山区级家庭教育讲师培训班2期,组建起一支52名由妇联干部、教师、法律工作者等组成的家庭教育讲师团,研发出针对早教、亲子关系、亲子阅读、留守儿童教育等家庭教育课题40个,分赴各村社、学校、企业等开展"家庭教育百场讲座"103场,近4万名家长受益。

璧山区科学技术协会

【概况】 2018年,全区科协所属团体49个,其中:街镇科协15个、园区科协2个、企业科协16个、学协会16个;全区有科技志愿者队伍1支;科学传播专家分团1个;187个村居建有村居科普小组并设兼职科普员;有市级科普示范街镇6个、市级科普示范社区5个、市级科普示范村2个、市级青少年科技工作室2个;区级科普示范单位44个;全区15个街镇均有科普活动站,80%以上村居设科普工作站;有标准化社区科普活动室5个,科普文化云平台32个,科普中国e站6个。开展镇街科协组织建设"3+1"改革试点,将学校校长、医院院长和农技站长纳入镇街科协领导班子,完善基层科普组织网络建设。重庆市璧山区红山村民委员会荣获"中国科协和财政部基层科普行动计划先进集体"。璧山区科协获"重庆市2018年度区县科协工作考核特等奖"。重庆军民融合协同创新研究院建成为市级院士专家工作站。

【科普活动】 开展"全国科技工作者日""全国科普日""三下乡""科技活动周"等大型主题科普活

动和食品安全、消防安全、低碳节能、生态环保、防震减灾等专题科普活动。更新维护科普画廊和科普挂牌。组织开展首届全区公民科学素质大赛，全区公民科学素质达到7.8%。开展青少年科技辅导员培训和青少年科技创新大赛、科技模型大赛、机器人比赛、STEAM科创大赛、小小实验家等青少年科技教育活动。开展校企科技资源精准对接服务和企业科技信息数据库应用服务活动。全区11个社区科普大学教学点开展科普教学，璧泉街道南关社区教学点和来凤街道东街社区教学点被命名为重庆市社区科普大学示范教学点。

【科普宣传】 全区举办各类科普宣传活动100余场次，参与活动的科技工作者2000余人次，受益群众40余万人次，印发科普环保手袋、各种实用技术资料、科普书籍、科普光盘、科普挂图等资料100余种，200余万份，技术咨询10余万人次。

璧山区社会科学界联合会

【社科普及】 一是开展大型科普活动。开展首届璧山区公民科学素质电视大赛、璧山区科普讲解比赛暨第五届重庆科普讲解大赛预赛、科技文化卫生三下乡、科技活动周暨防灾减灾科普宣传以及安全用药月、食品安全周、科普宣传进社区等系列科普活动，组队参加首届重庆市公民科学素质大赛渝西片区复赛并获二等奖。二是普及科普知识。开展试验示范活动，向科技示范户推广新品种、新技术的应用，全面提高农村居民科学认知水平；助力脱贫攻坚，向贫困群众提供种子、技术、产品供销等支持；围绕蔬菜、苗木等特色农业，组织23名科技特派员开展培训等15场次，近1000人次参训；深入基层开展社科普及宣传活动，发放宣传资料、手册共15万余份，接受群众咨询近7000人次，受益群众近10万人次。三是抓实青少年科学普及教育。开展全区青少年科技模型大赛、青少年科技创新大赛、STEAM

2018年3月23日，璧山区举行科普讲解比赛暨第五届重庆科普讲解大赛预赛(璧山报社供图)

科创大赛、机器人大赛等系列科普活动，推荐优秀选手参加市级及国家级比赛；开放学校科技馆，组织科技兴趣小组互动体验活动，组织开展科普影视进校园20余场次。四是做实政治理论宣传普及。围绕《习近平新时代中国特色社会主义思想三十讲》开展微宣讲比赛25场，252名选手参加初赛、复赛和决赛，受众人数5000人；组建15人宣讲团，深入镇街、部门和重点民营企业开展宣讲24场次，直接受众约4000人；为各级党组织配送《习近平用典》等理论书籍1135本。

【社科研究】 重点围绕“家庭教育指导服务体系”“未成年人思想道德建设”“宣传思想文化在乡村文化振兴中作用发挥”“璧山区文艺协会存在的对策及建议”“政务新媒体与社会自然媒体整合传播研究”“区县哲学社会科学队伍建设研究”“培育和践行社会主义核心价值观融入度不够的问题研究”“加强和改进农家书屋建设”等主题内容，开展系列调查研究工作，形成调研报告10篇。向市社科联申报有关课题项目，参加有关学术研讨活动，向红撰写的论文《统筹城乡背景下集体资产股份合作制的博弈分析与现实阐释》在重庆市社科界第五届学术年活动论文评选中获得三等奖。

璧山区归侨侨眷联合会

【概况】 2018年，全区有新老归侨5人，侨眷属6500余人。在外华侨华人800余人，分布于全球20余个国家和地区，其中博士、硕士40余人。有基层侨联片区分会4个，留学生家长联谊会1个，侨界青年委员会1个。

【引资引智】 借助市侨联、市华商会、市侨青会资源，主动对接，多次接待到璧投资考察企业，为区招商平台提供8亿元左右投资信息。接待澳大利亚西遇集团公司董事长谭星商讨引进海外高层次人才合作问题。邀请区长秦文敏会见华侨数学家万大庆洽谈人才引进问题。邀请美籍华人医学博士王建新回母校为学弟学妹做励志演讲。

【联络联谊】 在传统佳节，通过集体座谈、个别走访等方式开展慰问活动，给困难侨眷、老归侨和侨联退休老同志送上节日祝福。通过《璧山报》向璧山籍海外侨胞、港澳同胞，全区的归侨侨眷和致公党员送上新春祝福。在春秋两季分别举办主题为“学习两会精神　聚焦乡村振兴”的学习参观活动和纪念改革开放40周年的“侨心向党心　颂歌新时代”中秋文艺茶话会。璧城、璧泉、璧西、璧北片区分会联合开展联谊交流活动，60余名会员参观六旗乐园项目和轨道交通1号线站台建设情况。留学生家长联谊会组织活动，30余名家长学习统战工作条例和中国侨联“十代会”精神，开展趣味运动会。与山东省东营市侨联、浙江省宁海县侨联、山西省太原市侨联、新疆维吾尔自治区乌鲁木齐市侨联、重庆市长寿区侨联缔结友好侨联。接待回乡探亲的万大庆、王建新、程格、罗涛、黄锡友等侨胞共计13名。

【参政议政】 组织侨界政协委员调研文物的保护利用，撰写调研报告1篇。全年，侨界人大代表、政协委员从医疗卫生、教育发展、市政管理、农村经济、文旅融合等方面共计提交提案和社情民意共21篇。

【为侨服务】 传统节假日开展慰问活动，共计为归侨侨眷送去价值5万余元慰问金慰问品。帮助加拿大籍华人罗涛女士了解其已逝祖父生平和坟地搬迁问题。开展“温情连侨企　酷暑送清凉”活动，为8家侨港资企业送去总价值9500余元的防暑药品和西瓜、矿泉水，激励员工安心生产。召开侨港资企业业主座谈会，传达中央、市、区有关促进民营经济发展的精神，收集问题和意见，帮助企业更好发展。

【自身建设】 开展主题为“深绿璧山城 美丽璧山人”首届摄影大赛，纪念改革开放四十周年，引来7000余人关注。成立区侨联法律咨询服务中心，为侨界群众提供法律咨询，最大限度维护好侨界群众合法权益。成立璧山区侨青会，搭建起侨界青年联谊交友，共同进步的平台。

【社会公益】 到福禄镇敬老院为孤寡老人送去价值3000余元的被子和夹克。携手重庆工商大学侨联，为健龙小学捐赠图书700余本。“八一”前夕看望慰问驻璧某部官兵，送去慰问品共叙军民鱼水情。开展“梦圆六一 幸福童享”活动，为三合小学50名品学兼优的贫困儿童送去价值6000余元的学习用品，实现他们的“微梦想”。联系书写中国项目，为璧山捐赠100万元物资，助力孩子规范书写。海外公益项目“慈善列车”“光明列车”“天籁列车”相继“驶入”璧山，让1000余名贫困群众获得冬衣，让15名白内障老人重见光明，让260余名听障患者重获天籁之音。为12户结对帮扶的精准扶贫户送去价值近4000元的优质鸡苗200余只。

璧山区残疾人联合会

【概况】 根据第二次全国残疾人抽样调查结果显示，璧山区有残疾人36905名。其中视力残疾6362人，占17.24%；听力残疾6709人，占18.18%；言语残疾720人，占1.95%；肢体残疾12548人，占34%；智力残疾2964人，占8.03%；精神残疾3572人，占9.68%；多重残疾4030人，占10.92%。截至2018年12月31日，累计办理残疾人证17184个，办证率46.6%，其中2018年共办理1060人，注销480人。

【残疾人康复】 制定完善《璧山区残疾人康复补助暂行办法》《璧山区残疾儿童康复救助制度实施细则（试行）》，对0~6岁残疾儿童康复训练和生活补助、辅助器具适配补贴等进行明确规定。全年为5717人开展精准康复服务，其中适配辅助器具626例。对88名0~6岁智力、脑瘫、孤独症和听力残疾儿童开展免费康复训练。完成残疾儿童肢体矫治手术2名。贫困精神障碍患者免费服药标准从每人每年500元提高到800元。对2137余人次精神障碍患者和681人次贫困精神障碍患者分别给予免费服药救助和住院救助。完成残疾儿童和持证残疾人家庭医生签约13968名。建设标准化示范康复站4个，村（社区）康复室41个。

【残疾人就业】 举办残疾人专场招聘会3场，帮助29名残疾人就业。开展农村残疾人实用技术培训242人，盲人按摩培训5人，盲人电脑培训3人，市、区级残疾人职业技能培训200余人，以政府购买残疾人服务方式，对90名残疾人开展职业技能培训。组织残疾人参加非物质文化遗产蜀绣培训2人，“巴蜀工匠”残疾人技术技能大赛6人。对3家盲人按摩机构的9名就业残疾人进行扶持，对14名残疾人自谋职业、创办微型企业给予一次性补助，征收残疾人就业保障金2834万元。

【残疾人扶贫】 在元旦、春节和全国助残日期间慰问贫困残疾人640户，慰问金额19.4万元。为450名农村残疾人实施残疾人危房改造，为190户残疾人家庭实施无障碍改造，对448户建档立卡贫困残疾人家庭开展调查，落实“一户一策”帮扶措施和“一户多残”帮扶行动。大兴镇残疾人周伟身残志坚种植葡萄得到1万元奖励扶持。

【残疾人社会保障】 为16840名持证残疾人购买每人30元的意外伤害保险，全额代缴持证残疾人参加城乡基本医疗保险个人缴费132万元，2978名低保残疾人享受了生活补贴，6044名重度残疾人享受了护理补贴。509名残疾人享受了阳光家园托养服务。

【残疾人教育】 对40名农村残疾青少年开展文盲扫盲行动。18名贫困残疾人大学生获得一次性入学救助和生活补助，57名残疾人家庭子女大学生得到了一次性入学救助。30名残疾人儿童接受学前教育资助。

【残疾人宣传文化体育活动】 以全国爱耳日、全国助残日、残疾预防日、国际聋人节等节日为契机，印制宣传手册5000册，开展党的十九大精神、《宪法》和助残惠残政策宣传咨询活动3场。在市级网站、微信公众号等宣传残疾人事业95条，在市级主流媒体华龙网等宣传2条。开展残疾人艺术巡演8场，以游览秀湖公园、举办红色经典诵读等形式，为200户贫困重度残疾人开展残疾文化进家庭“五个一”活动。实施重度残疾人家庭康复体育关爱600户，创建残疾人文化体育示范社区6个。组队参加重庆市游泳锦标赛获得1金、1铜、2个第四名的好成绩。

【残疾人权益保护】 继续实施“法在身边”残疾人法治宣传活动。12月1日，在大路街道六合社区举办“法在身边，助残有方”残疾人法治主题宣传活动。积极配合做好“两线一桥”限号限行工作，充分保障残疾人出行权益。继续推行残疾人信访代理制度，维护残疾人合法权益，化解矛盾纠纷。通过政府购买服务，与重庆景誉律师事务所签约，指派专门律师全年为残疾

2018年8月9日，区残联举办残疾人趣味运动会。图为轮椅竞速比赛(壁山报社供图)

2018年6月，壁山青杠街道盲人歌手张波参加央视《星光大道》节目(壁山报社供图)

人提供免费法律咨询和协助办理残疾人案件，维护残疾人合法权益。为67名残疾人机动轮椅车车主发放燃油补贴，为7名残疾人发放C5驾照补贴。

【残疾人基础建设】 完成对17096名持证残疾人的基本服务状况和需求动态更新调查工作，完成登记填表16726名，其中入户采集16192名，入户率96.81%，为制定各类残疾人优惠政策提供数据基础。8月27—31日，在重庆师范大学开展残联系统业务培训，对65名残联系统干部和优秀残疾人开展业务培训，提升工作能力和干事创业水平。启动区残疾人康复中心前期筹划和准备工作，落实五大专门协会办公、活动场所，为大路肢残协会小组解决1万元办公设施，提升为残疾人服务的能力。

【志愿者助残工作】 建立璧山区助残志愿者注册登记和持证上岗制度。全国志愿服务信息系统实名制注册助残志愿者283人。全年开展“小城大爱、有你有我”、“残疾人文化进家庭”、带领重度残疾人游览公园、看电影等志愿助残活动6场。

璧山区红十字会

【红十字宣传】 为基层红十字会分别订购50份《中国红十字报》和《博爱》月刊。到镇街摆放宣传展板6次，宣传白血病和先天性心脏病等疾病应急救助的相关政策，发放《红十字会法》《遗体器官捐献条例》《应急救护知识手册》等书籍1000余份。

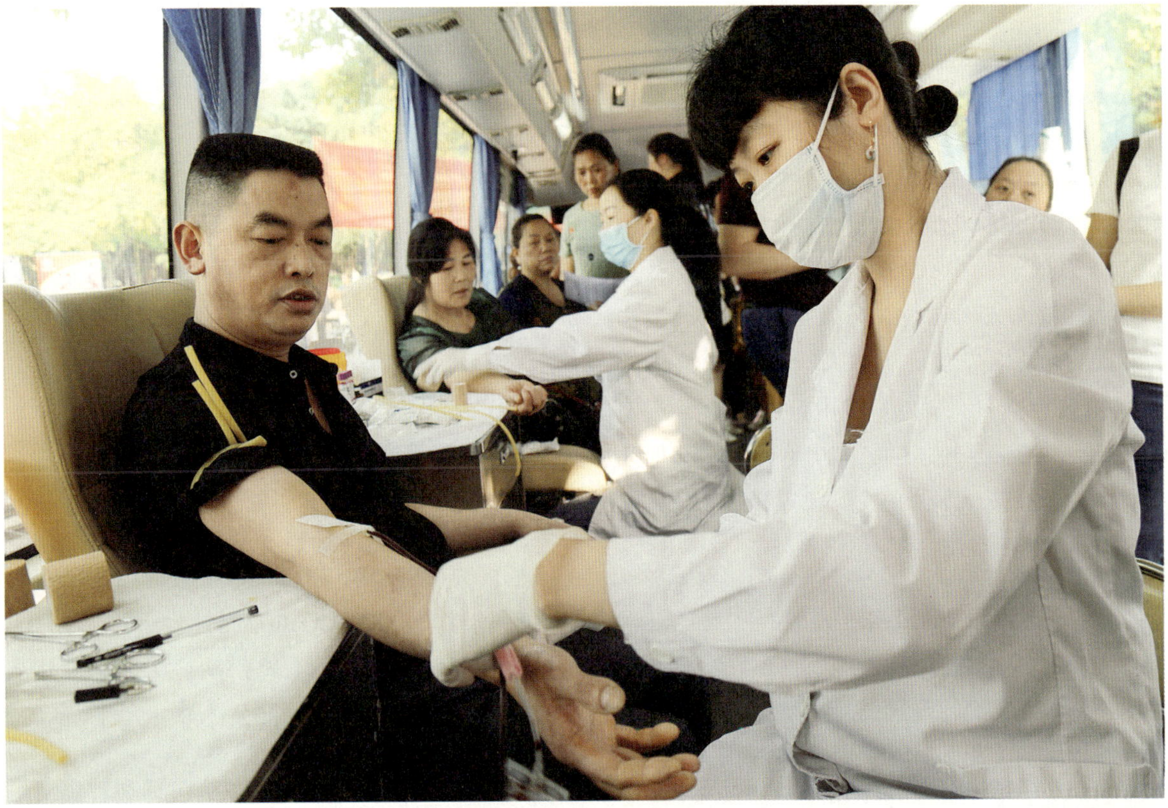

2018年5月8日，区红十字会开展“5·8世界红十字日”宣传活动。图为爱心市民在进行造血干细胞血样采集（孙茜摄）

【公民无偿献血和造血干细胞采集】 与区献血办密切配合，在每周二、周四的采血日集中到区人民医院血库进行动员，向无偿献血志愿者赠送造血干细胞捐献资料及现场采集血样。在《璧山报》和利用赶集日在各场镇街上摆放展板、发放宣传单等现场宣传动员，全年共采集造血干细胞血样238份，为更多的血液病患者带来生的希望。通过造血干细胞配型，招募1名志愿者完成捐献，成功挽救1名湖南血液病儿童的生命。

【遗体器官捐献】 通过宣传动员，接受遗体器官捐献登记8例，实施捐献1例。

【资金募集】 募捐资金1600余万元用于璧山区人民医院的建设，为民生事业发展贡献力量。

【应急救护"五进"工作】 开展应急救护培训"五进"工作。培训学生1200人（培训学校：璧山区职教中心、璧泉初中）；"进农村"5个，培训人数250余人；"进社区"12个，培训人数720余人；"进企业"3个，培训人数200余人；"进机关"3个，培训人数200余人。

【救助工作】 资助困难学生20名，每名学生500元，共计10000元。救助9名儿童，发放救助金16.5万元。其中：白血病患儿3名，救助金额11万元；救助先天性心脏病患儿1人，救助金额3万元；救助血友病患儿5人，救助金额2.5万元。对符合条件的326名贫困户疾病患者实施救助，救助金额130263元。2018年全区无重大灾情发生，备灾仓库储备大型救灾帐篷75顶、棉被200床，以备调拨。

【红十字会志愿服务队工作】 2018年，是区红十字会志愿者队伍建立第三年，新吸收志愿者40人，组织志愿者重阳节到敬老院参加敬老爱老活动，参加创卫工作，送衣物、送书下乡活动，扶贫等工作，使志愿者队伍建设更加规范有序，让志愿者对"人道、博爱、奉献"的红十字精神有更深刻的理解。

【"博爱送万家"活动】 接收上级红十字会"温暖包"140个，价值3.759万元，全部发放到困难群众手中。其中：河边镇政府41箱、丁家街道34箱、来凤街道34箱、大路街道34箱、大兴镇政府30箱、计生协会8箱。每箱装有大米、棉衣、棉被、毛毯、糖果等。

璧山区计划生育协会

【概况】 区计生协会有253个基层组织，由15个镇街、135个行政村、51个社区共同组成，有会员1.42238万人，会员小组1466个，骨干会员1803人，会员之家259个。修订出台《重庆市璧山区生育关怀扶助资金筹集使用管理办法的通知》《关于加强新形势下计划生育协会工作的意见》，为计生协会开展工作提供人力、物力、财力保障。5月24日，璧山区计划生育协会召开第七届一次会员代表大会，会议选举产生新一届理事会理事、常务理事、会长、常务副会长、专职和挂（兼）职副会长。

【生育关怀行动】 协助卫生健康委员会做好计生特殊家庭"3+X"结对帮扶工作，为960户1468人落实结对联系人，联系人每月至少联系1次计生特殊家庭，包括上门联系、电话联系、组织活动联系、节假日联系等，从生产、生活、就医、养老等方面进行联系帮扶。全区为1936人计生特殊家庭成员办理住院护理保险，为2795户6137人办理计生困难家庭意外伤害保险。区财政总计支出生育关怀基金107万元，帮扶救助独生子女死亡家庭51户。春节走访慰问计生特殊家庭100户，共送去慰问品（金）3万元。2010年10月至2018年12月总计支出生育关怀金797.7万元。

【计生宣传倡导】 开展"5·29会员活动日暨创建全国计生基层群众自治示范区"宣传活动，各镇街开展34场次，宣传人数7825人；村（社区）开展

177场次，宣传人数46323人。服务镇街13场次，服务人数771人，村(社区)42场次。媒体宣传文字稿被国家级刊物《人生》采用3篇，市级刊物采用6篇，区级媒体采用38篇，音频、视频稿件1件，网络发稿4篇。

【卫计示范活动】 一是创建全国群众自治示范区。区计生协会印发《关于进一步推进计划生育基层群众自治工作的通知》和《璧山区创建计生基层群众自治示范镇街项目评估标准》，对全区15个镇街、15个村(社区)进行计生群众自治示范创建工作督导，召开汇报会和推进会。二是流动人口服务管理。制定《2018年流动人口均等化服务进企业活动方案》，到流动人口集中的重庆瑞润电子有限公司，开展卫生计生均等化服务进企业活动；到市级流动人口企业计生协会示范点和区级流动人口企业计生协会示范点重庆金冠汽车制造、重庆山青机械制造、重庆榄菊实业有限公司等企业，通过举办知识讲座、发放宣传资料、家庭医生签约、义诊、慰问困难职工等方式，开展以“健康服务·健康你我”为主题的婚育新风进万家活动。三是开展“幸福家庭”评选表彰活动，在区计划生育协会第七次会员代表大会上为璧山区第一届“十佳幸福家庭”颁发奖牌；区委宣传部、区卫生计生委、区妇联、区计生协会联合开展第二届全国“幸福家庭”推选活动。璧山区《平淡即是福》微视频被纳入计生协会“幸福家庭微视频展播”，在重庆公共频道《健康巴渝》栏目播出，并被市计生协会上报为全国“幸福家庭”微视频。

2018年璧山区开展计生保险服务理赔情况表

险种	参保户数	参保人数	保费	保费总额/元	理赔人次	理赔金额/元	理赔率
住院护理保险		1936	103元/人·半年	199408	332	481780.01	241.61%
意外伤害保险	2795	6137	100元/户·年	279500	20	116000	41.50%

法治

法治政府建设

【规范性文件审查】 完善规范性文件“三统一”制度，对区政府规范性文件进行统一登记、统一编号、统一发布，每月5日前及时、准确、完整填写《区人民政府规范性文件登记表》报送市政府法制办，区政府规范性文件发布后及时报送市政府法制办和区人大常委会备案。全年向市政府法制办和区人大常委会报备规范性文件7件。建立规范性文件清理长效机制。6月，清理已废止涉及产权保护的规范性文件1件，已修改1件。9月，清理涉及生态环境保护的规范性文件17件，其中已废止8件，继续施行7件，拟废止2件。11月，印发《重庆市璧山区人民政府办公室关于清理区政府规范性文件的通知》，对2018年10月31日前制发的区政府规范性文件进行清理，拟废止56件，继续施行61件，修改8件。12月，印发《重庆市璧山区人民政府法制办公室关于清理涉及民营经济发展的规范性文件的通知》，清理已废止11件，拟废止13件，拟修改4件。实行规范性文件目录和文本动态化、信息化管理，对新制定的规范性文件，及时在政府门户网站上公布。

【行政处罚案卷评查】 9—11月，对全区具有行政处罚权单位的行政处罚案卷进行抽查，严格按照要求标准评查打分。严格审查行政执法文书，确保政府严格执法。全面清理与全国一体化平台运行和政务服务"一网通办"要求不相适应的法律法规共计19项。坚持履职尽责与维稳保稳相结合，不断改善行政执法方式，推行"人性化执法"，加强执法人员文明执法，提升服务水平；规范自由裁量权，在行政处罚中坚持过罚相当、教育和处罚相结合的原则，慎用行政强制措施，保障公民、法人和其他组织的合法权益。

【行政权力清单与责任清单编制】 印发《重庆市璧山区行政审批事项动态管理办法》和《重庆市璧山区行政权力清单动态管理办法》，建立行政权力清单动态调整机制。对行政审批事项进行动态调整，形成《重庆市璧山区行政许可事项清单（2018年版）》。2018年净减行政许可事项26项。清理区级公共服务事项共355项，马上办106项，网上办284项，就近办56项，一次办227项；镇街级公共服务事项共97项，马上办39项，网上办63项，就近办47项，一次办40项。全部完成上网录入。对全区50个部门、公共企事业单位和15个镇街的证明事项进行全面清理，取消证明事项21项，并在政府门户网站上公布。制定《外商投资准入特别管理措施（负面清单）（2018年版）》。建立完善行政事业性收费清单制度，动态调整《行政事业性收费目录清单》并及时公布，对首次申领居民身份证停收工本费，停征排污费。

【市场法治监管】 建立由21个部门组成的公平竞争审查工作联席会议制度，指导、协调推进全区公平竞争审查工作。印发《重庆市璧山区人民政府办公室关于在市场体系建设中建立公平竞争审查制度的通知》，召开全体会议2次。2018年审查存量文件12件，出台10件，废止2件；审查增量文件66件，其中适用例外规定2件，修改2件，进一步规范市场秩序，打造公平竞争的营商环境。建设区级信用信息平台，截至2018年年底，平台归集并公示行政许可信息18724条，行政处罚信息1714条。出台《璧山区公共信用信息目录（2018年版）》，归集信用信息48.7万条。加强信用服务机构培育及合作，与华龙强渝公司签订意向合作协议，委托其开展区域信用状况监测工作，率先围绕区重点企业、市场中介组织等市场主体开展信用体检，积极搭建市场主体信用库，出具2000余份信用报告，免费向企业提供。探索开展信用修复和信用承诺，印发《关于做好失信主体信用修复工作的通知》，对信用修复申请流程做出明确和规范，有8家企业通及时纠正失信行为，改善信用状况。鼓励和引导企业主体公开信用承诺，有343家企业递交信用承诺书，其中43家企业主动在"信用重庆"网站上进行公示。

【行政执法保障】 加强行政执法正面引导，营造法治政府建设良好舆论氛围。璧山区内报、网、台联动，相继开设《身边法治故事》《谁执法谁普法》《法润万家》《扫黑除恶进行时》等专栏专题，通过法治故事展播、法治人物展示、法治案例解析、法律知识普及等内容设置，开展"两微一端"矩阵式传播，加强行政执法正面引导。《璧山报》、璧山电视台、璧山网三家传统媒体和璧山手机报、"和美璧山"APP、"和美璧山"微信公众号全年发布相关稿件200余条。将区级行政执法机关所需经费纳入财政全额保障。全年保障政法经费投入44806万元，其中：公用经费和执法办案经费7517万元，政法基础设施建设7950万元，执法部门装备配备、智能化建设以及智能化设施设备运行保障经费4243万元等。

【行政执法人员管理】 健全行政执法人员管理制度。11月，对全区439名行政执法人员进行集中培训，由区检察院副检察长和区政府公职律师担任授课老师，针对一系列典型案例进行深入浅出的剖析和讲解，对公益诉讼的概念和相关问题做了详细释明，对行政执法通用法律知识做了重点培训。其中，拟新办执法证人员127名参加区政府法制办组织的闭卷考试。

【执法培训】 举办1期法治专题培训班，培训副处级领导干部120人；在党校中青年干部培训班、区管领导干部进修班、引进人才素质提升培训班等9个主体班次和党支部书记学习贯彻党的十九大精神专题轮训班、党员发展对象培训班、新党员培训班等各类专题班次中均设置法律法规知识方面的培训课程，通过专家授课、现场教学、交流讨论、警示教育、收看视频等多种形式开展学习教育，共计培训各级党员干部3900余人次。同时，组织2000余名干部通过干部网络学院自主学习法治方面课程，切实增强干部法治意识，提升全区干部队伍法治理论综合素质。组织新提任领导干部法治理论考试2次，全区法治理论知识考试1次，全区新提任领导干部及处级、市管干部223人参加庭审旁听。

【政府合同审查】 以区政府名义（或者区政府授权）签订的招商引资等政府合同和以区政府名义作出的违法建筑强拆等行政执法文书，均由区政府法制机构对其合法性进行审查。2018年，区政府法制办审查区政府合同82件，行政执法文书45件。

【行政复议与应诉】 全年共收到行政复议申请17件，受理13件；经审查，维持行政行为5件，撤销1件，终止4件，驳回1件，未审结2件。所有案件均在法定期限内办结，及时化解一批行政争议。2018年，区政府为被告的行政诉讼案件23件（其中一审17件，二审5件，再审1件），按时提交证据和答辩，积极组织应诉，区政府负责人出庭应诉2件。

【依法化解纠纷】 加强12369群众环境投诉和信访问题整改的追踪督办，2018年处理群众环境信访投诉1479件。结合“法润乡村——千万市民学法律”活动，组织20名律师组成宪法宣讲团，开展“宪法进企业”；组织100余名村（社区）法律顾问深入全区187个村（社区）上门开展宪法宣讲活动，推动宪法学习宣传教育“活起来”“落下去”。全年开展大型集中宣传4次，分众式户外宣传200余次，发放宣传资料10万余份，接受现场咨询2万余人（次）；组织千万市民学宪法网上答题竞赛互动，参加人数6万余人（次）；结合“法律八进”，举办普法讲座、法治培训40余场。2018年，全区三级公共法律服务机构共接受群众咨询2100人次，调解民间纠纷6131件，行政审批20件，司法鉴定400件，办结法律援助案件519件，公证事项6456件，取得良好的社会效果。

法　院

【概况】 璧山区人民法院由13部门组成，其中人民法庭2个。全院有员额法官及其他工作人员139人，其中员额法官53人，占38.13%；法官助理47人，书记员5人，司法技术人员4人，司法行政人员19人，司法警察11人。全年共受理各类案件17153件，审执结15370件。5月9日，因工作需要，部分部门由璧山区璧泉街道金剑路382号搬迁至璧山区双星大道49号新审判业务用房。新审判业务用房主体竣工面积为29157平方米，其中审判法庭及配套用房建筑面积12980平方米，办公用房使用面积2417平方米（调配第五层3364平方米作为区环境监测站检测业务用房和区环境监察执法支队办案业务用房），共有审判法庭26个。

【刑事审判】 审结一审刑事案件475件，判处罪犯599人。全力保障群众生命财产安全，审结故意伤害、抢劫、强奸等严重暴力犯罪案件32件，判处44人；审结抢夺、盗窃、诈骗等多发性侵财犯罪案件189件，判处247人。审结走私、贩卖、运输、制造毒品犯罪案件63件，判处73人。审结贪污贿赂等职务犯罪案件3件，判处3人。审结刑事附带民事诉讼案件20件，调解率达75%。适用缓刑、管制、单处罚金等非监禁刑221人，免予刑事处罚1人。开展扫黑除恶专项斗争，及时审理毛某某等24人故意伤害、聚众斗殴、开设赌场等涉恶犯罪案件。坚持和发扬新时代“枫桥经验”，推动矛盾纠纷多元化解，成功调处纠纷460起，审查确认人民调解协议96件。

【民事审判】 审结一审民事案件5437件。大力服务乡村振兴，妥善审结涉及农村土地流转、农房建设纠纷案件118件。依法快审快结拖欠农民工工资案件254件，为农民工追回工资911.9万元。精心选择赡养、侵权、继承等典型案件开展巡回审理48次。对全区187名便民诉讼联络员开展培训6期，培训253人次，提升便民诉讼联络员化解纠纷能力。审结涉及教育、就业、医疗等民事案件511件，维护人民群众合法权益。审结婚姻家庭、抚养赡养纠纷等案件974件。审结涉及食品药品类产品责任纠纷案件118件。妥善处理49名劳动者起诉某线缆公司要求支付劳动报酬案件，避免群体性事件发生。为115件案件当事人减、缓、免交诉讼费37.35万元。

【商事审判】 审结一审商事案件3262件，涉案标的额14.67亿元。审结买卖合同、加工承揽、建筑施工合同纠纷等案件1573件。妥善审理与公司有关的案件41件。审结金融债权案件245件，成功处置2起房屋买卖合同群体性纠纷共244件，审结破产案件4件。制定《璧山区人民法院依法保护民营经济健康发展重点任务分解方

2018年4月19日，区法院巡回审判法庭走进璧城街道芋荷社区，“以案警示”现场讲法（璧山报社供图）

案》,并开通案件"绿色通道",为民营企业提供"一站式"司法服务,优先受理、审结、执行,保障正常生产经营秩序。审理涉民营企业的买卖合同、借款合同、民间借贷等案件776件。依法采取财产保全措施,为民营企业成功保全108件,合计金额1.58亿元。积极开展"司法大走访"活动,走访重点企业,促进企业合法经营。

【行政审判】 审结一审行政案件121件,行政机关败诉案件4件,依法保护行政相对人合法权益,支持、监督行政机关依法行政;审结非诉行政审查案件251件,裁定准予执行161件,维护行政机关执法权威。行政机关负责人出庭应诉36件,出庭应诉率提高25.46个百分点;开展司法救助9件,发放司法救助金37万元。针对行政审判中发现的行政机关执法不规范等问题,向相关行政部门发出司法建议4份。为全区70余名副处级领导干部开展行政诉讼实务培训,启用行政诉讼工伤认定案件智审平台,与全市人力社保局形成系统对接,在网上开展文书送达、回执反馈、证据提交等程序,实现智能化办案。共利用案件智审平台审理行政工伤类案件42件,工伤案件智审平台使用率为100%。

【执行工作】 执结案件5584件,到位标的5.8亿元。加大对规避执行、抗拒执行的打击力度,司法拘留并移送追究刑事责任11人。依法将2310人纳入失信被执行人名单,限制高消费5678人次,636人迫于压力自觉履行义务。开展"执行总攻•决战重庆"大型宣传活动,在活动现场集中兑付执行案款450万元。发挥民事财产保全中心职能,保全完毕案件948件,实际保全到位金额6.5亿元。深化网络拍卖平台运用,共在淘宝、京东等网络平台成功拍卖标的物113件,成交总额

2018年7月1日,区法院集中兑付涉民生案件执行案款(璧山报社供图)

1.08亿元。严格终结本次执行程序标准，有财产可供执行案件在法定期限内结案率97.55%，终本案件合格率97.02%。

【司法改革】 深化司法责任制改革，加强以法官为核心、以审判业务需求为导向的专业化新型审判团队建设，科学配置38个审判团队。院庭长办结案件3701件，同比上升55.7%。落实以审判为中心的刑事诉讼制度改革，证人、鉴定人、侦查人员出庭作证26人次，共为35名被告人指定法律援助律师。推进认罪认罚从宽制度改革，审结相关案件372件，占刑事案件的78.3%，平均审理时间为7天。在立案庭成立速裁团队，在民事各审判业务庭设立速裁组，依法快速审理简单案件。审结小额诉讼案件1746件，案件简易程序适用率达81.35%。落实人员分类管理，完成38名法官助理和6名书记员转任选任及职务套改，完成聘用制书记员考核过渡工作。

【其他审判】 审结再审、公示催告等其他案件共222件。

【典型案例】 扎实开展扫黑除恶专项斗争，成立以院长为组长的领导小组，制定详细工作方案，确保专项斗争有序开展。及时审理毛某某等24人故意伤害、聚众斗殴、开设赌场等涉恶犯罪案件，分别判处1年至8年不等的有期徒刑。

【队伍建设】 认真履行管党治党职责，加强机关党的建设，打造“党员宣誓室”，加强法院文化建设，精心打造文化走廊、法文化展示厅、阅览室，积极营造文化氛围，激发干警学习气氛。组织干警参加各类培训23期，培训210人次。加强审务督察，重点督察工作纪律、庭审规范等情况，开展审务督察。

检　察

【概况】 有政法编制63人，在编人员60人，内设科室9个（包括两个派出检察室）。司法责任制改革，确定首批员额制检察官20名，检察辅助人员30名，司法行政人员9名，工勤人员1名。新建综合办公楼项目用地面积11214.33平方米，总建筑面积18465平方米，由办公、办案、技侦、廉政教育基地、市政公用车库组成。

【打击刑事犯罪】 依法批捕、起诉盗窃、抢劫、抢夺、诈骗等多发性、高发性侵财案件315件392人，故意杀人、故意伤害等暴力性案件35件41人，“黄赌毒”等人民群众深恶痛绝的案件135件164人。严惩利用电信网络诈骗老百姓“血汗钱”“养老钱”“救命钱”的犯罪，依法批捕马某某、庞某某等电信网络诈骗案件2件11人。

【社会治安综合治理】 打造服务型检察室，坚持“定点+巡回”工作运行模式，突出对辖区内人民法庭、派出所、司法所的司法执法活动监督主业，加强对涉及百姓生活、环境保护等民生领域的巡访工作。持续提升“莎姐”品牌内涵，有效预防犯罪。开展“守护花季　相伴成长”防性侵教育活动、“守护幼苗　关爱成长”专项普法活动；加入“青春再出发项目”，申报成为全市首批未成年人检察工作创新培育基地，依托企业对在检察环节结案的未成年人进行帮教；检察长受聘担任璧山中学法治副校长，为全校师生上法治课，提高学生自我保护能力。建成“12309检察服务中心”，打造“一站式、综合性”检察为民服务平台，受理群众来信来访145件次，办理刑事申诉案件5件，全部来信来访均妥善处理，未发生涉检越级访和进京访。

【服务民营经济】 批捕、起诉涉及民营企业刑事案件12件17人，破坏经济秩序案件11件14人。出台《关于服务民营经济发展的工作实施方案》，挂牌成立民营经济服务中心，落实重点民营企业定点联系制度，走访经济主管部门和大型企业26家，摸清企业发展存在的问题及现状，有针对性地帮助企业化解不稳定因素，堵塞管理制度方面存在的漏洞。开展释法说理、法制宣传等活动，将法制课堂送到生产第一线。

【公益诉讼】 开展“保护长江母亲河”“保障千家万户舌尖上的安全”公益诉讼专项行动。实地走访璧南河、璧北河、梅江河及其支流，向10家对水质不达标负有管理职责的单位发出诉前检察建议16份，办理的丁家定林溪污染行政公益诉讼案得到区人大常委会肯定。高度重视老百姓舌尖上的安全，针对辖区部分外卖网站存在的违规经营行为，办理网络销售餐饮监管不到位行政公益诉讼案，对相关单位发出诉前检察建议，督促其监督整治。对潘某某涉嫌销售假药案提起附带民事公益诉讼，区法院对区检察院作为公益诉讼起诉人提出的全部诉讼请求予以支持，取得良好的社会效果。

【诉讼监督】 追捕漏犯7人，追诉漏犯12人、漏罪2条；纠正侦查行为违法13件；监督公安机关应当立案而不立案8件8人。开展“两个专项立案监督”活动，通过“两法衔接”信息共享平台查阅行政处罚案件89件，经建议，行政机关移送涉嫌破坏环境资源类犯罪案件11件13人，移送涉嫌危害食品药品安全类案件13件13人。受理民事、行政裁判结果监督案件17件，因发现新证据提请一分院抗诉2件、发出再审检察建议4件，法院全部启动再审。办理支持起诉案件54件，提出支持起诉意见53件，得到法院全部采纳。采取派驻检察与实地巡查相结合的工作模式开展监外执行检察，纠正监外执行违法违规行为20件；开展监管场所执行监督活动，监督纠正违法行为23件；办理捕后在押人员羁押必要性审查27人，强制医疗执行监督案件3件，监督收监审前未羁押判实刑罪犯8人。受理监察机关移送

2018年7月，区检察院干警在正兴镇大面坡村开展院坝故事会（璧山报社供图）

职务犯罪案件4件4人，对监察机关采取留置措施的2名被调查人依法决定逮捕。办结首例由市监委指定管辖的李某某贪污案，在保证办案效率和质量的同时，探索监察体制改革后职务犯罪案件办理新模式。

【司法体制综合配套改革】 完成人员分类定岗、员额检察官等级转换和检察官助理、书记员等级评定。落实市检察院制定的领导干部办案指导意见，入额院领导按照核定办案数量带头办理疑难复杂案件，每季度通报领导办案情况，压实领导办案责任。支持配合国家监察体制改革，做好检察机关职侦转隶工作，共划转编制16个，转隶人员14人。以法律监督为中心，整合设立业务部门5个，构建批捕、起诉、诉讼监督一体化机制、类案集约化办理机制、队伍专业化发展机制。

【接受监督】 贯彻落实人大及其常委会的决议决定和要求，配合区人大常委会组织的专项调研和执法检查。向区人大常委会报告全市检察长会议精神等重大检察工作部署，主动接受监督，争取支持。梳理区"两会"代表委员提出的意见建议，逐一对照改进落实。开展"重庆市检察机关服务民营经济发展市人大代表跨辖区联络活动"，受邀代表实地视察璧山区大型民营企业，对重庆市检察机关服务民营经济作出的努力给予肯定。向区人大常委会报告、区政协常委会通报半年工作情况，邀请人大代表、政协委员、人民监督员参加案件公开审查、信访接待、"检察开放日"等活动143人次，提高检察工作的透明度。

【典型案例】 毛某某、陈某某等24人聚众斗殴、开设赌场案。2017年7月，毛某某等人作为股东，在重庆市璧山区境内多地多次开设赌博场所，并按入股比例抽头渔利。2017年7月15日凌晨，毛某某与陈某某因赌场赌资和债务纠纷，双方在准备大量砍刀、枪械等工具的情况下，邀约多人聚众斗殴，造成毛某某重伤，罗某某等多人受伤，多辆车辆损坏的严重后果。2018年8月10日，璧山区检察院对毛某某等人分别以涉嫌聚众斗殴罪、故意伤害罪、开设赌场罪等依法提起公诉。2018年9月25日，毛某某等人被重庆市璧山区人民法院判处七年六个月至一年六个月不等的有期徒刑。

网络销售餐饮监管不到位行政公益诉讼案。2018年3月，璧山区检察院在开展"保障千家万户舌尖上的安全"公益诉讼专项行动中发现，璧山区饿了么、大众点评、美团等网站存在入网餐饮服务提供者未在餐饮服务经营活动主页面公示餐饮服务提供者的食品经营许可证和营业执照，部分餐饮服务提供者存在超食品经营许可证范围经营等违规经营行为。区检察院分别于2018年3月21日、3月29日向原区食药监局、区工商局发出检察建议，督促其履职。原区食药监局、区工商局对731家入网餐饮服务商家建档，约谈饿了么、大众点评、美团等网站平台负责人，责令其限期在平台上公示入网餐饮服务商家营业执照、食品经营许可证等信息，同时对入网餐饮服务商家证照不齐、证照不符、证照与实际经营不一致等情况开展排查，共变更、更换、新办食品经营许可证183家，对违规经营商家下发《责令改正通知书》19份，立案查处经营超保质期食品案件1件，彻底清除入网餐饮服务商家食品经营许可证超期情形。该案作为典型案例入选《重庆市检察机关公益诉讼白皮书》，并被中央人民广播电台网站等主流媒体转发宣传。

公　安

【概述】 2018年，璧山区公安局开展全国扫黑除恶专项斗争和"渝警行动2018"专项工作，圆满完成各级领导到璧视察、璧山国际马拉松等150余起安保任务，维护璧山社会治安稳定。全年破获刑事案件数、起诉数同比分别上升5.5%、35.6%，群众安全感得分为99.59分，位列全市第三。区公安局有14个集体和117名民警受到表彰，区局指挥中心连续七年荣获机要密码工作成绩突出单位，涌现出“最美法律志愿者”张丽娟、“重庆市优秀人民调解员”秦兴模等一批先进典型人物。

【机构人员】 璧山区公安局有内设机构25个，派出所15个。有民警编制570名，实有在编民警564人，其中派出所229人，占在编民警的40.6%，另有辅警560人。

【“渝警行动2018”专项工作】 按照市公安局“渝警行动2018”专项工作方案要求，开展扫黑除恶专项斗争、打击整治枪爆违法犯罪等11个专项行动。打掉恶势力犯罪集团1个、侦办涉恶团伙案件5起、抓获团伙犯罪嫌疑人42人；侦办涉恶类个案35起，抓获犯罪嫌疑人97人；破经济类案件36起、移送起诉15人，成功侦办重庆民合投资管理有限公司非法吸收公众存款案，扣押涉案资产价值合计1000余万元。破获电信网络诈骗案件391起，抓获66人。查处涉黄赌治安案件94起、破获涉黄赌刑事案件16起、起诉31人。破食药农案件3起，破环保案件3起。

【打击刑事犯罪】 破获各类刑事案件1536起、同比上升5.5%，其中破八类案件58起、同比上升28.9%，破侵财案件1139起、同比上升0.2%。起诉犯罪嫌疑人617人、上升35.6%，其中侵财移送起诉273人、上升29.4%。破获3起现行命案和3起命案积案，现行命案侦破率连续五年保持100%。抓获逃犯109人，其中抓获外省逃犯35人。

【打击经济犯罪】 立经济犯罪(含打假)案件69起，抓获犯罪嫌疑人41人、破案37起，挽回经济损失5151.51万元、上升320.19%。侦办公安部部督案件1起、捣毁制假窝点2个、查获涉假仓储窝点2个、打击售假销售网络2处、扣押假冒注册商标的商品500余件。

【打击涉毒犯罪】 破获涉毒案件65起、移送起诉78人、行政拘留277人、强制隔离戒毒164人、责令社区戒毒30人、缴获毒品853.62克。

【扫黑除恶专项斗争】 共收集涉黑恶线索378条，经过甄别后录入平台线索128条，办结122条，查结率95.31%。除匿名举报无法告知、回访的以外，线索核查的群众告知率、查结回访率均达到100%。全年侦办恶势力犯罪集团1个、恶势力团伙5个，查扣资金1667.7万，收缴枪支5支、64式手枪子弹7颗、铅弹331颗。新增17个区级挂牌整治乱点，璧城“花市一条街”卖淫嫖娼问题得到有效整治。

【服务民营经济发展】 贯彻落实中央、市委市政府和市局“放管服”改革进一步简政放权、创新发展的决策部署，落实和细化市局服务民营经济发展30条和新10条工作措施，走访企业3500家次、上门服务2472人次、涉企案件追赃挽损266.05万元、解决涉企问题调解处理涉企纠纷51起。

【服务学校29条】 落实“护校安园”专项工作，提升“人防、物防、技防、制度防”建设。排查整治校园周边治安问题，集中整治校园周边“黄赌毒”“盗抢骗”等违法犯罪，对接工商、文化、教育等部门，整改隐患125处、清理违规摊点28个。落实学校“三见”、高峰勤务、护学岗勤务，确定执勤点位67个、巡逻路线23条，每日投入警力130余人次，备足快速应急处置力量，保障校园周边安全。开展校园安全教育宣传，举办“平安校园行”“开学第一课”等安全教育课40余场次，分别组织校园应急演练60余次、警营体验活动16次、警校座谈会12场。

【公共安全监管】 开展安全生产大排查大整治大执法，严格审批炸药1943吨、雷管41万余发、剧毒化学品300余吨，全年未发生一起安全事故

(含轻微事故)。强化行业场所及单位管理,发现并整改隐患630余起。加强寄递物流网点管控,严格落实寄递物流三个100%制度,整改安全隐患160余处。坚持对散装汽油购销"三实"制度落实,37个散装汽油加油站全部安装实名登记系统。严格大型活动审批监管,确保璧山国际马拉松、璧山秋季旅游节、2018"上战"中国武术技术对抗赛璧山站等30余起大型活动安全无事故。

【出入境管理】 办理出入境证件21625件,增长8.72%;新增受理邀请接待外国人单位备案5家,目前共有19家;赴港澳商务登记备案单位2家;受理外国人签证证件8人次;报备核查法定不批准出境人员996人次,增长37.19%;核查境外人员临时住宿登记信息2281条,零漏管;全区共有涉外企业63家、常住境外人员227人。区局出入境支队群众满意率连续64个月达100%。

【道路交通管理】 查处各类交通违法行为127540起,处理交通事故类警情10564起,其中一般程序交通事故251起,致56人死亡、272人受伤,未发生一次死亡3人以上重大交通事故。全区新增机动车10811台,增长7.8%,机动车保有量为14.6358万台;新增驾驶人7640人,增长5.2%,全区驾驶人保有量为189015人。成立城区摩托车巡逻队伍,开展机动勤务300余次;统一交通设施设置标准,城市道路交通信号灯联网控制率和交通标志标线规范设置率分别达到90%、95%;改造路口信号灯4个,安装道路违停抓拍系统21套,安装、维修生命防护栏278234米,施划强制减速带1071平方米;通过推动车检、驾考、跨省异地缴纳罚款、交通事故快处快赔、机动车号牌管理等措施,推动交管改革措施落地见效。

2018年5月8日,区公安局工作人员为办理出入境证件群众提供免费照相服务(璧山报社供图)

【网络安全管理】 对全区55家单位、127个重要信息系统和网站进行网络安全专项检查，发现高危漏洞34个、下发整改通知书41份、行政警告企业30家；开展网吧检查363家次，查处违规网吧8家。

【执法规范化建设】 加强案件办理指导，全年举办专题培训5期，参训人数500余人次，有针对性地开展扫黑除恶案件办理法律适用培训。改建区局执法办案中心及各派出所办案区，落实案件智能柜建设，办案部门智能柜配备达100%。强化执法监督管理工作，坚持日常个案考评、专项考评、年终考评相结合，提升办案质量水平。

【基础设施建设】 业务技术用房二次装饰工程及附属工程、干警食堂和特警营房的主体工程和装饰工程竣工验收；区戒毒康复中心附属工程和中央展厅建设竣工验收并投入使用；车辆管理中心于2018年10月动工建设，完成基础工程，进入主体工程施工，预计2020年投入使用；开展璧泉派出所新楼装修。

【大数据信息化建设】 推进视频监控建设，城区联网整合镜头3763个，15个镇街建成视频监控2877个。在全市率先确定内外场维保单位，视频在线率、图像质量完好率始终保持在99%以上。区府办印发“雪亮工程”实施方案，完成项目可研立项审批和初步设计勘验，购买服务3000个镜头开始建设。投入289万元，采用超融合技术，建设硬件级云服务平台，为200名民警提供云桌面服务。在全市率先完成1403个IP地址改造，并对原老大楼网络进行规范。二手物品交易平台、合成作战平台链接到市局警务云平台运行。全局配备350Mbps数字集群通560台，软交换电话170部，保障电话会议270场。

【实战化警务培训】 开展全警用枪、现场执法行为能力等系列实战训练，累计培训1100余人次，抽派35人参加“全市民警现场执法行为能力抽考”，合格率97.1%，在参考的41个区县中排名第十位。开展警务辅助人员岗位轮训，分级分类实施考核，合格率95%，提升辅警岗位手艺。

【从优待警】 争取政策支持，在公安机关两个职务序列套改前，为192名民警解决科级非领导职务。与区人民医院、区中医院签订医疗救助协议，建立医疗救助绿色通道。按照“自愿、自选、自行”的原则，组织民警、退休干部650人前往区人民医院或主城三甲医院进行体检，体检费用人均增加500元。首次将560名辅警纳入在职职工互助保障范畴。按规定执行民警子女就读公立幼儿园报销保育教育管理费政策。全年慰问民警、辅警88人次，发放慰问金64700元。

【侦破串通投标案】 在开展的扫黑除恶专项斗争线索摸排工作中发现，璧山区郑某某、周某某借用多家公司资质，通过统一制作并向围标公司提供投标报价、控制围标公司的实际投标报价以提高中标率的方式进行围标串标，并最终获得相关政府工程项目中标资格和实际承接项目施工建设，涉嫌犯罪。区公安局成立专案组，打掉以周某某、郑某某为首的串通投标团伙（该团伙还存在违规发放高利贷、暴力讨债、开设赌场、寻衅滋事等违法犯罪行为，已另行立案侦查），抓获犯罪嫌疑人9人，查扣财务资料20箱，涉及串通投标中标项目6个，涉及金额8300余万元。主要犯罪嫌疑人周某某、郑某某等人被璧山区人民检察院移送起诉。

【侦破“2018-138”部督案】 2017年9月，璧山区公安局发现葛某经常往来于重庆璧山和广西之间，多次接收由广西寄递的包裹，且经济异常，有贩毒嫌疑。鉴于案情重大，市公安局禁毒总队和璧山区公安局立即抽调精干力量组成联合专案组对该案进行侦办。经查，葛某利用其在重庆市柑橘研究院任技术员时掌握的种植技术，纠集一群社会闲杂人员在重庆璧山区大路街道大规模种植大麻，并通过微信聊天平台联系全国各地的吸贩毒人员进行贩卖。2018年5月19日，经公安部禁毒局统一指挥，重庆市公安局禁毒总队、重庆市公安局技侦总队指导，云南、四川、江苏、浙江、辽宁等禁毒部门大力协助，璧山区公安局成功破获部督目标“2018-138”葛某、韦某等人非法种植毒品原植物案，抓获犯罪嫌疑人13名，现场缴获大麻原植物1913株，大麻半成品46.8千克、成品684.3克，缴获轿车2辆。

司　法

【概况】 2018年，全区司法行政工作荣获全市区县司法局综合目标考核优秀等次，并在2019年全市司法行政工作会上做交流发言。11月27日，全市司法所、公共法律服务和司法行政信息化工作会议在璧山召开。中组部4月到璧山调研机关党建和律师党建，区司法局代表市保密局接受国家保密局检查。在全市率先推进“2+N”联调机制，推动平安璧山建设取得成效，受到市委常委刘强同志、副市长邓恢林同志批示，在全市推广。正兴司法所所长张国清受司法部表彰，荣获“全国人民调解工作先进个人”称号。

【人民调解】 加强调委会规范化建设，组织全区各级调解组织开展创建“金牌人民调委”工作，推进镇街、村（社区）调委会的规范化建设，设立区环境污染纠纷人民调解委员会等8个行业性、专业性调委会（室），进一步完善调解组织体系，扩大人民调解覆盖面。完善矛盾多元化解机制，加强访调、诉调、警调“三调对接”工作机制，15个驻派出所调解室共调解纠纷3483件，调解成功率100%，3个驻法院、法庭室调解纠纷475件，调解成功438件，调解成功率92.21%。开展矛盾纠纷排查化解，加强对拖欠民工工资、医患纠纷、环境保护等重点领域矛盾纠纷排查化解，青杠、河边、正兴等司法所参与镇街环境整治，大路司法所协助街道调处“4·23”重大交通事故，来凤、青杠、广普、大兴、正兴等司法所参与来凤街道“5·3”公共卫生事件处置，七塘司法所协助镇政府调处阳岫村谢某某死亡纠纷。全区各调委会共调解各类纠纷10829件，调解成功10790件，调解成功率99.64%，涉及当事人23117人，协议金额达5914万元。

【社区矫正和安置帮教】 完善社区服刑人员入矫、解矫宣告制度和社区服刑人员日常行为规范的教育制度，新接收社区矫正人员233人，解除233人，在册223人，矫正率100%，累计接收社区矫正人员2258人，累计解除2035人，无脱管漏管情况。为矫正中心及司法所配备身份证比对设备、执法记录仪及移动执法证据保全系统设备等。对新入矫的社区矫正人员全部纳入定位监管，系统定位准确率及抽查频率大幅提升，准确率在全市排名第一。民警参与社区矫正执法试点，将监所管理经验变通运用，在教育矫正、监督管理、适应性帮扶方面取得良好效果。核查回执服刑人员信息230条，衔接刑满释放人员584人，帮教584人，其中重点帮教对象23人，全部实现必接必送，刑满释放人员在册帮教率100%，安置率95%。

【普法依法治理】 完成全市“七五”普法中期督查。全区审结行政诉讼案件98件，其中开庭审理65件，行政负责人出庭应诉37件（主要行政负责人出庭应诉6件），出庭率56.92%，比上年提高17个百分点；行政机关败诉6件，败诉率6.12%，下降约9个百分点。完成61个普法责任部门和15个普法责任镇街年度普法计划申报审查，明确各单位普法责任。5月9日至11日，在区委党校举办全区副处级领导干部依法治区专题培训班，组织全区近80名副处级领导干部参加培训学习。全区新提任领导干部70人参加法治理论知识考试，合格率100%，25名新提任领导干部参加法庭庭审旁听。编印《青少年违法犯罪案例汇编》，向全区中小学免费发放5万余册。依托《璧山报》“谁执法谁普法进行时”和“法润万家”栏目，完成专题报道12次；新录制《百姓法律讲堂》12期，依托璧山电视台，完成播放40期（次）。着手法治微电影微视频微动漫制作工作，制作《宪法学习我先行》微视频1部，荣获全市宪法宣传微视频“一等奖”，法治动画《担当》荣获司法部、国家网信办、全国普法办征集的第十四届全国法治动漫微电影作品三等奖。

【法律服务】 全区法律工作者为345家单位担任法律顾问，挽回经济损失8600万元。开展中小企业法律“体检”活动，提出合理化建议460条。

【律师法律服务】 全区有重庆竞豪、弘平、山立、言诚、奥嘉斯、理博、柯成、康通、鼎圣（璧山）、景誉、善庆律师事务所11家，有璧城、璧泉、大路、丁家法律服务所4家；有社会律师78名、援助律师2名、公职律师30名，基层法律服务工作者23名。2018年，全区律师和基层法律服务工作者办理刑事辩护60件，民事代理882件，行政诉讼26件，非诉讼56件，代书120份，为顾问单位、当事人避免和挽回经济损失近6516万元。

【司法鉴定】 全区有重庆市璧山司法鉴定所1家，工作人员4名。2018年办理司法鉴定案件677件，采信率100%，连续11年“零投诉”“零信访”。

【司法考试】 开展法律职业资格证持有人备案和司法考试政策宣传，解答咨询200人次，取得法律职业资格证书备案33人。

2018年5月7日，璧山区公共法律服务中心为群众提供“一站式”服务（璧山报社供图）

【公证】 落实公证行业“放管服”改革，推进“绿色继承”，以“告知+承诺”的方式，以“绿色继承信息采集表”替代村（社）区出具的亲属关系证明，为群众提供下沉式服务，共办理公证案件7512件，其中民事公证7509件，经济公证33件，涉港澳台公证38件，涉外公证351件，办证量增长24.43%，其中继承类公证案件增长52.4%。实行主办公证员负责制，30%的案件均能在当天办结取证，出证时限缩短93%，做到即办即领，实现简易案件让当事人最多跑一次的承诺。60%的案件结案时间从15个工作日缩短到10个工作日，出证时限缩短33%，提升办证效率。在办案过程中审查出19起隐瞒继承人、3起不实陈述婚姻状况，2起携带假证明材料，2起假当事人企图骗取公证书的行为，有效避免当事人近500万元的经济损失，在全市公证质量检查中，公证案件合格率达100%，没有出现一例错证、假证。公证处连续六年在年度考核中被确定为优秀等次。

【法律援助】 区级公共法律服务三大平台全面投入使用，热线平台“12348”法律咨询热线运行正常，共接受咨询729人次；12348重庆法网（重庆公共法律服务网）、微信公众号重庆掌上12348上线运营正常。协助处理大路街道陈福清等6人死亡信访纠纷、“5·3”来凤街道任某自带泡酒中毒事件。共接受群众法律咨询349人次，代写法律文书10份，共受理法律援助案件615件，增长40.41%；办结519件，增长28.15%，为受援人挽回经济损失1202.72万元，增长44.58%。另外，办理中央福利彩票基金案件4件案件，挽回经济损失25.94万元。

【司法所建设】 完成健龙司法所标准化建设。开展司法助理员及临聘人员业务培训8次，参训率100%。为基层党委政府政务决策、行政执法等提供法律服务，全年各司法所共参与复杂疑难纠纷调处78件，协助基层政府处理纠纷58件，为基层政府提供法律建议82条，开展法治宣传124场次，受教育群众7万余人。

仲 裁

【案件办理质量】 2018年，加大劳动人事仲裁受案力度，切实维护用人单位与劳动者的合法权益：杜绝有案不立现象；提高办案质量和效率，确保公正执法。年末结案率达90%以上，重大案件当年结案。围绕案件处理质量和效率，改进办案方式，规范办案程序，完善仲裁体制。

【劳动争议纠纷】 全年共受理940件劳动仲裁案件，其中劳动者申请889件，涉案金额3243.1万元。其中劳动报酬424件，社会保险211件，经济补偿金、赔偿金235件，确认劳动关系19件。与上年相比，劳动争议纠纷案件数量有所减少，但案件的复杂程度有所增大。

民防 消防

民 防

【信息化建设】 推进人防警报通信系统建设，新增防空警报三台，完成警报试鸣放1次，完成短波电台升级改造，承办主城区和渝西片区短波电台和防空警报骨干培训班1次。加强疏散基地建设管理，与渝中区合建的丁家街道、健龙镇疏散基地通过上级验收，新增三合、广普、七塘镇疏散基地。三是强化指挥信息保障队伍训练。开展网上训练工作41次，完成短波电台执勤49次，各种会议保障151次。完成璧山、大渡口、荣昌、开州、彭水跨区域拉动演练5次。举行演练代号“璧山-2018”人防专业队伍防空袭综合演练，伪装设障专业队、运输专业队等11支专业队伍共计300余人参与演练。

【人防指挥设施建设】 新增防空警报设施3台，新建疏散基地3个，新竣工防空地下室2处，新建区党政信息中心、区金融办2个区级分中心，新增璧泉街道华龙社区、青杠街道石河社区、大兴镇兴隆社区、三合镇平安社区、来凤街道新七村5个市级防空防灾一体化合格社区。

【人防工程建设】 一是公共人防工程建设稳步推进。人民广场公共人防工程属性获得确认；轨道换乘枢纽及配套设施项目公共人防工程完成立项、可行性研究报告等前期工作。二是结建工程持续发力。全年批建防空地下室16万平方米，收取易地建设费7679万元，金科中央公园城5期和渝西商城2万平方米防空地下室完成竣工验收。

【人防宣传】 抓好学校人民防空知识教育，将人民防空教育纳入党校主体班定期开展，新征订人民防空知识读本4000本，开展“当今国内外形势和人民防空准备”专题讲座2次。实现全区19所初级中学5673名初一学生人民防空知识教育全覆盖。扩宽平台和形式，利用“5·12”防空减灾日、“12·4”法制宣传日在大成广场和文体广场开展集中宣传；充分发挥人民防空疏散基地和防空防灾一体化社区宣传作用，利用各种平台宣传人民防空法律法规和人民防空知识；结合“四十年改革开放·新时代人防成就”活动，选送文化艺术作品4件，其中两件获得优秀奖。

消 防

【消防机构改革】 3月21日，中共中央印发《深化党和国家机构改革方案》，公安消防部队不再列武警序列，全部退出现役。10月9日，“公安消防部队移交应急管理部交接仪式”举行，53年的消防部队成为历史。10月，中共中央办公厅、国务院印发《组建国家综合性消防救援队伍框架方案》，就组建国家综合性消防救援队伍，建设中国特色应急救援主力军和国家队作出部署。10月26日，全国人大常委会表决通过《中华人民共和国消防救援衔条例》。11月9日，中共中央总书记、国家主席、中央军委主席习近平亲自为国家综合性消防救援队伍授旗并致训词。12月29日，重庆市消防救援总队授予璧山区消防救援支队队旗，授予支队全体同志消防救援衔。12月31日，璧山区消防支队举行迎旗授衔和换装仪式。

【消防安全管理】 区消防支队全年共检查单位5300余家，整改隐患1.3万余处，处罚236起，查封88家，“三停”71家，全区火灾形势持续平稳，未发生亡人和较大以上火灾事故。主动融入政府“放管服”改革，在全市率先承诺审批项目3日内办结，为企业累计省减办件时间180天。与高新区管委会、区重点企业分别建立消防工作定期会商机制，走访民营企业300余家，收集意见建议60余条，化解历史隐患50余处。

【消防执勤备战】 开展实战演练177次、调研熟悉368次，普查水源1841个，制订预案180余份。接处警621起，抢救疏散被困人员268人，保护财产价值2000余万元，先后处置“1·2”永钢橡塑公司厂房火灾、“7·2”立赢电镀厂火灾、“8·19”宏图公司燃气泄露事故等6起事故。

【消防基础设施建设】 同步修编城乡消防规划，合理布点城市消防站，制定“五站一中心”（特勤、金剑、青杠、大路、丁家消防站及支队指挥中心）建设计划。完成金剑中队训练塔及食堂升级改造，完成大路消防站立项和土地审批，推进消防指挥中心综合消防站项目。实施消防惠民工程，改造56栋老旧建筑消防设施，新建市政消火栓45个、沿河取水设施4处、消防管网5400余米，推广安装电气火灾监控系统10套，建成消防远程监控一期项目，49家高危单位全部接入运行，不断提升城乡抗御火灾能力。

经济建设

园 区

国家高新技术产业开发区建设

【概况】 主要经济指标稳步增长。规上工业总产值增长10%，规上工业增加值增长9.5%，固定资产投资增长11%，智能装备、信息技术、生命健康三大主导产业产值占工业总产值比重为89.1%，工业用地产出强度达到每平方千米114亿元，入驻企业达到1146家，其中规上企业237家。开工建设道路20千米，完成道路绿化40万平方米；新开工企业36家，总投资105亿元；竣工

2018年5月21日，璧山国家高新区内的热谷机器人公司工作人员对工业机器人设备进行调试（曾清龙摄）

投产企业20家，总投资60.81亿元；向15家工业企业出让工业用地64.4公顷。建成区面积拓展至23平方千米。

【创新创业生态优化】 高新技术企业获批41家，总量达到133家，科技型企业新增125家，总量达到329家。新增14家市级研发平台，其中8家市级企业技术中心、3家市级中小企业研发中心、2家市级博士后工作站、1家市级院士工作站。全区123家规上企业建立研发机构，占全区规上企业的36.9%。璧山高新区R&D投入14.5亿元，R&D支出占地区生产总值比重4.75%，高新技术产业产值占比50%。

【规划引领】 璧山高新区规划面积60平方千米，建成区面积23平方千米，主要分布于璧泉街道、璧城街道和青杠街道，逐步向大兴镇延伸。启动新拓展20平方千米控规研究，完成7.3平方千米控规修编。

【招商引资】 成立人工智能、总部开发、智能装备、生命健康4个商务代表小组，每个商务代表小组设组长1名，组员3名，从区级部门和镇街抽调多名优秀年轻干部组成，商务代表小组独立完成招商工作全流程。启动商务代表派驻招商工作；建立并动态完善招商引资投资客商信息库、项目档案库、落户项目库3个数据库；签约智能化产业项目51个，新能源汽车产业项目11个，总部及研发中心迁入项目11个，100亿级项目3个，包括比亚迪新能源动力锂电池生产基地、黛信公司在璧建设触控显示一体化模组生产基地、三友公司打造总部上市项目。

【比亚迪签约璧山】 8月23日，在重庆智博会期间，比亚迪与重庆璧山区政府就动力电池年产20GWh产业项目签订投资合作协议。该项目总

2018年5月29日，璧山国家高新区一规模以上企业生产车间（曾清龙摄）

投资人民币100亿元，一期占地1500亩，主要包括动力电池电芯、模组以及相关配套产业等核心产品制造。同时，通过优先布局电机、电控系统和轨道交通装备制造等项目落地，打造比亚迪西南区域总部。

【项目承载能力建设】 推进征地拆迁，保障用地需求，获得征地批文80公顷，实施土地拆迁395公顷，完成土地平场249公顷。推进基础设施建设，保障民生需求，新增车位1000余个；完成青杠滨河西路"白改黑"道路建设，建设东林大道南延段、太阳能空间站道路、沿河东路、铝山路等道路20千米；实施市政绿化40万平方米、绿地40万平方米。完成两山丽苑经济适用房基础工程及主体工程的70%、两山秀苑二期主体及附属工程。

【大数据智能化建设】 加快"国家智能化工业园示范园区"建设，对接北京机械工业自动化研究所等，对龙润转向、蓝黛传动等100家传统制造业开展智能化改造，推进人工智能等软性产业发展，引进一批辐射范围广、带动能力强、综合效益强的项目落地。

【普洛斯璧山物流园建设】 璧山物流园普洛斯一期6.5万平方米标准仓库建成投运。二期3.5万平方米标准仓库启动建设，建成后将形成本地最大最专业化的标准仓库。

【非公党建工作】 璧山高新区党工委下设5个二级党委，管理近80家非公党组织，党员数量（含流动党员）超过1000人。先后建成投用台商工业园、塘坊社区2个党群服务中心。围绕"心中有党旗，服务零距离"的主题，切实发挥政治功能与服务功能，连续举办三届台商工业园党群服务中心春节晚会和中秋茶话会，定期举办共享党课、知识讲座、摄影比赛、运动会等主题活动，搭建起服务企业、党员和职工的平台。实施"三会一课"和先锋工程，推行"订单式"服务，抓好党建工作与经济发展的互促共融，创建区级"双强"示范党组织12家。

绿岛新区建设

【概况】 绿岛新区管委会着力推动高质量发展，着眼创造高品质生活，秀湖汽车露营公园、枫香湖儿童公园建成投用，古道湾公园、六旗乐园、御湖国际生态旅游度假区等重点项目建设快速推进。

【投融资】 绿岛新区核心区范围内完成固定资产投资约83.34亿元，其中管委会承建项目约22.76亿元，房地产项目完成固定资产投资49.5亿元，其他单位建设的公益类项目完成固定资产投资11.08亿元。

【征地拆迁安置】 全年完成征地拆迁面积9216亩（其中取得征地批复2213亩，实施集体土地拆迁安置补偿7003亩），占全年目标任务6000亩的153.6%。完成定向经济适用房B区——东林丽景房屋销售834套，安置拆迁群众1801人。桃花山渣场、东林渣场建成投用，新增土石方容量约800万立方米。

【新区市政道路建设】 银山路西延段等3条约3千米市政道路建成通车。

【六旗乐园建设】 六旗乐园数字体验园于2018年12月28日建成亮相；完成水乐园场地平整、玉泉湖驳岸整理，环湖路及截污干管建设快速推进，电力、天然气、军用光缆迁改顺利实施；补助产业发展专项资金1.94亿元。

【御湖新区建设】 御湖环湖路及截污干管工程完成设计；朗廷·康得思酒店开工建设；登云路民国街建设快速推进；区中医院迁建项目完成设计招标前期工作；补助产业发展专项资金3.7亿元。

2018年5月16日，六旗大道路面工程完工。六旗大道按一级公路兼城市主干路标准建设，双向八车道（谢捷摄）

2018年1月，秀湖汽车露营公园轮廓初现（曾清龙摄）

【秀湖汽车露营公园建设】 秀湖汽车露营公园位于黛山大道西侧，毗邻御湖国际生态旅游度假区、秀湖国家湿地公园，拥有良好的景观资源和区位优势，是璧山打造全域旅游景区和建设重庆郊区旅游优秀目的地的重要支撑项目之一。公园以露营为主题，营造“途中之家”。公园于2017年3月开建，2018年3月30日建成投用，总投资8000万元，占地200余亩，内设小车停车区、大巴车停车区、帐篷露营区、房车露营区、儿童游乐区、烧烤区等六大功能区。建有大小停车位800余个、帐篷营位100余个、房车营位33个、房车接待中心755平方米、综合服务区756平方米、6个景观草亭和1座标准化公厕。秀湖汽车露营公园投用后，吸引众多的市内外游客来此驻营扎寨，首个周末，上万游客“挤爆”公园。

【枫香湖儿童公园建设】 枫香湖儿童公园位于茅莱山脚，毗邻璧山国家高新区，与冉家沟水库、双凤公园水天相接，与黛山湖湿地遥相呼应，风光旖旎，景色宜人。公园于2018年4月初动工建设，2018年9月28日建成投用，总投资1.7亿元，总占地面积800余亩，包括秋千岛、水乐园、木偶奇遇、戏沙池、蜘蛛侠、植物迷宫、空中探险、珠算岛、观象台、观鱼廊等16个主题区，是迄今全国规模最大且免费开放的无动力游乐设施儿童主题公园。公园建设有3千米环湖电瓶车道，配建3个生态停车场、5座标准化公厕、2个小卖部、9个景观草亭；栽植香樟、银桦、栾树、60余种乔木，红梅、海棠、紫荆等100余种花灌和草花，睡莲、太空荷花、芋等40余种水生植物；置放雅安石、太湖石、塔石等景观石80余块。枫香湖儿童公园的投用为璧山带来超高人气，据统计，枫香湖儿童公园开门迎客两个月，共计接待游客突破100万人次，达到110万人次。据《2019年抖音春节大数据报告》显示，春节期间，枫香湖儿童公园上榜国内景点打卡量TOP10，位列全国第七。

【招商引资】 全年累计接待知名企业到璧考察、

2018年7月18日，建设中的枫香湖儿童公园（璧山报社供图）

洽谈200余次。共计出让经营性用地10宗1963.5亩，土地出让金收入52.4亿元。引进龙湖、富力、融创等全国房地产20强企业3家。出资9700万元购买总部大楼1幢，面积约1.26万平方米。共计签约总部项目7个，其中：世界500强企业（中国铁建）1个、年产值100亿元级1个、50亿元级1个、10亿元级3个。“重庆两山生态环境研究院”正在筹建之中。引进龚琳娜-老锣“龚锣工作室”，成立“璧山少儿合唱团”，举办“龚琳娜与璧山少儿合唱团演唱会”，并赴北京参加中央电视台“经典咏流传”节目录制。

【安全环保工作】 利用部门联动机制，实现对辖区内在建项目的施工安全、扬尘管控、噪声治理、污水管网和建筑垃圾管理全覆盖，通过分片分组巡查、邀请专家专项检查，分列施工工地巡查台账，联合职能部门联动执法，组建应急抢修队伍等方式，确保辖区内安全环保形势的持续稳定。

【对外接待工作】 区规划展览馆、文化艺术中心全年接待工作无失误、零投诉，共计接待水利部、住建部、中央党校、中央网信办等参观考察团以及中外客商共计550场次约19340人次。区规划展览馆全年到访参观群众2万余人次，其中到璧投资考察团队同比增长46.8%；文化艺术中心共计承接区“两会”、全区干部大会等会议129场次，举行区“春晚”“群星奖”获奖作品巡演、龚琳娜与璧山少儿合唱团音乐会、中国广播艺术团（说唱团）相声作品表演等演出共计22场次。

国家农业科技园区建设

【概况】 重庆璧山国家农业科技园区是2013年9月由科技部、农业部等6部委批准建立的全国第五批、重庆市第三个国家级农业科技园区，于2017年9月通过验收并正式命名。党工委、管委会于2014年8月成立，属区委、区政府派出机构，正处级参公事业单位。园区现行组织架构为“1+1+1”，1个参公单位即管委会、1个事业单位即科技创新中心、1个国有企业即重庆国隆农业科技发展有限公司。管委会核定参公事业干部编制20名，内设机构为5个部，即：综合部、规划建设部、土地利用部、招商服务部、财务部。下属正科级事业单位——农业科技创新中心，核定事业干部编制6名。所属国有企业——重庆国隆农业科技发展有限公司，注册资本金5亿元，主要负责农业科技园区范围内的开发建设及投融资工作。

【职能职责】 园区管委会主要负责以蔬菜为代表的全区现代农业发展，城市规划区外的渝遂高速大路道口、成渝高速丁家道口、九永高速三合道口等高速公路道口开发、重庆西郊人文纪念公园建设三大任务，推进一二三产业和城乡融合发展，推动乡村振兴战略行动计划实施。

【绿色菜园建设】 园区累计整合各类资金19.8亿元，推进绿色菜园建设，实现“公路到基地、便道到菜园、沟渠相通、能排能灌”的良好格局，生产更加集约高效，呈现出“蔬香满田园，碧翠映村庄”的和美景象。

基础设施 新改扩建骨架交通路网34.18千米，建成蔬菜基地内农村公路104.35千米，园区道路通畅率95%。建设节水灌溉333公顷、管灌467公顷，排水渠道125.1千米，建设及整治山坪塘230口、引水堰2座、蓄水池91口、提灌站10处，建设节水设施喷灌和管灌740公顷，排水渠道125.1千米，新建及加固璧北河段堤防5.69千米，新增河道及岸线整治7.51千米，新建供水管网（引调提水工程）10.12千米，实施节水配套工程，新增灌区渠道整治28.94千米。完成土地整治3933公顷，建成高标准农田4067公顷，新修机耕路36.9千米、田间便道157千米、沟带路43千米，建设蔬菜观光长廊约13.5千米，完成连栋蔬菜大棚1.55公顷，建设钢架大棚88公顷、蔬菜处理场14600余平方米、冷藏库1800立方米；实施农村森林绿化667公顷；高山坡四周景观绿化、蔬菜基地核心区及公路两侧的植树绿化工作；完成大路现代智慧物流园土地平场和700平方米展示中心建设。

产业发展 整合投入蔬菜专项资金约2亿元用于产业发展，建立市级蔬菜标准化示范区2000公顷，完成农业部蔬菜标准园建设667公顷，创建无公害蔬菜基地2667公顷；扶持培育蔬菜生产经营的专业合作社36个、农业公司180家、种植大户73户、家庭农场20个，其中培育市级龙头农业企业1家、区级农业龙头企业10家，孵化企业51家；实现土地规模经营度85%、农业机械化率35%。实现蔬菜播种面积8067公顷，产量27.5万吨，产值约5.06亿元。

科技创新 累计引进展示种植黄瓜、番茄、四季豆、南瓜等蔬菜新品种1200余种，引进展示有机栽培、绿色防控、套作栽培等新技术40余项；累计注册农副产品商标220件，其中获得中国驰名商标1件、重庆市著名商标6件、璧山区知名商标12个；“璧山儿菜”“璧山葡萄”“大路黄花”等3个农产品获得国家地理标志保护认定。

农产品质量安全 构建完成组织保障体系、质量安全标准化体系、农业化学投入品控制体系、质量安全追溯体系、质量安全监控和动植物疫病疫情防控体系、预警通报与应急体系、质量安全诚信体系、多元化国际市场体系等八大体系。建有1个区级检测中心、3个街镇检测站和10个速测点的三级检测体系，创建无公害产品达80个、绿色产品18个，注册蔬菜品牌20个，获得名牌农产品6个，农产品优质率85%。

科技支撑 先后同重庆农业科学院共建重庆渝西蔬菜研发中心、重庆科技学院共建植物良种繁育中心、重庆师范大学共建数字农业服务工程技术中心、陆军勤务学院签订了农副产业实践教学基地。与重庆大学生命科学院合作启动了智慧冷链物流示范基地建设，与重庆市农科院合作签订了院士专家工作站共建协议，与重庆军民融合研究院对接蔬菜种子太空搭载及太空育种示范基地合作共建事宜。搭建有“璧山数字农业服务平台”“蔬菜产地环境信息数据库”“蔬菜市

璧北蔬菜基地(2018年7月6日摄，璧山报社供图)

场价格查询与行情预测系统”“农产品质量安全监管系统”等，加大科技创新引领产业融合发展。

【道口开发建设】 2018年，完成大路道口片区南侧雨污水干管工程项目建设手续报批及招投标工作；完成大路道口东侧污水提泵站工程及大路西侧污水泵站及管道工程施工图设计和招标工作；完成大路控规批复；完成二号路后端雨水临时排水工程建设工作；完成大路道口二号路污水管网改接工程；香橙路工程项目开工建设；完成大路道口市政道路一、二号道路拓宽工程项目的建设手续报批及启动招标工作；完成大路道口两个10kV开闭所建设及线路电器安装工作；完成大路市政道路三、四号路人行道硬质铺装工程；完成大路道口消火栓安装工程；完成大路道口红坪路工程项目建设手续报批及启动招标工作。

【重庆西郊人文纪念公园建设】 集生态节地葬、小型艺术墓、商品艺术墓、划地艺术墓为一体的人文纪念公园，于1月8日正式开园，3月正式对外销售，8月完成老殡仪馆整体搬迁，9月完成市人体器官捐献纪念园建设，全年共建设完成墓位700余座，年销售墓位300余座、火化600余人、实现营业收入2000万元。2018年获得ISO质量管理体系及环境管理体系双体系认证，先后荣获区食药监局颁发的“创文明示范点”称号、“市红十字会生命教育基地”称号；成为重庆市殡葬协会副会长单位。

【大路现代物流园建设】 园区占地134206平方米，计划投资3.8亿元，是重庆市和璧山区重点建设项目。4月取得建设工程规划许可证，6月对外发标，9月1日起进入全面施工阶段。2018年，

2018年2月18日，游客在三担湖公园赏花（璧山报社供图）

项目累计投入资金1.5亿元。

【三担湖康养小镇建设】 该项目累计完成投资约20亿元，项目一期第一批次养老公寓交付运营，综合门诊投入试运行，养老服务体系落地运营，旅居养老和社区养老正式启动，养老产业链打造初具规模。

农 业

综 述

【概况】 2018年年末，农林牧渔业从业人员9.5万人。耕地24150公顷（其中田16476公顷、土7674公顷）。全区农村土地流转面积2.09万公顷，流转率55.57%，规模经营集中度达47.91%。新认证无公害产地4个、无公害农产品10个、绿色食品34个、全区新获市级名牌农产品9个。截至12月底，全区“三品一标”和重庆名牌农产品累计认证377个，其中无公害农产品235个，绿色

2018年3月，全区建成各类智能温室大棚近2000亩。图为璧北蔬菜基地智能温室大棚（曾清龙摄）

食品认证84个，地理标识1个，重庆名牌农产品57个；另无公害农产品产地认证121个。

【农业生产】 全区农业固定资产投资5.1亿元，下降15%；农林牧渔业增加值达28.8亿元，增长4.2%；农林牧渔业总产值达43.14亿元，增长4.8%。其中农业产值23.21亿元、林业产值0.61亿元、牧业产值15.46亿元、渔业产值3.42亿元、农林牧渔业服务业产值0.44亿元，分别增长10.9%、增长13%、下降0.6%、下降2%、增长8.3%。农村常住居民人均可支配收入18698元，增长8.6%，其中工资性收入10254元、家庭经营收入5267元、财产性收入786元、转移性收入2391元，分别增长8.3%、9%、9.9%、8.7%。

【乡村振兴战略行动计划】 成立以区委书记为组长，区长为第一副组长的璧山区实施乡村振兴战略行动计划工作领导小组。编制《重庆市璧山区实施乡村振兴战略行动计划》，计划2018—2020年建设项目70个，投入资金约49.8亿元。下发《重庆市璧山区分层分类开展乡村振兴试验示范实施方案》《〈关于聚焦乡村发展难题精准落实“五个振兴”的意见〉重点任务分解方案的通知》等文件，并选定福禄镇、七塘镇作为乡村振兴示范镇，大兴镇高桥村、福禄镇和平村、三合镇二郎村作为乡村振兴示范村，开展试验示范。开办专题培训班2期，组织150名各级干部到区外市外学习培训。各示范镇、村已初步制定乡村振兴规划，并组建领导机构和工作机构。围绕璧北

2018年，璧山国家农业园区蔬菜播种面积达到12.7万亩。图为1月11日，七塘镇喜观村村民管护蔬菜作物（曾清龙摄）

6666.7公顷蔬菜、璧南6666.7公顷苗木、璧西6666.7公顷水果"三大产业基地"和广普脐橙、三合茶叶、丁家儿菜、正兴蜜柚、福禄沃柑等特色产业,建设名、特、优、新精品农业;强化三产联动,打造喜观昆虫王国、三担健康城、五彩万木源等乡村旅游亮点,提升"国家农业可持续发展试验示范区"影响力。

【农业绿色发展先行区建设】 重点实施农村综合改革、农村一二三产业融合、水土保持等项目,累计投入2亿元以上,用于建立区域性生态循环农业试点、整治农村人居环境、完善基础设施等。全区建成标准化钢架大棚666.7公顷,每年建设高标准农田666.7公顷,农田灌溉水有效利用系数达到0.49。推进农业产业绿色发展,建成标准化菜园4000公顷,标准化果园3333.5公顷,标准化畜禽养殖场50个;标准化水产养殖场1333.4公顷,总结出十余种蔬菜的丰产栽培技术。创建国家农业科技园区,打造渝西蔬菜研发中心和重庆都市果业研发中心。推进生产方式绿色发展,全面扎实开展测土配方施肥工作,测土配方施肥技术覆盖率达到90%,畜禽粪便养分利用率达到95%,农作物秸秆利用率达到90%。新增水肥一体化技术推广面积133.34公顷。机械施肥率占主要农作物种植面积达到7%。肥料利用率达到38.5%,全区化肥使用总量实现负增长。实行半旱式稻—菜轮作制度,实现单产增54.7%,收获指数达0.45的目标。

【遏制农地非农化】 开展"大棚房"问题专项清理整治行动,全区共清理塑料大棚7431个,面积399.62公顷;连栋温室54个,面积3.33公顷;畜禽养殖场、养鱼池等其他设施农业2489个,面积257.53公顷;区内无日光温室。合计清理设施农业9974个,面积660.43公顷。全区共排查清理出违法违规项目26项,合计违法违规占用耕地2.43公顷,并对排查清理出的违法违规项目进行限时整改拆除。

种植业

【粮油生产】 狠抓大面积粮油生产,推广粮食生产新技术。组织召开全区春耕生产现场会,展示水稻稀泥育秧、水稻直播、水稻旱育秧、玉米肥球育苗等育苗技术,集中展示新型农业机具,如插秧机、旋耕机、植保施肥器械等。在关键农时组织农技专家会同镇街农业服务中心一起,走村串户传授农业技术。及时解决农民生产过程中遇到的实际问题,全年累计解决 实际问题8起。

全年粮食作物播种面积26892.94公顷,比上年减少167.14公顷、减少0.62%;总产量165632.1吨,比上年减少880.86吨、减少0.53%。其中,小春粮食作物播种面积3537.31公顷,与上年减少0.2公顷、减少0.01%。大春粮食作物播种面积23355.63公顷,比上年减少166.94公顷、减少0.71%;总产量156451.1吨,比上年减产1041.3吨、减少0.66%。全年油料作物播种面积3623.98公顷,比上年减少241.61公顷、减少6.25%;总产量6421吨,比上年减产274吨、减少4.09%。其中,小春油料作物播种面积2712.27公顷,比上年增加50.4公顷、增长1.89%;总产量4650吨,比上年增产258吨、增加5.87%。大春油料作物播种面积911.7公顷,比上年减少292公顷、减少24.26%;总产量1771吨,比上年减产532吨、减少23.10%。

【"粮食生产功能区和重要农产品生产保护区"划定】 璧山区承担划定任务11333.9公顷,其中水稻8000公顷、玉米3333.5公顷。12月底前全面完成水稻生产功能区划定工作。

2018年壁山区大春农作物产量对比表

单位:公顷、千克/公顷、吨

	2018年(预计)			2017年实际			2018年比2017年增减					
	面积	公顷产	总产	面积	公顷产	总产	面积		公顷产		总产	
							绝对数	相对数	绝对数	相对数	绝对数	相对数
一、大春粮食	23355.63	6699	156451.1	23521.40	6696	157492.4	−165.77	−0.70	3	0.04	−1041.30	−0.66
1.谷物	14017.57	7531.5	105567	14096.73	7545	106357	−79.16	−0.56	−13.5	−0.18	−790	−0.74
中稻	14017.57	7531.5	105567	14096.73	7545	106357	−79.16	−0.56	−13.5	−0.18	−790	−0.74
再生稻	0	0	0	0	0	0	0	0	0	0	0	0
2.豆类	214.74	4522.5	971.1	217.20	3795	825.5	−2.46	−1.13	727.5	−19.17	145.6	17.64
春豆	103.34	3048	315	103.33	3030	313.4	0.01	0.00	18	0.59	1.60	0.51
冬豆	89.40	6274.5	560.9	91.87	4620	424.1	−2.47	−2.69	1654.5	35.81	136.80	32.26
杂豆	22.00	4327.5	95.2	22.00	4005	88.0	0	0	322.5	8.05	7.20	8.18
秋大豆	0	0	0	0	0	0	0	0	0	0	0	0
3.薯类	4635.63	4515	20927.8	4626.47	4500	20807.4	9.16	0.20	15	0.33	120.40	0.58
红苕	4354.55	4650	20247.7	4360.87	4620	20147.0	−6.32	−0.14	30	0.65	100.70	0.50
马铃薯	281.08	2419.5	680.1	265.60	2490	660.4	15.48	5.83	−70.5	−2.83	19.70	2.98
4.玉米	4430.75	6495	28776	4524.05	6480	29324.5	−93.30	−2.06	15	0.23	−548.50	−1.87
5.高粱	56.94	3675	209.2	56.93	3135	178.2	0.01	0.02	540	17.22	31.00	17.40
二、油料	911.71	1950	1771	1203.69	1920	2303.0	−291.98	−24.26	30	1.56	−532.00	−23.10
1.花生	905.18	1950	1765	1197.24	1920	2297.0	−292.06	−24.40	30	1.56	−532.00	−23.16
2.芝麻	6.53	1950	6	6.45	930	6.0	0.08	1.24	1020	109.68	0	0
三、麻类	0	918	0	0	0	0	0	0	918	0	0	0
四、甘蔗	4.00	22624.5	90.5	4.47	22395	100.0	−0.47	−10.51	229.5	1.02	−9.50	−9.50
五、烟叶	0	0	0	0	0	0	0	0	0	0	0	0
小春粮食(定)	3537.31	2595	9181	3537.33	2550	9020.6	−0.02	0	45	1.76	160.4	1.78
全年粮食	26892.94	6159.3	165632.1	27058.73	6154.5	166512.95	−165.79	−0.61	4.8	0.08	−880.85	−0.53
小春油料	2712.27	1710	4650	2661.73	1650	4392	50.54	1.90	60	3.64	258.00	5.87
全年油料	3623.98	1771.5	6421	3865.42	1732.5	6695	−241.44	−6.25	39	2.25	−274.00	−4.09

【水果生产】 全区水果种植面积9430.67公顷，总产量13.3472万吨，产值7.68亿元，分别增加2.34%、6.28%、5.93%。茶叶种植面积447.36公顷，产量711吨，产值2388万元，分别增长18.7%、3.95%、8.05%。中药材种植面积为174.41公顷，产量454吨，产值746.2万元，分别增长6.08%、10.19%、4.13%。新发展种植沃柑、血橙、樱桃、李等水果171.54公顷；完成新建葡萄设施大棚168360平方米；水果商品化处理场2280平方米，果园配套节水灌溉系统33.34公顷；果品保鲜储藏库2处(200立方米)。评审、修订完成《壁山区葡萄设施栽培技术规程》《壁山区沃柑种植技术规程》《壁山区脐橙种植技术规程(审定稿)》等8个市、县级技术规程，重庆市壁山区渝壁玉血橙种植股份合作社和重庆市壁山区伽罗玉血橙种植合作社的塔罗科血橙、重庆市壁山区富森农发

2018年3月，璧城街道四面山村菜农在春耕备耕(璧山报社供图)

2018年，全区苗木基地面积达到8.05万亩，从业人员超过2万人。图为位于来凤街道的苗木基地(曾清龙摄)

2018年3月22日，福禄镇沃柑大量上市，不少居民用新鲜橘皮制作陈皮。图为福中社区居民张孝群在晾晒橘皮(周海瑞摄)

2018年4月9日，河边镇香菇种植基地农民采摘香菇(连宏宇摄)

2018 年 6 月 13 日，区农委执法人员开展葡萄质量安全检查（孙茜摄）

2018 年 7 月，位于八塘镇智灯村的重庆厚华种苗有限公司基地嫁接苦瓜丰收（陈富春摄）

业展有限公司的春见获首届重庆“三峡杯”晚熟柑橘评优金奖，重庆市璧山区金丹玉血橙种植园和重庆市璧山区华康血橙种植园的塔罗科血橙获银奖。在品牌建设方面，“璧山葡萄”在2018年中国果品区域公用品牌价值评估中，入选“2018年中国果品区域价值品牌”，品牌价值为6亿元。2018年共新增水果、茶叶绿色食品认证13个，重庆市璧山区正和葡萄种植农民专业合作社和重庆市润天河生态农业有限公司的葡萄、重庆市漫寰农业开发有限公司夏黑葡萄、重庆市璧山区渝璧玉血橙种植股份合作社橙及重庆市三叶茶叶有限公司璧玉秀芽获2018年市级名牌农产品。

2017—2018年璧山区水果生产情况表

项目	2017年面积/公顷	2018年面积/公顷	增减%	2017年总产量/万吨	2018年总产量/万吨	增减%
总计	9214.86	9430.67	2.34	12.5590	13.3472	6.28
其中：一、柑橘	4213.01	4318.22	2.50	4.7176	5.1005	8.12
二、伏淡季水果	4751.24	4817.57	1.40	7.2877	7.6151	4.49
梨	452.09	452.09	0.00	0.4385	0.4526	3.22
李	530.63	563.96	6.28	0.7787	0.8366	7.44
桃	645.23	645.23	0.00	0.5258	0.5556	5.67
葡萄	2365.85	2365.85	0.00	4.8235	4.9972	3.60
枇杷	356.15	356.15	0.00	0.2677	0.2872	7.28

农业植保

【概况】 2018年，璧山区农业植保以深入推进农药减量使用行动为指南，坚持“预防为主、综合防治”的方针，树立“科学植保、公共植保、绿色植保”的理念，以保障农业生产安全、农产品质量安全和生态环境安全为目标，持续推进病虫统防统治、绿色防控和科学用药指导。

【病虫预测预报】 全区主要对水稻、玉米、油菜、蔬菜等农作物进行预测预报，发布病虫情报9期，科学指导农作物病虫防治，做到测报准确，预报及时。总体病虫害发生与常年相当，其中柑橘锈壁虱、梨树炭疽病、蜗牛、夜蛾科害虫偏重发生。全年农作物病虫害发生面积82470.79公顷，防治面积73417公顷，其中粮食作物挽回损失14786.5吨，实际损失2963吨；油料作物挽回损失337.6吨，实际损失64.4吨；果树挽回损失22635.22吨，实际损失11820.7吨；蔬菜挽回损失55620.9吨，实际损失16096.62吨。

【植物检疫】 全年签发产地检疫合格证32份，涉及119个品种，12个作物，种植面积164.45公顷，无检疫对象的种子种苗总产量为208.1万千克，4026.5万株。开展调运295批次，涉及165个调运单位，71个品种，7个作物，调运无检疫性对象的种子、种苗16.5万千克，310.4万株。定期或不定期地开展了市场检查91次，维护植物生产、经营秩序。发现柑橘溃疡病4起，共计烧毁病原及其周边苗木9512株，防止疫情的扩散和蔓延。

2018年7月2日，丁家街道八寿村村民进行水稻中后期管理病虫害防治（陈富春摄）

【病虫统防统治和绿色防控】 以项目为抓手，建立农药减量控害示范片，推广绿色防控和统防统治，开展科学用药技术培训，辐射带动全区农药减量行动。在水稻、蔬菜、葡萄上建立3个农药减量控害示范片共计100多公顷，采购发放太阳能杀虫灯134盏、可降解粘虫板5.5万张、静电电动喷雾器200台，推广绿色防控和统防统治，减少化学农药用量。

【农业应急防控】 为提升对突发事件防范和应对能力，对我区农业有害生物应急预案进行修订，开展农业有害生物应急演练，检验应急预案的可操作性。

养殖业

【畜牧概况】 全区生猪出栏22.3505万头，增长0.31%；家禽出栏2544.2837万羽，增长1.07%；肉兔出栏338.7202万只，减少0.55%；牛出栏587头，增长1.38%；羊出栏1.9424万只，增加1.55%；畜禽肉类总产量5.9159万吨，增长1.17%；禽蛋产量0.6122万吨，减少0.94%。

2018年璧山区畜牧基本情况表

指标名称		单位	2017年	2018年	±%
大牲畜	年末存栏数	头	1191	1159	−2.69
	出栏或自宰的牛	头	579	587	1.38
	牛肉产量	吨	75	76	1.33
	牛奶产量	吨	0	0	0
生猪	年末存栏数	万头	15.1578	14.6858	−3.11
	能繁殖母猪	万头	0.7441	0.7227	−2.88
	出栏肥猪	万头	22.2820	22.3505	0.31
	猪肉产量	万吨	1.6538	1.6802	1.60
羊	年末存栏数	万只	1.3992	1.3963	−0.21
	出栏羊	万只	1.9127	1.9424	1.55
	羊肉产量	吨	289	293	1.38
家兔	年末存栏数	万只	97.7050	99.9267	2.27
	出栏兔	万只	340.5896	338.7202	−0.55
	兔肉产量	吨	3124	3107	−0.54
家禽	年末存栏数	万羽	1006.8994	1011.3039	0.44
	其中:鸡	万羽	964.0482	967.6671	0.38
	年内出栏	万羽	2517.2485	2544.2837	1.07
	其中:鸡	万羽	2402.3275	2429.2896	1.12
	禽肉产量	万吨	3.8098	3.8486	1.02
	禽蛋产量	万吨	0.6180	0.6122	−0.94

【畜牧项目实施】 畜牧业实施的项目包括:畜禽健康养殖项目、农业资源与生态保护项目和生猪大县奖励资金项目。3个项目财政补助资金共317万元,资金主要用于畜禽养殖场粪污处理设施改造升级,完成1.5万头生猪当量养殖场粪污治理。通过项目实施,我区畜禽养殖废弃物资源化利用率97.9%,规模养殖场粪污处理设施配套率99.2%,完成禁养区和指定区域生态整治关停养殖场347家,取缔泔水喂猪78家。

【动物疫病防控】 开展疫情普查、监测、动物卫生监督、应急处置、联防联控、宣传培训等工作。推进落实兽医工作“三项制度”。开展春秋两季集中普免和仔猪阉割首免,对口蹄疫、高致病性禽流感、小反刍兽疫和狂犬病强制免疫,监督养殖大户(场)常年开展自主免疫。强化动物疫病监测与流行病学调查,对110013份样品进行重大动物疫病免疫抗体监测,免疫抗体合格率均达到国家标准,未检出重大动物疫病病原;对17个定点流行病学调查点每季度开展一次流行病学调查,并结合监测结果开展动物疫情分析评估。抓好家禽H7N9、布病、结核、狂犬病和非洲猪瘟等动物疫病的防治；加强常见病、多发病、人畜共患病的防控，特别是加强对猪瘟、高致病性蓝耳病的防控。严格做好动物疫病联防联控和应急处置。全面开展生猪及能繁母猪政策性保险、生猪收益险工作，2018年生猪累计参保69058头，能繁母猪参保4890头，生猪收益险20142头，区级财政累计补助106.81497万元，保险公司累计赔付164.46866万元。

【非洲猪瘟疫情处置】 12月18日，经中国动物卫生与流行病学中心确诊，大路街道一养殖户发生非洲猪瘟疫情。区人民政府立即启动Ⅰ级响应，发布《璧山区人民政府关于封锁非洲猪瘟疫区的命令》，采取封锁、扑杀、无害化处理、消毒等处置措施，截至2018年12月19日晚12时，对疫区全部病死和扑杀生猪共3542头进行无害化处理。全区共优化设置临时动物检查消毒站50个，按规定程序进行封锁消毒6周，并按要求对疫区、疫区外环境及生猪抽样监测3629份，未发现新病例和监测阳性。经市农业农村委专家组评估验收合格，璧山区人民政府决定自2019年1月31日18时起，解除璧山区非洲猪瘟疫区封锁。

【水产概况】 2018年，全区水产品总产量17303吨，降9.69%；全区水产养殖面积2463公顷，降17.32%；鱼苗产量10240万尾，降6.60%，鱼种产量3025吨；渔业总产值43623万元。鱼病监测主要品种5个，测报面积40.47公顷。落实安全责任，加强生产环节检查，完成市农业农村委下达检测任务，全年未发生水产品产地安全事故。开展增殖放流4次，共投放各类鱼苗216.74万尾。开展水产养殖政策性保险工作，投保面积247.68公顷，办理理赔案件369件，为养殖户挽回损失139.09万元。

2018年璧山区水产基本情况表

指标名称	单位	2017年	2018年	±%
养殖面积	公顷	2979	2463	−17.32
水库	公顷	1121	1121	0.00
池塘	公顷	1726	1342	−22.25
稻田养鱼面积	公顷	614	596	−2.93
生产鱼苗	万尾	10960	10240	−6.57
水产品产量	吨	19159	17303	−9.69
淡水养殖	吨	18674	16868	−9.67
淡水捕捞	吨	485	435	−10.31
渔业总产值	万元	42221	43623	3.32

【水产项目实施】 推广新品种长丰鲢、中科三号“异育银鲫”、广州快长草鱼3个；继续推广池塘鱼菜（稻）共生综合种养技术300公顷，种植品种有空心菜、丝瓜、折耳根、小白菜、狐尾藻等；开展淡水银鳕鱼、美国斑点叉尾鮰、加州鲈流水槽养殖试验示范。依托12316微农信云平台加强渔业信息化建设，完成510户水产养殖场一场一档信息采集录入，30个规模养殖场168个摄像头安

装，并与区养殖业技术服务中心12316微农信云平台联网。

农业新型经营主体

【概况】 璧山区通过政策引导、服务指导、创新发展方式等，培育各类新型农业经营主体，构建立体式复合型现代农业经营体系。发展农民合作社539个，成员97525人；培育家庭农场441家，已在工商注册登记165家。全区有国家级农业产业化龙头企业1个，市级农业产业化龙头企业15个，区级64个。

【农民合作社】 合作社成员97525人，农民参合率64.6%，基本覆盖全区所有农业产业，主要以种植业和畜牧业为主。种植业中蔬菜产业居多，粮食等较少。全区已培育"渝璧玉血橙""登云坪脐橙"等合作社注册商标17个，通过农产品质量认证33个。农民合作社合作内容从以农资供应、信息技术服务为主，拓展到农技推广、电子商务、运输和销售等各个环节。产加销一体服务的合作社347个、生产服务为主164个、购买服务为主2个、运销服务为主3个、其他服务23个。开展农村电子商务的合作社54个，开展休闲农业和乡村旅游的19个。

位于福禄镇福中社区的福果农业公司2017年营收4000万元。图为2018年3月16日，该公司负责人李伟将温室大棚里的柑橘苗装车移栽(璧山报社供图)

2018年璧山区农民合作社行业分布情况表

类别	种植业				林业	畜牧业				渔业	服务业			其他	合计
	小计	其中				小计	其中				小计	其中			
		粮食	蔬菜	其他			生猪	肉鸡	其他			农机	其他		
数量/个	286	6	139	141	73	107	30	36	41	33	31	25	6	9	539
比重/%	53.1	1.1	25.8	26.2	13.5	19.9	5.6	6.7	7.6	6.1	5.7	4.6	1.1	1.7	100

【家庭农场】 璧山区自2014年开始规范建设家庭农场，已培育市级示范场14家，区级示范场20家。平均每个家庭农场劳动力2.99个、常年雇工1.55个。家庭农场以种养殖业为主，占总数的79.4%；经营土地总面积1226.73公顷，平均经营土地面积2.79公顷，高于普通农户经营规模。家庭农场以市场为导向，以品牌农业建设为方向，生产适销对路的高价值农产品，商品化率在95%以上。2018年，拥有注册商标的农场有4个，通过质量认证农场10个，家庭农场年销售农产品16770万元，平均每个家庭农场年销售收入38.02万元，普遍高于一般农户。

2018年璧山区家庭农场行业分布情况表

类别	种植业		畜牧业		渔业	种养结合	其他	合计
	小计	其中粮食产业	小计	其中生猪产业				
数量/个	164	21	186	21	6	78	7	441
比重/%	37.2		42.2		1.4	17.7	1.6	100

2018年璧山区家庭农场经营情况表

经营年收入	10万元以下	10万~50万元	50万~100万元	100万元以上	合计
数量/个	63	245	117	16	441
比重/%	14.3	55.6	26.5	3.6	100

农业机械化

【农机作业】 2018年，全区共计完成机耕44268.88公顷、机播水稻3346.83公顷、机收12933.98公顷。

【农机技术推广】 推广各类农机补贴机具动力喷雾机307台，割草机119台，果蔬烘干机22台，秸秆粉碎还田机1台，揉丝机8台，微耕591台，沼液沼渣抽排设备15台。完成土地宜机化整治72.27公顷。引进植保无人机、遥控旋耕机进行试验、示范。

【农业机械化率】 全区拥有农机总动力32.1万千瓦，各型农机具2.63万余台，其中：耕整机9212台（套），插秧机291台，联合收割机272台，农用排灌机械17963台（套）。农业生产综合机械化率达52.36%。

2018年8月27日，2台收割机在丁家街道高古村稻田里作业(壁山报社供图)

2018年3月23日，壁山区在大兴镇船形村举行2018年春季生产暨质量兴农绿色兴农现场会。图为工作人员展示履带风送式植保机(陈富春摄)

【农机化服务体系建设】 全区共有农机专业合作社24个，从业人员141人。有农机维修网点47个，其中一级维修点1个，二级维修点4个，三级维修点42个，从事农机维修人员159人。

【农机购置补贴】 全区共计使用农机购置补贴资金65.777万元，补贴资金结算比例为33.39%。带动农民和农业生产经营组织投入137.8628万元，受理审核申请表1051份，受益主体1006户，补贴机具1066台(套)。

【农机安全监管】 对15个镇街农机安全生产工作督查5轮，共动员530名机主办理了拖拉机和联合收割机号牌公告作废手续，清查出外籍变形拖拉机287台，发函协查出183台信息，其中58个属真牌，报废22台；出动联合执法2825人次，执法车辆927台次，设置临时检查点31个，共检查变形拖拉机2100余台次，共查处逾期未年审74起，违法载人32起，超载53起，其他违法行为87起。在"三夏""三秋"等重要时节主抓农机安全生产宣传发动和落实，平均每月向农机主和机手发送安全短信6000余条，全年发放宣传资料30000余份，各镇街每月至少到农机作业场所检查1次，全区新创建"平安农机"示范街镇1个(大路街道)，"平安农机"示范村3个(青杠街道莲花村、璧泉街道团堡社区、大路街道大竹村)。6月，结合市级行政审批权限下发，2个行业新规施行，严格落实上级让数据多跑路，群众少跑路的要求，全年共办件304件。贯彻执行《财政部、国家发展改革委关于扩大18项行政事业性收费免征范围的通知》(财税〔2016〕42号)精神，积极推进农机安全监理全免费，加强农机安全监理基础设施和装备建设，利用拖拉机检测设备实施送检到家服务，提高农机安全监管服务能力。

农村信息化

【概况】 璧山区农村电商主要有政府引进的易田电商企业，淘宝、京东、市级电商平台巴味渝珍等第三方平台和经营者自建微信等，物流配送依托第三方物流或自建物流相结合的方式。全区主要销售的生鲜农产品有蜜柚、脐橙、血橙、沃柑、樱桃、葡萄、蔬菜、猪肉等，非生鲜农产品有茶叶、腌制品、火锅底料等，全年网络销售额2.4亿元。

【农村电商】 易田电商在135个行政村建有村级服务站，并在易田电商平台上设有网络店铺。全区农产品网店入住阿里巴巴的有2家，入驻淘宝2家、天猫1家，市级电商平台巴味渝珍25家。7月，开展"2018年度农民手机应用技能培训周璧山专场活动"，重庆禾茂信息咨询有限公司、重庆电信公司从智能手机使用及如何防范电信诈骗、农产品如何入驻巴味渝珍平台、农技宝应用和农业物联网等四个方面进行了详细讲解。9月，组织10个农产品入驻市级扶贫电商平台"爱心购"。11月，组织40家农产品生产企业参加璧山区举办的第二网商交流大会。在下半年新型职业农民培育的23个班级中均开农产品电商课程，共培训1110人次。

【信息进村入户】 益农信息社主要分为中心站、标准站、专业站和简易站4类。璧山区建设中心站1个，标准站135个。中心站建在区农委，承担本辖区益农信息社的管理、指导和资源集聚共享等工作。标准站建在村委会等基础设施较为完善的场所，提供包括公益服务、便民服务、电子商务、培训体验服务的一站式服务。所有益农信息社站点在市信息进村入户综合服务平台登记注册、开展服务并纳入统一管理。135个益农信息社的建设工作全部完成，实现行政村全覆盖。

农业科技创新

【农作物良种创新】 示范推广稻田综合开发利用、水稻直播技术、水稻稀泥机插育秧技术，水稻的各项增产技术措施得到较好展示和发挥。全区共开展水稻化肥利用率试验2个，玉米肥料利用率试验1个。在七塘镇将军村示范甜糯玉米生产技术，示范面积5.33公顷，解决蔬菜连作障碍，减少病虫害发生，提高业主收益，通过秸秆还田达到培肥地力的目的。

【经济作物科技创新】 重庆都市果业研发中心全推进果树新品种引进、新技术集成及攻关工作，共引进果树新品种61个，其中葡萄36个、李12个、桃8个、柑橘5个。建成“PVC”廊架葡萄大棚、V字形栽培大棚和棚架一体栽培模式避雨设施1.33公顷，建成水肥一体化果园6.67公顷。

【畜牧水产科技创新】 加强养殖品种结构调整，推广新品种长丰鲢13.33公顷，长丰鲫13.33公顷，中科三号“异育银鲫”20公顷，广州快长草鱼13.33公顷，松浦红镜鲤6.67公顷；开展池塘内循环微流水养殖试验示范基地4个，其中“优鲈1号”养殖2条槽、斑点叉尾鮰养殖10条槽、人鳞鲃养殖1条槽、罗非鱼养殖2条槽。继续推广池塘鱼菜（稻）共生综合种养技术300公顷，种植品种有空心菜、丝瓜、折耳根、小白菜、狐尾藻等。完成镇街1634家养鱼池生态整改方案审定，146家水质达标，共计55.67公顷，关停转产552家，共计81公顷。

【农业科技成果转化】 加强与重庆市农科院、西南大学合作，建立农业园区科技创新中心、渝西蔬菜研发中心和都市果业研发中心，品种选育、技术推广、科技示范成果转换大幅提升。引进新品种300余种，试验推广70种。农业综合机械化率53%。

2018年1月20日，技术人员在壁北蔬菜基地农业良种繁育组培中心培育铁皮石斛（曾清龙摄）

农村土地流转

【概况】 璧山区家庭承包耕地面积37788.56公顷，农村土地流转面积21001.08公顷，流转率55.5%，适度规模经营面积18107.50公顷，集中度47.9%。坚持将土地流转与培育和发展农业龙头企业、农民专业合作社、家庭农场、种养殖大户、社会化服务组织五大新型经营主体，与促进农业产业化和农民增收相结合，通过转包、转让、互换、出租、股份合作或其他方式流转土地，提高土地规模经营集中度。

2018年璧山区农村土地流转情况表

流转形式	出租(转包)	转让	互换	股份合作	其他形式	合计
面积/公顷	17615.75	406.22	1802.22	851.71	324.28	21000.18
比重/%	83.9	1.9	8.6	4.1	1.5	100

2018年璧山区农村土地适度规模经营情况表

经营用途	粮油	蔬菜	果树	茶叶	其他	合计
面积/公顷	2849.34	5639.68	3906.13	215.28	5496.07	18106.50
比重/%	15.7	31.1	21.6	1.2	30.4	100

三合镇二郎村发展的特色效益茶叶产业覆盖全村贫困户。图为2018年3月14日，二郎村村民采茶场景(孙茜摄)

农村扶贫

【概况】 脱贫攻坚工作开展以来，全区累计识别全口径贫困户2405户6381人（2014年新一轮建档立卡1891户5014人，历年扶贫对象动态管理净增加514户1367人），贫困村3个。全年3个贫困村全部高质量脱贫；贫困人口脱贫2085户5501人，未脱贫320户880人。贫困发生率从2014年的1.4%下降到0.25%。

【整村整片扶贫】 在继续巩固3个市级贫困村脱贫成果的基础上，2017年底启动基础设施薄弱村识别，共计识别基础设施薄弱村15个，全面落实区领导“包干制”“指挥长制”，投入建设资金9094.6万元，加快推进15个薄弱村交通、水利、人居环境等基础设施建设。新建“四好农村公路”70千米、人行便道75.1千米，新建及整治提灌站4座、山坪塘6口、水池4口，安装路灯135盏，完成10个薄弱村光纤到户改造，完成7个薄弱村便民服务中心建设。

【贫困户动态调整】 按照市级扶贫对象精准识别工作部署，先后开展2次扶贫对象精准识别。5月，全市启动脱贫攻坚大排查，全区按照横向到边、纵向到底的要求，开展农村对象全覆盖大排查，共识别新增贫困户13户30人，个人入户163人，个人出户152个，个人清除2人，整户清除2户6人。10月，按照全市农村扶贫对象动态管理工作安排，开展建卡贫困户动态调整工作，新识别贫困户10户28人，脱贫152户414人，个人入户124人，个人出户162人。

【生产发展】 开展贫困户专项职业技能培训班3期，培训贫困户107人。组织贫困户专场招聘会4场。推进扶贫爱心公益岗位，优先安置难以实现市场化就业的贫困人口，开发公益性岗位50

2018年7月6日，璧山扶贫专场招聘会现场（璧山报社供图）

2018年6月6日，璧山永辉超市工作人员向市民推销扶贫蔬菜（璧山报社供图）

个，用于安置建卡贫困人员。

【社会扶贫】 调整全区帮扶单位、帮扶人、贫困户结对帮扶工作任务，帮扶人、贫困户及镇街帮扶联络人共同制定到户到人帮扶措施，并推动措施落实。9月，启用精准扶贫APP，实现对帮扶工作数字化管理，确保结对帮扶工作不走过场，结对1622户，到村入户走访3171人次。推广“中国扶贫爱心网”，促进全区结对帮扶工作由传统模式向线上线下结合开展模式转化，完成需求对接69次。印发《关于增派贫困村第一书记助推脱贫攻坚的通知》，制定《璧山区驻村工作队队员管理办法》《璧山区驻村工作队工作经费管理办法》，从区级部门遴选9名优秀年轻干部担任贫困村第一书记、驻村工作队队员，充实驻村工作队。促进社会帮扶，利用人大、政协、高新区、工商联的资源优势，引导特殊困难户与社会帮扶力量对接，对接贫困户50户，人大代表、政协委员、企业家等近100名主动参与对接，商会、企业等积极投入帮扶，提供就业岗位，累计投入帮扶资金近200万元。

【医疗保障】 投入133.056万元，为贫困户购买城乡合作医疗保险和大病保险（每人180元/年）、住院医疗保险（每人50元/年，贫困户生病住院所产生的在医保报销范围内的费用通过医保报销后，无门槛再按80%报销）、特病贫困人员门诊医疗费商业保险（每人40元/年，保额每人4000元/年，医保中心特病报销每人1000元/年，贫困户每年实际可报销5000元），彻底解决特病贫困户门诊医疗费用问题。投入64.495万元为全区贫困户购买每人100元/年的“精准脱贫保”，对贫困人口的医疗、意外伤害等方面持续提供保障。区财政按照1:2的配资比例，建立璧山区农村贫困人口健康扶贫医疗基金216万元，对贫困人口单次就医自付部分再次进行救助。对全区36家医保定点医院（19家公立医疗机构和17家民营医院）HIS系统进行改造，实现对全区建卡贫困户的身份识别及提醒，开通农村贫困人口就医绿色通道。建立超额医疗费用财政兜底机制，对辖区内农村贫困人口医疗费用经各种报销后，住院自付超过10%和门诊重特大病和慢性病自付超过20%的费用，由区财政全额兜底。全区建卡贫困患者住院自付比例为9.48%、门诊自付比例为14.9%、全病种自付比例为9.84%，均达到市级规定要求。

农业行政执法

【概况】 区农业执法大队先后接受市委第二交叉巡察组政治巡察，市环保督查组环保督查和市审计局经济责任审计。开展种植业、养殖业、食用农产品质量安全、渔政渔船安全、生态环保等执法工作，取得较好成效，确保全区农业生产安全，促进全区现代农业的健康发展。

【专项整治行动】 种植业专项整治行动：检查种子、农药、肥料生产企业、经营门市150个。养殖业专项整治行动：检查兽药生产经营企业57个，检查饲料生产经营企业147个。农产品质量安全专项整治行动：检查农产品生产企业、专业合作社280个。渔业渔政专项整治行动：检查企业或个体31个。

【质量抽检】 共抽检农资样品124个，其中农药样品22个，不合格2个；饲料1个，合格；兽药1个，合格；农产品质量100个，全部合格。

【违法案件查处】 根据抽检、市场检查、农民投诉立案查处的农业违法案件共22件，其中种子案1件，农药案6件，肥料案1件，兽药案5件，饲料案2件，渔政案8件，移交公安机关3件。

【高毒农药全面禁止销售使用】 区农业执法大队开展农产品质量安全区创建工作，加强农药生产、经营许可执法检查，全面开展高毒高残留农药禁销试点工作，实施低毒低残留生物农药补贴9个品种共45万元。重点针对蔬菜、水果、茶叶等农产品农药使用情况开展执法检查，严查农药残留超标，严防农残超标食用农产品进入市场。

【农业法制宣传】 按照《重庆市璧山区农业委员会关于印发璧山区农业委员会2018年食品安全宣传周活动方案的通知》（璧农发〔2018〕187号）要求，结合璧山区“3·15”国际消费者权益日宣传纪念活动等形式，进行现场咨询培训5次，发放农业法律法规宣传资料6000余份，接受群众咨询600余人次；结合“质量安全保生产，放心农资送下乡宣传周”和“农产品质量安全宣传周”活动进行宣传，先后到正兴、广普、河边、璧城、大路等镇街开展假劣农资识假辨假常识等宣传活动，发放宣传资料5万余份。

【生产纠纷调解】 发挥“12316”的作用，做好投诉举报受理工作。共接到投诉举报案件97件，其中涉及种子11件，涉及农药4件，肥料4件，兽药2件，饲料1件，农产品质量3件，渔政72件。

【渔业船舶管理】 区农委与15个镇街签订渔业船舶安全生产责任书，区农业执法大队与26艘渔船的船主签订2018年渔业船舶安全生产责任书。引导全区渔民31人参加渔民安全责任险，渔民参保率达100%。禁渔期涉渔船镇街召开渔民专题座谈会8次，群发安全短信208条，印发宣传资料1500余份，张贴标语15幅，检查渔船38次，基本实现“船入港、网入库、河中无渔船”的禁渔管理工作目标。

【生态环保执法工作】 宣传贯彻《重庆市大气污染防治条例》，指导镇街开展露天焚烧秸秆执法工作，先后印发《重庆市璧山区大气污染防治攻坚行动秸秆焚烧专项执法整治行动工作方案》《重庆市璧山区农业委员会秸秆焚烧执法考核办法》《重庆市璧山区秸秆焚烧执法百日攻坚行动工作方案》《关于开展2018年秋冬季露天焚烧秸秆巡查督查执法一体化工作的通知》,并组织实施。指导各镇街办理露天焚烧秸秆违法案件24件,罚款8680元。实施农业执法终端系统试点使用工作,配置移动执法终端、多功能笔记本、便携式投影仪、便携式键盘、手持云台、打印机、应急电源、强光手电等执法办案设备。实施农业投入品监管项目,建立健全农业投入品监管执法平台。

惠农政策

【种粮大户补贴】 2018年种粮大户的补贴面积以按程序核定的2017年种粮大户实际种粮面积计算,补贴标准为每亩230元,粮食作物之间套种的不重复计算补贴面积。补贴户数13户,补贴面积85.20公顷,补贴金额293940元。

【一般农户补贴】 一般农户的耕地地力保护补贴原则上补贴给拥有耕地承包权的种地农民,与耕地面积挂钩,直接补贴到户,补贴标准为每亩95元。2018年一般农户补贴户数130044户,补贴面积21138.27公顷,补贴金额30120546.3元。

工业与信息化

综　述

【概况】 截至2018年年底,全区有工业企业3454家,从业人员148839人,其中:法人工业企业2085家。规模以上工业企业333家,实现产值781.6亿元。规模企业中,以汽车摩托车及其零部件为主的汽车制造业167家,实现产值417.9亿元;计算机及电子设备制造业63家,实现产值174.9亿元;食品、医药制造业9家,实现产值20.1亿元,制鞋业27家,实现产值127.8亿元。按企

2018年3月8日,璧山国家高新区15家企业集中开工(璧山报社供图)

璧山本土企业——重庆嘉木机械有限公司研发制造的树枝粉碎机（2018年5月，谢捷摄）

业大小划型分：大型企业11家、中型企业81家、小型企业3362家。

【工业经济运行特点】 **工业经济平稳较快发展** 全年完成规模以上工业产值781亿元，增长10.5%。实现工业增加值275亿元，增长9%（排考核组第四）。

工业经济发展质量和效益明显提升 规模工业主营业务收入增长9.35%，工业投资增长9%，利润总额增长12.9%，主营业务收入利润率6.8%，高技术产业主营业务收入占比15.6%，技术改造占比53%，研发投入强度1.75%，研发人员占比2.3%。

以大数据为引领的智能化改造成效明显 规上数字经济企业71家，规下35家，服务业100家，实现营业收入140亿元，增长25%。众泰汽车MEC工业互联网建设和星极齿轮公司、众泰汽车的数字化车间建设有序推进，全区已经完成大数据智能化为引领的技术改造项目54个，向上争取资金7030万元。

研发平台建设有序推进 一是成功申报市级研发机构16家。二是为23家有研发机构的企业争取上级研发经费增量补贴1569万元，为6家有创新项目的企业争取上级创新专项资金180万元。

服务企业意识进一步增强 2018年举办中层培训和各类专题培训班共计1200人。为了贯彻落实《重庆市关于进一步支持中小微企业发展政策措施》，聘请重庆市中小企业局的领导对全区300余家企业进行政策解读专题培训，并购买了400套《关于进一步支持中小微企业发展政策措施》的文件汇编和申报指南发到全区规模以上工业企业和相关职能部门，对123家诚信经营、发展前景好、产品适销对路但暂时有困难的中小企业，涉及流动资金贷款利息补助等1632万元。

【主要工作举措】 稳定政策预期，提振企业发展信心 加大对信用贷款、助保贷、银政通、转贷应急周转资金等金融政策的宣传力度，化解企业融资难、融资贵问题，让企业家提振信心。

继续做好运行监测分析 加强工业经济运行调控，特别是重点企业、主导产业运行情况预测预警，及时收集、反馈、协调处理运行中出现的矛盾和问题，做到早发现、早研究、早解决，确保全区工业经济平稳运行。

加大招商引资工作力度 主动加强与市经信委等部门的对接，重点围绕新能源汽车、智能装备等项目开展专业招商和信息获取。

多渠道增强工业发展后劲 积极推进工业企业在建项目投产达产，形成新的经济增长点。帮助企业积极争取国家级、市级资金支持，鼓励企业技改增强核心竞争力。强化小企业培育，扶持企业做大做强，达到标准后及时升规，形成新的经济增长点。

进一步做好企业服务工作 在广泛深入调研基础上，进一步推动区领导联系重点企业制度的落实，帮助重点企业解决实际困难和问题，积极探索企业扶优扶强的支持政策，抓好企业转型升级以及大数据智能化发展的引领和推动工作。

智能制造产业

【概况】 按重庆市委关于以大数据智能化为引领的创新驱动发展战略行动计划（2018—2020年）的战略部署，结合璧山工业实际，编制《重庆市璧山区以大数据智能化为引领的创新驱动发展行动计划》，采取有效措施鼓励引导企业实施智能化改造。全年有50家企业实施智能改造，众泰汽车公司、星极齿轮公司、蓝黛公司通过市级智能化工厂和数字化车间认证，初步形成以青山、红宇、龙润、众泰、金冠、蓝黛为龙头的先进智能制造产业集群。

2018年4月，金冠汽车制造股份有限公司房车订单量同比增长20%。图为该公司房车生产线（曾清龙摄）

2018年7月12日，蓝黛传动公司智能化改造后的生产线（曾清龙摄）

信息技术产业

【概况】 璧山区投产电子信息企业有200余家，其中规模以上企业61家，全年电子信息业累计实现产值175亿元。信息技术产业主要围绕主城区整机装备，引进笔电配套龙头企业及上游配套企业，打造重庆笔电核心配套基地，有笔电配套机壳生产企业4家，真空溅镀阳极等表面处理企业6家，转轴企业3家，键盘扬声器外围设备生产企业2家，连接器生产企业3家，散热模组企业2家，金属五金冲压件企业10家，自动化设备生产企业4家，模具生产企业4家，笔电机壳漆料企业2家，还有硅胶件、专用螺丝及紧固件、涂料、线材、包材、绝缘材料、流水线设备、印刷、标签等企业，基本形成较为完善的笔电配套产业，产业配套能力大幅提升。

生命健康产业

【概况】 有食品药品加工企业30余家，2018年产值21亿元，占全区规模工业产值比重2.8%，其中规上企业8家（有友食品、轰茂食品、统一企业、达能食品饮料、中亚动物药业、洋洋水业、凌翔食品、特驱饲料）。创建市级农产品加工基地2个，即璧山璧泉农产品加工基地、璧山大路农产品加工基地。培育市级农产品加工示范企业10家。组织农产品加工示范企业申报重庆市农产品加工企业奖补，璧山区鱼梦家私、港风办公家具2家企业共获资金补贴100万元。

技术创新及培训

【清华班培训】 清华班第十期于6月24日结业。清华班第十一期共招收学员53人，并于8月22

日在清华大学开课。截至第十一期，共计培训企业管理人员628名。

【专题培训】 举办中层培训和各类专题培训班共计1200人。其中劳动合同法培训1期，210人参加；企业发展专项资金政策解读会，200人参加；重庆市战略性新兴产业技术路线图第三期培训会，170人参加；“十九大后中国经济改革与发展”讲座，220人参加；《社会保险法》疑难点解析专题培训，400余人参会。

【人才工作】 及时了解企业的人才需求情况，为企业搭建人才交流平台，做好高层次人才引进和培养的奖励政策兑现工作，对企业引进和培养的高层次人才83人兑现奖励资金66.9万元进行审核。其中区内自主培养副高级28人、高级技师5人、硕士研究生7人；区外引进博士研究生4人、硕士研究生30人、副高级职称5人、正高级职称4人。组织企业申报“璧山英才”6人、企业创新型人才16人。

【技术创新和研发项目申报】 引导有条件的企业申报重庆市技术创新项目，全区通过市经信委批准立项的技术创新项目22个。获批项目资金1749万元，其中2017年研发费增量补贴23家，资金补贴为1569万元；技术创新专项资金6家，获得专项资金补贴共计180万元。获批重大新产品成本补贴项目11个，补贴资金共计1643万元。

【创新平台建设】 组织上报市级技术中心企业11家，市中小企业技术研发中心5家。按照《璧山区规模以上工业企业建立研发机构的扶持办法》和《区级研发机构认定管理办法》，拟定2018年区级技术中心37家。规模企业中有123家建立研发机构，占规上企业36.9%，其中国家级技术中心2家、市级技术中心37家、市级中小企业研

2018年5月25日，清华大学培训璧山企业家10周年座谈会在璧山召开（璧山报社供图）

2018年2月9日，璧山区首届“企业创新型人才”颁奖大会召开(璧山报社供图)

发中心20家、区级研发机构64家。组织企业建立研发准备金制度，引导企业有计划、持续地增加研发投入，全区100家企业按相关文件要求完成研发准备金备案。

【企业服务中心工作】 每月定期报送平台数据，推广中小企业公共服务平台，共有68家中小企业在平台注册。

信息化建设

【概况】 推进通信基础设施建设，从驻地网建设、光网城市建设及无线4G建设等方面进行落实和推进，重点加大基础网络建设改造力度。利用现有基础设施，推进网络统筹规划和共建共享、管理、维护工作。加快电信网络升级换代，大力推进城区光纤到户，扩大农村地区宽带网络覆盖范围和深度。加快城区高速无线宽带网络建设，区政府出台《璧山区公共区域免费无线局域网建设实施方案》，以“4G+WLAN热点”覆盖的方式打造“无线璧山”。全区基本实现4G网络全覆盖，光纤村(居)全覆盖。新建4G宏基站300余个，无线局域网(WLAN)热点累计超过3750个，基本覆盖商业密集区等公共区域。城市光纤宽带网络建设在全市率先启动，光纤到户覆盖超过10余万家。来凤街道建成“互联网小镇”。各通信运营企业积极开展5G建设前期准备工作。

交通　邮电

交通综述

【概况】 璧山地处成渝经济带要冲和成渝城市群腹地，是重庆主城西进的“第一站”。成渝高速、渝蓉高速、渝遂高速、九永高速穿境而过，成渝高铁55分钟到达成都。璧山隧道实现与主城无缝连接，轨道交通1号线大学城至璧山段隧道贯通，连接境内各条高速公路和高铁的黛山大道通车里程达到23千米，形成“多点融入”主城交通态势。

交通基础设施概况　辖区内公路总里程达到2352千米（不含高速公路），按行政等级划分，国道97千米、省道140千米、县道122千米、乡道144千米、村道1838千米、专用公路11千米。按技术等级划分，一级公路39千米、二级公路156千米、三级公路39千米、四级公路830千米、等外级公路1288千米。公路密度245千米/百平方千米、34千米/万人。全区乡通畅率100%，村通畅率100%，撤并村公路通畅率100%，村（居）民小组通畅率80%。有成渝高铁1条，辖区内里程23千米。有等外级航道112千米，水库渡口28个、渡船1艘、游船67艘、渔船26艘。

道路运输行业概况　有班车客运企业2家，省际线路12条班车24辆，县际线路16条班车

黛山大道（2018年7月4日摄，璧山报社供图）

150辆，农村客运线路33条农客92辆，行政村通客车率100%；公交企业2家，公交线路27条公交车313辆，实现“镇镇通公交”；出租汽车企业4家，巡游出租汽车300辆；货运车辆5987辆36353吨；汽车客运站23个（不含尚未定级的汽车南站），其中：二级站2个、三级站2个、四级站10个、五

2018年6月26日，轨道交通1号线与319国道交汇处施工现场（璧山报社供图）

2018年，璧山区建设农村小康路300千米，实施200个村民小组畅通工程。图为璧城街道天池村乡村公路（曾清龙摄）

级站9个。维修业户454户；驾驶培训学校6家、教练车239辆、教练员250人；汽车租赁业4户、租赁车51辆；网约出租汽车223辆。

【交通三年行动计划】 4月，璧山区人民政府审定同意《璧山区交通基础设施提升战略三年行动计划工作方案》，成立以区长任指挥长，区人大、区政府、区政协分管领导和区交通局主要负责人任副指挥长的基础设施建设提升战略行动指挥部。委托重庆市交通规划勘察设计院开展“交通三年行动计划”规划编制工作，梳理、统计和编制建设项目库、远期规划及资金需求，6月完成规划编制工作，全面实施交通三年行动计划，着力构建绿色、高效、畅通、便捷、统筹城乡的现代化交通体系。

“四好农村路”建设 7月，区政府常务会审议通过《璧山区干线公路及四好农村路投资建设方案》，并下达第一批340千米“四好农村路”建设计划。截至年底，完成300千米“四好农村路”路基工程，建成“四好农村路”120千米。

干线公路建设 六旗大道全长2.18千米，工程于2016年12月8日开工，2018年9月28日建成通车。黛山大道南延线全长9.13千米，一期工程于2017年12月底完工，二期工程于2018年9月28日开工建设，累计完成征地拆迁量95%；路基土石方累计完成30%；桥涵结构物累计完成10%。开工建设干线公路56千米，省道S107线升级改造工程基本完工；省道S105线来凤至江津段完成路基工程量的10%；大丹路完成路基工程量的25%；正兴至永川连接线完成路基工程量的15%。

高速公路建设 合璧津高速是重庆市高速公路网“三环十二射七联线”规划中的第六条联线，全长约96千米，璧山境内段长约63千米，分别与成渝、渝遂、渝蓉、九永高速实现互通，计划在七塘、河边、大兴、正兴、广普镇分设5个互通下道口。合璧津高速璧山段前期工作基本完成，累计完成60亩临时用地拆迁工作。渝遂高速支

2018年，璧山区农村公路实现“镇镇通沥青路，村村通水泥路”。图为7月3日，璧城街道天池村农村公路一景（璧山报社供图）

2018年7月2日，九永高速来凤下道口鸟瞰（璧山报社供图）

线项目前期工作有序推进，项目进入可研阶段，计划2019年开工建设。

高铁建设 按照《重庆市中长期铁路网规划》，对接全市高铁建设项目，参与项目前期工作，做好渝昆、成渝中线、兰渝等3条高铁项目的协调服务工作。

【轨道交通1号线尖璧段】 轨道交通1号线尖璧段线路全长约5.6千米，其中地下段长3.6千米（主要为两座隧道，1号隧道全长199米，2号隧道全长3335米），高架段长2千米，设璧山高架站1座，设璧山车场1座，面积19.2公顷。项目总投资约21.9亿元（不含征地拆迁、管网迁改、绿化移植及利息等费用）。预计2019年实现试运行。

按照重庆市政府办公厅《关于轨道交通一号线延伸至璧山县有关问题的纪要》（专题会议纪要2014-10）精神，工程前期工作由市发展改革委牵头，市城乡建委、市规划局、市国土房管局、市环保局、市园林局等部门积极配合做好项目立项、环评、用地、绿化移植、建设施工等审批手续的办理工作，明确工程建设由市轨道集团作为代理业主，组织项目建设。

项目于2014年5月5日召开拆迁动员会，5月25日，缙云山隧道出口40亩土地征地红线内，61份房屋拆迁协议签订和补偿安置工作全面完成。此次拆迁农房61户，面积约1.2万平方米，住房安置155人，搬迁坟墓111座，发放补偿安置资金约1800万元。5月26日，用1天时间就拆除征地红线内所有房屋。6月5日完成土地平整，保证了缙云山隧道工程建设用地。

2014年5月29日，缙云山隧道工程开标。6月17日，轨道交通1号线璧山段正式开工，市委常委、常务副市长翁杰明出席开工活动。2017年8月，项目控制性工程缙云山隧道贯通。截至2018年年底，轨道交通区间桥墩累计完成100%，箱梁累计完成100%；车场土石方开挖累计完成100%；车站土建工程累计完成80%。轨道换乘枢纽站前北广场车库主体完成30%；站前南广场

2018年2月1日—2月10日，成渝高铁璧山站共接送旅客1.5万人次。图为旅客在站台排队候车（曾清龙摄）

土石方开挖累计完成95%，车库主体完成20%。

【道路运输管理】 璧山规模以上交通运输业企业营业收入增长14%；私营规模以上交通运输业企业营业收入增长20%；道路客货运输周转量增速在全市22个区排名前7位。

客运市场管理 开行旅游公交线路1条、定制公交线路1条，调整公交线路3条；办理网约车206辆；更新公交车101辆、出租车131辆；完成3条客运班线延续经营许可；发放包车线路牌428张、加班线路牌430张。

货运市场管理 新增规上企业6家、普通货运经营许可364家、道路危险货物运输企业2家、货运车辆1484辆。全区7家道路危险货物运输企业按照公司化经营的有关规范要求逐步实施并持续推进公司化经营。

运输市场秩序 推进客运服务质量提升各项活动，处理投诉400余件。加大非法营运打击力度，查处道路运输违法违规行为1802件，其中查处三轮车载客48辆、非法营运车（含网约车）89辆、非法营运面包车6辆、非法营运货车26辆、教练车异地培训7辆。

行业管理新政 3月1日起，老年人免费乘坐公共交通工具的年龄下限从70周岁降低至65周岁，新增镇街IC卡办卡窗口13个，2月26日至12月31日，办理老年人公交IC卡共计8.4万张。8月取消机动车维修经营许可。

绿色低碳出行 加强道路运输行业环保督查，与194家维修企业签订《安全生产、职业病防治、环境保护责任书》，报废老旧车216辆（其中：出租车和公交车均更新为CNG车或新能源车）。严格执行道路客运运力宏观调控和车辆燃料消耗量限值标准，对不达标车辆不核发营运证。

【公路管理养护】 继续强化公路日常养护、预防性养护、桥隧管理维护，营造“畅安舒美”的公路通行环境。

公路养护管理 深化养护体制改革，实现425千米管养路段市场化养护，开展公路预防性养护，国、省、县道公路优良率在95%以上。新植行道树2000余株，配植矮灌木、花卉11万余株，完成6万余株行道树刷白杆工作，修枝整形行道树2万余株，全区公路生态绿化率达到95%。建成公路应急服务中心，并于3月12日入驻，常态化开展公路应急抢险工作，处置清除水毁坍方1979立方米，完成水毁公路边沟修复1400米，清理危树600余棵。强化农村公路养护技术服务工作，培训农村公路养护人员200余人次。

公路路政管理 办理路政许可41件，许可正确率100%；查处各类路政案件411件，结案404件，结案率98.3%。推进路警联合执法、区域联动治超、流动巡查治超，共检测货运车辆52万余辆次，卸载货物1.3万余吨。推行非现场执法非诉执行，共执行超限车辆非诉处罚54辆次。全区车辆超限率为0.5%，完成市政府下达的车辆超限率在3%以下的工作目标。

工程质量管理 完成国省道升级改造项目22千米、农村公路改造项目70千米的质量监督管理工作，累计发出施工现场《质量安全检查记录》105份，全区公路质量合格率达到90%以上。

2018年3月，璧山区公路管理所工作人员在G319进行管护作业(璧山报社供图)

【平安交通建设】 运输企业和交通在建项目未发生一起死亡3人以上的责任事故;水上交通连续34年无死亡事故发生,交通局被区安委会评为先进单位。

行业安全监管 以"平安交通"和"执法强化年"专项活动为抓手,深入开展"大排查大整治大执法"工作,累计发出《诚信管理扣分通知单》8份,对公路工程建设项目经理4人、安全员4人做出扣分处理。完成2家客运企业、4家出租汽车企业、6家驾校、7家危险品运输企业、23家普货企业、265家维修业户的安全服务质量及信用考核。责令青龙湖67艘存在安全隐患的船舶停航,会同大路街道督促船主及时整改落实,消除安全隐患,确保水上交通安全。

扫黑除恶专项斗争 召开线索摸排研判会议4次,约谈单位和企业负责人17人次,收集扫黑除恶相关信息68条,研判上报线索1条,办理区扫黑办线索转办件5件。

信访稳定工作 落实信访稳定工作"一岗双责",建立了信访稳定工作联席会议制度,妥善处置巡游出租车和班线客车公司化、公交化改造等矛盾,平稳实施101辆公交车到期更新、131辆出租车到期更新工作。办结市长信箱、璧山信箱等来信来访500余件,按时办结率100%,办理满意度99%。

【交通法制建设】 交通系统开展法治宣传活动46次;办理行政许可557件,实施行政处罚1063起。未发生一起行政复议变更、撤销和行政诉讼案件。

落实"放管服"政策 承接上级目录许可事项37大项、52小项,公共服务事项8项,大力推行"一站式服务",规范公示公开内容,压缩审批办理时间,提高服务质量和效率。将9项路政行政审批事项列入建设领域并联审批设计施工环节,办理建设领域涉路行政许可30件。查摆并联审批出现的新问题,以更有效的举措、更完善的制度,确保问题整改落实到位,在区人大测评中获得"优"等次评价。

加强法制培训 投入培训经费8.7万余元,举办2期法制安全培训,共培训430余人。开展各类专项法制宣传活动,发放各种宣传资料7万余份,接受咨询4700余人次,普法工作做到全覆盖,顺利通过市、区两级"七五"普法中期检查。

规范执法行为 开展"双随机一公开"工作,将37户交通企业列入全区经营业户重点行业领域名录库,将65名执法人员列入全区执法检查人员名录库。完善"三查两评"执法评议体系,开展内部交叉检查2次,发放执法问卷调查表200份,收到有关的意见和建议25条,完善执法监管制度,提高依法行政水平和能力。

【脱贫攻坚】 围绕脱贫攻坚年度目标任务,着力改善农村地区交通通行环境,全年完成基础设施薄弱村70千米"四好农村路"建设任务,完善已通客车道路安保设施。

2018年璧山区交通概况表

公路			
通车里程/千米	总里程:2427.09		
	其中	高速公路	75
		一级公路	39.19
		二级公路	155.47
		三级公路	39.30
		四级公路	830.14
		等外公路	1287.99
公路密度	以国土面积计算(千米/百平方千米)		245
	以人口数量计算(千米/万人)		34
通达情况	通公路的镇街15个,占乡镇100%		
	通公路的村137个,占村100%		
养护里程/千米	总里程:1592		
	其中	国省道	236.98
		县道	122.32
好路率/%	国省道		95
	县道		95
绿化里程/千米	国省道		236.98
	县道		122.32
客运站/个	总数:23个		
	其中	一级站	
		二级站	2
		三级站	2
		四级及以下站	19
营运汽车	客车579辆、23226座		
	货车5987辆、36353吨		
公路运量	客运	运量/万人	2735
		周转量/万人千米	129642
	货运	运量/万吨	2751
		周转量/万吨千米	277737
地方重点建设项目	总数(个):2		
	新开工/个	路桥	1
		站(点)	
	续建/个	路桥	1
		站(点)	
	总投资/亿元		13.22
	2018年完成/亿元		5.47

续表

内河航运			
通航里程/千米	总里程:112(为等外级航道)		
	其中	四级航道	0
		五级航道	0
		六级航道	0
		七级公路	0
营运船舶	客船67艘、1005座		
	货船0艘、0万吨		
水路运量	客运	运量/万人	2.51
		周转量/万人千米	4.93
	货运	运量/万吨	0
		周转量/万吨千米	0
文明单位			
市　级	新建0个、保持3个		
区(县)级	新建0个、保持2个		

道路运输

【概况】 全区有客运企业2家,有农村客运线路33条农客92辆,行政村通客车率达到100%;县际线路16条班车150辆;省际线路12条班车24辆;公交企业2家,公交线路27条公交车313辆,实现全区所有镇街公交全覆盖;出租汽车企业4家,巡游出租汽车300辆;货运车辆5987辆36353吨;汽车客运站23个(其中二级站2个、三级站2个、四级站10个、五级站9个);维修业户454户;驾驶培训学校6家、教练车239辆、教练员250人;汽车租赁业4户、租赁车51辆;网约出租汽车223辆。

【农村客运】 落实农客保险70万元、兑付城市公交、农村客运车辆CNG附加费216万元、农村客运营运补贴45万元、燃油补贴353万元、政府购买公交车公共服务资金2826万元。全年办理公交IC卡124157张,落实特殊群体免费或半价乘车财政补贴3926万元,划拨普通卡刷卡资金2896万元,落实公交首末站补贴400万元。

【行业管理】 新增规上企业6家、普通货运经营许可364家、道路危险货物运输企业2家、货运车辆1484辆。全区7家道路危险货物运输企业按照公司化经营的有关规范要求逐步实施并持续推进公司化经营。完成2家旅客运输企业、2家公交企业、4家出租汽车企业、6家驾校、7家危险品运输企业、23家普货企业、265家维修业等企业的安全服务质量及信用考核。

【从业资格管理】 完成道路运输驾驶员继续教育培训考试1301人次,考试合格1245人;完成新增客货运输驾驶员从业资格培训1736人次,考试合格1369人;完成新增公共交通驾驶员从业资格培训72人次,考试合格52人;完成新增出租汽车驾驶员从业资格培训266人次,考试合格213人;完成新增网络预约出租汽车驾驶员从业资格培训229人次,考试合格164人,网络预约出租汽车驾驶员从业资格申领6人。全年招收初学驾驶学员5351人,完成第一部分培训审核5351人次;第二部分、第三部分、第四部分培训审

璧山城区新能源公交车(2018年1月摄,璧山报社供图)

2018年5月25日,公交车行驶在农村公路上(曾清龙摄)

核18813余人次。培训合格学员6271人。全年因原驾驶证被注销、到期未换发从业资格证等原因注销从业资格证186个；完成道路运输驾驶员诚信考核4446人次，其中A级41人；AA级1014人；AAA级3389人；B级2人。

【应急保障】 春运期间投入公交车313辆、出租汽车300辆、客运班车266辆，完成客运量282.45万人次，同比基本持平，没有发生重特大交通事故，无旅客压站、滞留情况。

【安全稳定】 组织安全检查组78批次，检查人员334人次，检查企业329家次，查出安全隐患359项，其中现场整改348项，限期整改11项，下达整改通知书11份，现已全部整改完毕；开展道路交通领域严重违法行为专项整治，检查货运企业81家、维修企业84家，对8家货运企业和1家维修企业进行了处罚、对3家货运企业停业整顿，全年未发生一起死亡责任事故。

【规范运输市场秩序】 重点整治城区三轮车载客、双星大道、城区客运站及周边、农村客运干线客运秩序，打击非法营运，规范运输市场，查处各类违法违章案件1802件，其中查处三轮车载客48辆、非法营运车(含网约车)89辆、非法营运面包车6辆、非法营运货车26辆、教练车异地培训7辆。

【道路运输行业改革】 新增规上企业6家、普通货运经营许可364家、货运车辆1484辆；办理网约车206辆；更新公交车101辆、出租车131辆；完成56家维修企业汽车维修电子健康档案系统建设工作，实现全国联网；完成3条客运班线延续经营许可；新增机动车维修经营许可26家；发放包车线路牌428张、加班线路牌430张；开行旅游公交线路1条、定制公交线路1条、调整公交线路3条。老年人免费乘坐公共交通工具的年龄下限从70周岁降低至65周岁，对13个街镇办卡窗口进行设备安装和巡回指导。从2月26日至12月31日，办理老年人公交IC卡共计8.4万张。报废更新131辆巡游出租汽车。按照“经营主体不变、承包人不变、承包费不变”原则，对131辆车辆使用年限届满的巡游出租汽车报废，更新131辆巡游出租汽车。及时取消机动车维修经营许可；实行“两检合一”；行政审批实行承诺办理时限，承诺办理时限比法定时限平均压缩了54%；实行网上行政审批，明确许可流程、条件、承诺时限及提供的必要材料，印制服务指南，公示收费项目(工本费)，实行刷卡收费直接进入财政专户。

【行风建设】 组织签订《党风廉政建设和反腐败工作目标责任书》，制定了《深化收送“红包”礼金问题专项整治工作方案》，开展违规吃喝问题专项整治、收送“红包”礼金问题专项整治、违规发放津补贴问题专项整治、群众身边的不正之风和腐败问题专项整治工作；开展明察暗访、走访服务对象、畅通举报投诉渠道等方式监督职工的廉洁行为；7月份处置1起形式主义、官僚主义违纪行为，对违纪当事人解除聘用，并通报批评相关负责人。

电　信

【概况】 中国电信股份有限公司隶属中国电信集团有限公司，经营璧山辖区内固定电话、移动通信、卫星通信、互联网接入及应用、信息化应用等综合信息服务。分公司下设5个部门、14个支局，有从业人员146人，其中合同制84人，本科及以上学历48人，占总人数比57%，党员73人。

2018年，有天翼专营店79个，其中电视宽带服务中心34个，全网通手机店45个。坚持“用心服务，客户至上”的服务理念和“当日装、当日修、慢必赔”举措，树立宽带产品服务的新标杆，让璧山区内广大客户尽情享受信息新生活。

【网络建设】 全年新建4G基站131个，累计达到

409个。新建室分78个，累计达到189个。基本实现100%行政村通光纤、通4G网络。完成城镇老区光纤全改造。加强千兆网络建设，实现城区千兆网络接入。

移动通信

【概况】 中国移动通信集团重庆有限公司璧山分公司1999年9月成立，有员工111人，平均年龄34岁，大学本科及以上占比81%，党员36人。移动营业网点120余家，其中城区网点69个，街镇网点56个，实现重点街镇全覆盖。移动营业网点从业人员500余人。

【公司业绩】 璧山城区实现4G信号和宽带全覆盖，农村信号覆盖率91%，所有行政村光纤全覆盖；为璧山70%的手机用户提供服务；为50%的家庭提供宽带服务，为公安局、社保局、教委等各大单位提供专线服务，处于行业领先地位。协助区政府打造智慧城市建设，完成全区无线城市建设项目，免费Wi-Fi覆盖所有热点区域及各大型公园，农村信息化工作积极推进。"璧山移动全业务预警监控系统"项目获中国移动通信集团二类科技成果奖。

【践行社会责任】 全力保障璧山网络建设，执行国家"宽带中国"战略，在农村宽带建设上投入大量人力物力，加大基础通信建设。在打造"美丽璧山"过程中，积极配合，完成东岳公园、露营基地、儿童公园等无线城市重点建设项目。完成璧山国际马拉松赛、儿童公园开园、"上战"拳击赛等12次重大活动通信保障，其中国庆儿童公园应急保障超100万人次。持续降低信息通信服务资费，全面取消手机国内长途与漫游资费，大

2018年5月17日，世界电信和信息社会日宣传活动在大成广场开展，图为工作人员为群众宣传"三电"设施保护常识（孙茜摄）

幅降低中小企业专线资费，提高人民群众享受数字红利的获得感。打击信息诈骗，让信息消费更加安心。

联合网络通信

【公司业绩】 2018年中国联合网络通信集团有限公司璧山分公司预算收入完成5488万元，同比增长6.9%，其中移网增长6.5%，固网增长8.6%。2018年绩效排名同类分公司第一名，2017年绩效同组第四，较2016年同类倒数第一改善明显。分公司收入及员工收入双增长，分公司收入（含下沉）增长13.3%，超行业8.6%，员工收入增长25%。运维线降本增效成效明显，运维成本较预算压降222万元。存量网格过程和部分网格结果指标改善明显，存量各项过程指标同组前列，政企网格收入保有率84.8%，街镇网格82.3%，达到同组领先水平。街镇网格业绩提升明显，收入与毛利双增长，全市9个网格之一。政企网格收入增长好，合同签约金额超700万元，政企基础业务收入增长向好，新大正智能大厦、机电校云桌面等项目签约，储备超千万元项目商机。

城乡建设

城乡规划

【城市总体规划局部修改】 《璧山城市总体规划（2013年编制）》（2018年局部修改）于2018年11月获市政府批准。该规划保障了璧山区在“智博会”签约项目及近期重大产业项目急迫的用地需求。同步开展区国土空间规划编制工作，形成规划大纲。

【控规及专项规划编制】 璧山高新区站前片区控规、六旗乐园片区控规修编、御湖新区控规修编、绿岛新区南部片区控规研究、璧山高新区拓展区道路专项规划等5个控规及专项规划获区政府批准，实现中心城区控规全覆盖，保障棕树水库、东林大道南延线、儿童公园周边区域、“比亚迪”电池生产和云巴等项目顺利实施。开展控规局部调整维护43次，涉及建设用地面积约0.93平方千米，保障区新中医院、征地拆迁群众定向经济适用房、民国街、御湖片区酒店等项目及时落地。完成广普镇大石塔村历史文化名村保护规划编制和大路街道龙门溪大桥修缮方案。

【“多规合一”编制】 根据规划、国土、林业、水务、市政等多个部门规划数据，梳理空间冲突，协调处置方式，形成“多规合一”成果并通过市级部门验收，整理秀湖国家湿地公园、缙云山国家自然保护区等8个自然保护地范围，保证建设空间不与生态空间冲突，为城镇发展预留弹性空间。

【村规划编制】 开展大路街道、大兴镇等5个“五沿村”的“村建设规划”编制工作，确保乡村建设发展有目标、重要建设项目有安排、生态环境有管控、自然景观和文化遗产有保护、农村人居环境改善有措施。开展璧山区广普镇大石塔村历史文化名村保护规划编制工作，通过市级部门及专家的评审。

【城乡规划管理】 全区核发用地规划许可面积218.54万平方米，核发工程规划许可总建筑面积585.53万平方米，完成规划方案审批总建筑面积105.92万平方米，完成竣工规划核实总建筑面积161.76万平方米。2018年，全区共立案查处违法建设案件489件，建筑面积17.44万平方米。其中，违法建筑447件，面积5.57万平方米；违法建设行为42件，面积11.87万平方米。持续开展违法建筑专项整治工作，印发《重庆市璧山区违法建筑整治工作指挥部巡查管理规程》《在建（新增）违法建筑处置流程》《在建违法建筑有奖举报办法》，规范新增违法建筑从发现、报告、监管到拆除的快速处置流程。共消除新增违法建筑0.49万平方米；整治存量违法建筑26.54万平方米。

【测绘工作】 开展城市拓展区200平方千米1:2000地形图测绘、大路街道和七塘镇1:2000地形图测绘工作，为新一轮总规编制提供基础支撑。

【其他工作】 拓展“璧山区综合数据库”功能模块，包含基本地图数据库、现状地表数据库、综合发展数据库、城市运行数据库、规划成果数据库和规划管理数据库，实现全区空间范围规划“一张图”管理，实现市区两级、全区各部门各单位之间的数据共享交换，为区委、区政府决策提供规划数据支撑。“规划定位APP”运用覆盖全区所有镇街，为规划、建设、管理提供现实性强、精确度高的基础地理信息服务。强化“地下管线综合数据库”动态更新工作，实现管线验收数据每年6月底和12月底前入库。推进规划管理电子政务平台建设及

秀湖汽车露营公园新建海绵停车场（2018年5月，谢捷摄）

应用，将规划管理信息系统延伸到镇街，规范镇街规划网上行政审批，为广大群众提供了规范、高效的政务服务。完成地理国情数据库、村镇规划信息数据库、区县建筑物信息的更新工作。

城市建设

【概况】 围绕区委"三区一美"总体工作部署，推进生态停车场建设，海绵城市建设项目逐步落地，重大基础设施建设工作进展顺利，城市道路和城市排水管网建设持续开展，排水管网普查工作进入实质性工作阶段，完成整治方案编制并启动智慧排水系统平台及物联网建设，完成棚户区改造项目。行政审批流程优化，审批效能有效提升，推动城市建设持续健康发展。

【重点工程建设】 海绵城市建设工作。2016—2018年海绵城市试点建设在2018年调整规划后实施区域面积为8.28平方千米，截至年底累计完成投资7.59亿元，完工面积8.28平方千米，完工项目60个。

其他基础设施建设。完成城市雨水管网建设项目8个，建设长度8.105千米，完成城市污水管网建设项目9个，建设长度12.12千米。城市排水管网普查工作全面实施，完成全区排水管网普查1364千米，其中完成隐患排查10.8千米。协调市级相关部门完成金凤隧道立项、规划、建设等工程审批手续，启动征地拆迁前期工作，推动项目顺利实施。

【城市道路建设】 2018年，市住房和城乡建委下达璧山城市道路建设目标任务项目9个，总里程10.28千米，总投资21146万元，主要由璧山高新区管委会、绿岛新区管委会、区交委实施。实际完成建设项目9个，建设长度10.28千米，总投资22845万元，完成目标任务。推进轨道交通1号线尖顶坡至璧山延伸段道路工程建设，完成征地拆迁和土地交付使用，隧道全面贯通，完成道路高架桩基、承台、墩台等工程，完成率96%，达到预期进度。

金科中央公园旁新建的生态停车场（2018年5月摄，璧山报社供图）

【生态停车场建设】 完成枫香湖儿童公园1、2、3号生态停车场、四通生态停车场、八塘镇生态停车场等9个生态停车场建设，完成投资约2800万元，新增停车位1257个。

【建设审查与审批】 办理初步设计审批项目58个，施工图审查备案117件，直接发包项目82个，房屋建筑工程监理合同备案项目62个，国有房屋建筑及市政项目合同备案60个。建设工程四方责任单位人员备案100项，施工许可证103个项目，总建筑面积346.9万平方米，其中房地产开发项目78个，建筑面积250.1万平方米，同比增加63.8%。竣工验收备案登记83个，建筑面积198.26万平方米，同比减少8.72%，其中房地产开发竣工备案登记48个，建筑面积114.61万平方米。完成施工许可阶段审批86个（其中施工图审查备案并联50个，施工许可并联36个），竣工验收阶段审批13个，为营造璧山良好营商环境提供优质服务。精简企业和群众办事提交材料数量35项，精简前117项材料，精简后82项材料，精简率30%。

【建设工程质量监管】 对全区在建报监项目的工程实体质量和责任主体方质量行为实施监督。共监督工程项目144项，建筑面积659.2万平方米，比上年上升46.2%，其中市政项目11项，工程造价15.8亿元；竣工工程111项，建筑面积240.6万平方米，比上年上升12.4%，其中竣工市政项目10项，造价1.5亿元。施工企业诚信评价打分481项次，比上年上升42.7%。受理各类质量投诉、来信来访等91件，比上年上升33.8%。举办重庆市新渝建竣（璧山站）宣贯培训班，在璧从业人员300余人参加培训。组织专业技术培训学习21次，累计538人次参加。

【城乡建设纠纷调处】 逐项梳理历年来未办理完建设相关手续的具体原因，分类提出解决办法，推进全区75个建设项目历史遗留问题解决。全年办理涉及房屋开发建设、质量投诉、D级危房、拖欠工程款、劳务纠纷等信访投诉件209件。强化社会治安综合治理，确保行业平稳健康发展。未发生一例到京非正常上访、集访事件，做到“件件有落实，事事有着落”。市重点督办的房地产开发建设信访突出问题“璧山绿城·上岛项目”处于稳控中，8月进入破产程序。

【房地产市场建设】 全区房地产开发企业总数70家，同比增加28%。辖区内在建房地产开发项目47个，同比增加25%。完成房地产开发投资71.8亿元，同比上升4%。房屋新开工面积89.4万平方米，同比增加18.6%。房屋竣工面积59.9万平方米，同比上升4.2%。销售商品房185.5万平方米，同比上升5%。

【棚户区改造建设】 完成璧城街道新堰片区、马家桥片区、双龙片区、三角片区2494户、26.69万平方米棚户区改造项目，完成投资26.89亿元。启动来凤丝厂片区258户、1.42万平方米棚户区改造项目。

村镇建设

【概况】 围绕脱贫攻坚工作，按照应改尽改的总体要求，做好农村四类重点对象危房改造工作，消除困难群众存量危房，确保住房安全得到保障。推进市级特色小镇建设，实施九永高速沿线农房风貌改造，做好公共照明示范村庄建设，稳步改善农村人居环境。实现村庄环境更加生态宜居。

【特色小镇建设】 以福禄镇柑橘文化为核心，打造市级特色小镇。投入900余万元用于开展福禄镇桔园街街区环境综合整治，内容包含桔园街片区20余栋居民楼的风貌整治及污水管网改造，新建沿河步道200米、公园及运动场一座，将原广场改造为具有福禄特色的休闲文化广场。

农民新村与成片的稻田相映成趣(2018年8月摄,璧山报社供图)

【农村人居环境改造】 风貌改造以"灰墙、青瓦、坡屋面"为基本格调,按照川东民居总体要求对九永高速沿线的土坯房和下道口农房进行风貌改造,共完成丁家、来凤、健龙、三合共4个镇街406户农房改造。投资640万元创建正兴镇金堂村、河堰村、沙塝村三个市级美丽宜居示范村庄。创建市级绿色示范村庄14个,创建美丽庭院626户。开展村庄亮化工程,投入308万元安装农村公共照明路灯或庭院灯2400盏。

【农村危旧房改造】 按照统筹安排、突出重点、合理布局、全面预防的原则,对全区农户住房开展拉网式排查,确保不留死角、不漏一户。开展农村危房鉴定1.2万余户,改造农村四类重点对象危房2485户,完成农村"四类人员"危房改造任务。

城市管理

【概况】 2018年,是城市管理执法体制改革后的第一年。璧山城市管理工作对标对表市委市府"精细化、智能化、人性化"和"大城细管、大城智管、大城众管"要求,把人民群众满意作为工作的出发点、落脚点,推进城市综合管理提升行动,城市面貌持续改善,城市品质稳步提升。

【市政基础设施维护管理】 一是开展冬季大清除和城市双修(即生态修复、城市修补),内外兼修。加强人行道、车行道的维护、健身步道建设,共修补人行道16581平方米,日常维修混凝土C30路面10511平方米,路沿石3035米,新建树圈池3500个,维修车行道路面20720平方米,确保路面平整、无明显坑槽、沉陷、碎裂,市政设施完好率达98%以上。二是升级改造,品质提升。在红宇桥两岸将原有挡土墙撤出一部分修建一条贯通沿河路步行道人行通道,方便市民通行;疏浚维护金剑路下穿道的排水管网和污水池,累计清掏疏浚下穿道排水管网150米,检查井6座,进水口8个,更换潜水泵2个;加强井、水箅子管理

城区每天有10余艘清漂船在各个水域清理漂浮物，确保城区水域洁净。图为2018年6月13日，清漂船在秀湖清漂（璧山报社供图）

璧山生活垃圾填埋场每日处理垃圾450吨（2018年7月摄，璧山报社供图）

维护，共更换检查井192套、水箅子593套，确保行人、车辆出行安全。三是强化桥梁安全智能监管。实行责任分工，每天对桥隧安全情况进行巡查，每5天将巡查情况登记录入《桥隧信息管理系统》。对城区10座桥梁（铁山桥、永嘉桥、文风桥、文星桥、红宇桥、大东门桥、彩虹桥、双星桥、小东门桥、安川桥）及金剑路下穿道进行安全性检测，检测评估率100%。其中文星桥处于不合格状态，立即制定文星桥隐患整治方案，在桥头设置了限重标识并实施整改，确保结构设施病害整治率达到100%。

【环境卫生管理】 一是加强城市道路保洁。采用精细化、机械化管理模式对935万平方米道路进行清扫保洁，城区环卫机械化作业率达95%以上，“以克论净，深度清洁”，成为公认的干净城市。二是强化水域清漂管理。与15个镇街签订《重庆市城市水域环境卫生管理责任书》，制定河道清漂长效监管办法、河道安全管理制度、河道设施安全巡查制度，有序推进城区清漂工作。新购机动清漂船3艘，新建清漂码头3个，进一步充实清漂硬件设施设备。现有清漂船20艘，清漂码头10个，清漂人员72名，全年清漂垃圾300余吨。三是生活垃圾分类积极推进。机关事业单位推行垃圾强制分类，居民户实行引导性分类。在璧泉街道、璧城街道选点四个居民小区，推进分类制度和体系的建立，在试点小区配备四分法智能分类箱，以分类换取积分的形式引导居民开展垃圾分类。四是餐厨垃圾收运效果明显。与全区2600余个餐饮单位签订餐厨垃圾收运处理协议，发放餐厨垃圾桶4400余个，每天餐厨垃圾收运处置量达100余吨。其中，城区餐厨垃圾收运覆盖率达100%，镇街餐厨垃圾收运覆盖率占95%以上。五是农村生活垃圾治理成效突出。按照“村归、镇街集、区运输、区处理”的收运模式，农村生活垃圾有效治理的村（社区）比例达100%，有效治理覆盖人口比例100%，农村生活垃圾处置率100%。

【城市照明设施建设】 一是持续保持楼宇灯饰景观照明效果。新建楼宇全部推进景观照明“三同时”，全年审批验收社会单位配套灯饰建设项目21件，共39幢楼宇，实施景观照明楼宇达到787幢。二是新建改造路灯901盏，主次干道装灯率100%，其中新建改造LED绿色照明路灯116盏。三是严格道路照明设施维护管理工作，全年维修路灯6500余盏次，检修更换老化、损坏电缆6000余米，更换、补充破损井盖200余个，更换空开300余个、交流接触器20余个，消除火灾安全隐患，确保管辖区内15000余盏路灯亮灯率和设施完好率均达到99%以上。四是升级改造路灯灯饰智能监控中心，更换前台工作站和后台服务器，实施移动控制APP与照明监控系统有效对接，保证系统运行的流畅性，城区智能化控制覆盖率达90%以上。

【城市管理综合执法】 一是维护井然有序的公共秩序，采取分时段、分区域的方式先后开展骑门摊、游摊、违规搭建、乱堆乱放等集中整治183次，劝导整改3672件；开展用废旧物品占用公共停车位和车辆违规停放集中整治156次、车身广告整治20起，规劝处罚1022件。二是开展五个专项工作。开展户外广告和店招店牌专项整治，拆除违规广告208起1040平方米，LED游走字幕显示屏11起、违规设置店招57起，清理城区“牛皮癣”8136起，备案店招牌1635起，收费50963元，合规率98.7%；开展建筑工地渣土密闭运输专项整治，检查8615次，处罚200起，罚没金额32.52万元；开展餐厨垃圾收运专项整治，共检查1808家餐馆（食堂），暂扣非法运送餐厨垃圾车辆15辆；开展扫黑除恶专项斗争，先后开展涉黑涉恶线索摸排26次，排查涉黑涉恶线索1个，受理区扫黑办转发的涉黑涉恶线索1条；持续开展乱点专项整治，每月联合工商、交巡警等相关部门对城区车身广告进行3~4次综合整治，配合规划

城乡建委监控室远程监控全区所有的“智慧工地”（2018年7月摄，壁山报社供图）

局持续对违规占用绿地行为进行综合整治，对公园内违规经营等行为进行综合整治。

【智慧城市管理】 依托新兴智慧城管系统对城市进行科学管理，按照“区域网格化、管理精细化、工作效能化、标准规范化”工作思路，着力提升城市管理服务品质。全年共受理各类城市管理问题信息21347件，立案21144件，立案率99%，结案21012件，结案率99.4%，群众满意度100%。划分438个单元网格，覆盖24.4平方千米，纳入智慧城市管理一类责任单位22家，二类责任单位11家。将视频监控向背街小巷、公园、城乡接合部等监管区域延伸，共享202个点位，避免监管盲区。接入城乡建委视频监控，实时掌握在建施工工地违规影像资料，基本实现对施工工地现场的信息化、影像化管理。不断完善“城管通”“处置通”“更新通”等功能应用，提升智能化、高效化、科学化管理。视频上报2050件，处置2050件，处置率100%。打造“线上无休，线下无缝”的“互联网+热线服务”模式，开展12319民生服务和网络舆情系统的标准化办理，推进民生服务便捷化，全方位构建“问题时时问、咨询时时听、业务时时办”的智慧城市管理服务，共受理各类民生诉求325件，处置325件，按期结案率100%，群众满意度100%。

【垃圾处置费征收】 定期组织相关法律法规、财务票据管理制度、礼仪等学习培训，逐步提高征收人员的业务和个人素质。通过催缴、行政处罚、法院诉讼、强制执行等程序手段，对拒不缴纳垃圾处置费的单位和个人进行强制执行，确保征收工作的严肃性，征收效果提升明显。共计征收垃圾处置费1895.51万元，超额完成年度目标任务。

【管理创新】 创新“马路办公——千里眼”工作

法，将“马路办公”搭上“微信群”便捷、互动、无纸化的快捷之车，建立“收集—派发—整改—反馈—评价”闭环处置模式，超越8小时工作制界限，自6月开始建立，共发现城市管理问题3380件，整改问题3167件，整改率93.7%。建立“项目秘书制”工作法，践行“放管服”改革，采用“一对一”对应联系方式，落实“马路办公、马上就办、办就办好”工作要求，践行“五个一”工作机制，即一个项目、一名领导、一套班子、一个标准、一抓到底项目工作机制，打造群众满意、上级满意、业主满意的优质高效营商环境和“清”“亲”新型政商关系，自11月1日开始实施，为群众服务各种项目30件，办事单位均反应办理项目更加高效，办事效率更加高效，办理服务更加贴心。

勘察设计

【概况】 全区有勘察企业30家（外地企业12家）、设计企业53家（外地企业23家）。办理施工图审查备案122件，总面积562.8万平方米（施工图变更、幕墙工程、市政道路桥梁工程等未计入面积），地勘外业登记140个项目。

【市场管理】 加大“一金三制”管理，8月开始推行农民工网络管理系统，重点整治拖欠农民工工资事件，拖欠农民工工资事件数普遍下降。加大违法建设查处力度，对建设单位未批先建项目一律先处罚后办理施工许可证，增大违法建设的违法成本。开展建设行业职业资格证书“挂证”专项整治工作，分别在区住房城乡建委职工及在璧注册的建筑企业开展自查，针对证书、社保不一等现象进行专项整治，对“挂证”建造师注销56人。

建筑业

【概况】 建筑业平稳发展，建设工程管理工作提质增效明显。强化项目招投标监管，制定发布《重庆市璧山区国有房屋建筑及市政工程项目现场三方日志实施办法（试行）》《重庆市璧山区国有房屋建筑及市政工程项目施工招标文件编制质量的指导意见》，规范招标文件的编制及标后项目现场的监管。系统有序抓好建筑安全生产工作，扬尘治理取得进步，城建档案管理规范有序。

【建筑执业教育】 组织五大员继续教育2次，共计1350人，焊工培训16人，全部通过继续教育或考试并取得岗位执业证书。一级、二级建造师通过市建委初始注册109人、变更注册47人、注销注册35人，建造师均取得执业资格证书。

【建筑节能建设】 全年通过能效测评单位工程91个（其中公建15个，居建76个），公建面积25万平方米，居建75万平方米，能效测评合格率100%。推动绿色建筑发展成果显著。强制执行公共建筑绿色建筑标准项目6个，建筑面积约25.5万平方米；推动居住建筑绿色建筑项目31个，建筑面积约396.3万平方米（金级21.7万平方米），新建民用建筑绿色建筑比例80.7%。

【建筑工程招投标管理】 招标项目59个，涉及金额17.5亿。其中儿童公园及配套工程项目、轨道换乘枢纽及连接道路工程定向经济适用房建设项目属重大民生工程。中国铁建·东林道一期工程（A）、中国铁建·东林道一期工程（B）为央企大型房地产开发项目。审核工程量增加项目14个，增加工程量金额1075.87万元，减少工程量金额13万元。处理提供虚假业绩参与投标企业三家。制定《重庆市璧山区政府投资项目管理办法（试行）》《关于进一步加强国有工程建设项目招投标监督管理工作的通知》《璧山区限额以下国有投资工程建设项目备选承包商随机抽取管理办法》等相关制度。

【工程监理】 办理房屋建筑工程监理合同备案项目62个。参与监理合同备案监理单位25个，项目总监62个，主监86个，辅监39个，监理员107个。其中国有投资项目16个，社会投资项目46个。

【工程质量检测】 依据有关法律法规和工程建设强制性标准，对全区在建报监项目的工程实体质量和责任主体方质量进行工程检测。共巡查检查849次，委托第三方监督检测267次，下发整改通知书66份，项目经理违法违规行为累计计分128分。

【建筑材料质量检测】 检测部门按照《实验室资质认定评审准则》《质量手册》《程序文件》开展工作，组织“实验室内部质量监督”“内部审核”和“管理评审”，对全区监管的在建工程各种建筑材料及构配件进行质量检测。完成材料力学性能检测、主体结构实体检测等报告85145份，包括：混凝土保护层厚度等主体结构实体检测162份，钢筋焊接、机械连接、混凝土抗压强度等材料力学性能检测84983份。与去年总量相比，检测报告数量增加107.7%。

【预拌砼行业】 辖区内共有4家混凝土生产企业，预拌混凝土生产257万立方米，同比增加76万立方米，增幅42%。企业生产总值11.06亿元，同比增加5.74亿元，增幅108%。企业创税7515万元，同比增加4008万元，增幅114%。企业净利润1.38亿元，同比增加6240万元，增幅82.4%。

【建筑安全生产管理】 全年监督项目181个（含市政项目9个，轨道项目2个），建筑面积622万平方米，总造价88亿元。土石方工程扬尘备案监管项目44个，建筑起重机械设备备案77台，安装告知300台，使用登记252台。召开全区性安全生产会议5次，制定转发文件52份，发送预警信息86条，创建“智慧工地”项目8个，巩固和创建扬尘示范工地10个。实地检查施工现场1086个次，查纠问题隐患2674项，对13个超过一定规模的危大工程跟踪销号，对30名管理人员进行扣分，实施简易处罚96起，立案查处33件，累计收缴罚款133.25万元。全年累计发生1起亡人生产安全事故，死亡1人，同比下降50%。

【工程档案】 10月，重庆市璧山区城乡建设档案馆新馆（原文体广场1号楼）投入使用，面积1473平方米。新馆配置细水雾消防、低温杀毒、精密空调等现代化管理设施设备。培训城建档案从业人员300余人，启用新的数据采集标准和技术用表。推进城市管线档案验收移交，工程档案专项验收纳入建设工程项目联合验收，使用一体化平台电子档案著录审核，开展项目档案集中交底，规避廉政风险。完成9.6万卷库存档案的基础信息采集，指导147个单位工程，提出整改意见160份，专项验收84个，接收进馆档案95个8860卷，电子光盘100张，照片165册。提供利用档案457个、工程603卷、596人次，产生社会效益1300余万元。

【建筑业企业管理】 全区有108家民营建筑企业。其中一级建筑工程施工总承包资质3家，一级建筑装修装饰专业承包1家，二级建筑工程施工总承包8家，二级专业承包16家，三级建筑工程施工总承包30家，三级专业承包企业16家，不分等级企业34家（其中预拌混凝土企业4家）。按资质行业分，涉及建筑施工的企业44家，涉及装饰装修16家，涉及交通建设2家，涉及水务建设1家，只从事劳务的30家。建筑行业从业人员约3.69万人，建筑企业总产值约68亿元，其中总承包产值超亿元的企业9家。全年共审批新办建筑企业资质8家、增项2家、上报市建委审批3家。

商贸流通

综　述

【概况】 2018年，全区进出口总额23.55亿元，同比增长27.45%；实际利用外资1.93亿美元，同比增长27.52%；实际利用内资15.8亿元、同比增长11%；社会消费品零售总额156.1亿元，同比增长12.4%。批发和零售业商品销售总额同比增长18.7%。

【商贸重点项目及环秀湖商圈建设】 环秀湖商圈位于璧山绿岛新区核心区，环秀湖公园而建，占地4500亩，建筑面积450万平方米，其中商业面积150万平方米，已建成60万平方米，年销售额32亿元。商圈包含璧山CBD、秀湖商业体、南门唐城、金科秀湖天街、红星美凯龙·渝西国际家居广场、同景商业街、秀湖鹭岛等项目。

璧山CBD 占地850亩，建筑面积160万平方米，其中商业体面积70万平方米，项目集5A写字楼、滨水商业秀水湾、五星级酒店、金融街和高端住宅社区于一体。滨水商业秀水湾商业面积

南门唐城街景（2018年6月摄，璧山报社供图）

红星美凯龙外景(2018年7月25日摄,璧山报社供图)

10万平方米,一期4.5万平方米已建成,入驻商家70%,已入驻宴尊楼、星力度健身房、爱朵儿童摄影基地、璧秀源茶楼、海南云天(餐饮)、欧希纳酒吧、谜语KTV、音乐房子。

秀湖商业体 为明清风貌仿古建筑群,位于秀湖公园内,建筑面积4.96万平方米,正南门打造1.2万平方米的渝西跨境商品直购体验城,商品涵盖跨境电子产品、日用百货、定制服饰、婴幼儿用品、时尚餐饮等,于2016年8月运营,入驻商家14家;南门唐城为仿唐代风格建筑,位于秀湖公园旁,商业面积5.4万平方米,于2016年5月28日开街,已入驻保利万和影院、儿童主题乐园、水中天老火锅等餐饮、娱乐企业100多家,入驻率75%。

红星美凯龙·渝西国际广场 占地面积110亩,总建筑面积21万平方米,致力于打造家居全功能、家庭全业态、消费全时段、购物全体验的一站式家居主题购物中心,已建成3、4号楼,商业面积3.9万平方米,A、B、C馆已开业,入驻商家208户,招商入驻率100%。

秀湖鹭岛 占地500亩,建筑面积60万平方米,其中商业面积10万平方米,已签约打造的"千年重庆"巴渝文化旅游特色街,借鉴成都"宽窄巷子"模式,采用"博物馆+商业街区"的模式,设置精品客栈区、高端餐饮区、演艺区、特色餐饮区、祠堂文化区、小吃民俗街区。

金科秀湖天街 占地约50亩,其中商业面积2.3万平方米,该项目采用现代欧式经典建筑风格,是一个集休闲、餐饮、娱乐、零售、百货为一体的购物中心。工程已完工,已签约圆缘园茶餐厅、紫荆酒楼、优选购家居等全国连锁商家。

恒大绿岛新城 占地近400亩,建筑面积100万平方米,其中商业10万平方米,一期2万平方米商业设施面积已完工,二期8万平方米商业设施面积正在建设,已签约新世纪超市、北京幸福福泉双语幼儿园、海悦会高端健身等知名商家。

俊豪中央大街　占地70亩，总建筑面积32万平方米，其中商业面积12.6万平方米，于2018年4月22日开街运营，入驻大润发超市、肯德基、乡村基、俏巴渝餐饮、梦氏健身、海上明珠影城等500余家餐饮、零售、游乐商家，2018年被评为“重庆市级夜市街区”。项目开业率达到98%，实现新增就业6000余人。从开街至年底，仅购物中心就实现营业额1.5亿元，租赁税收173万元。

零售业

【大型商场】 **砂之船奥特莱斯**　经营主体为砂之船（重庆）商业有限公司，项目位于璧泉街道牛角湾白杨路1号，于2014年1月18日试营业，营业面积7万平方米，从业人员1200人，2018年销售额4.1亿元。

重百璧山商场　经营主体为重庆百货大楼股份有限公司，位于璧山区璧城镇上海城C栋，紧邻名豪步行街、时代商都步行街，总营业面积1.9万平方米，从业人员135人，2018年销售额2.8亿元。

大润发超市　经营主体为重庆康如商贸有限公司，位于沿河西路南段88号，营业面积8700平方米，于2018年10月开业，从业人员454人，2018年销售额3000万元。

摩登时代广场　经营主体为重庆捷正经贸有限责任公司。位于金剑路496号，于2013年10月开业，营业面积4万平方米，集娱乐、美食、休闲、购物于一体，2018年销售额9200万元。

永辉超市　时代商都店位于文星路248号，营业面积4800平方米，从业人员150人，2018年销售额1.4亿元。金山水岸店位于洋河街101号，营业面积6000平方米，从业人员300人，2018年销

2018年4月14日，市民在砂之船奥特莱斯选购运动鞋（璧山报社供图）

售额9000万元。

新世纪百货商场 经营主体为重庆商社新世纪百货连锁经营有限公司，位于重庆市璧山区向阳街196号，于2006年12月22日开业，经营面积11957平方米，从业人员92人，2018年销售额2000万元。

渝西跨境商品直购体验城 经营主体为重庆帕萨庭娜网络科技有限公司，位于秀湖公园正南门，商业面积1.2万平方米，商品涵盖跨境电子产品、日用百货、定制服饰、婴幼儿用品、时尚餐饮等，于2016年8月营业，入驻商家14家，2018年销售额1900万元。

【专业市场】 **家具交易市场** 全友家居专营店位于金剑路时代雅苑2楼（新体育中心旁），营业面积4000平方米，从业人员12人；金三角家具市场占地面积37万平方米，营业面积2.5万平方米，从业者180人；红星美凯龙·渝西国际广场项目位于重庆市璧山区黛山大道555号，总建筑面积21万平方米，计划总投资10亿元，分三期进行施工建设，其中，一期开工建设面积4万平方米，包括3、4号楼，一期商业B、C馆于6月30日试运营，A馆于11月24日营业；二期百货、超市、影院、办公等商业业态项目进行方案报规报建，二期设计方案中商业的计容建筑面积为95898.97平方米；未开建的三期住宅块面积约10万平方米。

建材市场 璧山区建材市场有商家890家，总经营面积7.5万平方米，经营方式以零售为主。大型建材市场有光大建材市场、大宏鼎建材市场和瀛嘉天下家具建材城。大宏鼎家居建材市场由璧山大宏鼎商贸有限公司投资打造，位于璧青大道与福顺大道交汇处，于2015年1月1日开业，项目经营面积4.5万平方米，拥有车位300余个，汇集璧山高中端建材家居经营户200余户，装饰公司10余家。光大建材市场位于璧永路93-3号，营业面积7000平方米，固定摊位360个。瀛嘉天下家居建材城面积近13万平方米，分为A、B、C三个区域，其中A区为瀛嘉天下绿岛天地组团，面积约2.2万平方米；B区为瀛嘉天下帝逸城和水岸国际两个组团，总建筑面积约7万平方米；C区为南河郦景商业片区，已入驻建材家居商家逾110家。

家电交易市场 璧山区经营家用电器商家有45家，总经营面积1.2万平方米，主要分布在金剑路、金三角，经营方式为零售。主要家电商家有苏宁电器、国美电器和重百电器。苏宁电器位于璧城街道金剑路18号，营业面积3000平方米，从业人员110人。国美电器位于文星路上海城A栋，营业面积2229平方米，从业人员50人。重百电器位于文星路57号，营业面积4166平方米，从业人员120人。

璧山鲜活农产品中转站 是公共财政全额投资建设的具有公益性、产业扶持性的蔬菜、水果批发市场，主要职能是解决城区存在的以路为市、交通拥堵等突出问题，为蔬果生产基地提供一个对外交易平台和窗口。中转站设经营摊位106个，经营面积约6000平方米，分为A、B、C、D四个区，主要经营蔬菜和水果，A、B区为蔬菜批发经营，C区为水果批发，D区为蔬菜基地菜农直销的零担摊区。实行365天24小时营业，接纳固定蔬菜水果批发大户78户（其中水果经营户25户），每天接纳零散果蔬批发交易经营户300余户。

奥康皮鞋交易市场 奥康皮鞋交易市场位于璧泉街道奥康大道8号，经营品种主要为鞋材制品。项目营业面积8万平方米，仓储面积2.5万平方米，固定摊位550个，从业人员1500人。

餐饮业

【概况】 全区住宿和餐饮业营业收入同比增长16.3%。餐饮市场总营业面积8万平方米，规模以上商家有635家。璧山特色美食有大刀烧白、来凤鱼、水八碗、璧山财兔、璧山唐兔等；餐饮名店有大江龙餐饮、锦宏居大酒店、虹源大饭店等；形成规模的餐饮一条街有红宇大道美食街、远林美食街、东林大道美食街、瀛嘉天下美食街、沿河路冷酒一条街、南门唐城美食街等。

【特色酒店】 **天赐华汤森林温泉度假酒店** 位于璧山区温泉路8号，按国际五星级标准兴建，是集温泉养生、商务会议、住宿餐饮、旅游度假、休闲娱乐功能为一体的超大型、综合性森林温泉旅游度假中心。

民生酒店 位于璧山区青杠街道白云大道978号，是民生能源集团投资近5亿元打造的五星级国际度假酒店，集会议会展、餐饮娱乐、休闲度假、温泉养生等功能于一体。

海来汇景度假酒店 位于璧山区来凤街道影视摄影基地内，酒店拥有上百亩大型运动草坪、欧式教堂、景观温室大棚、林下养殖基地，重点打造以户外浪漫主题婚庆、高端本源养生、绿色餐饮及休闲观光旅游为主的养生度假、婚庆主题酒店。

生态农家乐 主要聚集在青龙湖和水天池。林园宾馆是一家依附于青龙湖的四星级农家乐，集住宿、餐饮、会议、娱乐为一体，特色菜品有秘制腊猪蹄、烧烤全鸡全羊全兔等。赖豆花是水天池畔最早开设的农家乐，也是璧山第一家以做豆花闻名的农家乐。

供销社

【概况】 2018年，区供销社认真学习贯彻习近平新时代中国特色社会主义思想和党的十九大精神，紧紧围绕乡村振兴战略部署，坚持为农服务主线，全面深入推进综合改革，为农服务范围和能力不断提升，销售总额突破28.2亿元，同比增长26.8%，其他主要经济指标均比上年有所增长，荣获市供销总社2018年度综合业绩考核二等奖。

【基层组织体系建设】 年内通过资产整合、产权联合、业务重组、优化布局，投入经费400万元，改造基层社6个（其中培育璧泉、河边、七塘等基层社示范社3个），参股新建村级综合服务社25个，新发展农民合作社10个（其中股份合作社5个），累计发展367家；新培育市级示范社1个，开展农产品规范认证2个，实现经营收入7.1亿元，同比增长10%；区农民合作社服务中心为辖区55家农民合作社提供财务、政务、金融、业务、事务、农技、商务等各类公益和市场化服务。

【社会化系列服务】 一是狠抓农资服务。新改建农资配送中心1个，淡储农资近1.2万吨，组织供应各种化肥农药1.3万余吨，推广销售"两杂"及优质蔬菜种子60余万元，农资销售额2.1亿元，农资市场占有率70%。全系统56个农资加盟店在春耕期间进村入户送肥送药到田间地头，区农资公司在河边镇盐井村和大兴镇石鼻村开展新产品试验示范，推广面积2万余亩，15家农资"庄稼医院"积极开展为农服务，提升农技水平。全年组织开展农技下乡和科学用药、用肥培训15场次计1200余人次，印发农资科技宣传资料20000余份，宣传推广使用"双低"农药和生物有机肥料，向农户传授种植施肥方法、病虫害防治等农技（资）环保知识并开展信息咨询，努力提供产前、产中、产后服务。二是强化再生资源回收利用。依托区物资回收公司130多个废品回收站点，收购废旧物资3.1万余吨，其中报废汽车1150余辆。再生资源回收量占全区75%以上，再生资源销售额达到2.6亿元。三是开展农超对接、农社对接。完成农副产品销售额12.84亿元，同比增长25%。依托重庆供禾电商公司打造电商服务平台，为农民提供线上线下服务，实现农产品电商销售额9980万元，同比增长15%。四是开展农村生态环境废弃物治理服务。先后5次专题研究新型环保农膜推广使用、农药废弃包装物及废弃农膜回收与处置实施工作，年内推广销售新型环保农膜6吨，回收废弃农膜25吨、农药包装废弃物6万余个（瓶），有效降低废弃农膜对我区农业、农村生态环境造成的影响。

【“三社”融合发展】 依托区兴合供销社集团公司搭建本级融资平台，完成资产重组及评估工作，与市农信集团公司开展合作，先后3次对辖区农民专业合作社进行调研，了解农民专业合作社贷款需求，协助辖区农民专业合作社通过区兴合供销社集团公司、市农信集团公司信用贷款360万元，缓解部分企业和农民合作社融资难。

【安全、信访稳定及精准扶贫工作】 年内召开18次安全隐患排查安全工作例会，检查安全工作68人次；接待信访人员70人次，化解矛盾纠纷23起，有效杜绝信访人员越级上访。区供销社机关干部结对帮扶七塘镇四合村、盐店村11名贫困户，年内开展入户走访6次，调查了解他们的生产生活情况、住房及家庭收支情况，并发放宣传资料、开展现场咨询等积极宣传党的扶贫政策。认真开展帮扶慰问活动，为贫困户送去化肥、农药、粮油、衣物等农资、生活用物资，累计安排使用扶贫资金1万余元。

盐 业

【概 况】 食盐销售1235.43吨，比计划少销850.57吨。多品种盐销售329.54吨，比计划少销87.46吨。行业用盐和小工业用盐销售1459.2吨，比计划多销476.7吨。

【盐务管理】 在“3·15”消费者权益保护日和“5·15”消除碘缺乏日分别开展宣传活动，介绍合格碘盐、宣传食盐安全知识，增强市民自觉抵制假冒劣质盐的思想意识。8月、11月—12月辖区先后集中开展专项行动检查2次。在食盐专营秋季执法检查中，制定《主城公司2018年食盐专营秋季执法方案》。北碚、璧山单元以检查市内外盐企物流配送商、农贸市场餐饮盐主要供应商为重点，主城城区以商超、农贸市场餐饮供应商为重点。参与市场检查人员26人次，执法车辆6台次，检查学校15所、食堂17个、餐饮80家、农贸市场12个、超市101家，提高市民食盐安全意识，促进市场秩序稳定。

特种商品流通

【成品油】 全区有42家成品油加油站。其中，中石油璧山经营部14家，中石化6家，壳牌加油站3家，龙禹3家，民营加油站14家，其他企业2家。35家经营状况良好，2家因地埋、油罐改造原因暂停营业，5家因城市建设需要停业关闭，等待迁建。全年成品油销售13.80万吨，其中汽油8.19万吨，柴油5.61万吨。

【液化石油气】 原有充装站3个，零售经营户75家，经过经营户共同协商，将75家零售经营户整合为25家。全年共销售液化气960吨，经营户使用《液化气安全使用标签》3.49万张。

【再生资源】 全区备案废旧物资回收企业和经营户242家，2018年新增备案22家。9月，商务部门取消对再生资源企业进行备案登记。2018年对全区废旧物资回收企业检查43次，限期整改7家。

【典当行业】 辖区有典当行业2家。重庆裕隆典当有限责任公司，成立于2005年，注册资本500万元，2018年业务2笔，上缴税金0.34万元。重庆金竹典当有限公司，成立于2016年，注册资本2500万元，2018年业务23笔，上缴税金24.5万元。

【散装水泥】 全年共销售散装水泥257.2万吨，由于散装水泥的广泛推广和运用，全区从2014年以后即未收取散装水泥基金。

【报废汽车更新】 全区有报废汽车拆解企业2家，全年报废机动车2157辆。

【二手汽车】 2017年璧山恒光二手车交易市场共计销售二手车2913辆，交易额7766.6万元。

【酒类管理】 取消酒类流通备案登记制度，严格执行《酒类流通随附单》制度，发放《随附单》3336本。

粮油购销

【粮食应急保供】 与10家粮油保供企业签订保供协议，储备25万元应急食品、25万元应急物资。按照"每个街镇至少布局一个，中心街镇每3万人布局一个"的原则，在全区布局31个粮食应急供应网点、1个应急加工企业。

【粮食市场管理】 全年开展粮食夏（秋）收购检查、粮食库存检查、"转圈粮"专项整治、粮食企业粉尘防爆专项整治和粮食"四无"检查评定等工作，粮食市场秩序良好。

【粮食安全管理】 开展粮油科技周、世界粮食日等活动，累计发放宣传单1万份。5万吨粮库建设工作稳步推进。

物流业

【概况】 全区有物流公司37家，托运公司12家，在建物流项目有普洛斯重庆璧山物流园、大路现代物流园、丰树璧山物流平台和璧山"企业天地"区域电商分拨中心。提供一体服务的综合物流公司2家（重庆世开物流股份有限公司和重庆直通宏业物流中心有限公司），提供配送服务的快递公司9家（申通、顺丰等），提供运输服务的货运物流公司26家。物流企业仓储总面积约5.4万平方米，大部分物流企业仓储面积在100~500平方米之间，少部分不足100平方米甚至没有仓储设施。全区有货运车辆5002辆，其中物流企业车辆610辆，占全区货运车辆的12.2%；物流从业人员735人，其中快递人员200人，运输人员500人，其他人员35人。

普洛斯重庆璧山物流园 位于璧泉街道双星大道8号（璧山高新区工业园内），由重庆普璧仓储设施有限公司投资建设。该项目总建设面积18.7万平方米，计划总投资2.83亿元，分两期进行施工建设，于2016年3月动工。一期工程占地面积11.7万平方米，建筑面积6.3万平方米，包括3栋单层钢结构物流仓库和1栋四层框架结构倒班宿舍楼及附属配套设备管理用房，于2016年12月完工并开始投入使用。

大路现代物流园 位于重庆璧山渝遂高速公路大路道口片区，重庆大路物流有限公司投资建设。项目总用地面积13.3万平方米，总投资约5亿元，其中商业规划用地面积4.3万平方米，加油站规划用地面积0.5万平方米，仓储物流规划用地面积8.3万平方米。于2016年12月22日开工建设。

丰树璧山物流平台 位于重庆市璧山区璧泉街道双星大道8号，由丰聚仓储（重庆）有限公司投资建设，该项目计划用地10万平方米，建设约6万平方米的高标准厂房及物流设施，总投资1.7亿元。

璧山"企业天地"区域电商分拨中心 由重庆优地工业地产发展有限公司投资建设。该项目拟建建筑面积24万平方米，总投资5亿元，一期启动1万平方米，后续建设2万平方米，申通快递、圆通快递、天天快递、百世汇通、中通快递、邮政快递等6家快递物流企业入驻公共配送中心，建成公共取送点50个。快递投送量1400万件，同比增长45%。

电子商务

【概况】 全区电子商务经营主体数量540个，同比增长18%,其中平台企业20个,企业网店320个,个人网店200个。年销售额千万以上电商企业12家。有电子商务从业人员2680余人,物流从业人员1700余人。网络零售额7.1亿元,同比增长32%。

【电子商务集聚区】 围绕环秀湖商圈,布局渝西跨境商品直购体验城、红星美凯龙·渝西国际广场智慧商城、璧山CBD电商创业园等3个电子商务集聚区,形成跨境日用品直购、跨境美食体验、家居线上线下体验、创新创业为一体的环秀湖电子商务商圈。

【电子商务进乡村】 引进“易田”“阿里巴巴1688”电商平台,同邮政、京东建成4个区级电子商务运营中心、163个电子商务服务点,形成区、镇、村三级服务网络,搭建“工业品下乡、农产品进城”双向流通网络。

【人才培训】 把电子商务人才培训体系纳入全区人才培训体系建设。发挥璧山区电子商务协会的作用,依托区电商公共服务中心,与阿里巴巴、易田等企业合作,通过举办初级培训、提升培训、高级培训,提高本地电商从业人员操作水平,全年开展业务培训70余次,培训人数300多人,帮助70余家璧山传统企业入驻“阿里巴巴1688”平台宣传推介,其中56家企业产生线上交易额,销售额最高的企业达350万元。举办“阿里巴巴产业节——走进璧山”活动2次。举行璧山区第二届网商交流大会,当天农产品展销交易额约13万元。

对外经济贸易

【概况】 全年璧山进出口总额235466.64万元,同比增长27.45%,居全市第14位;增长率居本考核组第6位,居全市第14位。

【进出口贸易】 依托璧山雄厚的工业产业基础,加大对外贸企业的扶持和服务力度,全年对外贸易经营权备案11家,全区共有对外贸易经营权企业282家,实际有进出口实绩企业76家,其中生产型企业63家,贸易型企业13家,基本形成以通机、汽摩整车及配件、皮鞋等工业产品出口,工业设备、笔电配件及原材料进口为主的外贸进出口格局。组织大江动力、嘉陵等龙头企业参加广交会、中韩贸易对接会、西洽会等国际国内知名展会和推介会23个。完成第二十一届“西洽会”布展参展工作,共签约项目2个,总投资28亿元;做好首届中国国际进口博览会组团参展工作,组建璧山交易分团和4个采购招商组,注册单位30家,现场完成意向采购额超7亿元。深入企业开展中美贸易摩擦调研并建立台账,召开企业座谈会和培训会8次。

【利用外资】 以提高产业聚集度,完善产业链,培育新兴支柱产业的吸引外资思路和工作重点,大力引进清洁无污染、投入产出高、税收贡献大、建设投产快的优势企业,全年新引进外资企业2家,全区外资企业达到53家。其中,装备制造企业9家,笔电配套企业27家,消费品企业8家,商贸地产企业9家。利用外资以工业为主,商贸地产领域取得突破，普洛斯、统一、碧桂园、砂之船等知名外资企业落户璧山，利用外资结构进一步优化。外资重点项目全力推进。以中新（重庆）战略性示范项目合作为契机，助推砂之船商业资产包通过股权投资形式在新加坡上市成功。大润发商业项目入驻；得劲房地产公司增资，南门唐城入驻率达95%；展运公司加大企业投入实现增资；普洛斯物流项目一期招租投运；砂之船奥特莱斯艺术商业广场二期项目启动建设。

【服务贸易】 鼓励本地企业承接服务外包，全区有服务外包企业6家，常年服务外包执行额在500万美元以上。鼓励本地企业对外投资，凯成科技公司在美国设立分公司，梦赛力士光电公司在缅甸投资建厂，大江动力公司拟布局越南生产基地，着力开发海外市场，对外投资额1600余万美元，实现产业和贸易国际化。

2018年5月25日，璧山区组团参加中国西部国际投资贸易洽谈会（谢捷摄）

旅游业

综　述

【概况】　按照"三区一美"行动计划,围绕"全域景区,支柱产业"的发展定位,以"旅游+"为导向,丰富"吃住行游购娱,商养学闲情奇"等要素,以旅游重大项目建设、基础配套、商品开发、品牌创建、智慧旅游、宣传营销等六大提升工程为突破口,以文化游、乡村游、亲子游、研学游、康养游为抓手,唱响璧山文化旅游品牌,实现文化旅游发展高质量发展,打造"重庆近郊旅游优秀目的地"。

【旅游项目建设】

重庆御湖国际生态旅游度假区　拟建设游客中心、主题类酒店、度假类酒店、民宿类酒店及配套设施等精品文化主题酒店群,完成道路线形及场地平整,围挡搭设完毕,完成地勘,取得不动产权证,变更发改委投资立项备案,设计方案报送规划局审查。

巴渝文化旅游风景区项目(千年重庆)　拟打造千年历史文化古街,包括博物馆、风情街、特色店、精品客栈、文化餐饮等,约66690平方米,完成场地平场,方案、施工图通过审查。

民国风情街项目　拟打造民国文化时尚商业街区,进入内部装饰施工阶段。

重庆山水文旅小镇项目　打造主题乐园、度假酒店、配套商业、住宅等项目,完成玉泉湖土方开挖,环湖步道路基已形成,完成环湖路A段路基及BC段土方部分工程。12月28日,六旗乐园数字体验园开园。体验园设有接待区、影音展示区、"发现秘境"主题区、沙盘展示区、主屏幕、养老体验区、首开项目展示区、儿童活动区、VIP餐区、洽谈区,以及互动体验区,首次正式向大众全面呈现山水主题小镇的创新规划。其中,互动体验区以仙境光影竹林、重庆山水之美•璧山人杰地灵、风水主题画廊、360度环绕影院、全息影院、VR设备体验六大主题。

【智慧旅游建设】　"一网双微"智慧旅游平台上线、"璧山旅游"抖音官方号开通,"全景璧山"璧山景区VR体验上线,"璧山旅游大数据监测平台"投用,"扫一扫""摇一摇""导一导"智慧导览系统实现城区全覆盖,无线语音讲解、璧山旅游智慧名片、步触式智慧语音解说系统全速研发。"智慧旅游"实现200余处文化符号数字化,利用二维码、iBeacon蓝牙硬件丰富景区智能化体验,让200余块文化石和老照片、文化墙、文化亭"开口"说话,讲述璧山故事。全面覆盖五大公园,"二维码"解读功能优化升级,景区体验在重庆市创先河。10月,建立璧山旅游移动大数据平台,实现璧山旅游景区负荷、客源地分析、过夜分析、游客画像、预警配置、区域短信发布、群发信息等数据分析和信息发布功能,提供璧山旅游游客量等基础统计数据,为景区精准营销和行业管理提供有效的参考依据。

2018年4月6日，市民在秀湖汽车露营公园休闲娱乐（璧山报社供图）

2018年1月，外国游客在秀湖公园游览（璧山报社供图）

2018 年 1 月，游客在观音堂湿地公园游览（璧山报社供图）

2018 年 7 月 8 日，青杠街道佛荫寺管理人员向游客介绍"夫妻银杏"（璧山报社供图）

2018年元旦，小朋友在东岳体育公园玩耍(曾清龙摄)

东岳体育公园(2018年1月,曾清龙摄)

璧山乡村游(2018年摄,璧山报社供图)

旅游接待

【概况】 2018年，全区累计旅游接待人数1380.41万人，同比增长3.08%；实现旅游收入48.31亿元，同比增长29.74%；旅游投入89.44亿元；旅游从业人数1.8万人。

【乡村旅游】 璧山实施休闲农业和乡村旅游精品工程，持续推进璧北10万亩蔬菜基地、璧西10万亩水果基地、璧南10万亩花木基地建设，完善旅游功能。四季采摘、特色研学、养生养老三大板块组建璧山乡村旅游新业态。

旅游行业

【旅行社】 全区有重庆手拉手国际旅行社、重庆万国国际旅行社2家旅行社。

【旅游商品】 境内旅游商品主要有三业茶叶、微雕、黑色养生食品（“七蕊黄花”、黑土豆、黑玉米、黑花生）、竹木雕和葡萄酒等。

【旅游法治建设】 设置法律法规咨询服务窗口，举办法制宣传讲座2场，组织集中宣传活动3场次，接受法律咨询106人次，开展执法检查教育行动9次。开展旅游市场监督执法和投诉处理工作，重点对“不合理低价游”、旅行社业务、投诉咨询等情况进行监督执法，对导游及旅游车辆、旅行社经营、旅游购物场所进行专项检查，开展联合执法检查4次，出动20余人次，检查涉旅企业8家次，查处违法违规问题6个，违规旅行社网点4家，督促整改问题或隐患10余处，移交安全问题2件，办结旅游投诉纠纷案件5起，咨询建议答复9起，办结率和满意率均达到100%。

【旅游行业管理】 开展A级旅游景区等级复核、旅行社及服务网点审核备案等行业服务工作，完成3A级及以下旅游景区复核2个，旅行社分社备案2家，旅行社服务网点备案8个。开展景区景点及涉旅场所扫黑除恶、食品安全、生活垃圾分类、抗伏旱及森林火灾防控等监督管理工作，检查35次，出动80余人次，发现整改问题或隐患10余处，督促A级景区及涉旅场所保护旅游资源和环境，维护旅游安全秩序，落实管理服务等保障措施，提升服务管理质量。开展旅游市场秩序专项整治行动，检查到璧旅游团队旅游大巴资质，随车导游的导游证、导游身份标识等情况，对24队车站涉旅车辆进行专项检查。专项行动共检查5次，检查涉旅企业7家次，检查旅游大巴9辆次，组织旅游市场文明宣传2场次。开展节假日旅游安全工作，加强对辖区道路交通疏导，实施限量分流，落实旅游秩序安全保障措施，落实安排旅游志愿者和安保人员到各个公园维持秩序。国庆节期间，区级领导带队检查1次，综合执法检查3次，处理紧急通知1件。开展涉旅行业扫黑除恶工作，发放张贴《关于开展扫黑除恶专项斗争的通告》等宣传资料40余处，发放宣传展板12块，在微信公众号、QQ群等公众信息平台发布推送“扫黑除恶”相关信息和宣传片30余条，谈话问询40余人次，摸排涉黑涉恶问题线索20余条。

【旅游安全】 制定《2018年旅游行业安全监督检查计划》，修改完善《重庆市璧山区旅游突发事件应急预案》，全年未发生旅游安全责任事故。

旅游节庆活动

【丁家大年十四民俗火把节】 3月1日，举行第二届璧山丁家大年十四民俗火把节。活动在璧山区旅游发展中心支持下，由璧山区旅游协会举办。在璧南丁家坳流行的独特民俗——正月十四过大年，包括送傩舞、舞草龙、吆黄雀（驱赶蝗虫）、偷青（蔬菜）等活动。正月十四傍晚，上千市民成群结队自发到立山寺前，参与送傩舞、舞草龙，围着篝火载歌载舞。随后，举着熊熊火把和

2018年4月11日，第四届“云雾山樱桃采摘节”在八塘镇凉水村樱花广场开幕（璧山报社供图）

灯笼，纷纷走向田间地头“吆黄雀”“偷青”，祈求来年风调雨顺、五谷丰登，一直持续到深夜。这一民俗活动保留了浓浓的传统年味，已成为璧南丁家特有的历史文化名片。

【第四届云雾山樱桃节暨旅游推介会】 4月11日在八塘镇凉水村樱桃谷樱花广场正式开幕。活动由璧山区旅游发展中心与八塘镇联合举办。云雾山樱桃种植主要分布在八塘镇凉水村、青云村、石庙村、敢英村和七塘镇四合村，占地533.33公顷，产量高达1.5万吨。活动依托璧北国家农业科技园区成形的规模、良好的蔬菜品质、优美的田园风光，借助“云雾山樱桃红了”这一时令鲜果采摘狂欢季，打造集休闲、观光、体验于一体的周末乡村旅游业。

【国际半程马拉松赛】 4月22日上午，“2018中铁建·璧山国际半程马拉松赛”开赛，是璧山区首个中国田协注册赛事。活动邀请国内外马拉松高手参与比赛，同时开设迷你马拉松项目，鼓励大众体育爱好者参与。该赛事也是一场精彩的游记，赛道途经多个景观公园，让运动员用双脚串联“公园之城”的美景，丈量“秀美绿城、活力水城、文化古城、一生之城”的美好，开启千年文化的寻根之旅，为璧山文体旅融合发展增添新动力。该次赛事中，背着90岁母亲观看比赛的璧山人黄勇成为网红和“最美巴渝·感动重庆”月度人物，展示出璧山人的精神风貌。

【“五四”大学生帐篷创意赛】 5月4日，共青团市委高校部、共青团璧山区委、璧山区旅游发展中心、四川美术学院团委联合在秀湖汽车露营公园举办“五四”大学生帐篷创意赛。来自四川美术学院、重庆师范大学、重庆师范大学涉外商贸学院、重庆机电学院的大学生参与此次活动。活动以“璧山特色美景”为主题，包括帐篷涂鸦创意赛、帐篷造型创意赛、公园写生赛三大板块。集创意涂鸦、户外文化、历史文化、公园美景于一体，旨在构建直达大学城的“青年桥梁”。

【2018中国旅游日璧山区城市露营文化节】 5月19日，在秀湖汽车露营公园举办首届城市

2018年6月22日，第九届重庆璧山葡萄采摘节开幕（曾清龙摄）

露营文化节暨汽车文化嘉年华。活动由CC·Reunion携手重庆汽车改装龙头企业金冠汽车有限公司举办，得到璧山区旅游发展中心、重庆自驾游联盟大力支持。众多改装汽车爱好者相聚璧山，亲山亲水，共享一场汽车文化的饕餮盛宴。知名中国汽研STANCE|FORM等专业设计团队，通过汽车设计作品展示，让广大群众近距离接触国际化都市潮流汽车文化。

【璧山2018十大名店名菜评选大赛】 5月19日上午在俊豪中央大街开幕。活动由璧山区商务局、璧山区旅游发展中心主办。活动自4月16日拉开序幕，全区百余家餐饮店、百余道美味佳肴报名参赛，受到璧山社会各界广泛关注，并于5月4日产生网络投票前20强。大赛现场进行激烈的厨神争霸，由专家评审组、大众评审组从食材、口感、色泽方面进行评选，角逐出大江龙青杠店、新概念来凤鱼等2018璧山十大名店、璧山十大特色菜、璧山十大特色小吃，以及金牌来凤鱼、金牌璧山兔等美食品牌。

【第九届重庆璧山葡萄采摘节】 6月22日在大兴镇莲生村葡萄广场开幕。活动由璧山区旅游发展中心与大兴镇联合举办，以“打造重庆水果采摘第一品牌”为主题。活动邀请渝西旅游经济带区域协作成员单位，渝西景区、酒店、旅行社、旅游商品联盟理事长单位参与。开幕式开展璧山十佳葡萄采摘园颁奖仪式，璧山葡萄特约授权销售商签约仪式，进行线上线下“疯狂摘葡萄”“葡萄搬家”互动游戏，采摘节从6月18日至8月28日，持续两个月余。

【2018重庆秋季旅游启动仪式】 9月21日，2018重庆秋季旅游启动仪式暨璧山区城市露营文化节开幕式在秀湖汽车露营公园举行。市发展改革委、市旅游发展委、市体育局、市文化委、各区县旅发委、重点涉旅企业及商协会约350名嘉宾以及30余家主流媒体参与仪式。文化节围绕文体旅融合，为现场嘉宾呈现“小城故事音乐会”“2018中国璧山国际长板Dancing大师赛”“小城故事 重庆璧山”公园之城线路体验等精彩活

动，带给嘉宾和游客动静结合的差异体验，展示璧山文体旅融合的独特魅力。

【小城故事音乐会】 9月20日晚在秀湖汽车露营公园开幕。音乐会由璧山区旅游发展中心联合中国旅游报举办。立足扎根璧山文化土壤，深入挖掘“国立”音乐院和庄奴先生与璧山的不解之缘，旨在透过音乐读璧山，以文化为旅游铸魂，以旅游助文化传播。活动以“音乐倾述人”“音乐故事会”等创新形式，通过“家国情·中华心”“小而美·理想家”“青春城·唱出YOUNG”三大篇章回忆“国立”音乐院时代从璧山唱出的不屈与希望，述说“小城故事”里的温柔以待，谱写歌颂一座城市的青春未来。

【2018中国璧山国际长板Dancing大师赛】 9月22日在璧山秀湖汽车露营公园举行，来自法国、加拿大、美国、韩国等国家以及国内20余个省市的500余名选手展开赛事角逐。在为期两天的比赛中，游客们不仅观赏各国选手的精彩表演，更体验城市露营的悠闲与时尚。房车露营、露天烧烤、电音party，时尚年轻的节奏与长板竞技一起，展示璧山这座青春城的活力舞步。

旅游景区

【秀湖国家湿地公园】 占地100公顷，其中水体33.33公顷，公园布局800种植物，其中开花植物300种，可实现365天，每天都有开花植物。公园以“现代景观素材与自然景观、人文景观”有机融合，即强烈的具有现代艺术构成形态的都市景观与柔和起伏的自然生态景观、悠久的历史人文景观相互结合，又互相形成对比。突出“生态、生活、生机”主题，是璧山“西花园”和城市“绿肺”。秀湖公园具有“两大”“两多”“四浓”的八大特点。“两大”是指秀湖公园的占地面积大和湖面面积大；“两多”是指秀湖公园的植物品种多和景观文化石多；“四浓”是指秀湖公园的文化氛围浓、休

秀湖公园天子桥（2018年摄，璧山报社供图）

闲氛围浓、动感氛围浓、商业氛围浓。秀湖公园以湿地景观为主题，根据原有的地形地貌，依湖、依山而建。亲水栈道、森林步道、跨湖廊道、空中栈道交错纵横，曲径通幽；园林牌坊、亭台楼阁、奇石异卉、曲水叠岗广布其中。游览其间，曲径通幽，山环水绕、亲山亲水。

【秀湖汽车露营公园】 地处璧山区黛山大道与雪松路之间，与秀湖傍水毗邻。占地面积186亩，绿地面积80亩，内设小车停车区、大巴停车区、房车露营区、帐篷露营区、儿童游乐区、烧烤区六大功能区。建有大小停车位800余个、帐篷营位100余个、房车营位33个、房车接待中心755平方米、综合服务区756平方米。综合服务区里提供了餐饮、房车租赁、帐篷、电烧烤架、淋浴、充电桩等功能服务，可满足市民旅途休憩及多样化的休闲露营需求。露营公园集生态、汽车露营、古城墙文化、老照片为底色的老城记忆为一体，是璧山打造的“十大文化主题街区”之一，也是璧山打造全域旅游景区和建设重庆郊区旅游优秀目的地的重要支撑项目。

【枫香湖儿童公园】 位于璧山绿岛新区核心区，黛山大道以西，福顺大道以南，雪松路将枫香湖分为东、西两个湖区。公园占地800余亩。2018年4月开建，9月28日开园。园内绿地面积达65%，充分营建生态环境。公园以儿童娱乐为主题，以耕读文化为底色，融游乐、科普、山水为一体，包括16个儿童主题娱乐区，是迄今为止全国一流的无动力驱动游乐设施儿童主题公园。沿湖岸布局1100米耕读大街、数百米耕读巷子，借助农耕器具、耕读彩绘、历史老照片、浮雕墙、文化石、诗词题刻等元素，充分展示农耕文化场景和璧山厚重的历史文化和耕读励志故事。科普教育也是公园的一大特色，公园建有天文观象台、生态观鱼池、儿童舞台等互动科普设施，具有充分的体验感，让孩子们在欢乐中游玩，在轻松中学习，在自然中成长，留下童年深刻记忆。枫

2018年4月2日，游客在秀湖汽车露营公园游玩(璧山报社供图)

2018年1月,人流如织的东岳体育公园(璧山报社供图)

香湖儿童公园是璧山“一生之城”建设的又一重大举措,是亲子旅行、研学旅行、科普文化交流的绝佳之地。自开园以来,游客爆满,成为重庆最具有人气的儿童主题公园之一。

【东岳体育公园】 东岳体育公园位于绿岛新区核心区,东邻黛山大道,北邻区文化艺术中心,因地处东岳庙原址而得名,2017年9月28日建成投用。公园占地面积约350亩,其中水体面积约120亩。公园以体育为主题,充分体现了生态与健身融为一体的建设理念。在这里,游客既可以健身休闲,也可以拥抱绿色、享受生态,做到健身、赏景两不误。园内布局11个运动区,兼顾群体和个体、年长和年幼不同层次群众的需要。“既让体育绿起来,又让公园动起来,更让城市活起来”,东岳体育公园成为璧山体旅融合的匠心之作,荣获“重庆市2017年市级大型城市体育公园”称号。

【观音塘湿地公园】 观音塘湿地公园占地40公顷,总投资2亿元,2014年被评为“国家AAAA级景区”。整个湿地公园以巴渝文化为背景,倾注“自然、文化与未来”的概念,兼具“以人为本、天人合一”的可持续发展理念,吸纳璧山深厚而丰富的历史文化内涵,融合建筑、娱乐设施和道路、水体、广场之间的整体构架,形成山、水、林完美结合的绿色生态湿地游览区。公园内有仿古建筑11栋,建筑凸显明清风格,亭台楼阁以璧山“古八景”命名。整个公园形成“亭台到处皆临水,楼阁虽多不碍山”的独特意境。公园的著名景点“状元桥”长120米,桥上的彩绘、雕塑等全为手工完成;廊桥仿照明清宫廷风格,雕梁画栋、飞檐翘角;廊桥内部两侧镌刻的36幅名家字画和诗词歌赋。激光音乐喷泉占地面积2.1万平方米,长200米、宽40米,最高水柱可喷至20层楼高(60米)。喷泉以动水型组合为主,泉水、音乐和灯光浑然一体,11种光影声效,造型各异。

【正兴露德堂】 露德堂位于璧山区正兴镇金堂湖旁，1893年前后由法国传教士选址，后利用“庚子赔款”修建。露德堂由经堂、经楼、钟楼组成。经堂大门正上方有“露德堂”三字，建筑面积2025平方米，是区内保存较为完好的中西结合式建筑，结合了哥特式建筑风格和中国传统文化建筑风格，汇集了美学、声学、光学以及建筑学理念，具有重要的历史价值、艺术价值、文化价值和科学价值。2010年，被列为“重庆市市级文物保护单位”。2011年，被评为“国家AA级景区”。景区在复活节和圣诞节都有相关活动，金堂湖边建有农家乐、观湖亭等休闲去处。坐在湖边钓钓鱼、玩棋牌，或环湖漫步怡然自得。还有不少年轻人选择在这儿举行西式婚礼，婚庆时会请唱诗班唱诗、请神父赐福，别有一种浪漫情致。

【青龙湖国家森林公园】 青龙湖国家森林公园位于重庆市璧山区西北云雾山中，景区以青龙湖和两座古寨为中心，有12个主要景观和72个小景点，2000年被重庆市政府评为“市级风景名胜区”，2002年被评为“国家级森林公园”。青龙戏水、九女出浴、群峰腾雾、观音坐莲等自然秀色，赤壁夕照、铁围晚霞、金坛虎啸、双狮鸣螺、古寨笑佛、五虎闹山等奇景使人流连忘返，被誉为“川东小九寨沟”。铁围寨断崖百丈，壁立千仞，被赞为“川东小峨眉”。是重庆市近郊森林植被和水质保护最好的森林公园和风景名胜区。其景色以“翠、绿、幽、秀”著称。

【三担湖中铁任之健康城】 位于大路街道三担湖畔，占地约3000亩，其中三担湖水面及沿湖保护带约1000亩，依山傍水，具有良好的自然景观和生态环境。园内有大量湿地、冲沟、温泉以及高祟古寺旧址等自然人文资源。建有湿地乐园、果蔬基地、开心农场、葡萄庄园、四季花海、玫瑰园、竹园、红枫园、枇杷园、樱花园、桃花谷、垂钓园、荷花池、苗圃园、萤火虫乐园、特种养殖基地、儿童乐园、禅宗文化园、体育公园、汽车营地、乡村民宿等特色项目，是集田园观光、生态农业、农耕体验、休闲度假、康体养生于一体的重庆市近郊大型主题乡村生态休闲目的地。2016年被评为“国家AA级旅游景区”。

房地产业

房地产开发

【概述】 2018年，璧山区完成房地产开发投资额77.7亿元（2017年完成81.1亿元），同比降低4.2%；规划批准建设总规模514.2万平方米，同比增长312%；商品房新开工面积128.1万平方米（2017年新开工面积104.4万平方米），同比增长22.7%。房地产市场发展逐渐回暖，总体呈上升趋势。引入房企与本地房企竞争增大，进而推动璧山区房地产开发品质上升和销售战略领域的创新突破。

房地产市场

【概述】 商品房成交面积237.86万平方米，同比上升46.89%。交易金额129.84亿元，同比上升49.98%，住宅成交均价6589元/平方米，同比上涨约35.04%；非住宅成交均价6889元/平方米，同比下降16.28%。二手房交易面积95.15万平方米，同比上升26.59%；交易金额25.46亿元，同比上升32.47%。住宅成交均价2713元/平方米，同比上升7.44%；非住宅成交均价约2419元/平方米，同比下降11.41%。

【房地产中介】 全区办理备案的中介机构有130个，64人取得从业人员资格证书。通过公开投诉举报电话、公布中介机构备案名单、公布检查结果等方式规范中介管理。

【房地产市场调控】 2018年，璧山区增加商品房用地供应规模，实际供应经营性用地41宗，同比增长116%，供应面积同比增长274%。批准预售商品房同比增长121.16%。销售商品房同比增长46.89%，其中住宅同比增长25.59%。去商品房库存约12.93万平方米，其中住宅增加库存约26.06万平方米。

【房地产市场监管】 开展房地产市场巡查约190次。7月，区国土房管局会同区发改委、工商局、公安局、税务局、住房公积金璧山分中心组成2个检查小组对全区23家在售楼盘的房地产开发企业和96家房地产中介机构进行房地产市场专项整治。重点对房地产开发企业13种违法违规行为和中介机构9种违法违规行为进行查处。对6家房地产开发企业和27个房地产中介机构下发整改通知书并基本整改完成。

房地产管理

【房地产权籍登记及权属纠纷调解】 发放房地产权证33564个，其中国有权证发放27402个，集体权证发放6162个。受理房地产业务82074件，其中土地房屋初始登记387件，各类转移登记24784件（其中涉及拆迁安置还房1402件），各类变更登记2708件，其他业务54195件。办理各类历史遗留问题10件涉及2935余人。

【物业管理】 对全区71家物业服务企业开展“公开承诺、协商互助、和谐共处”小区物业服务活动。全年新增前期物业服务合同备案49宗，面积241.6万平方米，新增户数19538户。累计前期物业服务合同备案379宗，面积1593.2万平方米，房屋136419套。收集物业专项维修资金10212万元，累计收取物业管理专项维修资金48162万元。支取物业专项维修资金245万元，累计支取物业专项维修资金1591万元。

【房屋住用安全管理】 开展汛期城镇房屋排查和城镇危旧房安全隐患大排查、大整治活动。年末城镇C、D级危房共计183栋，建筑面积32621.71平方米。鉴定房屋112栋，建筑面积53540.24平方米，全年未发生城镇房屋住用安全事故。新建房屋白蚁防治面积3903712.49平方米。

【房屋征收管理】 启动实施东林大道延伸段（六旗项目）国有土地上房屋收购工作，该项目需搬迁房屋47户，涉及土地面积98421平方米，房屋建筑面积42859平方米。采取协商收购方式启动实施3宗零星国有土地上房屋收购收回工作，收回土地使用权面积共计60798.13平方米，收购房屋建筑面积23224.34平方米。

【公积金管理】 全年归集公积金46199.69万元，同比增长8.32%。新增缴存职工3321人，归集余额123638.53万元。提取公积金11410笔36143.89万元。发放贷款1720笔67546.10万元。实现增值收益2198.16万元。

【保障性住房建设】 培育经济适用房和公租房，推进保障性住房40万平方米建设。建成大路、两山秀苑定向经济适用房5.4万平方米。建成香江嘉园公租房3401套22.48万平方米，完成3019套摇号配租。累计建成公租房19351套，安置分配19251套，分配率99%，惠及4万余人住房困难群体。

金融业

综 述

【概况】 2018年,做好金融业服务于重点项目、实体经济、“三农”发展、中小微企业等工作,引进金融机构,打造金融集聚区,为全区金融业发展构建健康生态环境。

全区共有金融机构55家,包括银行16家、保险公司19家、证券公司5家(含3家分公司及其2家营业部)、基金6家(4家合伙企业、2家基金管理公司)、小额贷款公司6家、融资性担保公司2家。

截止12月底,区本外币各项存款余额542.3亿元,同比增长20.1%;储蓄存款341.0亿元,同比增长11.6%;本外币各项贷款余额368.3亿元,同比增长15.2%;存贷款余额之和同比增长18.1%,存贷比为67.9%。其中本币各项存款余额538.4亿元,同比增长20.8%;本币各项贷款余额360.2亿元,同比增长15.6%;存贷款余额之和同比增长18.7%。

【金融发展环境】 **政策引导** 中国人民银行江津中心支行制定《2018年璧山区信贷投向指引》,引导信贷合理增长,加强信贷政策与产业政策、财政政策的协调配合,重点支持璧山区绿色工业集群、三大支柱产业发展。

打击非法集资 在市金融办的统筹安排下,开展打击非法集资宣传、清理涉嫌非法集资广告、排查和打击非法集资行为,1—12月召开打击非法集资工作会议31次,出台工作文件35个,开展集中宣传113次,发放各类宣传资料20.6万余份,累计推送宣传短信4600万人次,排查各类企业238家,对7家存在风险的企业提出整改要求。

集聚发展 对接引进金融机构,鼓励金融企业入驻CBD金融街,截至年底,三峡银行璧山支行,重庆银行璧山支行、中国建设银行璧山支行、中国人寿保险璧山支公司、中国人民财产保险璧山支公司、中国人民人寿保险璧山支公司、中国人寿财险璧山支公司、中国平安财险璧山支公司、中国平安人寿璧山支公司、西南证券重庆第一分公司、爱建证券重庆分公司、中天国富证券重庆分公司、重庆两山融资担保有限公司、中科创投股权投资管理(重庆)有限公司、重庆科兴新微股权投资管理有限公司等15家金融机构陆续入驻CBD金融街。

【微企融资】 小微企业贷款余额88.90亿元,同比增长35.94%。中国人民银行江津中心支行引导地方性商业银行运用支小再贷款支持璧山区小微企业实体经济发展,降低融资成本。重庆农村商业银行璧山支行、重庆银行璧山支行和重庆三峡银行璧山支行三家银行业金融机构支小再贷款余额分别为7485万元、10666万元和260万元。

【金融自助服务】 **移动金融技术创新** 工行二维码支付、中行“中银长城E闪付”、建行“龙支付”、交行“立码付”、农商行微信贷款业务等相继推出,农行璧山支行69户活跃的农村电商“惠农e通”平台。

金融IC卡行业应用 建设银行璧山支行、农商行璧山支行分别完成1台自动售货机布放。工商银行璧山支行1所学校校园一卡通项目申请流程。各行推进设立助农取款点，农业银行璧山支行在农村（村社区）布放135台惠农通设备，实现村社全覆盖。农商行璧山支行在璧山区人民医院布放17台银医自助缴款设备。

自助设备改造完善 中国银行璧山支行对两个老网点实施整体装修和智能化改造，并在奥康工业园和新行政中心新增ATM自助设备。农行璧山支行实现自助银行6个、自助设备点2个，特约商户1450户，安装智付通347台，助农取款服务全年取款笔数7441笔，金额121.58万元，改善地区金融支付环境。工商银行璧山支行推进自助渠道建设，完成所有网点的智能化改造、投产工作，新增金科自助银行。建设银行璧山支行自助设备投入使用43台。招商银行璧山支行投入自助银行设备5台。

【农村金融定向补贴】 按照财政部和市财政局要求，对辖区内符合农村金融定向费用补贴的金融机构进行筛查，由于重庆璧山工银村镇银行已享受满3年的补贴，不再享受该补贴，2018年全区无金融机构享受该项补贴。

【银行服务发展】 经区委区政府同意，璧山区财政局印发《重庆市璧山区促进金融产业发展办法》（璧财发〔2018〕39号），推动金融机构到璧设立分支机构，加大对璧山信贷支持。

【中国人民银行江津中心支行】 推动重庆市首笔加工贸易资金轧差结算业务在璧山落地，11月30日，重庆富鸿齐电子有限公司通过建设银行璧山支行办理首笔轧差收汇23.35万美元。推出重庆市首张“金融地图”，汇集辖区金融服务网点信息及服务类别，将“金融地图”内置于“和美璧山”APP内，解决信息不对称问题，方便市民更便利地获取金融服务。加强非驻地管理，在璧山区将账户预审核平台升级为账户审核平台，实现非驻地企业开户审批、账户启用全流程电子化，缩短企业开户时间50%以上，最快能实现“当日申请、当日开户”。

银　行

【概况】 全区共有16家银行类金融机构运营，分别是：中国农业发展银行重庆市璧山支行、中国工商银行股份有限公司璧山支行、中国农业银行股份有限公司重庆璧山支行、中国银行股份有限公司重庆璧山支行、中国建设银行股份有限公司璧山支行、交通银行股份有限公司重庆璧山支行、中国邮政储蓄银行股份有限公司重庆璧山区支行、重庆农村商业银行股份有限公司璧山支行、重庆银行股份有限公司璧山支行、重庆三峡银行股份有限公司璧山支行、汉口银行股份有限公司重庆璧山支行、重庆璧山工银村镇银行有限责任公司、民生银行璧山小微支行、招商银行股份有限公司重庆璧山支行、成都银行股份有限公司重庆璧山支行、华夏银行璧山支行。其中，民生银行小微支行于10月营业，浦发银行小微支行于12月关停网点。

【银行风险监管】 中国人民银行江津中心支行提升“两综合、两管理”工作效率和服务水平，做好辖区存款保险工作，开展金融广告治理工作，全年未出现系统性、区域性金融风险。

【其他重要工作】 工商银行璧山支行响应国家政策，扶植中小微企业成长。针对小微企业抵押物不足甚至无抵押物的实际情况，创新服务方式，在创新的“银证通”“税务贷”“结算信用贷”“网上小额贷款”等产品基础上，推出“大数据场景贷”“农担贷”等创新融资产品，更好地满足小微企业、个体工商户和涉农企业需求。全年发放小微企业贷款（不含票据）41016万元。

农业银行璧山支行服务三农，全年扶贫贷款

余额105万元，比年初增加105万元，完成全年计划的263%。落实普惠金融，探索金融服务乡村实体经济的新模式。着力渠道建设，实现惠农通135个行政村全覆盖，普惠条线指标完成率105.3%。

2018年璧山区银行基本情况一览表

单位：人、万元

单位	地址	法人代表	期末职工数	期末存款余额	期末贷款余额	备注
农发行璧山支行	璧山区双星大道36号	任建伟	27	321807	429705	
中国银行璧山支行	重庆市璧山区璧城街道沿河西路北段77号	杨建华	72	484553	374906	
农业银行璧山支行	重庆璧山璧泉街道文风路140号	曾庆平	203	841688	687709	
工商银行璧山支行	璧山区璧城街道璧渝路2号	贾　余	69	289706	279058	
建设银行璧山支行	璧山区璧城街道向阳街45号	李金洋	88	457732	354344	
交通银行璧山支行	重庆市璧山区璧泉街道仙山路8号1幢号	赖　新	18	27878	32115	
农商行璧山支行	重庆市璧山区璧城街道办事处璧铜路4号	鲁　明	362	1474474	694533	
重庆银行璧山支行	璧山区金剑路205号附3-5号	何知明	47	351114	520390	
邮储银行璧山支行	重庆市璧山区璧泉街道文风路15号	罗　彬	71	759762	141294	
三峡银行璧山支行	重庆市璧山区璧泉街道双星大道66号、68号、70号、72号、74号	张　楠	18	87713	30778	
重庆璧山工银村镇银行	璧山区奥康大道1号	杨　彪	26	46094	24204	
汉口银行璧山支行	璧山区璧城双星大道32号	雷剑春	11	3592	35045	
招商银行璧山支行	重庆市璧山区璧城街道金剑路219号1幢2、3、4号和2-4号	张义雪	17	83908	13243	
成都银行璧山支行	璧山区金剑路566号利安.财富中心	王才均	11	7358	10853	
华夏银行璧山支行	重庆市璧山区璧泉街道泉山路26号	江　勇	12	131451	54800	
浦发银行小微支行						营业网点已于2018年12月关停
民生银行璧山支行	重庆市璧山区璧泉街道红宇大道23号附79、80号	何　渌	3	14824	0	

保 险

【概况】 璧山区共有保险类金融机构19家，其中：财产保险公司8家，分别为人保财险璧山支公司、太保财险璧山支公司、平安财险璧山支公司、永安财险璧山支公司、安诚财险璧山支公司、阳光财险璧山支公司、中华联合财险璧山支公司、人寿财险璧山支公司；人寿保险公司11家，分别为中国人寿璧山支公司、阳光人寿璧山支公司、人保寿险璧山支公司、泰康人寿璧山支公司、平安人寿璧山支公司、富德生命人寿璧山支公司、丰福人寿璧山支公司、太平人寿璧山支公司、太保人寿璧山支公司、新华人寿璧山营销部、恒大人寿璧山营销部。全区各保险公司开展一系列普惠性保险服务，如机关事业单位交通工具驾乘意外伤害保险等。全区财产保险收入36744.7万元，同比增长5.4%，理赔支出18301万元，同比增长12.1%。人寿保险收入53462.9万元，同比增长11.0%，理赔及给付支出14869万元，同比下降31.0%。

2018年璧山区保险基本情况一览表

单位：万元

单位	地址	法人代表	业务范围	保费收入	参保赔付	备注
中国人民财产保险股份有限公司璧山支公司	重庆市璧山区璧泉街道双星大道50号2幢附2号、附3号及5-1、5-2、5-3、5-4、6-1、6-2、6-3、6-4	周永红	非寿险	17819	10650	
中国太平洋财产保险股份有限公司璧山支公司	重庆市璧山区璧泉街道奥康大道一号	段　毅	财产损失保险、责任保险、法定责任保险、信用保险，农业保险等	7434	3396	
中国平安财产保险股份有限公司璧山支公司	重庆市璧山区璧泉街道双星大道88号4-1、4-2、4-3、4-4	胥黎明	企业财产损失保险、家庭财产损失保险、短期健康保险、意外伤害保险、建筑工程保险、安装工程保险、货物运输保险、机动车辆保险、船舶保险、能源保险、法定责任保险、一般责任保险、保证保险、信用保险、种植保险、养殖保险、代理国内外保险检验、理赔、追偿及其委托的其他有关事宜	8876	3750	
永安财产保险股份有限公司璧山支公司	重庆市璧山区北二环119号4楼	何忠伟	机动车保险、企业财产保险、责任保险、家庭财产保险、工程保险、人身意外险等	422	225	
安诚财产保险股份有限公司重庆分公司璧山支公司	重庆市璧山区璧城街道办事处文风路6号1层	胡大刚	财产损失保险、责任保险、信用保险和保证保险、短期健康保险和意外伤害保险，上述业务的再保险业务，经中国银保监会批准的其他业务	789	451	

续表

单位	地址	法人代表	业务范围	保费收入	参保赔付	备注
阳光财产保险股份有限公司重庆市璧山支公司	重庆市璧山区璧城街道奥康大道1号奥康大厦7楼	赵海廷	财产保险	813	524	
中华联合财产保险股份有限公司重庆分公司璧山支公司	重庆市璧山区璧城街道金剑路516号办公楼第二层3	唐俊伦	财产损失险，责任险，农险，保证险，意外险等	726	397	
中国人寿财产保险股份有限公司重庆市璧山区支公司	重庆市璧山区璧泉街道东山路4号附41号2-1	邹顺政	财产损失保险、责任保险、信用保险和保证保险、短期健康保险和意外伤害保险	591	280	
中国人寿保险股份有限公司重庆市分公司璧山区支公司	重庆市璧山区璧泉街道双星大道50号4幢6-1至6-6、7-1至7-6，附7至附10号	马培培	人寿保险、健康保险、意外伤害保险等各类人身保险业务；人身保险的再保险业务；国家法律法规允许的或国务院批准德资金运用业务；各类人身保险服务、咨询和代理业务；经中国银行保险监督管理委员会批准的其他业务(在《中华人民共和国经营保险业务许可证》核定德有效期内从事经营)。	46057	13956	
中国人民人寿保险股份有限公司重庆市璧山区支公司	重庆市璧山区璧泉街道双星大道50号金融街2幢4层	陈灿舫	人寿保险、健康保险和意外伤害保险等保险业务	1677	181	
中国平安人寿保险股份有限公司重庆市璧山支公司	重庆市璧山区璧泉街道双星大道50号8幢6-1、6-2、7-1	陈　兵	人寿保险、健康保险、健康保险等，经中国银保监会批准的其他业务	2531		
泰康人寿保险有限责任公司重庆璧山支公司	重庆市璧山区璧城街道东林大道璧秀苑B幢第2层	王　飞	个人意外伤害保险、个人定期死亡保险、个人两全寿险、个人终身寿险、个人年金寿险、个人短期健康保险、个人长期健康保险、团体意外伤害保险、团体定期寿险、团体终身保险、团体年金保险、团体短期健康保险、团体长期健康保险以及经中国银行保险监督管理委员会批准的其他人身保险业务	1124		

续表

单位	地址	法人代表	业务范围	保费收入	参保赔付	备注
太平洋人寿保险股份有限公司重庆璧山支公司	璧山区璧城街道沿河西路32号	高国平	人寿保险	4325	456	
幸福人寿保险股份有限公司重庆市璧山支公司	璧山区璧城街道安居小区24号地1幢1-202号	刘明书	人寿保险	234		
富德生命人寿保险股份有限公司重庆市璧山支公司	重庆市璧山区璧泉街道金剑路209号(大圆祥双星阳光)附17号4-2	荣　睿	意外伤害保险,健康保险,人寿保险,年金保险已经经中国银行保险监督管理委员会批准的其他人身保险业务。	1523	302	
太平人寿保险有限公司重庆市璧山支公司	重庆市璧山区璧泉街道双星大道136号1幢6-2	罗四维	个人意外伤害保险、个人定期死亡保险、个人两全寿险、个人终身寿险、个人年金保险、个人短、长期健康险、团体意外、定期、终身、年金、短长期健康保险	923	158	
阳光人寿保险股份有限公司重庆市璧山支公司	重庆市璧山区璧城街道奥康大道1号7层	李红星	人寿保险、健康保险、意外伤害保险等各类人寿保险业务;经中国银保监会批准的其他业务	2498	75	
新华人寿保险股份有限公司重庆分公司璧山营销服务部	璧山区璧城街道沿河西路北段32号第4层	陈善国	人寿保险,意外险,分红险,理财险,疾病险,医疗险养老险.保全,理赔,新契约,续期等服务	暂无	暂无	
恒大人寿保险有限公司重庆分公司璧山营销服务部	重庆市璧山区璧青北路481号	周兴桥	暂无	暂无	暂无	原中新大东方

证　券

【概况】 全区证券公司有爱建证券重庆分公司、爱建证券璧山营业部、西南证券股份有限公司重庆璧山名豪街证券营业部、西南证券股份有限公司重庆第一分公司、中天国富证券有限公司重庆分公司,其中中天国富证券有限公司重庆分公司于2018年6月成立。

2018年璧山区证券基本情况一览表

单位:万元

单位	地址	法人代表	业务范围	主营业务指标	备注
爱建证券重庆分公司	重庆市璧山区璧泉街道双星大道50号2幢9-1、9-2、9-3、9-4	陆　涛	证券经纪;证券投资咨询;证券投资基金代销;融资融券;证券资产管理(仅限项目承揽);证券承销与保荐(仅限项目承揽);代销金融产品业务;与证券交易、证券投资活动有关的财务顾问。须经审批的经营项目,取得审批后方可从事经营	收入:940.04 利润:277.47	
西南证券股份有限公司重庆璧山证券营业部	重庆市璧山区璧泉街道双星大道50号3幢5-3、5-4	赵　亮	证券经纪;证券投资咨询;证券投资基金代销;融资融券;与证券交易、证券投资活动有关的财务顾问;代销金融产品;为期货公司提供中间介绍业务	实现总收入:238.00	
西南证券重庆第一分公司	重庆市璧山区璧泉街道双星大道50号3幢5-1、5-2	陈　鹏	证券经纪,证券投资咨询,与证券交易、证券投资活动有关的财务顾问,证券承销与保荐(仅限项目承揽、项目信息传递与推荐、客户关系维护等辅助工作),证券资产管理(仅限项目承揽、项目信息传递与推荐、客户关系维护等辅助工作),融资融券;证券投资基金代销;代销金融产品;为期货公司提供中间介绍业务	实现总收入:688.00	
中天国富证券有限公司重庆分公司	重庆市璧山区璧泉街道双星大道50号2幢10-1	杨苍松	证券承销与保荐(承揽)	刚开业不久,尚无利润	

2018年璧山区上市公司一览表

公司(企业)	地址	法人代表	业务范围	备注
重庆蓝黛动力传动机械股份有限公司	璧山区璧泉街道剑山路100号	朱堂福	生产销售汽车齿轮、轴、变速器总成、摩托车齿轮、轴、汽车用精密铸件	
中国嘉陵工业股份有限公司(集团)	重庆市璧山区璧泉街道永嘉大道111号	张钊	制造、销售:摩托车、摩托车零部件、汽车零部件、工业钢球、轴承、非公路用全地形车、非公路用雪地行走专用车、通用机械设备、农用机械设备、建筑机械设备;销售:家用电器、百货、五金;维修:自行车、摩托车;生产、销售:助力车;自有房屋租赁、机械设备租赁;研发、制造、销售:电动车用零部件;从事货物及技术进出口业务	根据全国股转中心相关规定,2018年财务数据将于2019年4月下旬对外披露
重庆瑞普电气实业股份有限公司	重庆市璧山区工业园区塘坊西四路	王云	生产、销售:电线电缆、漆包线、电磁线,货物进出口	根据全国股转中心相关规定,2018年财务数据将于2019年4月下旬对外披露
重庆兴渝涂料股份有限公司	重庆市璧山区青杠清明工业园区	谢方奎	生产、销售:水性涂料(不含化学危险品)、胶水(不含化学危险品)	根据全国股转中心相关规定,2018年财务数据将于2019年4月下旬对外披露
重庆梦赛力士光电股份有限公司	重庆市璧山区来凤街道花园街	谢文以	生产销售;望远镜,光学,机械,电子产品及零部件,从事货物及技术的进出口业务	根据全国股转中心相关规定,2018年财务数据将于2019年4月下旬对外披露
重庆世开物流股份有限公司	重庆市璧山区璧泉街道福顺大道22号	何钢	普通货运、货物专用运输(集装箱),大型物件运输(一),货物专用运输(冷藏保鲜)(以上经营范围按许可证核定范围和期限从事经营活动)。货运代理服务、国际货物运输代理;仓储(不含危险化学品),搬运、装卸服务;销售:化工原料、建材、机电产品、食品、日用品、农副产品;零售:卷烟、雪茄烟	根据全国股转中心相关规定,2018年财务数据将于2019年4月下旬对外披露
重庆瑞通精工科技股份有限公司	重庆市璧山区青杠街道龙青路60号A幢	李树强	生产销售:汽车零部件;包装物;仓储服务(不含危险化学物品);商贸;销售:机电产品	根据全国股转中心相关规定,2018年财务数据将于2019年4月下旬对外披露
重庆三三电器股份有限公司	重庆市璧山区璧泉街道剑山路198号	黄泽胜	仪器仪表等机电产品的开发、生产、销售;货物进出口业务	根据全国股转中心相关规定,2018年财务数据将于2019年4月下旬对外披露

基　金

【概况】 全区成立的基金有6支，分别是重庆两山火炬股权投资基金（2018年注销）、重庆两山西证股权投资基金（2018年注销）、重庆市璧山区创业种子投资基金、重庆中新绿岛股权投资基金、中科创投股权投资管理（重庆）有限公司和重庆科兴新微股权投资基金管理有限公司。

担　保

【概况】 重庆两山融资担保有限公司办公地址位于璧山区璧泉街道双星大道8号。原名“重庆市璧山县中小企业信用担保有限责任公司”，于2005年11月4日注册成立，注册资本5050万元，后经整改，于2011年11月29号取得由重庆市金融办颁发的融资性担保机构经营许可证。2017年5月，公司完成公司名称、住所、法定代表人、注册资本、企业类型、经营范围和股东变更等工商变更后，正式更名为“重庆两山融资担保有限公司”，注册资本增至1亿元。公司在区内各商业银行择优筛选了与重庆农村商业银行、璧山工银村镇银行、重庆银行、三峡银行、中国工商银行建立了合作关系。法人代表曾维波，业务范围为贷款担保、票据承兑担保、贸易融资担保、项目融资担保、信用证担保等融资性担保业务；兼营诉讼保全担保业务，履约担保业务，与担保业务有关的融资咨询、财务顾问等中介服务，以自有资金进行投资，监管部门规定的其他业务（按融资性担保机构经营许可证核定事项从事经营活动）。2018年，担保金额2176万元。

重庆融和信用担保有限公司（以下简称“融和担保公司”）于2009年7月7日经重庆市工商行政管理局在重庆市北部新区注册登记，2010年3月10日在璧山成立分公司，位于璧山区金剑路566号附23号、附24号。公司主要从事融资性担保业务及法律法规没有限制的其他担保业务，注册资本金1亿元人民币（含2011年6月29日增资5000万元），并于2011年3月取得由重庆市金融办颁发的融资性担保机构经营许可证。2016年3月，取得市金融办换发的经营许可证。法人代表熊开友，业务范围为从事融资性担保及法律、法规没有限制的其他担保业务。2018年，担保金额为13414.74万元。

【担保公司运行】 重庆两山融资担保有限公司与重庆融和信用担保有限公司实收资本合计为2亿元。重庆两山融资担保有限公司为区属国有独资公司，信用风险水平良好，在保客户为璧山区本地中小企业，集中在工业制造领域，公司反担保多为房产抵押和设备抵押。截至2018年年底，担保公司在保余额为2176.5万元。重庆融和信用担保有限公司的担保业务比较分散，涉及皮鞋业、农业、机械加工业等行业。

【信用环境建设】 全区各部门贯彻落实《重庆市人民政府办公厅关于做好国家企业信用信息公示系统先行建设工作的通知》（渝府办发〔2016〕170号）文件精神，协调统一，做好企业信用信息的整合归集。

小额信贷

【概况】 璧山区共有6家小贷公司，分别是：重庆市璧山区金谷小额贷款有限责任公司，注册资本5000万元；重庆市璧山区祥汇小额贷款有限责任公司，注册资本2亿元；重庆市璧山区联丰小额贷款股份有限公司，注册资本2亿元；重庆市璧山区隆胜小额贷款股份有限公司，注册资本2亿元；重庆市璧山区锦春小额贷款有限责任公司，注册资本2亿元；重庆市璧山区盈鑫小额贷款有限责任公司，注册资本2亿元。主要业务范围为办理各项贷款、票据贴现和资产转让。区内6家小贷公司实收资本10.5亿元，2018年发放贷款较上年同期有所降低。贷款投向主要为“三农”和工业，贷款对象主要为个体工商户。

财政 税务

财 政

【概况】 2018年，辖区内财政收入累计完成166.3亿元，为年初预算的105.2%，增长15.2%。辖区财政收入按责任部门分为：国税部门完成29.6亿元（含出口退税），为年度预算的105.2%，增长0.9%；地税部门完成28.4亿元，完成年度预算的101.1%，增长19.2%。财政部门完成112.3亿元，完成年度预算的106.9%，增长15.9%。

【财政收入】 全区地方财政收入累计完成144.5亿元，为年度预算的106.1%，增长15.7%。按收入性质划分：一般公共预算收入完成52.9亿元，为年度预算的103.7%，下降2.2%，其中：税收收入完成31.9亿元，为年度预算的102.1%，增长14.1%；非税收入完成21.0亿元，为年度预算的106.2%，下降19.6%；政府性基金收入完成91.6亿元，为年度预算的107.5%，增长29.3%，其中城市基础设施配套费收入完成0.8亿元，为年度预算的485.6%，下降54.0%。

【财政支出】 全年璧山地方财政支出累计完成172.8亿元，为年度预算的100.9%，增长12.3%。其中：一般公共预算支出完成82.3亿元，为年度预算的95.3%，增长5.8%；政府性基金预算支出完成90.5亿元，为年度预算的106.7%，增长18.94%。一般公共预算支出达到82.3亿元，占地方财政支出的47.6%。主要有：一般公共服务支出6.03亿元，增长23.9%；公共安全支出2.85亿元，增长9.9%；教育支出10.56亿元，占地方财政支出的6.1%；科学技术支出1.06亿元，增长68%；文化体育与传媒支出1.03亿，增长26.4%；社会保障和就业支出6.36亿元，下降16.7%；节能环保支出4.78亿元，增长6.6%；城乡社区支出26.0亿元，增长14.8个百分点；农林水支出6.86亿元，增长8.4%；交通运输支出3.85亿元，增长34.8%；住房保障支出完成1.72亿元，下降12.7%。

【国库收付】 完成272个行政事业单位的集中支付实现12.69万笔163.65亿元，比上年增加支付0.89万笔，支付额比上年增加18亿元。其中：直接支付12.45万笔163.44亿元，比上年增加支付0.99万笔，增长9%，支付额比上年增加18.1亿元，增长12%；授权支付0.24万笔0.21亿元，比上年减少支付0.11万笔，减少31%，支付额比上年减少0.09亿元，减少31%。全年完成480个代管账户日常管理，全年转入银行存款81.43亿元，日均转入3119.81万元，转出银行存款80.23亿元，日均转出3074.05万元，转帐9.64万笔，日均转帐370笔。

【政府采购】 区财政局转发《重庆市财政局关于进一步加强政府采购信息公开工作的通知》，印发《关于做好政府采购合同补充公告的通知》，规范政府采购信息公开工作。加强政府采购的监督管理，对进行集中采购的政府采购项目，财政局对评标专家抽取、评标过程实行全程监督，公共资源交易中心对采购活动进行全程摄像。年初采购预算7.2亿元，年中增加棚户区改造项目75.8亿元，绿城建设苗木采购4亿元，全年实际下达采购计划86.1亿元。

【税源培植】 一是支持产业培育。落实财政扶持政策，注重培育“智能装备、信息技术、生命健康”三大产业，培植新财源。支持高新区建设，完善配套服务功能。支持绿岛新区建设，增强城市功能和第三产业培育。二是支持智能化、信息化建设。加大对传统产业智能化改造的支持力度。重点支持汽车、电子传统产业智能化升级改造项目，实施“机器换人”行动，把“机器换人”与信息化、智能化结合起来。支持深化全链条招商引资模式，推进高新区发展。三是推动文化旅游发展。依托区域环境优势，打造文旅特色品牌，支持挖掘璧山千年文化，支持品牌节会活动，增强璧山旅游吸引力，支持智慧旅游建设，增强旅游智能化支撑力。

【金融市场培育】 一是加大金融招商引资力度，2018年现代金融项目协作组与31家金融机构进行洽谈对接，其中银行7家、保险公司3家、证券4家、基金16家，融资租赁公司1家。有8家金融机构确定入驻璧山。二是风险补偿金项目取得成效，加强政银企合作，通过建立风险补偿金的方式，努力解决企业因为抵押物不足而导致的贷款难问题，推进“助保贷”和“银政通”，初次试水“信用贷”工作。三是做好扶贫小额信贷工作，区财政局、区金融办、区农委联合制发了《关于印发重庆市璧山区扶贫小额信贷工作方案的通知》《关于印发重庆市璧山区扶贫小额信贷风险补偿资金管理办法的通知》。与农商行璧山支行、重庆银行璧山支行、农行璧山支行开展合作，并签订《璧山区扶贫小额信贷合作协议》，区财政统筹安排500万元风险补偿金存入合作银行开立账户。四是推进企业上市，修订区级挂牌上市扶持政策。梯队培育后备企业，确定出13家企业（A类6家、B类7家）进入璧山区拟上市重点企业培育库。推荐12家企业进入重庆市拟上市重点企业培育库，进入资本市场企业累计15家。五是打击非法金融，全区金融环境健康有序。六是加强小额贷款公司和融资担保公司监管，对辖区内小额贷款公司和融资担保公司进行扫黑除恶检查和走访。

【政府债务管理】 一是严格按照国务院及重庆市人民政府关于地方政府举债规定，加大政府融资力度。全区共使用市财政转贷地方政府债券资金7亿元。确保绿岛新区、工业园区、城市基础设施建设等重点项目顺利推进。二是建立预警指标体系，落实管控目标，防范债务风险，按照市政府对区县债务管控目标考核要求，提出我区2018年债务管控目标，将政府债务控制在限额指标内，并确保将全区政府性债务控制为绿色警戒线。三是将政府融资平台公司按照“投、融、建、管”专业化、“借、用、还”一体化的经营管理模式，努力打造政府融资平台公司，切实做大做强和严格管理政府融资平台公司。

【落实民生实事】 优化财政支出结构，继续注重医疗、教育、文化等民生支出。一是贯彻落实脱贫攻坚工作部署，统筹整合财政资金21572万元，用于扶贫项目，解决“两不愁、三保障”和农村基础设施建设。支持贫困户发展产业，增加收入，投入30.6万元，对新增建卡贫困户给予每户2000元的产业扶持资金，投入500万元建立小额信贷风险补偿金，与区内4家银行合作开展建卡贫困户小额信用贷款工作，全年累计发放贷款404万元、272户受益。二是加大教育文化投入，坚持教育投入超过公共财政支出的1/5，把促进教育公平和提升教育质量作为重点，支持教育优先发展。重视学前教育发展，继续推动璧山中学与重庆一中、上海方略联盟办学。投资4.5亿元新建大路中学龙湖校区初中。安排扶困助学资金1383.8万元，爱心午餐及营养午餐2703万元。安排科学技术支出资金1.06亿元，大力支持开展文化体育惠民活动。

【财税改革】 一是实施国库集中支付电子化改革。9月实现全区所有预算资金和单位(含街镇)全覆盖。二是完善基本支出标准体系,逐步让基本支出标准更加科学合理。三是初步建立预算三年滚动财政规划及项目库。四是稳步推进预算公开评审,增强项目预算的透明度、公信力,促进财政资金分配更加科学、民主。五是加大财政存量资金统筹力度,建立部门预算零结转制度,12月底对区级一般公共预算财力安排给预算单位未执行完的预算指标实施"零结转"制度。六是推进政府信息公开,要求各部门单位预决算及"三公"经费信息,按照市财政局统一部署、统一公开模板、统一公开表样、统一公开时间、统一公开平台进行公开。

【财政监督】 一是加强投资评审管理。严格按政府投资管理办法规定开展投资评审,提高评审质量。2018年,已完成投资评审项目322个,送审金额19.40亿元,审减2.07亿元,审减率10.67%。二是对联系部门政府投资项目欠付资金情况进行清理、审核、汇总,对工程投资总量、应安排预算、已拨付资金、欠付资金等情况做到底数清晰。

【会计事务管理】 对中共璧山区委党校、璧山区司法局、璧山区城市管理综合行政执法支队、璧山区殡葬管理服务中心、璧山区排灌管理中心执行《会计法》情况及会计信息质量进行监督检查。在区教委、区交委等5个单位内部控制先行试点的基础上,全面推进行政事业单位内部控制建设工作,全区各单位均成立本单位内控组织机构,明确专门的科室和日常工作人员负责抓内控工作,并制定本单位内控建设工作方案。区财政局成立2018年财政绩效评价工作领导小组,对部分项目进行了绩效评价。

税 务

【税收收入】 全年共组织税费收入78.50亿元,同比增收8.43亿元,增长12.03%。其中,税收收入入库56.41亿元,同比增收4.57亿元,增长8.82%,区级税收收入入库31.9亿元,增长14.10%,完成2018年度各项税费收入任务。全年累计减免税收12.70亿元,减税比例18.38%。

【税收征管体制改革】 7月5日,国家税务总局重庆市璧山区税务局挂牌成立。9月30日,璧山区税务局各派出机构挂牌,国税地税征管体制改革圆满完成。新税务局具体承担全区增值税、企业所得税、契税、城镇土地使用税、个人所得税、土地增值税、城市维护建设税、车辆购置税、房产税、消费税、印花税、耕地占用税、资源税、环境保护税、车船税等15个税种的税收,以及社会保险费和有关非税收入征收管理工作。全局共有干部职工387人,其中在职干部职工262人,离退休职工88人,临聘人员60名,在职干部平均年龄40.9岁。全局共有党员干部251人。全局有内设机构18个、派出机构7个、事业单位2个。

【税收法制】 组织开展税收规范性文件清理。对原国税、地税制定的规范性文件以及税务机关起草的政府规范性文件进行了全面清理。全文失效废止的税收规范性文件9个,修改税收规范性文件3个。强化执法审核。对重大执法行为实行合法性审核;制定行政处罚标准指引,引导税务机关和税务人员合理应用行政处罚自由裁量权。规范催报、欠税追缴等重点执法行为,重点防范执法程序违法。

【税种管理】 增值税管理方面,落实降低增值税税率、提高小规模纳税人标准、试行留抵退税等深化增值税改革政策,惠及区内增值税一般纳税人3800余户,累计减税4700余万元;共有243户纳税人申请转登记为了小规模纳税人;先后分三批对相关符合条件的7户企业共办理增值税留抵退税7411万元。企业所得税管理方面，加强对企业建账立制的引导，鼓励企业查账征收企业所得税，加强企业盈利面的管理，要求企业规范核算，发生业务要开具或取得发票等凭证，准确核算企业实际利润。个人所得税管理方面，8月31日，个人所得税税法进行修订，璧山区税务局加强新个人所得税法的宣传和辅导、自然人基础数据清理工作，贯彻落实个人所得税过渡期税收政策，加强对高收入、高净值人群的管理，探索建立自然人信用体系建设，全年个人所得税税收收入31829万元，同比增加2067万。实行过渡期政策期间，个人所得税减税额约1300万元。房产税管理方面，对全区二手房基准价格进行了调整，计税依据平均提高了30%以上。其他税费种方面，严格落实印花税、契税、土地增值税优惠政策，完成2018年度土地增值税清算计划，继续强化各类税种征收管理工作。

【税制改革】 有序应对社保费和非税收入征管职责划转、个人所得税、增值税、房产税、资源和环境税等各项税费改革任务。增值税税率调整顺利推行，为辖区减税约4700万元，为7家企业办理增值税留抵退税7411万元，243户一般纳税人顺利转为小规模纳税人；社保费现有政策和征管工作实施平稳，非税收入征管职能划转准备就绪。

【纳税服务】 开展"问需求、查短板、帮发展"大调研大走访活动，为民营企业送政策、送服务、办实事。推广网上税务局，90%的常规涉税业务均可在网上办结。优化窗口设置，联合区国土局打造二手房交易"一窗联办"服务模式，有效降低纳税

2018年，环保税正式施行。图为4月2日，重庆统一企业有限公司财务管理员傅园园接过璧山区开出的首张环保税税票（璧山报社供图）

人等候时间。深化银税合作，推出各种税收信用贷款，全区300余户小微企业获得银行纳税信用贷款2.5亿元。服务水平不断提升，办税速度明显加快，在全市纳税人满意度调查中位列第十。

固定资产投资与管理

【概况】 制定《政府投资项目管理办法》《政务信息化项目管理办法》和《限额以下国有投资工程建设项目备选承包商随机抽取管理办法》3个规范性文件，建立健全项目规划、储备、决策、实施、监管全链条工作机制，重塑和优化项目管理流程，提高限额以下项目实施效率，增强项目管理的前瞻性、针对性。优化三年滚动投资计划编报，146个项目纳入三年滚动计划项目库，编制全区"三大攻坚战"和"八项行动计划"储备项目清单，收集整理项目195个、总投资1138亿元。加强重点项目管理，104个区级重点项目，扣除35个重点前期项目，全年完成投资175.43亿元，占年度计划投资的108.3%；36个市级重点项目（含2个市级协调项目）完成投资119.3亿元，占年度计划投资的104.63%。对22个区级重点项目进行现场稽察，配合市发展和改革委员会开展农村产业融合发展试点项目和中央预算内投资项目稽察，中央预算内投资资金使用率位居全市前列。推行投资项目在线审批、并联审批，共办理审批、备案项目350个。

【市级重点项目】 包括：重庆御湖国际生态旅游度假区、千年重庆·茅莱山居、汽车内饰项目、鸥鹏·御府、年产1000万件汽车同步器生产线项目、民国风情街、金冠汽车个性化定制房车协同制造项目、电动助力转向系统及电动转向控制系统产业化项目、得润电子重庆工业园电子连接器生产项目、巴渝文化旅游风景区（千年重庆）、璧山区中医院、笔电配套项目、高档原木家具生产项目、高端智能装备生产基地、中铁任之健康城二期、物流平台项目、璧山福禄至大学城连接线璧山段工程、璧山正兴至九龙坡金凤连接线璧山段工程、璧山广普至江津双福连接线璧山段工程、新能源汽车生产项目、红宇工业园B区项目、充电桩设备及电子束辐照交联生产研发中心、重庆山水文旅小镇、中铁任之健康城一期、重庆众泰新能源汽车研究院、璧山双星大道西延至大兴连接线工程、黛山大道南延线工程、璧山国家农业科技园区基础设施项目、重庆·绿岛中心商业综合体、俊豪城、璧山区绿岛新区海绵城市建设试点项目、金科·中央公园城商业综合体、先进变速器总成及零部件产业化项目、变速箱换挡机构总成及汽车精冲件项目。

【区级重点项目】 包括：重庆山水文旅小镇、璧山区水生态文明城市建设试点项目、众泰新能源汽车项目、轨道交通尖顶坡至璧山段、轨道交通换乘枢纽及连接线项目、天安·绿岛城市综合体、大学城至璧山调水工程、璧山区城镇污水处理设施配套管网建设工程、重庆市璧山区河系防洪护岸综合治理工程（一期）、中铁任之健康城、重庆大路现代物流园、璧山区文化艺术中心建设工程（C区电视台）、璧山区公共租赁住房建设工程一期项目（香江嘉园）、建设农村小康路300千米、汽车零部件生产项目、璧山城市新区供水管网工程、红宇工业园、仓储物流项目、黛山大道南延线工程、合璧津高速璧山段、璧山区轨道交通换乘枢纽及连接道工程定向经济适用房建设项目、璧山中学初中部分校区建设工程和璧山来凤中学综合楼建设、重庆市璧山区高新区污水处理厂、智能网联汽车研发测试基地和大数据中心、璧山区千秋堰—盐井河—同心水库连通工程、璧山区城市新区水厂工程、充电桩设备、电子束辐照交联生产研发中心建设和特种电缆生产项目、璧山区市政基地建设工程、儿童公园、璧山区御湖新区建设、丁家生态农业和乡村旅游示范区建设项目、"千年重庆"巴渝文化旅游风景区、民国风情街、中国智汇创客公园、璧山国家高新区科教创新基地(一期)、璧山高新区科技示范创新基地、璧山区城区供水工程改造项目、六旗乐园基础设施建设、笔记本电脑零部件枢纽生产项目、新能源汽车车载充电器及电池包和电控控制系统产业化和连接器研发与产业基地建设项目、璧山区城北(三角滩)污水处理厂、彩色印务生产项目、新建区国家综合档案馆(方志馆)、笔电配套项目、光电元器件项目、长江引水璧山连通工程、璧山职业教育中心改扩建工程、重庆市璧山区粮食物流园、机械手臂及周边自动化设备项目、鸥鹏·御府及凤凰城、汽车零部件生产项目、打印机配套材料生产项目、璧山物流项目二期、璧山区福禄镇福禄水城生态休闲旅游特色镇建设项目、西部玫瑰花都(八塘玫瑰园项目)、商贸康养休闲小镇(砂之船奥特莱斯艺术商业广场二期、京汉水天池健康小镇)、璧山区璧城派出所、璧泉派出所、七塘派出所、广普派出所建设、戒毒康复中心建设项目、车管所建设项目、公安"雪亮"工程、重庆璧山国家农业科技园区农村产业融合发展项目(一期)工程、现代特色效益农业建设项目和一二三产融合发展建设项目、璧山区中小河流治理项目、绿城建设工程、改造34.8万平方米城市棚户区、金凤隧道征地拆迁、行政中心片区及周边道路海绵城市功能改造、重庆万泰电力科技有限公司光电传感系统与智能电力设备项目、富力国际生态城、大数据智能化创新与共享示范工程、区中医院迁建、医疗器械制造生产项目、健康小镇、璧山红星美凯龙家居广场、汽车配件生产项目、黛山大道至合璧津高速正兴互通连接线、东林大道南延段道路、双星大道至合璧津高速大兴互通连接线、金科·中央公园城、高低压电成套电器设备设计制造项目和汽车齿轮生产项目、重庆凯成科技有限公司二期项目、璧山区110kV秀璧东西线迁改工程、六旗片区10kV电路改迁、产业融合与业态整合示范工程、重庆金冠汽车制造股份有限公司个性化定制房车协同制造项目、升级改造57千米国省道、俊豪·中央大街项目和俊豪城项目、云雾山茶园综合体建设项目、特色电商小镇、笔记本电脑键盘支撑板、金属外壳及塑胶项目二期、变速箱换挡机构总成及汽车精冲件项目(二期)、两山秀苑二期定向经济适用房、模具治具及供应链管理等微电子配套项目、笔电配套项目、区图书馆(新馆)室内装饰工程、新能源汽车内饰、中机及整车配套生产基地、原木家具生产项目、先进变速器总成及零部件产业化项目(二期)、两山丽苑定向经济适用房、龙润汽车电动助力转向系统及电动转向控制系统项目、秀湖月泉湾(秀湖鹭岛)、汽车顶棚、地毯、EPP发泡生产项目、饮料、食品生产基地项目二期、年产1000万件汽车同步器生产线建设项目、汽摩配件生产项目、汽车注塑件生产项目。

【完工重点项目】 包括:枫香湖儿童公园、西郊福寿园殡仪馆、璧山区绿岛新区海绵城市建设试点项目、璧山区城区供水工程改造项目、璧山区城市新区水厂工程、璧山高新区科技示范创新基地、中铁任之健康城、红宇工业园、秀湖汽车露营公园、年产1000万件汽车同步器生产线建设项目、电动助力转向系统及电动转向控制系统产业化项目、先进变速器总成及零部件产业化项目、变速箱换挡机构总成及汽车精冲件项目、彩色印务生产项目、光电元器件项目、打印机配套材料生产项目、重庆力泰电力科技有限公司光电传感系统与智能电力设备项目、笔记本电脑键盘支撑板、金属外壳及塑胶项目二期。

【新开工重点项目】 包括:重庆御湖国际生态旅游度假区、汽车内饰项目、璧山双星大道西延至大兴连接线工程、合璧津高速璧山段、璧山区轨道交通换乘枢纽及连接道工程定向经济适用房建设项目、璧山中学初中部分校区建设工程和璧山来凤中学综合楼建设、民国风情街、六旗乐园基础设施建设、大路中学龙湖校区、重庆山水文旅小镇水上乐园、御湖新区环湖1、2号路、笔电配套项目、重庆市璧山区粮食物流园、璧山物流项目二期、商贸康养休闲小镇(砂之船奥特莱斯艺术商业广场二期、京汉水天池健康小镇)、车管所建设项目、公安"雪亮"工程、现代特色效益农业建设项目和一二三产业融合发展建设项目、璧山区中小河流治理项目、富力国际生态城、高低压电成套电器设备设计制造项目和汽车齿轮生产项目、璧山区110kV秀璧东西线迁改工程、六旗片区10kV电路改迁、升级改造57千米国省道、云雾山茶园综合体建设项目、笔电配套项目、饮料、食品生产基地项目二期、汽车注塑件生产项目。

经济监督管理

国有资产经营与管理

【资产配置审批】 一是规定国有企业公务用车、业务用车配置操作流程:国有企业公务用车、业务用车配置申请报送国有资产管理中心,由相关业务科室提出审核意见报区政府批示后,下发批复文件。二是规定国有企业购买大型设备、专用设备、房屋构建筑物及其他资产的申报流程:由各国有企业提出资产购置申请经主管部门审批同意后报送国有资产管理中心,并会同财政局对企业资产购置申请进行审核,报经区政府审批同意后,由国有资产管理中心下达批复文件,按照政府采购办法进行购买。三是国有企业之间能够通过调剂解决的,向国有资产管理中心提出调剂意见,会同财政局审定后报区政府批准实施。

【资产处置的审批】 国有企业的国有资产处置行为包括:出售、转让、置换、对外捐赠、报废、报损以及货币性资产损失核销等产权转让或注销产权的行为。操作流程分别是:各国有企业提出资产处置申请经主管部门审核同意后,报送国有资产管理中心;各国有企业所申请的资产使用行为按国有资产评估管理的有关规定需要进行评估的,由专业评估机构进行评估,并将评估报告送国有资产管理中心核准;国有资产管理中心根据单位提供的申请及相关材料审核后报送区政府审批。

【国企采购管理】 各区属国有企业采购货物、服务和工程类项目,由国有资产管理中心负责监督管理。规定纳入政府集中采购目录的采购方式和政府集中采购目录以外的采购方式以及政府采购公开招标数额标准。

【闲置国有资产处置】 对全区闲置国有资产进行清理，按照规定程序报批后进入重庆联合产权交易所进行挂牌公开处置，较好完成全区产权交易工作。全年完成国有产权交易131宗，成交金额3834.8万元，增值842.51万元。完成国有租赁交易81宗，成交总租金1167.53万元，增值99.07万元，规范率100%，确保国有资产管理保值增值。

【国企车改】 推进国有企业公务用车制度改革，国有资产管理中心对全区所有区属国有企业的车辆情况进行调研，逐一调查摸底，制定车改基本原则、参改企业和人员范围、工作推进方式、配套补贴标准等内容，形成《重庆市璧山区区属国有企业公务用车制度改革实施意见（讨论稿）》报送区政府审定。

【两山公司】 截至2018年年底，资产总额212.35亿元，同比增长5.02%，实现营业收入13.44亿元，同比增长1.13%。完善现代企业制度建设，现有职工36名，拥有5个全资子公司，严格执行人员管理、财务管理、资产管理、投后管理等17项规章制度，严格执行"三重一大"决策程序。拓展融资渠道，保障高新区发展资金需求，全年融资到位13亿元，还本12.18亿元，付息3.11亿元，支付工程款12亿元，取得总授信18.4亿元的2个棚户区项目贷款，推进3.8亿元工商银行车位经营权质押、7000万元民生银行流动资金贷款等融资项目。加强国有资产管理，确保资产保值增值，实现国有资产租赁收入0.36亿元；全年新增分配公租房2186套，累计分配公租房8160余套，配租率98.2%，为璧山高新区2.5万余名产业工人提供住房保障；完成1640亩共10宗商住用地对外出让，总金额53.35亿元；挂牌出让河西安置区、奥康安置区、两山秀苑经济适用房共112套闲置房屋资产，国资出让收入2289.5万元。持金融创新，助推高新区的招商引资，运用"资本招商"模式引进重庆科兴新微股权投资管理有限公司、军民融合创投基金、金浦并购基金3个金融机构和基金；以厂房代建、企业回购的创新方式，引进金沙数控；参与引进比亚迪，推动"云巴"和"电池"项目落地璧山；收回众泰汽车、金世旗债权融资计划、得博科技委贷项目投资共4.1亿元，实现收益2202万元；收回轩恩教育项目投资及收益829万元，在确保国有资金安全的同时，保障投资收益。优化营商环境，破解民营企业融资难题，两山融资担保公司全年累计担保4户，放款8笔，共计金额2426.5万元；推进众泰汽车、宇海模具等8490万元工业企业流动性信用贷款的落地，助推区内重点企业的发展和上市；向凯成科技、星极齿轮2家企业提供3800万的转贷应急周转资金，缓解中小微企业融资压力。

【重庆绿岛资产经营管理有限公司】 2018年末资产总额229亿元，总负债60.09亿元，资产负债率28.03%，实现经营收入3.91亿元，上缴工商税收1.1亿元。主要从事区政府授权的绿岛新区范围内国有土地出让、开发和经营、国有资产经营管理、基础设施建设和投融资等业务。持有子公司2家，参股设立股权投资基金2支，基金规模34.65亿元。设综合部、财务部、资产运营部、项目运营部等4个部门，企业员工17人。

市场化转型 整合资产，设立重庆绿发城市建设有限公司，将具备市场化运营条件的优质资产整合，进行市场化运营，绿发公司总资产达到15.42亿元，实现经营收入4446万元。拓展新业务，新建成建筑弃土消纳场2个，使用专利技术计重收费，全年消纳建筑弃土500万立方米，实现经营收入2748万元；新开放5个室内停车场1220个车位，停车费收入33万元，实现停车收费经营"零"突破。做优做大资产，筹资3.2亿元收购金融街1号楼、秀湖水街商业房产，持有商业房产6.3万平方米，筹资17.6亿元收购1.8万个城市停车位特许经营权。

融资及风险防控　筹措资金，实施棚户区改造项目2个，获得农发行授信21.1亿元，放款18.2亿元；实施车位及生态停车场项目，获农业银行授信4亿元，放款3.955亿元，该笔融资成为全区首笔未列入政府债务管控的平台公司融资。严防债务风险，所持债务风险绿色可控，全年共偿还债务本息6.14亿元，其中提前消化高成本政府隐性债务1笔1.5亿元；建立风险预警机制和应急预案，新增融资综合成本均在5.5%以内，期限为10年以上。

【国隆公司】　国隆公司迈出实体化步伐。配备董事长（兼总经理）、副总经理共2人，新招录、调入人员8名，实现正常办公。经区政府批准，注入29宗国有林地（606公顷）、33座水库，资产进一步壮大。加大融资力度，获得浦发银行贷款3亿元；遵循“创新+资本＝新动力”经济逻辑，与上海福寿园集团合资成立重庆福寿园西苑实业有限公司，与无锡万达物流集团合资成立重庆大路物流有限公司，增强“造血”能力。

国土资源管理

【概况】　璧山区国土房管局是区政府和市国土房管局双重管理的政府工作部门，内设9个科室，管理5个国土资源管理所（派出机构），7个事业单位（其中正处级事业单位1个，副处级事业单位1个，正科级事业单位5个），2018年年末，系统在职职工213人。

【耕地保护】　2018年，市政府下达璧山区耕地保有量51.51万亩，实际保有量62.7万亩；下达基本农田保护面积44.68万亩，实有基本农田保护面积44.68万亩；完成高标准农田建设21537亩，补充耕地2086亩，整治坡耕地3000亩，完成历史遗留和关闭矿山土地复垦7个51亩。提前完成市政府下达的耕地保护目标任务。

【土地规划和计划管理】　实施2.2平方千米土地利用总体规划局部调整，保障了智博会签约项目比亚迪动力电池用地需求；编制全区13个镇街64个村村级土地利用规划，获区政府批复并拟报市规划和自然资源局备案。

【易地扶贫搬迁工作】　2013—2017年，全区共有8个易地扶贫搬迁安置点，涉及大兴镇、健龙镇、青杠街道、来凤街道4个镇街，搬迁1524人。市局下达8个易地扶贫搬迁安置点拆旧建新周转指标，共计21.1805亩，因搬迁户意愿发生变化等原因，拆旧区未实施完成，通过购买地票的方式归还所有周转指标。

【土地征收】　取得市政府征地批复18宗3309亩，实施完成轻轨车场、六旗乐园、黛山大道南延线等9个项目征地拆迁工作，面积6782亩（含往年征收），拆除房屋1067户，拆迁房屋面积121541平方米，人员安置3181人，住房安置2819人，发放拆迁安置补偿费7.15亿元。

【整治复垦】　实施土地整治项目10个，规模2717.25公顷，预算总投资8763.16万元。其中，大路街道龙泉村等5个项目通过市局验收获得新增耕地139.07公顷，新开工一个市级项目和4个区级项目。动工实施3个高山生态扶贫搬迁农村建设用地复垦项目、1个精准扶贫农村建设用地复垦项目和8个一般农村建设用地复垦项目，备案规模31.43公顷；备案入库7个复垦项目，备案规模13.36公顷。

【三合镇二郎村土地整治项目】　三合镇二郎村土地整治项目是原市国土房管局针对非贫困区县贫困村开展的扶贫整治项目。实施规模141.19公顷，预计新增耕地23.97公顷，预算总投资2092.06万元。项目于2018年1月23日进行全市第一个土地整治项目施工电子招投标，于4月20日开工，工期1年，截至2018年年底，完成45%

的工程量建设。

【储备融资】 偿还整治储备项目本金10.71亿元，债务余额2.4045亿元。向市场释放储备土地1451亩，存量储备地540亩，及时满足高新区、绿岛新区的建设用地需求。

【土地供应与监管】 全年供应土地92宗，面积657.0636公顷，其中划拨土地31宗，面积264.4064公顷，出让土地61宗，面积392.6572公顷，入库土地价款92.1151亿元（含历年欠收）。完成批而未供土地处置299公顷，处置闲置土地17宗99.65公顷。确保六旗山水乐园、龙湖地产项目、中铁任之健康城、御湖公园、枫香湖儿童公园等重点项目用地需求。

【矿产资源管理】 组织矿业权人勘查开采信息公示、抽查、矿山实地核查和储量动态检测工作，规范矿产资源开采活动。开展矿产资源"打非治违"行动，加强矿山巡查力度，发现并制止无证开采、越界开采等违法采矿行为3起。开展矿产资源开发领域"扫黑除恶"宣传发动和线索摸排。推动绿色矿山建设有序进行，所有在建矿山完成实施方案编制，大中型矿山完成矿区、工业广场和主要道路硬化绿化，采选加工车间密闭、采剥工作面整治任务。实施矿山生态修复工程，完成全区历史遗留和关闭矿山生态修复调查，实施矿山生态修复项目5个，完成生态修复面积40亩。

【执法监察】 开展生态创建违法用地整治、自然保护地违法行为查处、大棚房整治等专项整治工作，协调建立起各镇街党政主要负责人为辖区内违法占用农村集体土地监管的第一责任人，部门共同联动、共同制止、查处国土资源违法行为的机制。全年查处国土资源违法案件32宗，占地面积78.57亩，罚款61.4万元，同上年相比违法案件下降60%。

审　计

【概况】 2018年，璧山区审计局共审计单位70个，其中专项审计调查1个。主要问题金额711861万元，其中违规金额240941万元，管理不规范金额470920万元；审计发现非金额计量问题113个；审计发现侵害人民群众利益811万元；出具审计报告和专项审计调查报告70篇，审计报告、审计要情、审计专报被批示、采用27篇次。审计处理处罚金额251387万元，其中应上缴财政239793万元、应归还原渠道资金1146万元、应调账处理金额10446万元；移送司法机关、纪检监察机关和有关部门处理事项30件，移送处理人员20人，移送处理金额40335万元。审计促进整改落实有关问题资金24.98亿元；审计促进拨付资金到位1万元；审计后挽回（避免）损失11646万元；核减投资额10446.59万元；移送处理落实事项25件。审计提出建议187条，被采纳173条；促进区委、区政府完善制度11项；提交审计信息68篇，被批示、采用32篇次。

璧山区审计局实施的丁家街道党工委书记和办事处原主任任期经济责任审计项目获重庆市审计局优秀审计项目，璧山区城乡建委2017年度部门预算执行和其他财政财务收支审计项目获重庆市审计局表彰审计项目，2016—2017年度残疾人事业发展情况专项审计调查项目被评为"重庆市审计局优秀审计项目"，2018年度重大政策措施落实情况跟踪审计、2017年度全市财政预算执行和决算（草案）审计（财政审计）被评为"重庆市审计局行业优秀项目"。

【政策贯彻落实跟踪审计】 对8项重大政策落实情况进行了跟踪审计，涉及财政资金15006.77万元，发现问题19个。

【财政预算执行审计】 开展永川区2017年度财政预算执行和财政决算（草案）编制情况审计、组织税收收入和税收征管情况审计，共发现问题金额455416.84万元。

【经济责任审计】 将领导干部自然资源资产和生态环境保护情况纳入审计范围，开展13个部门（单位）16名领导干部经济责任审计工作，查出问题135个。

【政府投资项目审计】 完成投资审计项目50个，送审金额123952.12万元，审减10446.59万元。完成移送处理4件，1人受到纪委处理。

【专项资金审计】 开展保障房跟踪审计、残疾人事业发展专项审计调查、河长制执行情况、本级债务审计、交通行动计划落实情况跟踪审计、扶贫资金交叉审计。

【企业审计】 开展对重庆两山建设投资有限公司董事长兼总经理任期经济责任审计，查出管理不规范金额111.22万元，非金额计量问题5个。

【信息化建设】 建立79个数据分析模型，涉及218个单位（部门），通过数据分析利用查出问题金额45307.3万元。编制计算机审计案例7个。

【内部审计】 印发《璧山区内部审计业务工作规程（试行）》《璧山区内部审计工作考核办法（试行）》，明确内部审计项目的工作流程和技术规范，从4个方面15个细项进行考核。

统　计

【统计制度改革】 围绕统计方法制度改革，推进国民经济核算制度改革、行业统计一套表改革、固定资产投资方法制度改革、建立健全“三新”统计调查制度、“五证合一”登记制度改革等统计改革工作。建立健全部门行政资料共享的长效机制，提高名录库日常维护管理水平。加大对部门统计工作的协调和指导，完善部门统计工作规范和数据质量管理办法，实现统计数据信息资源共享。

【统计优质服务】 按照社会需求不断优化统计产品，对《璧山统计月报》等传统统计产品的形式和内容进行优化更新，使之更加符合社会需要；向社会各界推广使用新开发的“数据璧山”等统计产品，在服务上做到更贴近群众需求。做好数据分析工作。全年发布统计分析等61期，被区内媒体等采用20篇次，被市局主网页采用3篇次，其中《重庆市璧山区营商环境调查分析与思考》被《重庆统计》全文采用。

【统计法治建设】 区委区政府将统计法律法规和统计知识的宣传教育纳入《璧山区2018年法治宣传教育工作要点》，把统计法律知识列入2018年全区干部培训教育的学习内容。通过统计法制宣传展板、宣传横幅、统计法律法规宣传单、法制宣传画等进行广泛宣传，受众1000人次。加强统计督导，组织4个检查组对区内64家企业进行重点督导检查，依法统计观念进一步深入人心。

【第四次全国经济普查】 7月10日，璧山区政府发文部署第四次全国经济普查工作后，8月底前落实全区普查机构、人员和经费，并由区统计局牵头制定全区四经普工作考核办法，首次将四经普工作纳入区委对镇街的年度综合目标考核。至年底完成全区普查区域划分、“两员”选聘、业务培训、单位清查等阶段性工作，首次在城镇非农普查小区设立普查数据质量监督员，由115名镇街机关干部担任，做好普查数据质量的全过程控制。同时统计局和普查中心职工全员参与经济普查各阶段工作，深入到镇街一线开展业务指导。

【统计宣传活动】 利用上级经普办统一制作的经济普查清查公告、宣传片在《璧山报》、重庆璧山网、璧山电视台、璧山各主要商圈进行宣传，设计制作《璧山区经济普查进行时》微博广泛转发，并在普查工作第一时间形成强大的媒体宣传攻势，扩大了宣传面，有效提升普查登记对象支持配合度。

【《璧山统计年鉴》编纂】 《璧山统计年鉴》每年编辑出版1册，一般收录当年和上年的统计资料，次年出版。2018年出版的《璧山统计年鉴(2017)》是由璧山区统计局编纂、出版的一部全面记录璧山区经济建设和社会发展情况的大型资料性年刊。全书收录璧山区2016年和2017年经济和社会统计数据，以及全国、重庆各区县主要统计资料。全书共15章，具体包括综合、国民经济核算、农业、工业、固定资产投资、商业、财政、教育、卫生、交通邮电、劳动工资、物价指数、人民生活、基本单位附录等。统计资料来源大部分来自各项专业统计年报，部分来自抽样调查。

【统计基层基础建设】 以重点镇街为引领，加强统计基层基础工作建设，不断提高统计数据质量。2018年，全区基层基础工作重点镇街有璧城街道、璧泉街道、青杠街道。按照统计工作任务与统计工作人员数量匹配的原则，加强重点镇街统计基础建设和统计队伍建设，配足配强统计人员，配全办公设备，大力推进重点镇街统计基层基础规范化建设，在统计管理制度化、统计资料档案化、统计人员专业化等方面加快建设步伐。

【统计干部队伍培训】 年初制定全年统计业务培训计划，报区政府领导审批后执行。全年举办部门和镇街专业知识培训、行业统计人员培训18期，培训统计人员917人次；举办企事业单位一线统计人员培训15期，培训统计人员1329人次。组织统计人员24人次参加国家统计局和市统计局组织的统计基础知识和业务技能提升培训。

工商行政管理

【市场主体注册登记】 推进商事制度改革，释放改革红利，全区新发展市场主体8112户，其中内资企业2102户，个体工商户5972户，农民专业合作社32户，外资企业6户；累计达到53272户，注册资本金1464.6亿元。民营经济市场主体量51717户，累计增速17%。推进“证照分离”改革，做好“试点”到“全面推开”过渡衔接，逐步破解企业“办照容易办证难”“准入不准营”问题。持续推进“多证合一”改革，累计换发34606份。区政府出台《关于进一步优化营商环境压缩企业开办时间的通知》，压缩企业开办时间至5个工作日内，降低开办企业的制度性交易成本。推进网上行政审批改革和注册登记全程电子化，实现工商登记“全市通办”。与商业银行共同推出“政务服务+金融服务”，不断提高群众办事便利程度。配合“三去一降一补”，进一步优化企业注销登记程序，3995户便捷退出市场。

【市场主体监督管理】 积极推进市场主体年报公示工作，2017年度企业年报率90.17%。依法加强企业经营异常名录的列入和移除管理，列入或标注20742户，移除或恢复2253户。组织开展“双随机、一公开”抽查4次，检查2431户。公示区级“守合同重信用企业”30户、微型企业6户；办理动产抵押登记95件，帮助企业融资13.48亿元。推进中介组织发展，认领392户，认领分类准确率达到98%以上。抓好市场主体登记事项监管和无照经营查处，促进安全生产，检查2254户次，查处无照经营案件15件，责令限期办照283户。

【反垄断与反不正当竞争执法】 围绕人民群众反映强烈的民生问题、热点问题，坚持有案必查、有查必果，共查办案件81件，罚没金额330.56万元，向公安机关移送涉嫌犯罪案件3件。其中查办的销售侵权烟花爆竹案是近年来重庆地区查获的最大规模假冒伪劣烟花爆竹案，查办的侵犯“百力通”商标专用权案得到权利人美国百力通公司赠送锦旗及感谢信。推进“会销”专项整治，印制警示标识1万张，排查相关市场主体40余

2018年8月15日，区工商局执法人员检查超市商品商标(壁山报社供图)

家，立案调查涉嫌违法“会销”11起。开展打击传销工作，印制宣传彩页4万份，联合检查涉传举报10次。

【消费者权益保护】 围绕“品质消费美好生活”年主题，组织开展“3·15”系列宣传活动，发放宣传资料3万余份，为消费升级营造良好氛围。及时受理和妥善处理消费者投诉举报，维护消费者合法权益。共受理消费投诉举报1022件，为消费者挽回经济损失181万元。强化流通领域商品质量监管，开展“2018年红盾质量维权行动”，共抽检成品油53组、其他商品36组，不合格13组，抽检结果均在企业信用信息平台进行公示。突出“放心消费、省心维权”主题，扎实推进放心消费创建活动，评选全区首批放心消费创建示范单位23家，1家企业入选全市首批放心消费创建示范单位。

【信用体系建设】 结合“诚信璧山”建设，改进企业信用信息数据归集方式，实现归集数据更加全面，全年归集8000余条。设立查询服务窗口，强化信用信息运用，为政府部门、企业和社会群众提供查询服务680余户次、查询报告290余份，4户企业因有失信行为失去评优、招投标机会。

【法治工商建设】 落实行政执法公示、执法全过程记录、重大执法决定法制审核“三项制度”，持续推动法治工商建设。全年审核案件81件，立案案件核审率100%；受理行政调解45件，调解成功率100%。落实行政负责人出庭应诉要求，及时回复检察建议1件。落实普法责任制，加强法治宣传教育，提升法治思维和法治意识。

【广告管理】 发挥指导发展职能，加大广告经营主体培育力度，开展广告专题培训2期。全年新发展广告主体163户，累计818户；广告经营额17465万元，同比增长30%；其中，新发展广告专业公司107户，累计540户。强化广告导向监管，保持对媒体违法广告的高压态势，共监测3000余条。强化广告日常监管，收缴各类涉嫌违法广告4000余份，行政约谈40余户次，下达责令整改通知书23份。牵头整治璧山城区户外广告，出动执法人员320人次，车辆140台次，拆除流动车身广告620余幅。严厉打击各类虚假违法广告，查处各类广告违法案件19件。

【电子商务监督管理】 抓好电子商务监管，认领、自行征集建库电子商务主体101户，电子标识发放比例达93%。召开璧山区网络市场监管联席会议，深入开展"走进电子商务经营者"活动和2018网络市场监管专项整治，网上巡查213次，责令改正网站（页）94户，查办网络案件8件。

物价管理

【市场价格监测】 做好市场价格监测工作，随时掌握价格动态。坚持每天网上及时直报，做到无一漏报和错报现象，上报率和准确率均达到100%。上报当月价格分析情况，严格执行价格监测调查巡视和价格监测质量季度报表制度，及时上报月分析情况和月巡视报表。

【收费和价格管理】 完成2018年全区行政事业性收费数据统计工作。及时转发《重庆市公证服务收费管理办法》等一批收费文件，并跟踪贯彻落实情况。落实特殊病房床位费两年审查一次的规定，对区人民医院需要单独定价的病房床位进行审查，确保设施设备及时更换和更新，保护好病员的利益。按照要求核定殡葬管理服务中心守灵治丧厅收费标准、福寿园墓位管理费收费标准、核定公共资源交易服务公司交易服务费收费标准、核定青柳阳光等6个小区公共租赁住房租金标准。加强教育收费管理，加强民办幼儿园和民办培训机构收费标准备案工作，配合教委等部门开展幼儿园等级年审工作。调整居民和非居民用天然气销售价格。会同区民政局、财政局对全区133个行业协会商会的收费情况进行专项清理，全区133个行业协会商会均无行政事业性收费和经营服务性收费，90个行业协会商会未收费，43个行业协会商会收取不同金额的会费，会费收取总额为160余万元。编制并公布《重庆市璧山区2018年行政事业性收费目录清单》（含涉企收费项目），动态调整并公布《璧山区政府指导价或政府定价的涉企经营服务性收费目录清单》。开展电网环节收费清理规范工作。做好前期物业管理收费和停车场收费的备案工作，2018年前期物业收费标准备案10个，车库收费标准备案18个。

就业管理

【概况】 2018年，全区实现城镇新增就业23285人，完成目标任务18000人的129.36%；实现城镇登记失业人员就业5630人，完成目标任务3900人的144.36%；就业困难人员就业1858人，完成目标任务1300人的142.92%；城镇登记失业率1.53%；回引市外农民工返乡就业创业4023人，完成目标任务4000人的100.58%；完成就业技能培训共计4119人，完成目标任务3000人的137.3%，发放创业担保贷款4939.9万元，完成目标任务4000万元的123.50%；提供免费创业工位120个，完成目标任务120个的100%；失业保险参保职工90542人，完成目标任务人数89990人的100.61%，失业保险金征收2023.34万元，完成征收计划的102.6%；为区内市级重点电子智能终

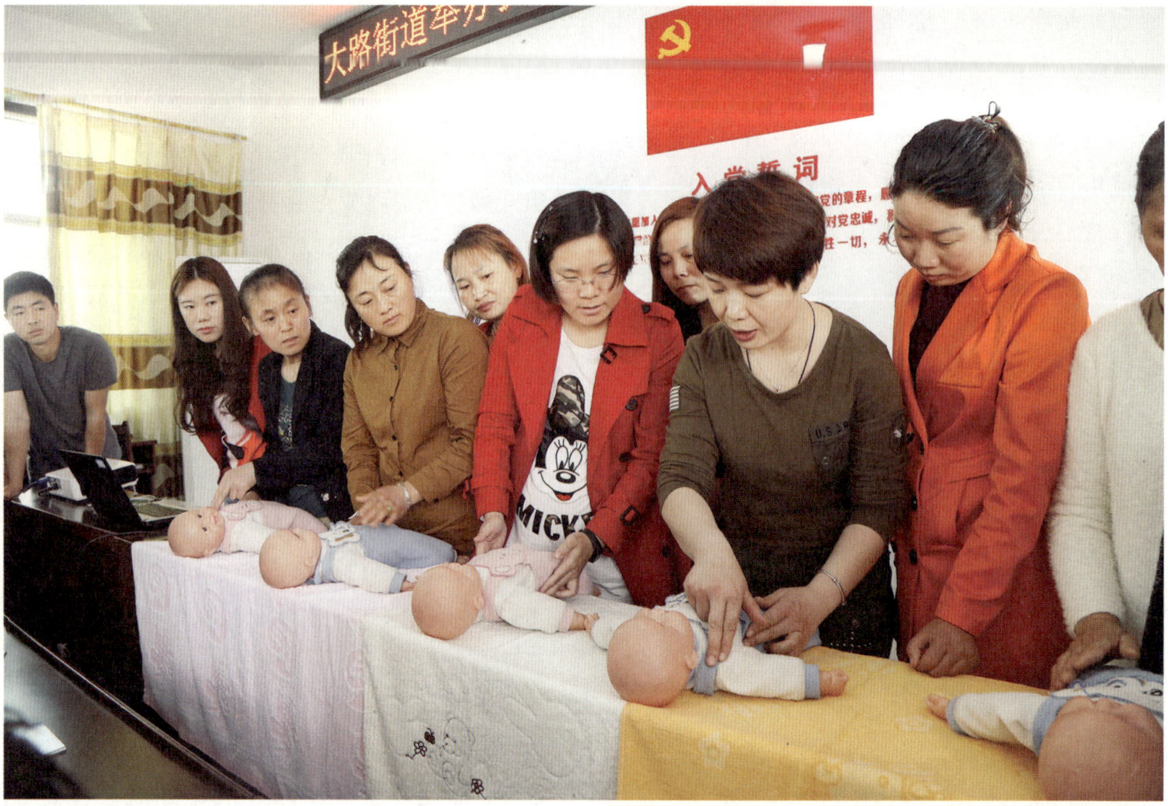

2018年4月10日，大路街道举办免费技能培训（璧山报社供图）

端配套企业组织输送一线工作人员30726人次，发放招聘补贴资金11批次共计1287.46万元，有效保障了我区信产重点配套企业用工需求，为“6+2”市级重点电子智能终端企业送工2054人次，超额完成市里下达的目标任务。

【就业】 加强基层平台人员的业务培训工作。贯彻落实《关于进一步完善就业相关扶持政策申领程序的通知》（渝人社发〔2018〕174号）精神，于9月27日组织镇街基层工作平台人员培训，详细讲解新政策要点，做到就失业登记就近办、马上办。多渠道宣传各项就业扶持政策。印发各项社保补贴政策宣传资料6万余张，在现场招聘会、各镇街基层平台、车站等人流量大的地方发放；通过璧山区人事人才网、微信公众号、手机报、报纸等宣传。及时兑现各类补贴。发放低保就业补贴16.58万元；发放灵活就业社保补贴1700人，补贴879.45万元；发放公益性岗位社保补贴20人，补贴15.72万元；发放公益性岗位补贴20人，补贴26.85万元。注重抓好就业扶贫，全年完成贫困劳动力就业292人，完成目标任务70人的417%。

【失业保险扩面征缴】 全年共支出失业保险基金4476.92万元，其中：失业保险金840.87万元，基本医疗保险支出304.13万元，稳定岗位补贴328户，支出604.99万元，上解上级891.96万元，农民工一次性生活补助费530.91万元，技能提升补贴支出1131.87万元，一次性就业创业补贴95.02万元，生育补助金0.79万元，职业培训费5.13万元，转移外省市支出71.25万元。

【创业担保贷款】 通过召开目标任务分解会、工作推进会等形式细化分解落实创业目标任务压实责任。10月下旬提高个贷标准后，区府办召集各街镇分管领导和社保所长召开创业担保贷款和就业扶贫推进会。完成创业担保贷款目标任务，全年发放创业担保贷款403户4939.9万元，带动吸纳855人就业。

【招用工平台服务】 共举办各类现场招聘会110场，其中专场招聘会23场，扶贫专场招聘会3场，服务贫困人员127人次。组织了391家企业进场，提供了18735个岗位，招聘信息发布2854条，完成市局目标任务2300条的124.09%，介绍成功4562人，完成市局目标任务4300人的106.09%。

【就业援助】 1月中旬至2月下旬，组织开展以“就业帮扶、真情相助”为主题的就业援助月活动。共印发政策宣传品5000张，走访就业困难人员家庭201户，登记认定的未就业困难人员68人，组织专场招聘会9次，提供就业服务1096人次，达成就业意向320人，其中62名就业困难人员实现就业。指导各街镇开发公益岗位61个安置建卡贫困人员。创建璧山区芯仪木材加工厂为璧山区第一批命名的就业扶贫示范车间，带动吸纳5名贫困人员就地就近就业。

【高校毕业生就业】 开展离校未就业高校毕业生定制服务计划，帮助其实现就业。全区高校毕业生实名制登记421人次，就业创业服务492人次，公共人才服务270人次，享受就业创业扶持政策15人次。有就业意愿的应届毕业生就业率为94%，定制服务率100%，有就业意愿的困难大学生就业率100%。

【农村劳务开发工作】 全区开展市级家庭服务

2018年7月3日，正兴镇免费为建卡贫困户开展“重庆小面“培训（璧山报社供图）

从业人员专项培训17期，培训537人，拨付培训补贴资金53.1万元。开展全国部分行政村农村劳动力转移就业监测及全市“千户监测”调查工作。开展300人农村劳务经纪人的培育和市级返乡创业重点企业贴息的申报工作。全年共申报重庆民发汽车配件有限公司等三家企业为市级返乡创业重点企业贴息企业，发放贴息补贴资金100万元。组织家政服务人员和农村劳务经纪人骨干参加市局组织的“渝家人”家政服务技能大赛和骨干劳务经济人培训。与区妇联联合举办璧山区2018年“巴渝大姐”巾帼家政、餐饮服务技能大赛，决选出璧山区“十佳最美家政员”10人、璧山区“最美家政员”38人。

【培训工作】 对培训项目的组织实施、培训项目监督管理、培训补贴的申报审核及资金拨付、培训补贴资金管理、培训项目档案资料六大方面流程进行规范，对培训班前审核、班中监督、班后回访、培训纪律、师资管理等实现全过程监管。引进具有高级及技师培训资质的重庆市实用技能人才培训学校到我区开展培训，填补我区高技能人才培训的空白。在丁家街道、八塘镇、正兴镇三个镇（街）试点集中组织开展贫困户专项职业技能培训班，共计107人。全年发放培训补贴3639人380.48万元。其中职业技能培训补贴1854人269.7万元，创业培训补贴1302人80.78万元（其中57人5.13万元从失业保险基金中列支），适应性培训已补贴370人7.4万元，离校未就业高校毕业生定向培训补贴113人22.6万元。

【信产企业保障用工】 保障“6+2”企业和区内市级重点电子智能终端配套企业用工。区信产办共召开企业用工保障例会和人力资源机构送工保障例会各12次，为精元、宇海、凯成等企业紧急增加用工需求的企业召开协调会，及时满足企业的用工。坚持“走出去，引进来”。组织相关企业到云阳、秀山、彭水参加现场招聘会，搭建璧山区重点配套企业与四川省凉山州农业学校、凉山州职业技术学校的劳务合作平台，与四川安岳、资阳人力社保部门达成意向性劳务合作，协助凯成科技公司参加甘肃省康县劳务对接会。

劳动管理

【收入分配】 深化企业工资收入分配调控，完成53户企业薪酬制度调查工作和15户企业成本调查工作。提升工资集体协商能力和成效，扩大工资集体合同覆盖面。全区集体劳动合同执行企业3541户，涉及职工81087人，区域性行业性集体劳动合同208家，涉及企业4681户，涉及企业职工92088人。推进机关事业工作人员工资收入分配制度改革工作，调整全区机关规范津补贴标准和事业单位绩效工资水平，同步提高机关事业单位离退休人员补贴标准，在职人员人均增资约500元，退休人员人均增资约350元。完成全区公立医院薪酬制度改革试点工作实施方案的确定工作，拟定全区公立医院薪酬制度改革试点方案，确定区人民医院作为试点单位。

【劳动关系】 根据《重庆市集体合同条例》，在全区非公企业积极开展工资集体协商工作，从源头上维护职工合法权益。全区规模以上企业劳动合同签订率达到100%，中小微型企业劳动合同签订率达到97%以上。全区86%的已建工会企业和国有及国有控股企业均参与创建“和谐劳动关系企业”。凯成科技、统一企业等23家企业通过市协调劳动关系三方委员会和谐劳动关系示范点验收，完成年初下达的创建计划。

【工伤评定】 按照《工伤保险条例》《重庆市工伤保险实施办法》等政策规定，开展工伤认定工作。共受理工伤认定案件1306件，不予受理3件，受理后驳回39件。做出认定（视同）工伤决定1189件，做出不予认定（视同）工伤决定19件。参与职工伤亡重大事故现场处理和集访处理15人次。

【劳动保障监察】 主动监察用人单位342户，受理投诉举报案件183件，立案138件，办结162件，涉及劳动者1874人次，涉及金额2416.8323万元；收到举报信函及信访件60件，办结60件，结案率100%；下达限期整改指令书43份，下达处罚决定书2份，下达处理决定书1份，对2户用人单位进行处罚，执行罚金19500元。加强与公安局、检察院和法院的沟通协调，全年处置突发事件45件，未发生群体性上访和重大恶性社会影响行为，维护劳资双方的合法权益，确保社会稳定。全区上报重大劳动保障违法行为案件1件，向社会公布行政处罚案件5件，全区共有10家用人单位被评定为C级诚信单位。推进“治欠保支”工作，整治建筑领域农民工工资拖欠行为，督促建设单位和施工总承包单位严格落实“两金三制”制度。全区各成员单位上报在建工程109个（其中政府投资项目17个），缴纳两金占比均达100%，三制建立均达95%以上，确保建筑领域农民工工资基本无拖欠。

质量技术监督管理

【概况】 2018年，突出保“两个安全”，开展“质量提升行动年”活动，提升质量发展总体水平，为品牌璧山和璧山制造作出应有的贡献。全年成功创建重庆名牌产品8个。

【质量监督管理】 出台《中共重庆市璧山区委重庆市璧山区人民政府关于开展质量提升行动推进质量强区建设的贯彻实施意见》，召开质量工作联系会议2次；制定《“质量提升行动年”工作方案》《“服务零距离、质量零缺陷”中小企业质量技术服务行动工作方案》《服务高新园区企业质量提升工作方案》，将46家皮鞋生产企业和食品相关产品行业、高新区企业作为“质量提升”对象。指导顾地、嘉陵等企业开展“质量成本控制”和“供应链管理”工作，为企业降低成本500万元。帮扶蓝黛集团、青山公司申报市长质量管理奖。组织对16家重庆名牌（知名）产品获评企业和9家拟申报2018年重庆名牌产品企业开展名牌产品帮扶。联合国家皮革检测中心召开46家皮鞋企业质量提升动员会4次。深入企业调研50人次，帮助企业分析产品质量不合格原因21条。国家皮革检测中心免费检测原材料130余批次，2018年皮鞋产品检验合格率提高2个百分点。请专家制定食品相关产品等级评分监管模式，2018年食品相关产品质量合格率提高4个百分点。

【计量工作】 会同区卫生计生委、市计量质检院一分院完成全区15个街镇卫生院、11个社区卫生服务站、285个村卫生室的1045台（件）医用计量器具免费检定工作。

【标准化管理】 推进国家级社会管理和公共服务综合标准化示范区工作。组织区内18家工业产品生产企业开展对标达标行动。配合开展创建国家食品安全示范城市，顺利通过区创建办的综合考核和市创建办的中期评估。

【认证认可工作】 强化认证“双提升”活动，召开认证“双提升”工作推进会5次。检查26家3C认证企业，注销4家到期未换证企业，发现一般性问题8条；检查7家“三体系”认证、1家农产品认证企业，发现一般问题13项。组织11家检验检测机构“互帮互促”，2家检验检测机构由C级升级为B级机构，璧山司法鉴定所在“重庆市优秀司法鉴定文书”评选活动中，总评分全市第一名，市水利局将璧山区水文质检站作为周边区县的质量标杆。

【特种设备安全监察】 制定《璧山区2018年度特种设备日常监督检查计划》。对全区电梯实施网格化监管。及时清理、更新特种设备安全监管平台管理数据，审核上报风险信息331条，风险信息管理系统在线管控风险15个，落实防控措施15个。组织开展防灾救灾宣传周、“安全生产月”和特种设备安全“六进”活动，组织特种设备安全知识培训6期，参与培训企业共计556家。开展“特种设备安全知识进实验小学、电梯安全知识进秋实学府小区”等宣传活动，受理咨询50余起，共散发宣传资料6000余份。全局共出动安全监察人员476人次，检查特种设备生产、使用单位466家次，依法下达指令书97份，共发现安全隐患285条已整改到位。全年没有发生1起质监领域安全责任事件。

【执法能力建设】 对学生用品、建材产品等重点产品、特种设备生产使用的监管和重点工程，重点项目建材质量把关。全年共立案查处147件，查获伪劣产品货值220万元，为消费者挽回经济损失700余万元，无制止、纠正、撤销以及行政复议、诉讼案件。

【质监改革】 深化行政审批制度改革，行政审批项目全部实现网上办理，按时办结率达到100%，共办理特种设备使用登记1583件，食品相关产品生产许可7件，气瓶充装许可3件。

2018年璧山区“重庆市名牌产品”一览表

名称(商标)	主要产地	批准时间(年月日)	授予(批准)单位	备注
挤包绝缘电力电缆1-35kV额定电压电缆(瑞普)	重庆璧山	2018年12月16日	重庆市名牌产品协会	重庆瑞普电气实业股份有限公司
聚氯乙烯450/750V绝缘电缆以及额定电压电缆(瑞普)	重庆璧山	2018年12月16日	重庆市名牌产品协会	重庆瑞普电气实业股份有限公司
通信电源用阻燃耐火软电缆(瑞普)	重庆璧山	2018年12月16日	重庆市名牌产品协会	重庆瑞普电气实业股份有限公司
轨道交通车辆用电缆(瑞普)	重庆璧山	2018年12月16日	重庆市名牌产品协会	重庆瑞普电气实业股份有限公司
SLT5040XLJK2W商务车(金冠圣路)	重庆璧山	2018年12月16日	重庆市名牌产品协会	重庆金冠汽车制造股份有限公司
SLT5031XSWN1W商务车(金冠圣路)	重庆璧山	2018年12月16日	重庆市名牌产品协会	重庆金冠汽车制造股份有限公司
(特顺方厢)运钞车(圣路)	重庆璧山	2018年12月16日	重庆市名牌产品协会	重庆金冠汽车制造股份有限公司
(庆铃700P)银行车(圣路)	重庆璧山	2018年12月16日	重庆市名牌产品协会	重庆金冠汽车制造股份有限公司

食品药品监督管理

【国家食品安全示范城市创建】 贯彻落实2018年区委区政府“两会”报告重点工作目标部署，把创建国家食品安全示范城市作为提升食品安全治理能力的重要载体和创新食品安全监管工作的平台。一是坚持示范引领，开展创建国家食品安全示范城市示范单位验收工作，对通过验收的382个示范单位进行集中现场授牌，强化示范引领作用。二是开展“放心肉菜示范超市”创建活动，组织辖区内重百、永辉和新世纪等5家超市开展创建，督导企业对标对表健全创建资料、浓厚创建氛围、完善创建条件，落实创建要求。重百超市等3家通过市级验收公示和命名，为全市

2018年5月17日，璧山区召开创建食品安全示范城市评估汇报会（璧山报社供图）

唯一成功创建3家超市的区县。三是接受市级创建国家食品安全示范城市中期评价评估，综合得分91.5分，是全市达到90分以上的三个区县之一，全市综合排名第二，前置条件评估被评为A档的五个区县之一。四是推进宣传工作，在国家总局网站、《中国食品安全报》、《重庆食品药品监管》杂志先后16次发布和刊载璧山区食品药品安全监管工作信息，《重庆法制报》整版宣传介绍璧山区创建工作开展情况，并被中国财经观察网转载，重庆电视台"食品药品安全播报"栏目专题宣传我区餐饮业上档升级信息，璧山电视台、《璧山报》、璧山党政内网先后143次报道食品药品监管工作。同时，在辖区食品生产经营企业新增40台食品药品安全知识刷屏机（总数达到70台），滚动播放创建工作情况和食品药品安全知识，推广分局微信公众号，截至10月31日，累计发送政务信息93篇，科普类信息107篇，头条号151篇，扎实宣传食品药品安全工作，有效提升广大群众对食品药品安全及创建工作的知晓率、支持率和对食品药品安全工作的满意度。

【"四大专项行动"】 开展机构改革期间辖区食品药品安全风险隐患大排查大整治大执法大督查"四大"专项行动，采取"清单"式、"销号"式、"包干"式方法，对全区"三品一械"（食品、药品、化妆品和医疗器械）生产经营各环节风险隐患开展拉网式再排查，专题召开风险研判会，建立排查整治清单，制定整改措施，督促生产企业、经营者进行整改落实，及时消除风险隐患。组成督查组对各镇街食药监所"四大"行动开展情况进行督查（每季度至少开展一次）并对督查结果进行通报，将督查结果纳入对镇街食药监管所年度目标考核。"四大"专项行动集中排查整治期间，排查食品药品生产经营单位5102家，排查出风险隐患394条，整改销号191个，约谈企业7家次，立案查处20件。

【食品抽检监测】 依据市食药监局下达的抽检计划任务，科学制定抽检监测方案，合理投入监管力量。截至10月底，完成食品生产国抽计划126批次，不合格3批次，合格率97.6%，市抽刚性计划114批次、不合格2批次、合格率98.2%，市抽柔性计划100批次、不合格4批次、合格率96%；食品销售国抽计划30批次，市抽刚性任务510个批次，市局专项食用农产品（柔性）抽检100批次，共检测出不合格食品18批次，合格率97.19%，同时完成快速检测1294批次；餐饮食品抽检计划126批次，其中：刚性26批次、柔性100批次，合格率100%；完成药品计划抽检135批次，合格率100%等抽检任务。在完成国抽、市抽任务基础上，针对社会关注度高、群众反应强烈、投诉举报集中的食品品种筹集资金近60万元，开展白酒、卤制品等936批次自主抽样检验（检验机构正在检测中），有效防范食品安全风险。根据创建国家食品安全示范城市评价细则要求，区县每年开展食品安全抽样检测样本量应达到每千人四份要求，区财政安排专项经费40余万元用于食品安全抽样检测工作任务。对抽检不合格的批次，严格按照《后处理工作规范》要求，责令企业查找原因进行整改，并依法进行查处，抽检不合格产品处置完成率、处置结果公示率均为100%。

【行政许可】 全年共受理审核各类行政许可4321件，其中：食品经营许可4181件、《药品经营许可证》零售76件、三类医疗器械经营许可12件、二类医疗器械备案52件，均依法按程序、按时限办结，群众满意度100%。

【行政处罚】 1—10月，核审案件214件，结案185件，处理网上流程案件214件，修正文书800余份，无行政复议撤销处罚决定及无行政诉讼案件的发生。

烟草专卖管理

【概况】 璧山区烟草专卖局、重庆市烟草公司璧山分公司（以下简称“璧山区局（分公司）”）成立于1984年12月，实行“两块牌子、一套班子”的经营管理模式，现下设办公室、政工科、财务审计科、专卖监督管理科、综合科、专卖内管与法制监督科、客户服务部、1个稽查大队和3个稽查中队，肩负着全区2767户（其中正常运营2580户）卷烟零售客户的营销服务和专卖管理职能。截至2018年12月，在职职工74人，其中大专以上学历69人，占比93.2%；中级以上职业技能资格证书59人，占比79.7%；中级以上专业技术职称10人，占比13.5%。在党建方面，有1个党支部、3个党小组，43名共产党员。2018年，卷烟销售总量26891.54箱，含税销售收入8.31亿元，实现税利1.34亿元，增幅5.5%，其中税金1.23亿元，增幅4.82%。

【市场监管】 全年查获违法案件127起，非法流通真烟2034.3条，完成年度目标的135.62%。查获案值84万余元，完成年度目标的120%。全区有效客户2767户，年度新增办理435起、不予许可13起、暂停21起、歇业258起、补办7起。全年无1例涉烟行政复议或行政诉讼。

【烟草打假】 一是抓职能调整，严格考核逗硬。二是抓队伍建设，搭建学习平台。三是抓市场监管，严格大户治理。8月启动专项检查，查获区内串码案件23起，卷烟513.9条。严格大户治理，建立健全100份大户监管档案，全年查获大户案件6件，对33户违法违规客户实行降级降档减少投放量。四是抓协作机制，拓展打假领域。联合公安、邮政部门召开寄递渠道联席会2次，邀请综治办、公安等10家协同部门召开打假打私联席会1次，开展专项联合执法6次，汇聚联合执法查缉合力。与区公安局联合发文表彰31名打假先进干警。加强情报信息收集，宣传举报奖励政策，严查互联网+网络案件，查获寄递渠道违法案件47起，案值28.5万元，分别占全部涉烟违法案件的38.5%和34%。五是抓系统应用，用心服务客户，优化运行专卖信息系统。深化“放管服”改革，落实“双随机、一公开”监管，简化行政许可申办目录，认真履行一次性告知义务，落实办证零门槛零成本。注重甄别“共同经营人”名单，严防违法人员换马甲进场。

【品牌培育】 制定《客户拜访工作实施细则》，全面启用新版移动营销平台，定制客户拜访计划，年末实地拜访平均到位率99.34%，渝西排名第一。强化客户培训，协同召开零售客户卷烟品牌互动交流培训会10场，讲解推介技巧，增强客户经营能力。强化品牌内训，在全市大青山上柜竞赛中，分公司94%的客户经理被评为一级培育能手。在前期市场调研的基础上制定出台《零售客户自律互助小组建设实施细则》，组织召开13场自律互助小组动员培训会。按照“城网先行，农网紧随”的思路，建成客户自律互助小组82个，城网覆盖率达100%，全区覆盖率达57%。8月召开重点客户、敏感品规销量突出客户的规范经营专项培训会，重温《“两烟”规范经营及依法行政承诺书》。加大内管监督力度，将规范经营纳入绩效考核，杜绝“疑似客户经理代订和大户控制小户”现象。7月起推行“积分分档”，制定《客户分档及货源投放规则》，采取“均衡、错位、隔轮”的方式公平分配紧俏烟，对专卖查处的违法违规客户实行降档、减投、限投、禁投等措施。主动限制大户数量，2018年底千条以上的重点客户数为46户，严格控制在市局标准以内。

2018年5月11日，区安监局开展安全排查（璧山报社供图）

安全生产监督管理

【概况】 2018年，全区事故14起、死亡14人，同比减少2起、4人，分别下降12.5%和22.2%。未发生较大及以上事故。

【安全责任体系建设】 强化企业主要负责人责任，督促企业开展安全生产责任制落实情况监督检查并严格考核奖惩，定期开展风险研判和督促"日周月"隐患排查。落实全员安全生产责任制，建立从主要负责人、管理人员到一线员工的各层级责任制清单，并在岗位公示警示。严格风险管控和隐患排查治理，落实安全生产绩效工资等奖惩机制保障全员安全生产责任制。完善区、部门、镇街、村居责任体系。强化安全生产考核，明确安全生产工作实施单项考核，优化了考核指标，考核奖励翻番，增设安全生产先进个人50名和优秀网格员30名。实施负面清单管理制度，印发危险化学品和烟花爆竹、露天矿山、建筑施工、民用爆炸物品、道路运输、特种设备、人员密集场所等7个重点行业领域安全生产负面清单，明确监管部门。

【基层网格化管理】 全区建立网格化管理体系，以村（社区）为基本单元，合理划分网格，建成全域覆盖、资源整合、上下联动、运行高效的基层网格化监管体系，加强网格员队伍建设，组织580名三级网格员开展了培训，落实工作保障措施。

【重大风险研判】 实施挂牌整治，分四期挂牌整治一批隐患企业和高风险区域，从源头上对高风险企业、环节或区域实施了风险管控，切实提升了全区安全生产基本面。筹备搬迁重大危险源，全区最后一家危化生产企业初步同意搬迁。根据实际和发展规划，编制全区危险化学品行业（不含加油站）安全发展规划，并根据规划启动城区附近的利达气体有限公司区内搬迁工作。

【安全生产隐患和风险双重管控】 向社会安全生产管理技术服务机构或专家引入技术服务，设立150万元安全生产技术服务专项资金，聘请专家协助开展执法检查成为常态，有效提升安全生产隐患排查能力。建立风险研判和预警机制，每月开展风险研判联席会议，分析各行业领域安全生产重要风险隐患，以问题为导向，明确安全管控措施，定期发布安全生产风险预警，增强预防措施的针对性。建立工伤与安全生产事故信息共享，利用大数据分析的方式对近三年事故进行分析比对，统计分析了全区从2015年1月至今的4000余件工伤事故发生规律，明确事故高发领域和环节，为开展针对性地执法检查提供方向，提升事前防控措施，将高风险领域企业纳入重点执法监管对象，推动企业规范安全管理。

【安全监管】 实施安全生产"执法强化年"工作，加强安全生产行政执法。严格安全生产事故处罚，一般亡人事故单位处罚均不低于35万元。坚持"一案双查"和"三责同追"，落实行政与刑事处罚衔接制度，严格事故责任经济、纪律、刑事责任追究。对连续发生事故的企业实施"解剖式"调查处理，加大处罚力度。每月召开安全生产行政执法推进会，通报各单位安全生产行政执法情况，协调解决具体问题。按照区政府"零检日"要求，采取定人、定时、定点的方式聘请专家针对性开展联合检查。

【安全宣传培训】 开展"安全生产法宣传周""安全生产月"和安全生产"七进"等活动，普及安全生产法规法律和安全知识。组织区政府安委会成员单位和镇街监管人员培训。区级委托执法部门对镇街开展了委托执法（实务）培训。深化消防宣传"七进"，消防宣传车开展巡回宣传50余次，在400余栋高层建筑推广安装消防宣传专栏1000余块，利用璧山消防官方微信、微博、短信推送各类火灾事故、消防安全常识等宣传信息5000余条次，并在中央和市级媒体上稿51条。

【重点行业专项整治】 以“三高”企业为重点的城郊接合部专项整治成效明显，市应急管理局局长冉进红带队赴璧山调研该项工作，市政府安委会办公室印发“璧山区因地制宜分类施策深化城乡接合部专项整治”通报在全市推广。从生产、装载、运输、使用全过程实施混凝土运输安全综合整治，实现了小方量运输，运输车辆严格控制速度，降低混凝土运输交通安全风险。由区城市管理局、区公安交巡警等部门牵头，开展渣土运输车辆安全综合整治，从源头上降低渣土车带来的道路交通安全风险。在道路交通、建设施工、规模以上工业企业和城郊接合部中小企业进行试点，道路交通、建设施工、工业企业等试点行业领域全面推广，其他行业领域均制定工作方案，《中国应急管理报》对推广工作进行专项报道。

3月，区烟花爆竹“打非”办经群众举报，查获1起非法销售、储存烟花爆竹案件，查获假冒伪劣产品6000余件，涉及零售点20余家，配送点2家，追查源头至四川遂宁一家生产企业，罚款100余万元。此案为烟花爆竹“打非”工作开辟新方向，成为全市烟花爆竹“打非”的典型案例。

实施严格执法，全年矿山行业处罚17万元，矿山企业投入1200余万元实施高陡边坡及其附属设施安全专项整治，切实提升矿山行业安全管理水平。

深化工贸行业企业有限空间作业和涉尘防爆、涉氨制冷专项治理，企业粉尘防爆、涉氨制冷、有限空间、油漆作业基本符合国家规定，对隐患整改不到位的企业实施严格处罚，全年罚款6万余元，安全水平得到提升。

开展粉尘危害和铅蓄电池生产企业尘毒危害专项治理。开展工业企业职业病危害普查，职业病危害申报率85%以上、检测率60%以上，劳动者在岗职业健康检查率70%以上。全区存在职业危害用人单位405家，从业人员48682人，接触职业危害14737人。420家企业对工作场所进行了职业危害因素检测，检测覆盖率100%，45家企业对工作场所进行职业危害现状评价，10家企业进行职业危害预评价、控制效果评价。对6个行业开展防尘防毒专项整治，分别为电镀行业、家具制造（含套装门制造）、制鞋、陶瓷生产制造、水泥生产和汽车制造（含汽车维修、汽车4S店）行业，共涉及企业81家。全区共检查企业176家，下达责令整改指令155份，发现问题或隐患1231项；立案查处8家，实施经济处罚共11.169万元。

【安全生产应急管理】 全区预案体系进一步完善，区级预案、部门和镇街预案、企业预案有效衔接，新修订11个区级应急预案，新增及新修订110余个企业预案。邀请专家开展专题培训，向全区15个街镇安监办负责人和530余家企业负责人和安全员解读“三化一卡”工作。系统排查风险，重点针对全区安监系统筛选出较大风险点共计228个，绘制风险分布图。建立应急管理联席会议制度。设立20万专项资金，依托两家第三方服务机构聘请市应急专家开展应急执法“三部曲”。安全生产应急管理执法检查处罚企业6家，收缴罚款13.5万元，起到处罚一家、教育一片的效果。整合资源，打造强有力的“三支队伍”。配齐救援装备，增强应急保障能力，投入15万余元购置补充战斗救援队伍的应急救援器材装备，采购的装备涵盖5大类100余件，增强应急保障能力。创建示范企业，规范企业应急管理，确定2家符合标准的应急管理示范企业。

【安全诚信体系建设】 落实企业安全生产失信行为联合惩戒和“黑名单”制度，对列入“黑名单”的企业，在投融资、保险税收、政府采购、招标投标、土地出让等方面给予限制。全区在建设施工、烟花爆竹、矿山等行业领域实施安全生产主要岗位人员诚信管理，对安全管理不到位的企业管理人员进行扣分处理，道路建设对8人扣8分，建筑施工对5人扣11分，水利建设对3人扣6分，非煤矿山对9人扣9分，危险化学品和烟花爆竹行业对4人扣3.5分，对相关行业领域安全管理人员起到很好的倒逼作用。

非公有制经济

综 述

【概况】 2018年，全区非公经济增加值380.1亿元，占全区地区生产总值的72.1%，纳税额占全区税收的82.15%。全区非公经济市场主体累计达到51977户，其中：私营企业12423户、外资企业72户、个体工商户39482户。

民营企业

【概况】 深化商事制度改革，助力民营企业发展。2018年，新设立登记私营企业2249户，注册资本（出资金额）763934万元，带动就业27792人。全区私营企业累计12423户，注册资本（出资金额）4935262万元，带动就业156083人。

小微企业

【概况】 落实微企发展新政，推进“微企户做大、微企园做优、微企村做强”三项计划。通过各种媒介开展宣传引导，发放宣传资料6000余份，接受群众咨询3500余次，营造“大众创业，万众创新”的良好氛围。

【服务机制建立】 抓好成长型微企入库培育工作，受理入库培育申请363户，已纳入230户，其中32户入库企业获得成长奖励160万元。抓好孵化平台建设，推荐“璧山CBD金融街”“重庆机电职业技术学院大学生创新创业孵化园”申报孵化平台运营绩效奖励。组织开展税务知识等自主培训2期，培训人数190人。积极组织企业参加重庆市第三届微型企业创业大赛，5家进入复赛，1家荣获三等奖，奖金3万元。

【财税金融帮扶】 兑现微企扶持政策，为12户微企兑现2017年税收补贴27万余元，对符合商业贷款贴息政策的企业给予商业贷款贴息5.87万元。组织农商行、建行、农行等银行与成长微企进行座谈，1户企业获得微企成长扶持贷款50万元。配合区人力社保局为144户小微企业发放创业担保贷款1688万元。

【微型企业监管】 开展微企自查自纠，对1200户农业类微企及获设备购置补助的52户微企进行核查，共收回2户从事农业的微企5.35万元创业补助资金。

个体工商户

【概况】 2018年，新设立登记个体工商户6412户，资金数额38801万元，从业人员13046人；注销登记4531户，其中城镇4298户。全区个体工商户总量39482户，资金数额179986万元，从业人员69115人；其中城镇35493户，资金数额159011万元，从业人员61248人。

文化建设

综 述

【概况】 重庆市璧山区文化委员会是主管全区文化(文物)、体育、广播电影电视、新闻出版工作的行政部门,机关行政编制13名,其中主任1名,副主任3名。内设机构负责人职数5名(正职);机关后勤服务人员事业编制1名。直属单位5个:执法支队、文化馆、体育中心、文管所、图书馆。区文化委机关有工作人员19名(其中借调2人、临聘人员3人、西部志愿者1人)。全年投入资金

2018年4月26日,璧山区第八届中小学生艺术展演举行,全区65所中小学160个节目参演。图为艺术展演现场(张承刚摄)

2018年5月30日，区文化艺术中心举行以“幸福新时代”为主题的庆“六一”文艺演出(璧山报社供图)

2018年5月30日，区文化艺术中心庆“六一”文艺演出现场(璧山报社供图)

2018年6月29日，璧山区举办庆祝建党97周年晚会。图为舞蹈、音诗画《永远风华正茂》（璧山报社供图）

618.7万元，组织演出团队62支，编排节目413个，完成重大演出98场次，流动文化进基层600场次，吸引观众38.6万人次。采用区、镇街、村社区三级播控技术体系，完成广播电视村村通。民营博物馆1个。区图书馆、区文化馆分别在15个街镇建有分馆。通过改扩建方式建成15个镇街综合文化服务中心、141个村（社区）综合文化服务中心。基层文化阵地总面积10万余平方米，基本实现城乡文化基础设施全覆盖。乡村文化振兴全面启动。开展流动文化进基层活动600场。开展"放歌新时代·共筑中国梦"文化惠民系列演出17场，"璧山区2018百姓文化舞台镇街文艺汇演"16场。开展全民阅读，举办"4·23读书日暨全民阅读启动仪式"，常态化开展展览、讲座、培训、征文、读书会、"寻找最美朗读者、最美朗读家庭"等活动，宣传《图书馆法》。加强"三馆一站"免费开放，效能发挥逐年上升。公共文化服务创新转型。数字文化馆、图书馆全面完成，微信微博公众平台开通，文艺普及、阅读推广服务线上线下活跃，文化物联网覆盖率100%，每月坚持开展配送活动。开展文艺精品免费看、音乐营销城市等品牌活动、"你选书我买单"，在城市公园开设读书台、24小时图书馆（亭）。

文化设施

【概况】 老城区建有图书馆、文化馆老馆各1个，新城区新建图书馆、文化馆（公共文化艺术中心）各1个。

【图书馆】 璧山区图书馆（老馆）修建于1989年，建筑面积1706平方米，位于璧山区璧城新生街56号。现有藏书27.7万册，年购书经费30万元。全年新办读者证1516个，累计持证读者49972人。每周开放70小时，坚持中午和夜间延时开放，共为读者朋友提供借阅服务115684人次，累计借阅书刊339161册次。设有办公室、图书借阅室（少儿借阅室）、报刊借阅室、电子阅览室（多媒体借阅室）、采编室、地方文献室、工具书室、多功能厅、视障阅览室、书库等，有成人阅览座席220座，少儿阅览座席60座。

新馆建设 璧山区图书馆新馆坐落于璧泉街道双星大道，建筑面积25100平方米，主要设有期刊阅览室、老年阅览室、视障阅览室、亲子活动室、少儿阅览室、图书借阅室、特藏书库、会议室和多功能厅等15个功能室，2018年被文化和旅游部评为“国家一级图书馆”。8月15日，新图书馆室内装修项目进场施工，12月底完成总工程量的40%。在施工过程，同步开展办公家具、导视系统、人员编制、物业管理等新馆开馆前的方案制定、物资采购等工作。新建2个分馆和2个外借点，对15个街镇分馆开展送书、送展览、送阅读活动共计43场次。

数字图书馆建设 璧山区图书馆微博粉丝40569个、微信公众号986个；在网站、微信公众号、新浪微博、APP发布信息300余条，读者阅览量30多万人次。全年共举办了3期“常青e路 幸福夕阳”数字阅读培训班，开展5期文化共享工程网络视频培训、4次数字图书馆推广工程网络视频培训。参加培训学员600余人次，30余学时。“老年人智能手机培训”活动信息在华龙网发布，被搜狐网、凤凰网转载。

读书活动 持续推动全民阅读，丰富市民阅读新需求。安排“和美璧山·风光摄影展”“四人画展”“全民阅读工作创新图片展”“凝望历史——时光中的重庆”“家谱族牒历史资料展”“抗战文化展”等展览下基层，去村居、社区展览。安排去镇街社区“写春联送春联”，去乡村学校举办“猜灯谜活动”，针对乡村、学校举办家风讲座和小学生诗词讲座等，全年共开展151场次，其中讲座培训67场、展览36场、阅读推广活动48场，服务读者人次21000人次。策划“4·23世界读书活动暨读书月启动仪式”，承办“2018年璧山区寻找最美朗读者，最美朗读家庭大赛”，组织“中国诗词大会（重庆赛区）”璧山报名工作，开展“重庆市阅读之星朗诵大赛（璧山区）”初赛。做到每月1个阅读主题，将“读书月，月月读”活动深入人心。

【文化馆】 重庆市璧山区文化馆新馆坐落在双星大道47号、区文化艺术中心A区，建筑面积7800平方米，老城区分馆在解放路31号，建筑面积960平方米。

新馆设有室外活动场地，使用面积3000平方米，没有群众文化活动用房，使用面积达到总面积的73%。设有数字文化展示厅、创作培训室、舞蹈排练厅等文化活动厅室13个、面积1600平方米剧场（多功能厅计入文化活动厅室）、宣传拼接大屏等，内外环境优雅、文化氛围浓厚。

文化市场

【概况】 以“扫黄打非”五大专项行动为主抓手，狠抓政治文化安全和意识形态管控。组织召开“扫黄打非”成员单位联席会和工作部署会，安排部署2018年“扫黄打非”工作，协调相关成员单位认真开展“扫黄打非”“清源”“净网”“护苗”“秋风”“平安”五大专项行动，严格把控关口，封堵查缴政治性非法出版物和反动宣传品。根据不同文化行业特别是人员密集场所组织开展4次集体约谈和应急演练。专题布置安全工作，与各文化行业生产经营业主签订《安全责任书》，确保全区政治文化安全和意识形态安全。

【文化市场管理】 多举措规范网吧、电子游戏、歌舞娱乐等行业经营秩序，促进印刷行业的健康发展，规范出版物市场秩序，加强对文物市场、电影市场及演出市场的监管力度。加强法律法规宣传和安全宣传，使业主守法经营和安全经营。指导行业协会充分发挥作用，带动行业共同发展，避免恶性竞争，拓展新的发展思路。加大巡查力度，并加大对违规经营行为的查处力度。对指导规范各场所标识、建立完善有关制度，树立行业规范整齐的形象。坚持夜间错时执法检查，加大特殊时段的监管检查力度。拓展新兴文化领域的执法监管工作。履行好文化市场行政综合执法的职责，加大对新兴领域执法监管工作，如网络文化、网络视听节目、互联网侵权行为、手机新闻客户端（APP）、卫星电视的违规收视等的监管力度。

【文化执法】 出动执法人员开展各类检查490人次，其中，与相关部门开展联合执法检查7余次，检查文化市场经营场所1054家次，检查校园周边136家次，办结案件18件（其中，网吧11件，印刷5件，书刊出版物2件），取缔无证经营场所2家。无1例行政复议和行政诉讼案件。

【文化培训】 举办培训班149期，培训人数3832人次，其中面向未成年人和外来务工人员的培训班26期，老年文化培训班34期。建立基层文化活动基地10个，示范点6个，其中农村和社区各1个，未成年人4个，外来务工人员1个，长年开展辅导培训活动，平均2次以上。文化站（室）人员专门培训2次。组织大型展览12次，开展讲座共计16次。

璧山区群众文化云镇、街道全覆盖，“物联网”服务合计预约配送512场，其中文艺培训141次，文艺演出286次、展览展示20次、文化讲座41次、政策宣讲11次、文化指导13次。开展网上报名活动，开展项目有文艺培训、辅导、讲座、网上报名及场馆预约。在线讲座培训（直播2次）。网站原创信息累计完成872期、重庆文化云信息521条、微信公众号100条、文化馆原网站251条。

【印刷出版】 印刷出版业稳步健康发展，资产总值63253万元，总产值82772万元，利润总额4437万元，税收总额4521万元，从业人员2825人。年初利用年度核验工作会，对印刷出版企业从业人员进行法律法规培训。年末印刷出版物市场共有印刷企业159家，并对其进行年度核验。其中从事包装装潢112家，从事其他印刷品32家，从事内部资料出版2家，制版及注册资本上千万的印刷包装出版13家。

【印刷出版及市场监管】 推进"放管服"改革，严格行政审批和事后监管，简化审批材料、审批程序，切实实行行政审批标准化，建立"双随机一公开"制度，坚持日常检查和"双随机"相结合，认真做好印刷企业安全生产工作，与全区印刷企业签订《安全责任书》，组织企业开展消防应急演练，指导企业提升消防安全四个能力建设，在3·15、4·26、12·4等重大时间节点，对企业开展法治宣传教育。结合"扫黄打非净网2018"专项行动，对全区发行单位进行集中清查，检查出版物市场62家次，取缔1家无证经营地摊，没收书籍65册，净化了出版发行市场，确保了我区境内未出现传播、制作、销售、下载沙藏等非法出版物和反宣品的行为。50家图书零售企业均进行年度核验。

【电影院】 璧山影院组织放映了《厉害了我的国》《我不是药神》《幸福马上来》等影片，全年放映电影1786场，观众18263人次，电影收入48万元。影院在镇街设立了13个放映队，财政拨款39万元负责全区农村惠民电影放映及小学爱国主义教育片的放映工作。全年农村惠民电影放映1275场、社区放映236场、广场电影放映52场、学生爱国主义教育片放映1700场。海上明珠国际影城璧山店全年放映1万场，观影人次13.8万，票房收入393.1万。保利万和国际影城璧山南门店影院全年放映1.45万场，观影人数28.46万人次，票房收入800多万元。璧山中影星美VIP影城全年放映场次1.6万场，观影人次12.7万，票房收入376.7万元。璧山摩登时代横店影城全年放映场数8390场，观影人数70219人次，票房收入235万元。

文化事业

文学艺术

【概况】 全区万人公共文化面积890.25平方米，免费开放率100%。一是基层活动量质并举。承办"到人民中去——重庆市文联送欢乐下基层"到健龙镇演出。二是举办十九大精神"文艺"六进宣传、"红色文艺轻骑兵"文艺家下基层、戏曲进校园、"文化进万家"、文化惠民展演、流动文化进基层等文艺活动147场，直接受众10万余人。承办重庆市首届群众书法大赛，受到陈敏尔书记关注和称赞。璧山少儿合唱团走进央视"经典咏流传"栏目。举办璧山区庆祝改革开放40周年书法美术摄影展，100件作品入展。二是修复历史文脉。出版《民国续修璧山县志》，龙大江获评"全国非遗保护先进个人"。三是文化文艺结硕果。创作四川盘子《我们的日子越过越香》、音乐

2018年3月31日，话剧《重庆家书》上演（璧山报社供图）

2018年4月11日，杂技情景剧《花木兰》上演（陈富春摄）

2018年4月20日，舞剧《粉墨春秋》上演（璧山报社供图）

2018年4月22日，舞剧《一把酸枣》上演（璧山报社供图）

2018年5月16日，曲艺剧《啼笑姻缘》上演（陈富春摄）

2018年8月，《巴风渝韵》上演（璧山报社供图）

快板《好人在身边》、小品《懒汉扶贫》《两份规划图》《活着》等文艺作品。《薅秧鼓歌》获"第八届重庆市乡村文艺会演音乐类二等奖",小品《活着》、四川盘子《日子越过越香甜》获"重庆市第六届戏剧曲艺大赛三等奖",两项活动璧山均获组织工作奖。《拟写来凤驿》散文集入选"重庆市作家协会2018年定点深入生活项目"。诗词《诗望星空》获"海岳杯第三届传统诗词大赛三等奖"。新编舞蹈《稻田欢歌》引领全区坝坝舞。

文　物

【概况】 重庆市璧山区文物管理所成立于1986年12月,为区文化委直属的财政全额拨款事业单位,编制5人,在编人员5人,负责全区境内的文物管理督查工作。登记造册的不可移动文物共936处,其中重庆市级文物保护单位5处,区级文物保护单位89处。可移动文物(馆藏文物)800余件套,其中国家二级文物13件,国家三级文物49件。

【文物保护】 区人民政府办公室出台《重庆市璧山区关于进一步加强文物工作的实施意见》,加强文物保护和管理力度,严格执行不可移动文物属地管理的原则,镇街党委、政府"双管"责任制,区政府与各镇街签订文物安全目标责任书,层层落实主体管理责任,加强文旅融合发展。接受重庆市文物局安全工作评估,评估结果为83.5分,在全市名列前茅。

【非物质文化遗产保护】 龙大江获评为"全国非遗保护先进个人",收集《璧山手工制鞋》《璧山正则绣》等非遗备选项目4项,组织参加重庆市第三届非遗暨老字号博览会,组织开展第二届重庆文化惠民消费季之非遗系列活动,组织参加重庆市第三届民间艺术之星选拔赛,筹备申报国家级非遗项目。推动民间传统工艺发展,推荐璧山微刻工艺、竹雕加工工艺等传统工艺项目参加重庆市第二届"巴渝工匠"绝技绝活展示活动,选派文化馆年轻干部参加重庆市非遗技艺培训。促进地方戏曲创新发展,组织传统戏曲20场进校园演出,开设两期川剧打击乐培训班。

【其他重要工作】 完成六旗乐园工程范围内的区级文物保护单位补天桥异地搬迁保护和宋明清墓群考古发掘工作。对全区16处文物古建筑,进行实地调查,并制定保护修缮初步方案。完成合璧津高速公路工程璧山段的文物调查工作。配合绿岛新区管委会对枫香湖儿童公园完成800余件耕读文化用品的征集和摆放。开展市级文物保护单位丁家林家祠堂、大兴镇朝元村以及区级文物保护单位丁家回龙湾谢氏民居维修工作。利用"5·18国际博物馆日暨文化遗产宣传月"活动,在文庙大门外小广场开展文物法律法规、文化遗产、文物保护工作宣传,展示展板20余块,并到中小学、镇街进行流动展出。

档　案

【档案利用】 区档案馆全年接待档案查询22764人次,利用档案24959件,做到全年零投诉。

【精准扶贫档案】 区档案局成立精准扶贫档案工作检查小组,召开精准扶贫档案工作专题会,制定方案,精准指导,强化检查。组织三个检查指导小组开展三轮"集中培训+试点村"精准指导。建立"璧山区精准扶贫档案QQ群",线上精准指导解答问题2000余人次。区档案局与区农委联合印发《关于进一步做好精准扶贫档案有关工作的通知》,明确档案的收集要求、整理要求、保管移交要求和指导要求。

【档案信息化建设】 接收数字化档案录入322531条,扫描1280994页。组织人员开展民国馆藏档案数字化工作,扫描璧山档案馆藏军事科档案522卷,共计98253页,建立条目16930条。

参加市档案局下达"异地查档，跨馆服务"的工作，实现资源共享档案，跨馆查询婚姻档案40人次，利用档案25件。

入选"十二五"国家重点图书出版规划项目的《民国乡村建设——华西实验区档案选编》

【档案开放鉴定】 鉴定民国时期实验法院和地方法院档案7713条。其中开放档案4323条，延期开放档案3374条，涉及军、警、宪、特等政治敏感问题档案8条。完成2018年目标考核任务建国后文书档案开放鉴定2万条。

【档案资源建设】 按照《各级各类档案接收档案范围的规定》（国家档案局第9号令）要求，完成38个立档单位进馆，老标准7917卷，新标准141811件。其中市级国有企业退休档案4家883卷。收集古籍资料，掌握与地方文化有关的史料信息。到中国第二历史档案馆、浙江省档案馆、苏州大学、中国美院等单位，查询征集"国立"音乐院、"国立"艺术专科学校、"国立"社会教育学院等抗战时期迁建璧山的高校史料2000余件，编辑整理用于璧山枫香湖儿童公园文化建设。

【档案编研】 与四川大学、西南师范大学出版社合作，申请国家出版基金项目，编辑出版《民国乡村建设·晏阳初华西实验区档案选编》21册。争取国家档案局"重大专题开发任务"，启动《抗战时期璧山军事档案汇编》编研前期工作，计划成书3册。与有关机构合作，将散存全国各地与璧山有关古代文献史料梳理汇总，编印成30万字《璧山史料集成》初稿。

【档案安全保护】 抓好全区档案安全工作，组织召开档案信息安全工作会，印发《关于进一步加强档案安全工作的实施意见》，对新时期全区档案安全工作提出要求，组织对全区部分部门、镇街开展档案信息安全检查。实施馆内档案安全建设，与西信天元有限公司签订《璧山区档案查询系统维护合同》，保证数据库的安全。在开始民国档案目录体系工作前，与西信天元数据资讯有限公司、重庆莘默达科技有限公司签订《保密协议》，防止档案失（泄）密。定期检查七氟丙烷消防系统，全天开放除湿机和不定期开放空调，保证档案存放安全。10月9日接受市档案局安全检查，对市档案局提出的安全工作整改意见进行整改落实。

地方志

【《璧山县志（2006—2014）》编纂】 《璧山县志（2006—2014）》编纂工作完成，形成终审稿，计29篇165章180万字，报重庆市政府审批出版。

【《来凤街道志》出版】 该志编纂工作于2016年9月启动，2018年11月由方志出版社出版，计35万字。12月6日，中国地方志指导小组在湖北孝感举行"第三届全国名镇论坛暨第三批中国名镇志丛书出版座谈会"，《来凤街道志》入选，成为重庆市第一部中国名镇志。该志图文并茂，挖掘展示大量与来凤有关的风土人情、诗文辞章、名人

入选“中国名镇志”的《来凤街道志》封面

典故。在编纂该志过程中还调查发现梁漱溟、熊十力旧居、中华平民教育促进会来凤驿办事处旧址等建筑遗存。

【特色志编纂】 完成《璧山区非物质文化遗产志》编纂，为重庆市首部非遗志书，计30万字。

【部门志编纂】 指导辖区内部门志、街(镇)志的编纂出版工作。完成《璧山县统计志(1997—2014)》《璧山县人民法院志(2004—2014)》《璧山县人民医院志(1939—2014)》《河边镇志(1950—2014)》《三合镇志(1953—2014)》纲目评审。完成《璧山县工会志(1911—2014)》《璧山农业志(2003—2014)》志稿评审。《璧山区国土资源和房屋管理志(1949—2016)》印刷出版。

【旧志点校】 《民国续修璧山县志稿点校本》整理完成，计30万字，并对原稿本进行扫描，将影印件附录于书后。

【年鉴编纂】 完成《璧山年鉴(2018年)》编辑工作。2月完成年鉴框架的调整与审定，8月至11月完成“三审”报批工作，12月完成出版批复，计60万字。《璧山年鉴(2016年)》入选《中国年鉴发展报告》。

【其他工作】 对口支援、实地指导西藏芒康县政府编修《芒康县志(2001—2015)》工作。完成《潼南县志(1986—2005)》《江津市志(1993—2006)》《重庆市志·旅游景区志(璧山卷)》《重庆市志·农产品志(璧山卷)》的审改及供稿工作。

广播电视

【新闻宣传】 策划《推动重庆各项事业沿着习近平总书记指引的方向奋力前行》《在行动、看效果大型系列报道》《两会系列报道》《民生实事》等多个重大主题策划类系列报道。1—12月，播出《璧山新闻》242期，《新闻周刊》44期，用稿2100余条。外宣上稿量在全市区县排名稳定在15名左右。在央视上稿8条，其中《新闻联播》2条。在重庆台上稿181条，其中《重庆新闻联播》120条。《区县负责人访谈录》，秦文敏区长专访点赞量达22万人次，在全市各区县中排名第三。

【专题栏目】 以服务璧山经济社会发展为基调，创新栏目设置，《家有宝贝》《诗意璧山》《记录》《金色田野》《绿岛家园》等多个自办栏目以形式多样的节目内容，丰富群众的精神文化生活。其中，《电器老板转型记》获“重庆市新闻记者工作协会二等奖”，《26岁小伙的农场革命》获“重庆市新闻记者工作协会二等奖”，《患白血病的女老板》获“重庆市新闻记者工作协会三等奖”。

璧山人民广播电台开设了《璧山新闻》《三农直通车》《大喇叭气象》《养生大讲堂》《大家说法》《爱家小贴士》《音乐双双飞》等多个栏目，适时创办环保、安全、孝老、爱亲等广播宣传片，每周固定时段播出，在“三农”信息传送、农村经济社会发展和精神文明建设等方面发挥作用。

【精品节目】 拍摄制作音乐MV《爱是现在》《你我他》《行者》，引发强烈社会反响。8月15日，《行者》在璧山电视台、璧山手机台、“和美璧山”等璧山媒体平台正式上线，人民、新华、光明、中新四大央媒网站、客户端和《重庆卫视》《重庆日报》、华龙网、腾讯大渝、网易等媒体平台迅速推广。运用重庆发布及全市38个区县APP同步推送，使歌曲的新媒体点击量和网站阅读量当晚就突破200万人次。8月19日，医师节当天，在央视“1号线上”、新华客户端及医护行业新媒体平台的助力下，歌曲传播再掀高峰。据不完全统计，截至8月19日22时，《行者》线上关注量超过500万人次。区内所有户外广告大屏、标准化公厕电视、重报电子阅报屏、公交车车载电视，累计播放10万余次。区委宣传部协调重庆广电集团，在市内400条公交线路、7200辆公交车的14000多个移动公交电视，皇冠大扶梯、长江索道、火车北站、奥体中心等大型户外显示屏上演《行者》大合唱，日均受众700多万人次。为大家提供丰富的精神食粮，成为音乐营销璧山的经典之作。

【手机台建设】 集视频、图文、直播等优势传播途径于一体的璧山手机台，不仅能以最快速度将全区重大事件报道出来，还可手机现场直播，让大家能更直观、更及时地了解璧山发展动态。2018中国铁建·璧山国际半程马拉松赛现场直播、2018重庆市全民禁毒宣传月主题活动启动仪式、秀湖汽车露营基地投用直播、枫香湖儿童公园投用直播，累计点击量超过100万人次，获得区内外的广泛关注和认可。

【标准化建设】 新广播电台办公楼由中广设计院按照“功能完善、布局完善、适度开放、时尚大气”的理念设计，分三个合同段进行建设。即：电视台办公装修（三阶段）工程、空调安装工程和电视工艺系统及智能化工程。其中，空调安装工程已完成每层各房间出风口的安装、各通风管道、线路等铺设。电视台办公装修（三阶段）工程于2017年12月底进场施工，办公区域的地砖铺设、卫生间装修已完成消防设施、墙面石材钢结构建设等工程。电视台广电工艺系统及智能化建设项目5月中旬进场施工建设。完成一层地面铺设工程、一层三层的房间隔离墙体建设、各功能用房桥架铺设、智能化网络预铺设等。

推进新办公楼广播电视台技术系统工程。包含广播制播系统、摄录设备系统、专题演播室系统、开放演播室系统、综艺演播室系统、数字转播车系统、电视总控系统、电视制作网络系统、媒体资产管理系统、电视播出系统、新媒体系统、3D虚拟演播室系统等12个子系统工程。

广电网络

【概况】 重庆广播电视信息网络有限公司璧山分公司（以下简称分公司）成立于2010年11月，隶属重庆有线电视网络有限公司。前身为2000年成立的“璧山县广播电视网络传输有限责任公司”，分公司建设的广播电视网络是广播电视节目的主流传播渠道，是璧山本地广播电视节目的唯一传输渠道，是璧山区委、区政府重要的宣传阵地，是国家重要的信息基础设施之一。分公司由市场营销部、政企业务中心、技术维护部、规划建设部、计划财务部、综合办公室组成，下设璧城、璧泉、青杠、丁家、大路、大兴营维中心。主要经营广播电视节目传输覆盖，高清互动视频点播、互联网宽带接入、网络电话、数据专线和智慧城市等综合信息化业务，以及广播电视传输网络的建设和运营，广播电视宽带综合业务网络多功能开发及应用，数字电视及相关衍生产品的开发、咨询、销售及服务，信息资源的开发、集成和分发等业务。

【基础设施建设】 建成完善有线广播电视信息传输服务体系和无线广播电视信息发射系统、上联市网总前端最大400Gbps带宽的DWDM密集波分骨干网、MSTP城域网以及县域PTN环网和覆盖全区所有街道、镇的HFC有线电视接入网，形成"有线为主、无线为辅、卫星补点"的网络覆盖格局，综合覆盖率100%。

【有线电视节目】 提供公共频道78套、专业频道57套、高清数字电视63套、广播频道11套等有线电视服务，全频道电视节目时移回看，海量、高清、3D、4K互动视频点播服务和互联网宽带接入服务，以及教育、财经、娱乐、音乐、支付、商城、游戏、彩票等综合信息服务，让传统的"看电视"转变为"用电视"，提升百姓信息化生活的品质，丰富精神文化生活。

【FTTH网络建设】 完善网络空间布局，优化农村网络资源。按照璧山区脱贫攻坚的相关要求，推进落实福禄镇和平村、大兴镇茅莱村、三合镇大星村等15个基础设施薄弱村建设工作，为薄弱村构建农村FTTH网络体系，为农村贫困用户提供了网络支持。部署利用机房FTTH网络设备组织协调施工队伍战力，深入农村市场。FTTH端口使用率达到60%以上，支持璧山区15个街镇138个行政村的市场发展，保障农网FTTH用户的收视上网需求。

【公共文化服务建设】 服务璧山城市营销需求，发挥重庆有线云端平台和高清互动终端接收覆盖的优势，实现电视端和手机端的连接，成为璧山区对内对外的宣传窗口。承接直播卫星"户户通"安装项目，累计安装直播卫星电视地面设施6800多套，解决约2万名农村群众观看电视节目问题。

文化产业

【概况】 全区共有文化企业及产业活动单位1215家，其中规上文化企业41家，涉及20多个行业小类。服务业企业261家（规上企业13家），涉及21个行业，其中网吧、工程勘察设计、广告业3类企业合计占服务业企业的69.4%，动漫企业2家，数字出版单位3家，艺术品企业11家，初步形成音像、娱乐、演出、电影、美术、图书、游艺、网络文化、印刷业等综合性的文化市场主体。建设一批满足市民文化生活需求的文旅融合重点项目，如：砂之船奥特莱斯、摩登时代广场、体育公园、汽车露营基地、枫香湖儿童公园、大路乡村文化乐园等，文化产业增加值总量达24.01亿元，占地区生产总值的4.6%。

文化活动

【群众文化】 组织秀湖公园百姓文化舞台和儿童公园舞台惠民演出，组织文艺团队20余支以及民间文艺团队、街镇文艺队、部门行业文艺队等，常年开展常态化固定平台文化惠民演出，演出100多场，观众近10万人次，形成常态化的文化惠民品牌活动，吸引主城区和周边各区县的大批游客和文艺爱好者前来观看或参与演出。开展基层文化惠民活动，区文化馆进镇街巡演和各分馆下村社演出330场，覆盖璧山区全域。

【文化交流】 以"放歌新时代·共筑中国梦"为主题，引进芭蕾舞剧《天鹅湖》、川剧《江姐》、舞剧《一把酸枣》等17部国际国内优秀经典剧目在文化艺术中心演出。

【节日文化活动】 组织开展2018年春节联欢晚会等迎春系列节目、重庆市璧山区第四届青少年

2018年1月，璧山舞龙队在区文化艺术中心广场上排演（孙茜摄）

2018年2月2日，文化科技卫生“三下乡”活动中，区书法家协会免费为群众写春联(璧山报社供图)

2018年2月21日，位于秀湖公园的百姓文化舞台开展演出活动(璧山报社供图)

艺术之星评选、"我们的中国梦•文化进万家"2018年文化三下乡活动、"巾帼心向党•建功新时代"重庆市璧山区"三八"国际妇女节108周年纪念暨表扬活动、"不忘初心•牢记使命"重庆市璧山区党员形象展示活动。举办龚琳娜与璧山少儿合唱团音乐会等大型演出活动。

【流动文化进基层】 开展政府购买公共文化服务工作，推进民生实事惠民工程，完成流动文化进基层宣传贯彻落实党的十九大精神等文化活动600场，戏曲进校园活动演出20场，组织秀湖公园"百姓文化舞台"和枫香湖儿童公园演出130场。

社会建设

教　育

【概况】 2018年，全区教育系统围绕“以最好的教育给孩子最好的未来”总目标和“合作办学、课程改革、办学品质”工作重点，厚植“提高质量、促进公平，突出重点、改革创新”底色，对标“一生之城”高标准服务体系，打造璧山教育品牌。全区高考一本上线1090人。璧山中学新建初中完成主体工程建设，推进职业教育中心改扩建工程，新建和改扩建公办幼儿园17所，新增公办民营幼儿园22所，在全市率先完成“学前教育三年行动计划”目标任务。璧山中学与重庆一中、上海方略教育集团联盟办学，重本上线803人，5人被清华、北大、港大录取；实验小学开发学生评价软件；御湖小学打造家长学校示范基地；三所学校改革成果引领辐射全区。全国教育信息化工作会议在璧山召开，创建成为市级“社区教育示范区”，璧山教育7次被中央、市级重要媒体聚焦。义务教育阶段学生营养餐持续全覆盖，2244人享受“爱心午餐”，资助困难学生10930人，发放补助820万元。

全区有各级各类学校203所，比上年增加2所，增加1%；在校学生91704人，比上年增加2276人，增长2.5%；有教职工6540人，比上年增加212人，增长3.4%。全区学校占地193.58万平方米，比上年增加1.18万平方米，增长0.6%；校舍建筑面积107.2万平方米，比上年增加0.4万平方米，增长0.4%。全年教育经费总收入145416万元，比上年增加8818万元，增长6.5%；总支出146292万元，比上年增加12961万元，增长9.7%。

2018年璧山区教育事业情况表

单位：所、人

	学校数	毕业生数	招生数	在校生数	教职工数	
					总计	其中专任教师
总计	203	24764	25059	91704	6540	5506
中等职业教育	2	714	1133	2745	144	124
普通高中	3	3750	3555	10974	845	747
普通初中	14	5526	5657	16713	1245	1228
普通小学	38	5741	6355	41777	2295	2254
特殊教育	1	25	27	117	30	29
学前教育	145	9008	8332	19378	1981	1124

注：此表数据包含民办教育，数据来源于《2018—2019年学年初区（县）教育事业统计综合报表》

2018年壁山区办学条件情况表

单位:万平方米、万册、万元、台

	占地面积	校舍面积		运动场地面积	固定资产值		图书		教学用计算机
		总计	其中教学行政用房		总计	其中教学仪器设备值	总计	其中电子图书	
总计	193.58	107.2	58.45	54.62	107140	12421	179.05	43.25	8586
中职教育	11.03	7.13	4.56	1.05	3735	1401	7.8	7.3	801
普通高中	47.29	33.07	13.45	11.78	19093	2480	49.6	7.3	2002
普通初中	27.35	12.77	7.0	9.4	30551	2016	30.6	7.3	1185
普通小学	84.76	37.8	20.88	23.62	50156	5587	73.1	7.3	4239
特殊教育	0.84	0.87	0.18	0.17	220	39	0.05	7.3	35
学前教育	22.31	15.56	12.38	8.6	3385	898	17.9	6.75	324

注:此表数据包含民办教育,数据来源于《2018—2019年学年初区(县)教育事业统计综合报表》

2018年壁山区教育经费与办学水平情况表

类别	数量	类别	数量
教育经费总收入/万元	145416	每万人口在园幼儿数/人	300
其中:国家财政性教育经费/万元	133469	每万人口在校小学生数/人	647
社会捐、集资办学经费/万元		每万人口在校初中生数/人	259
事业收入/万元	11631	每万人口在校高中阶段学生数/人	212
教育经费总支出/万元	146292	学前三年毛入园率/%	94.6
其中:事业性经费支出/万元	144123	小学适龄人口入学率/%	100
基本建设投资项目支出/万元	2169	初中适龄人口入学率/%	100
财政预算内教育经费支出占财政支出的比例/%	12.08	高中阶段教育入学率/%	97.1
政府教育财政拨款的增长与财政经常性收入的增长比例/%	1.37	小学毕业生升入初中比例/%	100
小学生均预算内教育事业费/元	10047	初中毕业生升入高中阶段教育比例/%	97.1
初中生均预算内教育事业费/元	14616	教育人口占总人口的比例/%	15.8
普通高中生均预算内教育事业费/元	14969	人均受教育年限/年	11.9
中等职业学校生均预算内教育事业费/元	8553		
小学生均预算内公用经费/元	3061		
初中生均预算内公用经费/元	3937		
普通高中生均预算内公用经费/元	5188		
中等职业学校生均预算内公用经费/元	3675		

注:此表数据包含民办教育,数据来源于《2018年全国教育经费统计报表》

【组织机构】 中共重庆市璧山区委教育工作委员会和重庆市璧山区教育委员会设内设机构8个。办公室、组织人事科、教育科、财务科、计划基建科、督导科(挂重庆市璧山区人民政府教育督导室牌子)、安全稳定办公室、大中专招生科(挂重庆市璧山区大学中专招生委员会办公室、重庆市璧山区高等教育自学考试工作委员会办公室牌子),内设机构为正科级。中共重庆市璧山区委教育工作委员会和重庆市璧山区教育委员会下属事业单位3个:重庆市璧山区教育科学研究所、重庆市璧山区教育信息技术与装备中心、重庆市璧山区教育服务与资助中心。

【学校基础设施】 全区学校占地总面积193.58万平方米,生均占地面积21.11平方米,校舍建筑总面积107.2万平方米,生均校舍面积11.7平方米。全区学校修缮总面积10.2万平方米,投入资金4361万元。全区新建农村教师周转房面积2107平方米,投入资金403万元。启动大路中学龙湖校区,投资约4.5亿,总建筑面积116405平方米。璧山区来凤中学综合楼建设工程由区发改委立项,投资1060万元,建筑面积约5300平方米。目前完成主体施工约3000平方米,12月底完成主体施工。太阳堡、香江、清明、文风四所公办幼儿园改建工程投资约1000万元,已全部完工并投入使用,解决近千名幼儿的入园问题。

【教师队伍】 2018年,中小学教职工编制总量从4424名增加到4454名。新招聘教师116名,其中首批农村小学全科教师20名毕业入职。区外选聘优秀教师17名。首次定向培养学前教育公费师范生14名。交流校级领导干部10人、教师157人。选派3名教师到西藏支教、3名教师到开州区支教、29名城区学校教师到镇学校支教。3人获评重庆市"特级教师",1人获评"重庆名师"。1人获"第三届重庆好老师演讲比赛"一等奖;1人获评重庆市"最美校长",3人获评重庆市"最美教师",2人获评重庆市"最美班主任",1人获评重庆市"最美乡村学校少年宫辅导员",2人获评重庆市"教师教育先进个人",1人获评第二届"璧山英才"。2人评为正高级教师,43人评为高级教师。特殊教育学校获评全国"三八红旗集体",北街幼儿园获评全国"巾帼文明岗"。

【教育督导评估】 3月,区政府教育督导委员会印发《关于聘任新一届政府督学的通知》,召开2018年教育督导委工作会暨新一届政府督学聘任仪式,聘任专职督学、特邀督学、专家督学和责任督学共计95人。逐步实现教育督导信息化管理,建立"互联网+"创新管理模式。56位责任督学每月坚持深入责任区学校2次以上。2个专职督导小组坚持每月对全区52所学校67个校区开展过程督导,发出整改意见书312份,提出整改意见676条,发现学校工作亮点323处,发出《重点工作督查通报》14份,编写《璧山教育简报》6期。

【均衡教育】 5月,通过"义务教育发展基本均衡区"市级复检。制定《璧山区义务教育阶段控辍保学工作实施方案》,建立多部门参加的联动机制和学校考核机制,九年义务教育巩固率常年保持在95%以上。制定《璧山区义务教育阶段招生工作实施方案》,严格执行免试就近入学。近两年,连续实施学校布局结构调整,整合9所学校,组建集团化学校7所,持续发力巩固基本均衡发展成果。城乡义务教育实现学校建设、教师编制、生均公用经费和装备配置标准统一。通过为期五年的全面"改薄"工作,小规模和寄宿制学校办学条件全部达到市定标准。

【法治教育】 正则中学校荣获第三届全国学生学宪法讲宪法活动重庆赛区决赛优秀组织奖学校;开展"三月法制宣传月"主题教育活动;组织参加重庆市第三届中小学法治教育优质课决赛。八塘初中张仪荣获市级比赛二等奖,金剑小学张晶晶荣获市级比赛三等奖;开展了"学宪法讲宪法”演讲比赛、征文比赛活动;13所学校成功创建为区级毒品预防教育示范学校;璧山中学冯桂颖参加全国禁毒知识演讲比赛荣获二等奖。

【德育教育】 3月,深入开展“扬雷锋精神·展绿色教育”主题教育实践活动,全区师生积极参与志愿服务活动。4月,开展“我们的节日——清明”主题教育活动。5月,举办“家庭教育流动学校百场讲座进万家”活动,全区开展家庭教育讲座和指导活动100余场,受益家长达3万余人次。8月,重庆市深化教育领域综合改革试点项目——《实施德育体系化落实立德树人改革试点》成功结项。“中华魂”主题教育读书活动征文获市级一等奖8名,二等奖27名,三等奖12名;演讲获市级一等奖6名,二等奖7名,三等奖1名。“五好小公民”主题教育读书活动近200人分获国家级征文比赛各个奖项,璧山中学吴思齐获得朗诵比赛全国一等奖。

【体育艺术教育】 开展区第22届中小学生运动会、优秀体育苗子暑期集训、大课间评比、啦啦操等赛事活动。组队参加重庆市中学生田径锦标赛荣获区组初中组团体总分第三名、高中组团体总分第六名。4月,承办重庆市2018年小学生篮球比赛,实验小学男篮获得第二名。落实特色学校建设,2所学校创建为“全国网球特色学校”,3所学校创建为“重庆市体育艺术特色学校”。组织参加重庆市校园足球总决赛,在各组别中共获得6个二等奖、2个三等奖。

开展璧山区第八届中小学生艺术展演活动,分艺术表演类和艺术作品类两个大项,4月26日—28日,举行艺术表演类现场展演。5月,开展学生书画和摄影作品、美育创新与改革案例和校长书画摄影作品评选活动和庆祝“六一”儿童节文艺演出。参加重庆市第八届中小学生艺术展演活动,璧山中学大合唱《乡间小路》、丁家初中小合唱《薅秧歌》、北街小学扎染坊参加现场展示;8幅书画及摄影作品获市一等奖;北街小学合唱和课堂器乐、璧泉小学和职教中心校园集体舞均获市级二等奖。组建璧山区少儿合唱团,合唱团由著名歌唱家龚琳娜亲自指导,在9月28日儿童公园的投用慰问典礼上首次献唱,9月28日晚,在龚琳娜的演唱会上,与龚琳娜一起同台演出。

【教育装备与信息化建设】 投入557.523万元完成璧山区校园视频监控报警系统建设,投入83.79万元完成校园视频监控报警系统专用光纤网络建设,全高清的视频监控摄像头覆盖所有学校重点部位。升级改造中小学班班通设施设备长焦投影机(含幕布)135套、短焦投影机(含交互式电子白板)135套、电脑主机160台、展台170个及15个新增班级的配套设备等。区教委门户网站加入区委信息中心集群网站。教育部副部长杜占元同志到璧山中学调研璧山区的智慧教学模式。2018年,教育部全国中小学校长网络学习空间“人人通”专项培训在璧山中学举行。璧山中学智慧教学模式作为重庆市优秀案例,参加在北京举行的第三届全国基础教育信息化应用展示交流活动和在宁波举行的全国智慧教育论坛。

【心理健康教育】 3月,召开璧山区2018年心理健康教育工作研讨会,青杠初中成功创建为重庆市心理健康教育特色学校。5月,各中小学校开展心理健康教育宣传活动。开展为期10天的学校心理健康教师专业技能培训,全区各学校共70名教师参加了培训。全区心理健康教师参加教科院班级团体心理辅导设计竞赛,获市级一等奖3个、二等奖6个,三等奖8个。

【学前教育】 新审批民办园5所,全区共有幼儿园145所,其中公办幼儿园2所,学校附设幼儿园40所,民办幼儿园103所。学前一年毛入园率99.2%,学前三年毛入园率88.2%。普惠性园80所,占比率55.94%,区域覆盖率100%,发放公用补助经费784.62万元。享受学前资助幼儿1084人次,发放资助经费117.072万元。启动《重庆市璧山

2018年5月3日，城关幼儿园老师卜华在吊环区守护孩子安全，卜华是当时全区唯一的公办幼儿园男老师(璧山报社供图)

2018年3月2日，璧山实验小学幼儿园开展大手牵小手包汤圆亲子活动(张承刚摄)

2018年3月27日，城北小学学生体验VR设备（璧山报社供图）

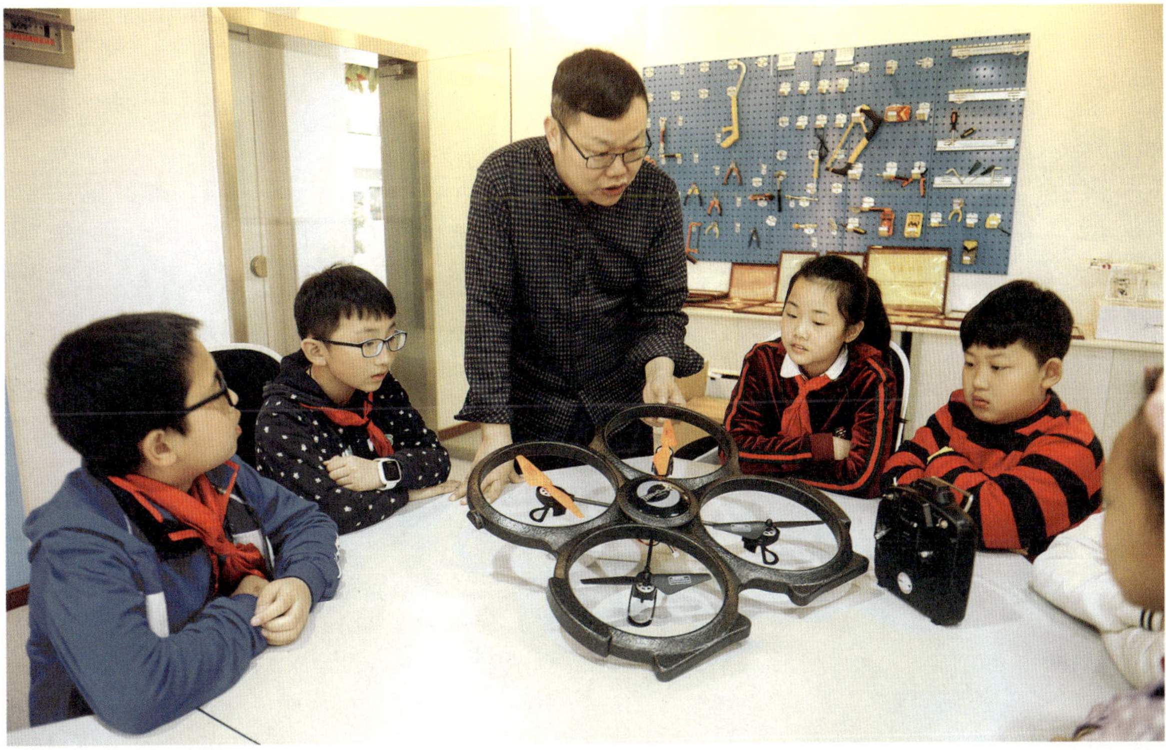

2018年3月27日，城北小学学生学习无人机知识（璧山报社供图）

2018 年 3 月 29 日，御湖小学学生在特色功能室练习弹奏古筝（刘畅摄）

2018 年 4 月 28 日，“点赞公民——千万市民升国旗”活动在壁山实验小学举行（曾清龙摄）

2018年5月16日，璧山区首届创客教育成果展示交流活动在御湖小学体育馆举行(杨勇摄)

区第三期学前教育行动计划实施方案》编订工作。4月，开展全区幼儿园早操培训。11月至12月，开展规范幼儿园办园行为督导评估工作。12月，启动开展普惠性幼儿园教师学科培训和公办幼儿园建设情况调研。

【义务教育】 实行布局结构调整。在2017年基础上有4所中小学纳入集团化办学。其中，广普小学与云平小学实行集团化办学，在广普小学设置总校、总校长；广普初中纳入丁家初中集团化办学管理，在丁家初中设置总校、总校长；七塘初中纳入大路中学集团化办学管理，在大路中学设置总校、总校长。小学新生入学实行划片招生，学生入学当月注册新生学籍，纳入全国中小学生学籍信息管理系统统一管理。小学毕业生对口升入初中学校。小学新生入学后实行"零起点"教学，严格控制学生课外作业量，布置适合学生特点的探究式、体验式作业。寄宿制初中每天晚自习时间不超过2课时。减负提质纳入学校绩效考核。学校严格执行国家课程计划，开齐、开足课程。安全、法治、心理健康教育课纳入学校和班级的课程设置，确保每周至少0.5课时。

【高中教育】 2018年，全区3所普通高中(完全中学)在校生10974人，其中毕业生3496人，招收新生3558人。推进全区高中发展促进计划，开展普通高中教育教学改革研究课题、精品选修课程和课程创新基地建设工作，通过学校申报、区教委推荐、市教委专家组织答辩、评审、公示等程序。2015—2018年，教学改革研究课题立项10个，精品选修课程建设9门，课程创新基地建设1个。

【特殊教育】 全区统计在册的残疾少年儿童681

2018年3月，璧山中学高中部学生搭建参赛用的机器人作品（璧山报社供图）

2018年6月7日，璧山中学考场外，参加高考的学生相互加油鼓劲（璧山报社供图）

名，普通中小学校随班就读的三残学生620名，分布在21所学校，适龄儿童少年入学率由88%提高到91%。对无法到校接受教育的重度残疾儿童均建档案，纳入送教上门和康复服务对象。完成璧山区特殊教育资源中心建设，分别在6所学校建成6间特殊教育资源教室，添置各种功能室设备、康复器材和校园建设等共用经费300多万元。特殊教育学校被中华妇委会表彰为全国三八红旗手先进集体，先后8人次参加区级现场赛课获奖，其中刘丽参加市级赛课获得一等奖，学生表演的节目《巴风渝韵》喜获第九届全国残疾人艺术会演一等奖。

【教育科研】 区级课题申报27个，立项14个。新申报市级课题29项，10个市级课题顺利结题，10项市级课题组织开题。多篇教师论文获奖或公开发表。教科所刘志成、苏遗华、郭光兰等主编教研著作5本。《璧山课改》连续出刊，与《新校长》杂志联袂出品的《璧山课改专刊》正式出版。璧山区教科所被重庆市教科院授予“重庆市2018年度教研工作先进集体”荣誉称号，孙绍颖、郭光兰、张劲被评为“重庆市2018年度教研工作先进个人”。

【课程改革】 召开“生长课堂”现场会33学科次，组织教师上“同课异构”示范课68节，示范引领教师课堂教学变革。第一批857名教师通过验收，小学平均过关率97.9%、中学过关率94.2%。第二批累计上报1261名教师参加验收（不含璧山中学、实验小学），以评价推动教师“课堂变革”真实发生，促使课程改革理念落实到课堂教学中。

【职业教育】 璧山区具有招生资质的中等职业技术学校2所，其中重庆璧山职业教育中心是区教育委员会主管的公办学校，重庆市青山技工学校是区人社局主管的民办学校。中职学校教职工144人，其中市级骨干教师10名、区级骨干教师9名、区名师11名、专任教师118人、双师型教师54人。中职学校开设有数控应用技术、电子应用技术、旅游服务与管理等10个专业。区内中职学校实行春秋两季招生，全年招收全日制中职学生1479人，中职在校生3200人。

【成人教育】 创建重庆市社区教育示范区工作，承办重庆市2018年全民终身学习活动周开幕式。市教委、教科院专项划拨社区经费10万元，用于社区教育、农村种养殖技能培训等工作；区教委教育统筹经费50万元、市教委专项划拨20万元用于璧山区创建重庆市社区教育示范区、承办重庆市2018年全民终身学习活动周开幕式。周厚勇荣获全国社区教育学习之星，“正则绣”“农技小博士”分别被评为重庆市社区教育特色课程和终身学习活动品牌，选送15件获奖作品中有7件社区教育微课作品，分别获得二等奖1个、三等奖3个、优秀奖3个。谢周群、吴永亮评为重庆市社区教育先进工作者。

【民办教育】 教委审批的民办学校和培训机构（含分公司）有55家。其中，非营利义务教育阶段学历教育的学校1家，即璧山区阳光外语学校；非营利教育培训机构17家，营利性教育培训公司37家。2018年增加营利性教育培训公司12家。金课堂文化艺术培训中心有限公司申请注销，精锐教育培训有限公司、道和教育培训有限公司申请变更经营范围，不再从事文化类教育培训。区教委、区民政局等四部门联合印发《区教委等四部门开展校外培训机构专项治理行动工作方案》的通知，开展治理工作。

科学技术

综　述

【科技投入】 全社会R&D经费投入17.5亿元，占地区生产总值比重超过3.2%。兑现区级企业奖补资金1482万元。协助桂生机械等13家高新技术企业享受“企业所得税增量地方留成部分50%”政策补助71.5万元。向上争取企业科技计划项目资金1810万元，其中众泰、红宇精工、蓝黛、盾之王、嘉木等企业获市级技术创新专项补助资金1200万元。

【创新主体】 实施科技创新卷、研发费加计扣除、重大新产品补助、知识价值信用贷款风险补偿、研发平台补助等激励政策，鼓励企业加强产学研合作，吸收引进先进技术，开发新产品，扶持企业转型和科技型企业成长。组织企业申报科技型企业，市级认定101家，累计330家；推荐88家科技型企业申报高新技术企业，通过60家，有效期内高新技术企业达到135家；认定“牛羚”企业41家、“瞪羚”企业9家；高新技术产业产值占比预计提高到50%。

青山公司生产车间（2018年摄，壁山报社供图）

盾之王负责人介绍FDY3R-GTJH05型救生防弹衣(2018年摄,璧山报社供图)

【创新平台】 推进"1+10"研究院体系建设,新增重庆黄桷树智能传感器研究院有限公司、重庆盾之王安防设备技术研究院有限公司等5家独立法人研发机构,指导得润汽车电子研究院申报市级高端研发机构。青山工业公司被认定为市级技术创新中心。培育区级工程技术研究中心,新认定璧山区轻型全域车辆工程技术研究中心(重庆嘉陵全域机动车辆有限公司)、璧山区汽车及电子精密模具工程技术研究中心(重庆鑫盟精密模具有限公司)等12家区级工程技术中心。区级以上研发机构达到148家,36.9%的规上企业建立研发机构。

【科技金融】 新增科技型企业知识价值信用贷款风险补偿基金1000万元。全区共301家科技型企业获得授信,授信金额2.88亿元,91家科技型企业申请知识价值信用贷款1.16亿元,61家企业获得信用贷款7840万元。加强创业种子投资基金管理,对符合条件的4家创业企业和团队给予130万元免息信用贷款支持。

【科技成果】 指导68家企业研发的398项新产品申报市级高新技术产品,获认定市级高新技术产品222件,帮助企业登记科技成果242件。

【双创活动】 推进璧山CBD"双创"基地、重庆机电学院创业大街建设,培育"璧山创智工场""闪电工场""艾立特众创公社""鑫智融汇""金色郊区"等众创空间(星创天地)和"众合创园""力合清创”等孵化器，在孵企业和团队92家。举办“全国大众创业万众创新活动周璧山分会场系列活动”，开展“第三届璧山区创新创业大赛”“大学生创新创业选拔大赛”“乡村振兴人才创业创新交流会”，营造良好的创新创业氛围。

【科学普及】 开展科普宣传咨询活动，组织科技特派员、科技志愿者、科普基地开展了科技创新、知识产权、防震减灾等一系列科普知识讲座、宣传咨询活动13场次，受益群众近2万人次；开展科技活动周系列活动，首次举办璧山科技创新成果展，展出科技成果47项、300余件；举办璧山区首届科普讲解比赛，首次组队参加重庆科普讲解大赛并获优秀组织奖。组织39名科技特派员深入镇街、园区开展技术指导、培训、帮扶等服务，引进推广了新技术18项、新品种129个。创建市、区级防震减灾示范学校3所；创建市、区级科普基地7个。

科技平台建设

【概况】 一是推动企业成为创新主体。举办第三届璧山区创新创业大赛，全区100家中小型企业和51家创业团队参赛。召开科技工作大会，为全区100余家重点企业开展知识产权及科技型企业、高新技术企业申报专题培训。高新技术企业获批41家，新增科技型企业125家。拥有市级创新平台85家，国家级企业技术中心2家。二是实施重大科技项目。由重庆大学院士杨士中牵头，与重庆大学、西安电子科技大学等单位合作，在璧建设占地200亩的太空电站实验室，以空间能源技术为引导，探索空间太阳能发电及利用、未来飞行器测控与通信系统理论、方法和新技术，并以此为契机，助推璧山承接国家重大科学工程战略布局，推动重大科学装置集群落地。该项目在第三届重庆军民深度融合产业发展交流会上成功签约，完成立项、选址规划等前期工作。三是建立创新创业平台。与中国科技开发院等知名孵化器运营企业合作建设创新创业孵化园，首期改造老蓝黛4万平方米标准厂房打造中国智汇创客公园。与深圳清华大学研究院旗下深圳力合天使孵化公司合作共建孵化器，围绕新材料、生物医药、电子、通信等领域，形成产业布局、研发、生产一体化的科技企业孵化链条，打造具有特色、具有潜力的全国知名孵化器。完成机电学院创业大街建设，并引进E时代汽车电子、聚意文化传媒、攻玉科技等35个团队、100余名创业人员入驻。

【“双创”活动】 完成“璧山·创智工场”2期建设。引进“阿里巴巴内外贸平台”进驻创业大道，并注册成立重庆小金牛网络技术有限公司。联合机电职业技术学院，以璧山高新区创业大街为名，以璧青路学院正门的主体楼宇及门市（约1万平方米）为载体，改造众创空间临街人行道、绿化带，营造创新创业氛围，共同推进国家级众创空间创建。与中国科技开发院等知名孵化器运营企业合作建设中国科技开发院（重庆·璧山）双创谷。

【重庆军民融和协同创新研究院建设】 落实创新驱动和军民融合的国家战略，在首届重庆军民深度融合产业发展交流会上，揭牌成立重庆军民融合协同创新研究院（简称“总院”）。联合重点优质企业陆续成立得润汽车电子、众泰新能源汽车、黄桷树智能传感器、瑞普智能机器人等7家专业研究院。研究院采用“总院+专业研究院”模式，总院为从事科技服务的事业单位，负责引进高端军民两用科研成果进行孵化和转化，争取国家军民融合项目落户；专业研究院接受总院业务指导、资金补助、投资孵化成果转化等服务。筹建重庆金冠智能技术研究院，盾之王公共安全研究院等。

【台商工业园】 于2012年5月30日经重庆市人

民政府批准设立，并在璧山揭牌运行，是促进渝台经贸交流的重要平台，与紧邻的西永微电园一起形成中国西部的台资密集区。该工业园位于璧山高新区内，规划面积2平方千米。截至2018年年底，璧山区共有台资企业85家，建成投产40余家，占笔电配套企业的41.3%，总投资132亿元，其中投资额1000万美元以上的20家，涉及电子信息、装备制造、材料、食品等多个领域。

【中意创新产业园】 与重庆大学合作在重庆大学国际创客港打造1000平方米的“中意创新科技型众创空间”。与意大利重庆领事馆建立良好的沟通交流渠道，领事馆全力支持璧山高新区建设中意创新产业园，并推荐意大利企业到璧山考察投资。

【智慧园区试点建设】 璧山高新区于12月12日申报为重庆市智慧园区建设第一批试点园区。市长唐良智、副市长李殿勋、副市长陆克华分别对智慧园区建设做重要指示，明确要求将智慧园区建设纳入区县考核。按照市经济信息委统一部署，完成前期调研、总体规划编制。

【科技融资】 启动设立规模为50亿元的军民融合创投基金，助推军民融合产业发展。成立3000万元创业种子投资基金，为创新型小微企业提供资金支持，向4家企业提供免息贷款支持。联合市科委共同发起成立规模为1亿元的“科技型企业信用担保基金”，对科技型小微企业在不提供担保物的前提下，给予40万~300万元不等的基准利率担保贷款，放贷5000余万元，34家企业受益。依托两山担保公司获重庆银行、重庆农村商业银行、重庆璧山工银村镇银行3家银行综合授信4亿元，帮助企业解决融资问题。

2018年6月21日，游客体验璧山展馆的科技展示（璧山报社供图）

高新技术推广应用

【概况】 璧山高新区把创新摆在发展全局的核心位置，塑造更多依靠创新驱动、更多发挥先发优势的引领型发展，重点助推军民两用技术转移及科研成果转化，新注册独立法人研发机构7家。其中，黄桷树智能传感器研究院围绕微机电系统（MEMS）传感器、光纤传感器及分析系统、智能制造等方向进行研发，目前已取得2项发明专利。得润汽车电子研究院开展汽车电子电气、新能源电源管理模组、车联网等研发，推荐申报市级高端研发平台。兴渝新材料研究院开展新型纳米材料、保温材料、防火防水饰面新材料等研发，共申请专利26项，其中发明专利16项，"墙体腻子防水技术引进专利分析"项目被市知识产权局评选为2018年专利风险防控示范项目。众泰新能源汽车研究院开展新能源整车设计、新能源汽车共性技术研发、关键零部件开发等。出台扶持政策，促进40%以上的规上企业建立研发中心，推动企业成为研发主体。

【高新区科技创新示范基地】 科技创新示范基地位于璧山CBD金融街，建设内容主要包括创业大厦、创业大道、产业创新升级体验中心。其中孵化器规划总面积3万平方米，建成并投入使用6000多平方米。孵化器已获得国家级众创空间、璧山国家级高新区科技创新示范基地、璧山区创新创业示范基地、璧山大学生实训基地、重庆市首批众创空间、重庆郊区金融街、璧山国家高新区科教创新示范基地等众多荣誉。创新示范基地主要致力于营造良好的创新创业生态环境，大力培育和发展创客空间、创新工场、科技企业孵化器等创新创业服务平台，促进科技成果转化，培育高新技术企业，培养创新创业人才，提升科技对经济社会发展的贡献力，创新示范基地入驻中小企业40余家，团队15家，累计注册企业51家，已毕业25家。

【新能源汽车】 比亚迪新能源电池生产基地启动基础设施建设，重庆龙润汽车转向器有限公司新厂区竣工投产。

高新区打造新能源汽车产业群（2018年5月摄，璧山报社供图）

【大学生实训基地】 成立重庆大学来华留学生创新实习基地，有100余人次的留学生到大江动力、瑞润电子、蓝黛传动等企业实习。新增众泰汽车、三友公司、山青机械等大学生实训基地11个。有6000人次大学生参与实训。

【股权投资计划】 两山阿尔威基金对金冠汽车投资3760万元，助推该企业启动上市IPO。通过委托贷款方式，促进得润电子关联企业落户璧山。对接市科风投、上创新微、国家军民融合母基金等近20家金融机构，并在高交会上签约规模为50亿元的军民融合创投基金，推动重庆璧山军民融合示范园区建设，助力璧山军民产业融合发展和转型升级。为确保国有资金安全，对已投项目做好投后管理，在防控风险的同时，保障投资收益。收回众泰汽车、金世旗债权融资计划等项目投资本金共4.12亿元，实现收益2217.27万元；收回轩恩教育项目履约保证金829万元，并启动股权回购。

【第三届重庆军民深度融合产业发展交流会】

12月6日，空间太阳能电站技术暨第三届重庆军民深度融合产业发展交流会在璧山民生大酒店举行。中国工程院、中国科学院等多位院士及200多名专家参会。会上，璧山区与重庆大学、中国空间技术研究院西安分院、西安电子科技大学联合签署合作协议，标志着我国首个空间太阳能电站实验基地在璧山启动建设。该基地建成后开展的基础性实验和应用研究，将对我国今后建设空间太阳能电站、改变传统能源传输方式、破解能源供给难题等产生重大意义。

【第三届璧山区创新创业大赛】 举办第三届璧山区创新创业大赛，全区100家中小型企业和51家创业团队参赛，共有10个团队、10个企业获得近20万元的奖励补贴。

【璧山高新区创业大街建设】 联合机电职业技术学院，以学院正门的主体楼宇及门市为载体，共建璧山高新区创新创业大街，共同推进国家级众创空间建设。项目总投资1200万元，项目总建设面积约1.6万平方米，其中综合服务区建设面积约3000平方米、众创空间建设面积约2000平方米、创业孵化园区建设面积约7000平方米、创客大街建设面积约4000平方米。主要功能由综合科技服务、一站式服务平台于一体的科技服务大市场，集创新教育、种子孵化、联合办公、创业咖啡馆于一体的众创空间，先进智造、文化创意、电子商务等类型的创业企业孵化园，创业孵化加速器、创新企业策源地、创客文化集聚的创业大街。璧山高新区管委会负责学院临街人行道、绿化带的改造，总面积约3000平方米，主要建设内容包括地面的升级改造、污水井的提升、灯具及座椅等，总投资约为180万元。学院负责创业大街（众创空间、孵化器等）设计、内部装修、项目招商及运营，并在市级众创空间的基础上2年内成功创建国家级众创空间，3年内力争建成1个国家级孵化器，每年孵化项目（团队）30个，10个项目在璧山注册并实际运营，5个项目成功申报为重庆市科技型企业或高新技术企业。完成创业大街改造工程建设。

气象事业

【概况】 璧山地处中亚热带湿润季风气候区。区域东、西是低山区，两山间为丘陵谷地，对夏季来自海洋潮湿的气流扰动辐射作用。因此，具有春早、夏热、秋迟、冬暖霜雪少、无霜期长、雨量充沛，以及风速小、湿度大、云雾多、日照少、绵雨多、多雷电等特点。同时，受东南季风、西南季风和北方冷空气的影响，以及它们与西风带和副热带高压的不同季节配合、进退各持续时间的长短，形成区域冬半年、夏半年的另一个特征。

历年平均气温18.0℃，极端最高气温42.2℃，极端最低气温－3.0℃；历年平均降雨量1064.7mm；历年平均日照时数1051.0小时；历年平均风速1.7米/秒；历年平均相对湿度81%；历年平均无霜期364天。

2018年，境内气象灾害有干旱、洪涝、寒潮、低温、阴雨、大风、冰雹和雾，其中危害最大的是阴雨和洪涝，其次是干旱、寒潮、低温、大风、冰雹和雾。主要灾害是暴雨、强降温、干旱、连阴雨，其中暴雨较为突出。本年平均温度18.6℃，极端最高气温40.2℃，极端最低气温-0.4℃。年降水量1117.1mm。雨日173天，大于50.0mm雨日数2天，一日最大降水量127.4mm。年日照时数987.6小时，距平百分率-16%。全年气象站出现特强降温天气两次、强降温天气一次、大暴雨一次、暴雨天气两次、连阴雨天气四段、大风天气两次。雨量偏多，温度略偏高，日照偏少，年内出现的强降温、暴雨、连阴雨、大风等天气给本区的工农业生产和人民的生活带来一定影响。

【气象服务】 利用突发事件预警信息发布平台、村级气象服务站、手机信息、电视、显示屏、专题材料等方式进行一系列服务。全年发布手机短信、电子显示屏、农村大喇叭、电视、报纸、《每日气象要讯》365期。发布《一周天气预报》50期，《重要天气预警信息》26条，人降作业信息19条。发布农业气象月报12期、旬报36期，农事活动关键期服务信息36条，雷电黄色预警信息34条，大雾预警信息17条，暴雨预警信号4期，雨情通报39期。

【气象灾害防御】 全区部门、街镇、村居“三级”气象灾害防御体系全面建成，做到工作部署到位、任务落实到位、履职尽责到位。气象工作督察检查形成常态化，确保气象灾害防御工作人员、装备、技术到位。气象灾害防御“树状”责任机制建设实现四到位，通过与部门签订联动协议，与街镇签订工作责任书，街镇与村居签订责任书等形式全面落实工作责任，做到制度建设到位，预案建设到位，人员队伍建设到位，组织培训到位。

【气象灾害预警信息平台建设】 突发事件预警信息发布平台延伸至区委政法委、区政府应急办、区教委、区安监局、区交委、区卫生计生委、区信访办、区民政局、区公安局、区农委、区林业局、区水务局、区国土房管局、区环保局、武警区中队等17个部门，进入平台的用户数24.5万人，平台基础数据涵盖防汛、地质灾害、农业、林业多个行业，视频会商系统实现15个镇街、20个应急委成员单位的互联互通，预警信息处置责任人2612人承担全区上下各级的预警信息传播责任，覆盖全区30个部门、15个镇街、187个村居，13428名用户注册进入璧山预警信息企业微信平台。

【气象防灾减灾科普宣传】 在气象日、防灾减灾日、科技周、安全生产日等节点，有步骤、有重点地深入组织开展了一系列科普宣传活动。一是与镇街及部门联合进行科普宣传及知识讲座活动，向民众发放了《气象灾害防御手册》《气象历书》、防雷宣传单等各类气象科普宣传资料共计5.5万余册。二是面向社会开放气象台、气象科普长廊、观测场等地，接待中小学生共计100余人，为同学们详细讲解观云识天、气象监测、预警预报等相关知识，并现场演示天气预报的制作流程。三是开展农气直通式服务活动，组织农气工作人员下乡进村开展农气掌上通培训，指导广大农民群众提高防灾减灾综合能力，科学合理的开展生活与生产。四是利用媒体开展主题科普宣传，推出“世界气象日”专题，通过微信、微博进行专题宣传，借助璧山电视台发布宣传材料及局活动预告、新闻等，拍摄“世界气象日”纪念活动的相关新闻。

【人工影响天气】 增强人影作业能力，全年共作业51次，发射火箭弹153枚，作业后累计增雨量约2000万立方米，增雨直接经济效益约5700万元。有效开发空中云水资源，缓解旱情，保障工农业生产和生活用水，为改善空气质量起到积极作用。

【气象灾害】 2018年全区无气象灾害。

体 育

竞技体育

【概况】 推动体教结合，加强业余体育训练，在全区12所中小学及体校训练点设立5个重点训练项目。组织承办青少年体育赛事和出席市级（及以上）赛事，努力培养竞技体育后备人才。

【璧山国际半程马拉松赛】 4月22日，举行2018中铁建·璧山国际半程马拉松赛。共有来自新西兰、肯尼亚、埃塞俄比亚等国家及来自全国32个省市的5064名跑马爱好者参赛。

【2018“上战”中国武术技击对抗赛】 12月8日在重庆市璧山区体育馆开赛，是区政府与海南旅游卫视联合举办的一场国际赛事活动。来自中国、俄罗斯、白俄罗斯、泰国、阿塞拜疆、乌克兰等国家的30名职业拳手，分为15个组别进行对决。比赛共有9个级别，分别是57公斤级、60公斤级、

2018年4月22日，璧山国际半程马拉松赛现场（璧山报社供图）

2018年4月22日，璧山国际半程马拉松赛保障组为选手赛后准备了冰水泡脚，预防脚踝肿痛（璧山报社供图）

63公斤级、65公斤级、67公斤级、70公斤级、73公斤级、75公斤级和78公斤级。除武术技击对抗赛外，还有传统武器苗刀和螳螂剑对抗赛、传统剑术表演及象棋技术切磋、现场书法表演等传统文化节目。40余家媒体进行报道。

【出席赛事】 出席全国第29届中老年篮球赛、重庆市青少年田径锦标赛、重庆市青少年摔跤锦标赛、重庆市青少年跆拳道锦标赛、重庆市青少年足球锦标赛等市级以上赛事活动30余次。

【体育人才培养】 为备战2020年市六运会，分别在寒假、暑假期间，开展田径、篮球、足球、摔跤等项目夏令营和冬令营训练活动。四季度召开社会体育指导员培训会，新培训二级、三级社会体育指导员共300名。开展运动员建卡注册工作，新增注册建卡运动员50名。全年举办足球、篮球、游泳培训等6期次，培训羽毛球三级裁判员20余名。

【区青少年体育学校】 重庆市璧山区青少年体育学校（以下简称区体校），是隶属于重庆市璧山区文化委员会的正科级事业单位，与重庆市璧山区体育场（馆）管理中心“一套班子，两块牌子”。区体校在职在编11人，聘请教练员21人从事具体训练工作。8月，开展单板滑雪跨界跨项跨季选材工作，选拔推荐的鲁丁圣同学入选全国单板滑雪试训名单。组织承办青少年体育赛事活动6次，带队出席市级以上青少年体育赛事活动10余次。

2018年璧山区体育训练项目布局表

序号	学校项目	田径	摔跤	跆拳道	篮球	游泳	武术	体育舞蹈	足球	教练员
1	璧山中学	√			√					杨守兵、娄勇
2	来凤中学	√	√						√	邹盛波、唐利、张中文
3	大路中学			√						荣华
4	正则中学	√			√					唐勇、周承健
5	璧泉初中						√			陈渝、高江涛
6	蒲元初中									张金万
7	金剑小学	√							√	陶春、刘平
8	实验小学				√					王健
9	北街小学	√								李顺贵
10	青杠实验小学	√								王勇
11	城北小学	√							√	张勇、周昕
12	游泳协会					√				张诚
13	跆飞道馆			√						田基良
14	舞蹈学校							√		杨刚

群众体育

【概况】 区体育部门坚持贯彻落实全民健身国家战略，加快群众身边的体育设施建设，组织各类丰富多彩的全民健身活动，对群众体育健身活动进行积极引导和有效指导。全年承办赛事活动61次，参与人数近万人，出席赛事84次，有效地推动全民健身活动的开展。推进体育场馆免费低收费开放工作，区体育中心、体育馆每周开放90小时以上，全年开放331天，接待群众健身达30万人次。

2018年5月3日，璧山区第三届“万步有约”职业人群健走激励大赛在东岳体育公园启动（曾清龙摄）

【体育设施建设】 实施体育馆座椅更新、LED及音响采购、体育中心游泳池维修改造、室外网球场改造等工程项目，进一步改善公共体育场馆设施条件。全区人均体育场地面积1.56平方米。

【全民健身服务体系建设】 按照社团管理的相关要求，委托第三方对体育协会、俱乐部开展财务检查，促进体育社团工作更趋规范，全民健身服务体系建设加强。形成以政府牵头，体育、教委、财政、工会、团委、妇联等为成员的全民健身服务体系。全区有体育总会1个、单项体育协会14个、群体性体育协会2个（老年体协、农民体协）和国家级体育俱乐部5个、市级体育俱乐部1个、街镇文化服务中心15个。

【全民健身赛事活动】 区体育部门以各单项体育协会、街镇文化服务中心为支撑，组织全区200余名"好体育人"，引领全区各类人群开展健身操舞、健步走、登山、太极拳、乒乓球、篮球、羽毛球、广场舞等健身活动，迎春长跑、门球、象棋、网球赛等形成常态。4月21日，举办2018"中国铁建璧山国际半程马拉松赛"，来自4个国家5700余名选手参加了半程、迷你马拉松赛，此次赛事总投入374万元，50余家主流媒体参与报道，发布及转载稿件120余篇，点击量超过300万次，对璧山的经济、文化、旅游进行全方位的报道与传播。上半年，组织开展璧山区第一届全民健身运动会乒乓球、篮球、门球、跳绳、象棋等项目比赛，举办2018年区中小学生乒乓球比赛、区中小学生篮球比赛。下半年，举办中小学生田径、跳踢、足球比赛，璧山区第一届全民健身运动会，象棋、钓鱼、拔河、广播体操等项目比赛。8月，开展"全民健身月"活动，进行全民健身暨志愿服务集中展示，组织承办《全国游泳锻炼标准》推广暨市民达标活动、2018年重庆市青少年夏季游泳技术锦标赛。9月，承办2018年重庆市老年人柔力球比赛，全市34个区县代表队、近500名运动员参加比赛。区自行车协会全年共组织周末骑行和公益宣传骑行42次，参加骑行人数1246余人次，累计骑行距离6万余千米。区门球、网球、棋类、钓鱼、乒乓、足球等协会分别开展丰富多彩的赛事活动。

【参加市级以上全民健身运动】 3—6月，组队参加篮球、摔跤、跆拳道等项目青少年锦标赛和阳光体育大会等有关赛事。6月22日，在重庆市第三届篮球乙级联赛获亚军，区篮球队晋级为甲级队。6月29日，区篮球队在2018年川渝男子篮球邀请赛夺得冠军。8月8日，出席重庆市全民健身日公开水域比赛。4—11月，组织7个项目代表队，出席重庆市第七届全民健身运动会，参加足球、乒乓球、跳绳、自行车、象棋、羽毛球、钓鱼等7个项目比赛。12月28日，组队参加2019年重庆市新年登高活动。

【体育惠民行动】 开展体育健身技能"好体育人"志愿培训5000人次。开展"好体育人"国民体质监测进社区服务1680人次。全年举办篮球、足球、羽毛球、乒乓球、田径等公益赛事50余场次，常年参加体育锻炼人口比例达到45.5%。

体育产业

【概况】 全区共有体育企业及产业活动单位900多个，形成体育健身休闲、体育用品及相关产品制造、体育用品经营等门类较为齐全的市场主体。从业人员约4600人，年营业收入7亿元。在国家宏观政策的影响下，随着民间资本大量投入体育产业，近三年体育产业增加值平均每年增长20%左右，年增加值约2.5亿元，约占地区生产总值的0.5%。9月21日至23日，组织参加在重庆市国际会议展览中心举行的首届重庆体育产业博览会。全年体彩销量1.3亿元。初步建立起以体育彩票、健身休闲、竞赛表演、场馆服务等体育服务业为主体，体育用品销售、中介培训协同发展的体育产业体系。

医疗卫生

综　述

【卫生健康事业改革】 以强化组织管理、财政投入、政策配套等为保障，以公立医院改革、分级诊疗、体系建设等为主战场，坚持医疗、医保、医药"三医"联动，各项医改政策均平稳落地，取得"两提升、两下降、两优化"成效。

两提升　即健康服务能力和医疗保障水平提升。区人民医院成功创建为三甲医院，并与重医一院合作办医进一步升华，区妇幼保健院被纳入全市首批7个三级妇幼保健院创建单位，并实现与重庆儿童医院合作，区内医联体实现全覆盖。1—12月，全区515个医疗卫生机构总诊疗人次386.93万人次，较2017年增加86.5万人次，增长28.8%；其中，阜外诊疗人次27.5万人次，较2017年增长19.6%；区内就诊率达90.1%；区级医院下转患者同比上升118.68%。城乡医保参保率每年稳定在95%以上，基本实现"人人享有基本医疗保障"目标。

两下降　即群众就医负担和医改约束性指标下降。次均医疗费用和患者个人自付比例均控制在要求范围内，全区药占比较2017年下降4%。

2018年11月1日，举行璧山区人民医院"三甲医院"授牌仪式（胡悦建摄）

两优化 即居民健康获得感和健康供给资源更加优化。人均预期寿命处于全市中上水平，孕产妇死亡率和婴儿死亡率均处于较低水平。千人拥有床位数、医师数、护士数等衡量一个地区卫生资源的关键指标均达到或超过市平均水平。

区卫生系统共有博士22人、硕士202人。其中，2名博士为全市第三批、第四批中青年高端后备人才。累计建成国家级特色专科1个、市级重点专科6个、市级特色专科4个，在建市级重点专科5个、市级特色专科2个，市级区域重点学科3个。

【卫生应急】 巩固卫生应急队伍，完成卫生应急培训和演练任务各1次。开展应急自救互救技能培养和训练，通过公众卫生应急技能提升行动，推进应急技能培训体系、志愿者服务体系建设工作。强化基层应急处置能力，督促检查15家镇街卫生院应急物资储备情况。快速有效应对突发公共卫生事件，成功处置“5·3来凤街道居民自配药酒中毒事件”。

【爱国卫生】 3月，成功创建成为国家卫生区。4月，联合14家区级部门组织开展第30个爱国卫生月宣传暨创卫成果展示活动。累计创建市级卫生单位34个。

【医疗卫生机构】 共有医疗卫生机构515个，其中，医院20个（含4家公立医院、16家民营医院）、镇街卫生院15个、门诊7个、社区卫生服务站12个、诊所168个、村卫生室291个、疾病预防控制中心1个、卫生计生监督执法局1个。

区级医疗卫生计生机构 包括重庆市璧山区人民医院（挂重庆医科大学附属第一医院璧山医院的牌子）、重庆市璧山区中医院、重庆市璧山区妇幼保健院（挂重庆市璧山区妇幼保健计划生育服务中心牌子）、重庆市璧山区疾病预防控制

璧山区人民医院大楼外景（2017年，胡悦建摄）

中心、重庆市璧山区卫生计生监督执法局。

未定级公立医院 重庆市璧山区丁家医院。

基层医疗卫生机构 包括璧城街道卫生院、璧泉街道卫生院、青杠街道卫生院、来凤街道中心卫生院、丁家街道卫生院、大路街道中心卫生院、大兴镇中心卫生院、正兴镇中心卫生院、八塘镇中心卫生院、七塘镇卫生院、河边镇卫生院、福禄镇卫生院、广普镇卫生院、三合镇卫生院、健龙镇卫生院。

民营医院 包括重庆璧山永和中医院、璧山渝进恩康医院、璧山仁康医院、重庆璧山博爱医院、璧山同济医院、璧山协和医院、璧山璧青肛肠医院、璧山众爱医院、璧山西城医院、璧山青山医院、璧山老城医院、璧山心宁医院、璧山聚沣医院、璧山璧南医院、璧山渝人中医院、璧山民安医院。

【供血用血管理】 全区采集全血4768人次，为临床提供全血14U，红细胞7530U，血浆4418U，建稀有血型档案15人次。开展以“世界献血者日”、新版《重庆市献血条例》宣传、《中华人民共和国献血法》实施20周年纪念活动为主题的第16个“世界献血者日”宣传活动。强化血液质量管理，贯彻落实新修订的《重庆市献血条例》，以璧山区中心血库为重点，全面加强制度建设和质量管理，规范临床用血，保障患者临床用血安全。

【国家卫生镇创建】 七塘镇、广普镇、三合镇先继开展创建国家卫生镇，七塘镇、三合镇通过创建国家卫生镇技术评估。

【智慧医疗建设】 推进远程影像中心建设，3个数字化接种门诊建设，争取区域卫生信息平台建设。区人民医院启动智慧医院创建工作。

【合作办医】 璧山区人民医院与重医一院合作办医；璧山区妇幼保健院与重庆儿童医院合作。

【人民医院创建“三甲”医院】 3月28日—30日，璧山区人民医院通过三级甲等综合医院评审。5月28日，重庆市卫生计生委行文公布。

【“5·3”来凤街道居民饮用自制药酒中毒事件】

2018年5月3日，璧山区来凤街道发生一起饮用自制药酒中毒事件，中毒15人，其中死亡5人。经调查后综合分析，本次事件为饮用自制药酒导致的雪上一支蒿中毒事件，突发公共卫生事件Ⅲ级。

2018年5月3日中午，任某某在重庆市璧山区来凤街道富绅酒店举办55岁生日宴，共设宴席5桌，53人共同就餐，就餐人员多为任某某的亲戚和朋友，主要居住在璧山区来凤街道。中午12时宴席正式开始，约12时20分，就餐者吴某某出现恶心、呕吐、口舌麻木、心悸等症状，随后又陆续有十多名就餐者出现类似不适症状，均立即送往来凤街道中心卫生院和璧山区人民医院就诊。接诊医生经询问后，考虑为疑似自制药酒中毒。

区卫生计生委接到报告后，责成区人民医院全力救治，并立即派出区疾控中心调查人员赶赴区人民医院和来凤街道富绅酒店开展流行病学调查和现场处置工作。市卫生计生委在接到报告后，庚即派出市内外专家参与救治和调查处置。

5月3日14时20分，首发病例吴某某死亡；截至5月3日18时，璧山区来凤街道中心卫生院和璧山区人民医院共收治15例病例，后无新发病例。截至5月3日22时10分，共计死亡5人，后无新增死亡病例；截至5月14日，本次事件住院治疗10例病例全部康复出院。

经市、区疾控中心及临床医学专家根据流行病学调查、患者临床表现及实验室检测结果综合分析，本次事件为饮用自制药酒而导致的雪上一支蒿中毒事件。本次事件共计有确诊病例15例，罹患率为28.30%（15/53），其中5例死亡，占发病人数的33.3%。

医疗基础设施建设

【心理康复中心投用】 区精神卫生中心于2016年启动建设，2018年11月底完成竣工验收投入使用。项目用地27.2亩，建筑面积8147.18平方米，项目投资3500万元。住院综合楼7964.18平方米，整体中央空调机房183平方米。区财政总投入4122.29万元。建设业务用房181间，病房共122间（普通病房87间，隔离病房35间），医护用房39间，收费室、药房各1间。探访室、被服室及餐厅娱疗室各6间。设配电室、发电机室、消防水泵房、消防水池、消防控制室、强弱电井等；设独立中央空调主机房；配置医用电梯2部。设备采购投资348.91万元。购置病床500张，病房配齐治疗车、抢救车等设备，配置动态脑电图仪、心理评估及危机干预系统及音乐放松系统等医疗设备。

【中医院迁建】 璧山区中医院整体建设项目用地面积109.57亩，总建筑面积12.4万平方米，项目总投入9.11亿元。该项目纳入重庆市重大建设前期项目，完成规划红线图、立项批复、用地预审等前期工作。

医政管理

【概况】 医政医管工作紧紧围绕区卫生计生工作大局和医政医管、健康扶贫、医改等工作安排，对标对表卫生计生工作会议精神以及2018年全区卫生计生工作要点，推进深化医改，实施“提升医疗服务能力、提高医疗服务质量、改善人民群众就医感受、加强平安医院建设、加强医德医风和行业作风建设”五大行动计划，实现服务能力更强、服务质量更好、群众就医更满意、医疗秩序更有序、系统形象新提升，全区医疗事业快速健康发展。围绕市里对健康扶贫工作的要求，提高政治站位、强化责任意识，抓实抓好健康扶贫工程。

【医院管理】 严格人员电子处方权准入管理。加强医疗服务监管。

【医疗市场整顿】 加强医疗市场监管，规范医疗执业行为，会同工商、食药监、民政、社保等9部门，对全区16家民营医院开展了联合执法督查。

【医疗质量安全管理】 以“实现服务质量更好”为目标，实施提高医疗服务质量行动。组织实施全区医护人员“三基三严”培训、考核和比武，并选派区级医院参加市卫生计生委举行的“两随机一公开”考核比武。强化医疗质量综合管理和评价。依托区人民医院、中医院、妇幼保健院分别组建医学影像（超声诊断专业）、病理、麻醉、输血、医学影像（X线诊断专业、CT诊断专业、磁共振成像诊断专业）、中医医疗、产科、医院感染、口腔科、儿科、肝胆胰外科、冠心病介入、心律失常介入、神经内科、神经外科、骨科等16个区级临床医疗质量控制中心，加强对医疗机构的指导，帮助其提升医疗质量和服务水平，保障医疗安全。

疾病预防与控制

【概况】 以落实市、区卫生工作会议精神为主导，坚持“预防为主，防治结合”的卫生工作方针，落实各项综合防控措施，在做好常规传染病防制工作的同时，做好霍乱、性病、艾滋病、结核病、人禽流感、手足口病等重点传染病防制工作。全年传染病疫情形势平稳，无甲类传染病和重大传染病疫情发生，乙类传染病报告发病11种1364例，年报告发病率为184.32/100000，扎实推进免疫规划工作，“八苗”全程接种率99.8%；推进慢病防控工作，报告粗死亡率750.86/100000。

【免疫工作】 实施国家扩大免疫规划，儿童建证、建卡率均达100%，“八苗”全程接种率99.8%。全面实行儿童预防接种个案信息化管理。开展

"脊髓灰质炎灭活疫苗查漏补种"工作，补种率96.9%。开展新入托入学儿童查验预防接种证工作，查验补种完成率达到95%的目标要求。全年无麻疹、流脑、乙脑确诊病例，报告AEFI病例166例，以一般反应为主，无严重AEFI病例发生。补充更新冷库1个(20立方米)，医用冰箱16台、医用冷藏箱2台、120升冷藏箱2个、60升冷藏箱6个，同时启用疫苗追溯系统管理疫苗。

【艾滋病防治】 完成全国第三轮艾滋病综合防治示范区工作，定期开展自愿咨询与检测。累计自愿咨询2375人次，阳性82例，阳性率3.45%。开展HIV及梅毒咨询与检测157924人次，初筛阳性560人次，确认344例感染者及病人，阳性率0.22%，全人群检测覆盖率21.63%。开展公安监管场所羁押人员HIV检测和高危人群干预，每月一次对羁押监管人员进行HIV咨询与检测，共检测701人，发现5例艾滋病感染者，阳性率0.71%。每月一次对璧山区内的暗娼、男男及吸毒等高危人群进行行为干预，月均干预覆盖率均分别为96.7%、100%，检测并知晓的比例分别为94.5%、94.3%。加强对艾滋病感染者及病人随访管理及艾滋病抗病毒治疗"一站式服务"，对存活的1433例感染者及病人，CD4T淋巴细胞检测率97.9%，结核病筛查率99.9%，配偶或固定性伴HIV抗体检测率99.4%，安全套使用率100%，配偶之间无新发感染发生。抗病毒治疗覆盖率80.73%，病毒载量检测率94.54%，艾滋病病死率从2013年的9.0%降至2018年的4.9%，实现延长病人生命、降低死亡率的目标。

【疾病防控】 加强结核病防治工作，发现并免费治疗活动性肺结核患者315例，给予免费抗结核治疗并进行规格化管理，完成疗程率97.70%，规范管理率96%，规范服药率99.33%，复核符合率98%。狠抓学校结核病防控工作，开展全区各学校结核病督导、指导工作及健康讲座等。规范处置14起突发公共卫生事件，达到"一般"级别及以上的事件有3起，每起疫情均做到了报告及时、处置规范，报告及时率100%，规范处置率100%。加强慢性病人建档管理工作，高血压病人规范管理率60.08%，血压控制率50.09%；糖尿病人规范管理率60.80%，血糖控制率50.80%。加强职业卫生工作，开展作业场所监测与职业病防治指导，开展职业健康检查16436人次，发现职业禁忌1829人，疑似职业病11人；完成各项监测检验任务，水质检测375个样品，公共场所监测1305件样品，食品安全风险检测78件样品，预防性健康检查34082人。

村居卫生

【概况】 推进农村改厕，区财政落实专项资金1748.64万元，社会捐资103万元，全年完成户厕改造6300户，公厕改造24座。抓好病媒生物防制，开展城区公共外环境病媒生物防制工作，投入资金27万元；开展全区春秋冬季统一灭鼠工作，全年发放鼠药6.5吨。开展水质监测公示，完成对全区14个市政水厂、27个农村人饮工程生活饮用水水质监测全覆盖，全年共采集水样389个，完成城区水龙头水质监测并在政府公众信息网上公示。

中医事业

【概况】 以新形势下党的中医药工作方针为指引，坚持中西医并重，以区中医院为龙头，传承和发展中医药事业，全面做好中医药各项工作，广泛传播中医药文化，中医药医疗服务分布日趋合理、功能日渐健全，中医药预防保健、康复治疗的医疗配套设施更加完善，在保障人民群众身体健康和促进全区经济社会发展中发挥重要作用。

【中医医疗服务能力建设】 区中医院科室完成内部环境改造，进一步加强中医专科建设和丰富文化内涵，人民医院和妇幼保健机构中医药工作稳步推进。实施基层中医药服务能力提升工程深入推进，严格基层中医药参与公共服务督导工作，共计培训390余人次。加强中医药特色人才培养，选送人员参加市级“确有专长”50人、“百千万”中医药人才培养工程共计65人、中医专科护士培训项目1人，培养骨干人才和基层实用型中医药人才，加大“西学中”培训。各镇街卫生院中医科室实现全覆盖。8月21日，完成全国基层中医药工作先进单位复评。9月，区中医院通过国家二级甲等中医院复审验收。

妇幼保健

【概况】 开展妇幼健康人才队伍建设，区人民医院迁建及等级创建，妇幼保健业务拓展，基层医疗机构及村卫生室的标准化建设。村医、计生专干工作协同，以区级医院为“龙头”，镇街卫生院为枢纽，村卫生室为基础，健全妇幼健康服务网络体系。2018年，孕产妇系统管理率为92.21%，0~3岁儿童系统管理率为91.93%，孕产妇住院分娩率维持在99%以上，婴儿死亡率及5岁以下儿童死亡率分别为4.1‰和4.93‰，新生儿疾病筛查率99.63%，听力筛查率为95.14%，居全市前列。

卫生法治与监督

【概况】 全区有卫生监督服务对象2108家，监督覆盖99.82%。开展监督检查2378户次，实施行政处罚150起，罚没金额78.08余万元。开展正面宣传报道6次，法制宣传活动4次，为广大群众普及卫生计生法律知识。开展2次卫生监督协管员培训，组织协管站开展宣传120次，健全镇街卫生计生监督执法体系建设工作，培训人员110人次，签订监督执法委托书15份，为卫生计生执法工作延伸基层打下良好基础。

区级医疗卫生机构

【区人民医院】 全院在岗职工1400人（其中在编496人，临聘864人，退休返聘12人，重医附一院挂职5人、重庆市肿瘤医院柔性引进1人，机动护士22人），离休1人，退休164人。在岗职工中，有卫生专业技术人员1250人，其他专业技术人员31人，职员37人，工勤82人；有正高级职称40人、副高级职称107人、中级职称358人；有博士22人、硕士163人。全年门急诊752207（不含体检44097）人次，较上年增长21.24%。门诊阜外患者275697人次，占比36.65%；出院44250人次，较上年增长20.46%。出院阜外患者10208人次，占比23.07%。手术16728台次，较上年增长19.84%。其中三、四级手术6856台次，较上年增长22.34%。三、四级手术占比40.99%，较上年提高0.84个百分点。医院荣获“重庆市优质护理先进单位”“璧山区三八红旗集体”等集体荣誉12项；职工荣获“重庆市金牌职工”“重庆市医院管理先进工作者”等个人荣誉38项。

成功创建“三甲” 3月28日—30日，通过三级甲等综合医院评审。5月28日，重庆市卫生计生委行文公布。

人才区县领先 新引进博士1人、硕士38人；新晋升正高5人、副高14人。陶才莉获“国务院政府特殊津贴”，孙岚入选“重庆市中青年高端后备人才”，陈国涛、蒋迎九（重医附一院挂职）获第二届“璧山英才”表彰。

学科实力增强 在上年成立璧山区危重孕产妇救治中心及区级危重新生儿救治中心基础上，新成立胸痛中心、创伤、危重儿童救治中心、卒中中心等4个区级救治中心。5月，妇产科获“重庆市区域医学重点学科”建设项目。7月，心血管内科获“重庆市临床重点专科”建设项目。12月，肿瘤科以全市第一、肾病内科以全市第二（仅次于重医附一院）的成绩通过市级临床重点专科验收。医院市级临床重点专科、医疗特色专

2018年1月18日，壁山区人民医院到城关幼儿园开展护牙活动（胡悦建摄）

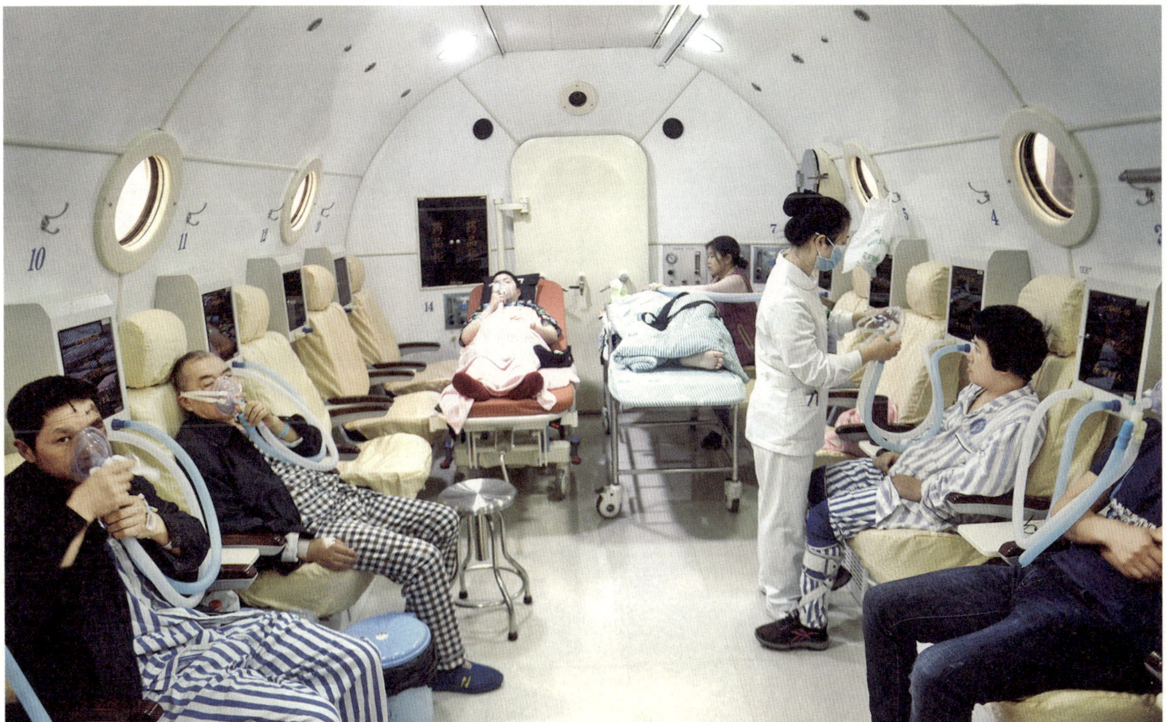

2018年4月，壁山区首个高压氧舱在区人民医院投用。图为医护人员在舱内指导患者使用吸氧器械（壁山报社供图）

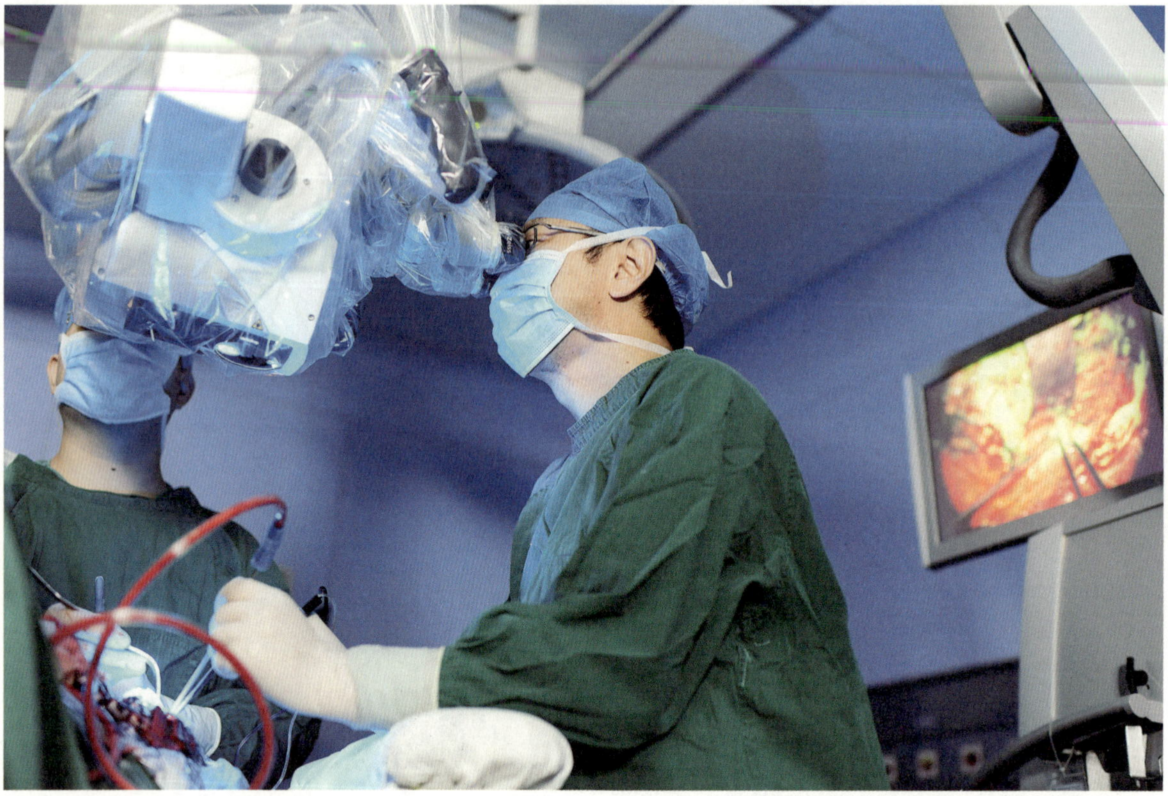

2018年8月29日，璧山区人民医院神经外科开展渝西地区首例黄荧光染色下肿瘤切除术（胡悦建摄）

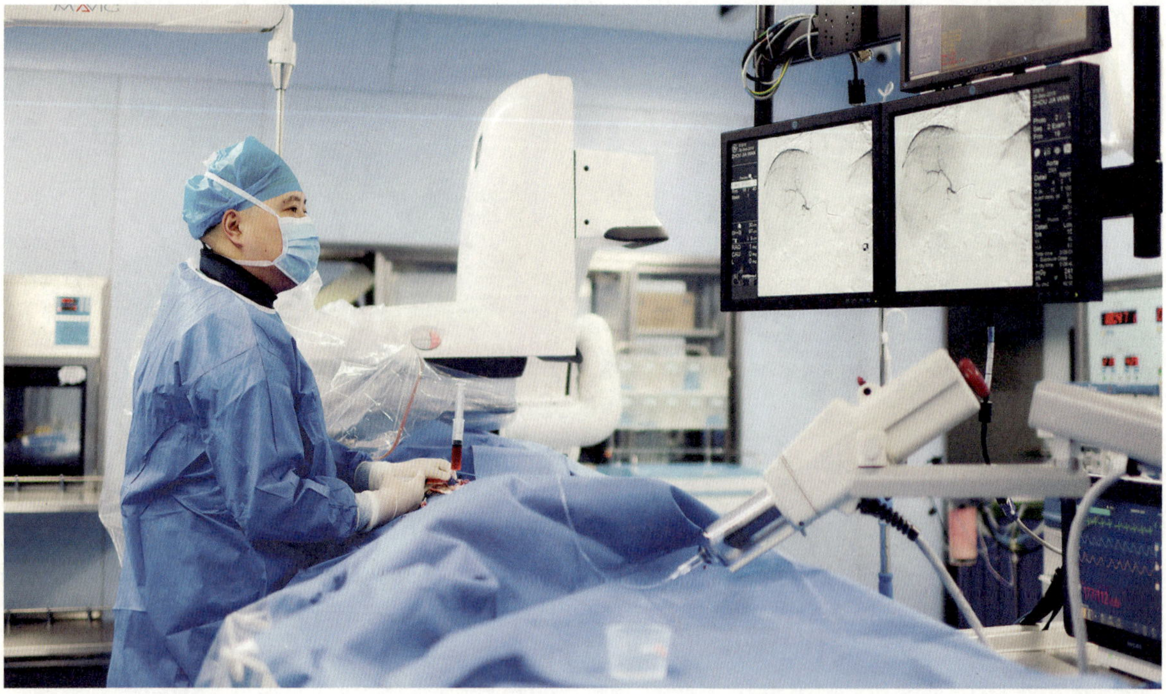

2018年9月29日，璧山区人民医院肝胆外科团队开展全区首例“载药微球经导管动脉化疗栓塞术”（胡悦建摄）

科和区域医学重点学科及在建项目总数达13个。3月,感染性疾病科病区在老院区开科。8月,肾病内科、内分泌科病区独立。检验科连续六年荣获“2018年综合医疗机构室间质量评价优秀单位”(之前称“十佳单位”),肝胆外科挂牌中华医学会消化内镜学分会“一带一路‘友谊’消化直通车万里行基地”。

技术水平提升 开展冠状动脉瘤介入术、心律失常射频消融术、黄荧光染色下脑胶质瘤精准显微切除术、颈动脉内膜剥脱术、脑深部电刺激术(DBS)等新技术、新项目64项。收治病种数2933种,微创手术占比38.56%,急诊抢救成功率99.34%。5月3日,来凤街道居民自泡药酒中毒15人,成功抢救10名危重患者生命,获市卫生健康委高度肯定,并被中央电视台正面报道。

科教能力显现 获科研立项31项、横向课题2项。完成科研结题21项,科技成果登记32项。申请实用新型专利2项。发表科研论文88篇,其中SCI 5篇、SSCI 1篇、CSCD 2篇、统计源期刊16篇。新增重庆医科大学硕士研究生导师3人,硕导总数达8人。被市卫生健康委评为“住院医师规范化培训飞行检查优秀基地”。

医改纵深推进 探索现代医院管理制度,制定医院纲领性文件《重庆市璧山区人民医院章程》。开展区域医疗联合体建设,新增三合镇、健龙镇、广普镇卫生院3家医联体成员单位,总量增至9家。推进公立医院薪酬制度改革,8月制定医院《绩效方案(试行)(初稿)》,12月定稿并获职工代表大会通过。开展临床路径20个专业183个病种,入径病例18538例,占出院总人数的41.89%,入径病例平均住院日6.52天,较院平均住院日低1.76天。区卫生健康委发文,挂靠区人民医院新成立医学影像、输血、超声诊断、病理、麻醉、肝胆胰、儿科、心律失常、冠心病介入治疗、神经外科、神经内科、骨科、感染、口腔科等14个区级医疗质量控制中心,带动全区医疗质量同质化发展。区医学检验质量控制中心获评“重庆市医学检验质量控制与管理优秀质控中心”。

党建引领方向 3月,医院选派党员演讲项目“从医路上二三事”荣获“全国卫生计生系统党建品牌工程”。5月8日,璧山区党建工作现场会第一期在医院召开。6月,院党委荣获璧山区“先进基层党组织”。

文化聚力发展 提升自办“报、刊、网、微信公众号”等宣传阵地内涵。微信公众号关注总人数8.7万,阅读量27万人次。推出原创文章《萌萌的日记》获第二届中国医疗自媒体联盟大会“年度十大原创文章”奖。院报《璧医苑》、微信公众号入选全国卫生行业“健康传播优秀案例”50强。医院受到主流媒体正面报道201次,包括人民网、《健康报》在内的国家级媒体报道14次,《重庆日报》、华龙网在内的省市级媒体报道36次。

建设“美丽医院” 将“绿色、人文、生态、环保、低碳、节能”贯穿于医院建设、发展与管理全过程,从点滴细节入手,着力打造环境美、服务美、人文美的美丽医院。7月19日,重庆市“美丽医院”建设工作现场会在医院召开。

打造“智慧医院” 更换院感管理系统,投用移动护理PDA,上线结构化电子病历和电子病历质控管理系统,上线云胶片系统,开展患者线上应用推广,线上应用总交易量(手机网上付费)达到41.5万次。8月,医院荣获中国全球论坛医疗分论坛组委会2018年“互联网+医疗健康创新应用奖”。

【区中医院】 是集医、教、研、预防保健、康复于一体的国家“二级甲等”综合性中医院。创建成为全区中医药业务指导中心、市级“爱婴医院”、市级“文明单位”。8月,通过“全国农村中医工作先进单位”验收。医院占地面积6.8亩,业务用房面积14311平方米;编制床位299张,实际开放床位503张;医院现有干部职工432人,其中卫生专业技术人员388人,高级职称28人、中级职称67人,本科生及以上学历312人。设有10个住院病区、7个医技科室、15个职能科室。建成国家级中医特色专科1个(肿瘤科)、市级中医重点专科2个(针灸科、肿瘤科)、市级特色专科1个(肿瘤科)、区级重点专科2个(肾病科、骨伤科);市级中医药科研立项2项,区级中医药科研立项25项。全院开展中医适宜技术88项,新开展经支气管镜肺活检、内科胸腔镜2项新技术。成为"重庆市中医妇科联盟""重庆中医筋伤专科联盟""重庆市中医药学专科联盟""重庆中医针灸专科联盟""重庆中医治未病专科联盟""西南风湿免疫病专科联盟"的成员单位,航空医疗救援联盟单位,"中国重庆2018十佳温情医院"。

【区妇幼保健院】 占地33.8亩,建筑面积3.8万平方米,业务用房面积2.8万平方米;编制床位96张,开放床位150张。医院围绕妇女儿童着力打造孕产保健、儿童保健、妇女保健和计生服务"四大业务部",设置了办公室、医务(医保)科、护理部、保健部、财务科、总务(设备)科、计划生育服务科等7个职能科室,产科、儿科、妇科、新生儿科、中医科、妇保科、儿保科、麻醉科等临床科室及药剂、检验、影像、病理等辅助科室。职工284人,其中卫生专业技术人员233人(正高3人、副高19人、中级45人,初级166人),占全院的82.04%;硕士15人、本科83人,拥有重庆市医学会等市级学术团体委员8人。成功创建为"国家级妇幼健康优质服务示范区"。孕产期保健专科高分通过市级重点专科中期评估,儿童营养专科成功申报市级重点专科创建,医院获准"重庆医药高等专科学校教学医院",新生儿多种遗传代谢病检测及救助项目获得重庆市健苗工程优秀实施单位。医院连续三年获得重庆市妇幼计生医疗机构室间质量评价优秀单位(全市6家),同

2018年6月6日,区妇幼保健院开展爱眼日活动(璧山报社供图)

时获得区级“三八红旗集体”“优秀妇幼之家”等荣誉。业务收入在全市妇幼保健系统排位第四，人均创收排位全市前三；影响力逐渐扩大，区外就诊率35%。接产量全市妇幼保健系统排位第四，全区第一。

人口和计划生育

【概况】 以深化改革和服务民生为主线，加快推动计划生育工作方式转变，全区计划生育服务管理工作整体水平有新的提高。璧山区创建为“2016—2018年度全市计划生育优质服务先进单位”。

【人口出生和死亡】 全区常住出生人口6083人，同比减少371人，下降5.75个百分点。二孩率46.4%，同比下降2.1个百分点。户籍出生人口5422人，同比减少526人，下降8.8个百分点。二孩率50.3%，同比下降1.3个百分点。全区常住人口死亡5090人，同比增加299人。人口自然增长率2.04‰，同比下降1个千分点。户籍人口死亡5179人，同比增加338人。人口自然增长率1.14‰，同比下降1.44个千分点。

【人口计生公共决策统筹机制】 坚持联席会议制、目标责任制、工作考核制等系列制度机制。区政府与相关部门、镇街签订了《2018年度计划生育目标管理责任书》。区计划生育工作领导小组召开2次领导小组会议暨全区计生工作推进会。区委常委会、区政府常务会全年专题研究计划生育工作各2次。区人大、区政协全年开展专题调研和视察活动各2次。全区各部门出台和落实两孩政策配套措施，解决人口发展规划、公共服务保障、教育资源规划、人口管理服务、信息共享、家庭发展、养老服务等问题。形成对人口计生工作齐抓共管的工作格局。

【计生扶助政策】 全区严格兑现计划生育奖扶特扶政策，审批确认符合国家奖扶对象20531人，其中当年新增2182人，奖扶及时率93.58%，连续四年保持在90%以上，发放扶助金2513.928万元。审批符合国家特扶对象（含重庆市农村四级残疾对象）1507人，其中当年新增163人，发放扶助金1103.928万元。继续巩固计生特殊家庭联系人制度，开展失独家庭“六个一”关怀和结对帮扶，发放就医连心卡，所有医疗机构开通计生特殊家庭就医“绿色通道”，为所有计生特殊家庭购买住院护理保险和为计生困难家庭购买意外伤害保险，家庭医生签约服务覆盖率100%。无计生特殊家庭上访事件发生。继续开展“关爱女孩行动”，对3户农村独生女户按每户多批50平方米的标准，多批宅基地403.5平方米。

【计生信息化建设与应用】 加强信息共享，卫生计生、公安、民政、统计、发展改革等部门实现生育登记、出生医学证明、死亡人口、产妇分娩、孕期保健、儿童预防接种等信息每月共享。加强数据比对，建立以公安户号为统一标准的户籍家庭信息，做到消重补漏，比对核实数据，提高数据质量；全员人口信息准确率96%，覆盖率98%，户籍家庭信息完整率95%，居住家庭信息完整率80%，户籍人口亲缘关系信息完整率60%；出生人口信息、育龄妇女信息准确率95%。加强信息监测，全区设立人口信息监测点4个，完善“区—镇—村—组”四级数据交换网络，通过入户采集、办事采集、共享采集、协作采集、服务采集等多种信息采集方法，执行好人口计生统计信息化比对、抽查和分析制度，确保信息采集的及时性、完整性和准确性。加强信息应用，开展全面两孩政策实施效果评估和人口形势监测分析，为相关部门制定政策提供人口数据支撑。

【“两非”管理】 建立健全打击“两非”长效机制，区卫生计生委、工商局、食药品监督局、卫生计生监督执法局等部门开展2次联合执法检查，重点检查医疗计生单位“两非”禁止标识张贴、B超管理制度、终止妊娠药品管理制度、B超室双人检查制度执行情况和药房相关药品管理情况。全区未发现违法违规行为。

【流动人口服务管理】 根据全市人口信息平台数据统计，截至2018年年底，璧山区流出人口74327人，流入人口169414人。卫生计生部门以流动人口健康档案、健康教育、传染病防控、计划生育、儿童预防接种以及孕产妇和儿童保健6类健康服务为工作重点，实施好流动人口基本公共卫生计生均等化服务。全年到学校、企业、工地开展讲座、义诊等健康教育活动100余次，发放流动人口健康工具支持包1万份。为全区流入人口建立健康档案98890份，建档率81.39%。完成12个样本点共240人的全国流动人口动态监测任务。

【人口计生数据及态势分析】 一是流入人口持续增加。璧山是现代工业聚集区域，提供的就业岗位多，对外来人口吸引力较大，2018年，璧山区流入人口数量位居全市第三(渝北区第一、九龙坡区第二)，常年大于10万人，且呈逐年上升趋势。二是出生人口减少，二孩率有所下降。主要原因在于育龄妇女结婚年龄推迟，晚婚率较高；育龄期妇女人数逐年下降；全面二孩政策带来的生育堆积现象有所缓解，二孩数量和占比均有所下降。预计未来五年内，出生人口将呈逐年平稳下降趋势。三是人口自然增长率下降。主要由于出生率降低，人口老龄化趋势愈加明显，死亡率增高，人口自然增长率随之下降。

2014—2018年璧山区户籍当年出生人口情况

单位：人、%

项目		2018年	2017年	2016年	2015年	2014年
出生总数		5422	5948	6217	5622	4544
一孩	出生人数	2362	2559	2937	3112	2735
	比重	43.6	43.0	47.2	55.4	60.2
二孩	出生人数	2725	3071	3017	2359	1675
	比重	50.3	51.6	48.5	42.0	36.9
多孩	出生人数	335	318	263	151	134
	比重	6.2	5.3	4.2	2.7	2.9

2014—2018年璧山区常住当年出生人口情况

单位:人、%

项　目		2018年	2017年	2016年	2015年	2014年
出生总数		6083	6454	6771	5952	4491
一孩	出生人数	2910	2991	3383	3495	2811
	比　重	47.8	46.3	50.0	58.7	62.6
二孩	出生人数	2823	3130	3120	2314	1574
	比　重	46.4	48.5	46.1	38.9	35
多孩	出生人数	350	333	268	143	106
	比　重	5.8	5.2	4.0	2.4	2.4

2014—2018年璧山区出生人口符合政策生育率情况

单位:%

年度	常住人口		户籍人口	
	当年	含补报往年	当年	含补报往年
2014年	84.4	82.1	79.6	81.7
2015年	90.8	88.0	89.9	86.4
2016年	98.9	97.1	98.9	96.4
2017年	99.1	98.9	99.2	99.0
2018年	98.8	98.7	98.9	98.9

2014—2018年璧山区人口自然增长率情况

单位:‰

年度	常住人口			户籍人口		
	出生率	死亡率	人口自增率	出生率	死亡率	人口自增率
2014年	7.71	6.71	1.0	8.59	7.33	1.26
2015年	9.56	6.34	3.22	10.08	7.43	2.65
2016年	11.69	6.99	4.70	11.69	7.85	3.84
2017年	9.58	6.54	3.04	10.08	7.50	2.58
2018年	8.84	6.80	2.04	9.10	7.96	1.14

备注:以上表格数据来源于重庆市人口家庭信息系统监测数据

知识产权

商标监督管理

【概况】 实施商标品牌发展战略,提请区政府出台《重庆市璧山区商标和质量品牌产品奖励办法》,兑现商标奖励,激发创建热情。全年新增注册商标1656件,总量7224件。

【商标培育】 强化宣传引导,开展"4·26知识产权宣传周"活动,发放宣传资料1000份,接受咨询120人次。积极开展调研活动,蹲点式开展马德里商标、地理标志、商标代理机构调研,组织商标权利人、代理机构和监管干部座谈、培训5次,营造良好的商标发展氛围。收集2016—2017年应奖励商标基本情况,做好商标奖励兑现工作。

【商标监管】 围绕人民群众反映强烈的民生问题、热点问题等,开展打击侵犯知识产权和制售假冒伪劣商品专项行动。查办各类商标案件23件,案值165.64万元,罚没金额232.88万元。查获重大制售假冒伪劣烟花爆竹系列案,共立案查处12件,涉案金额近百万元,共计罚没金额近150万元,涉嫌犯罪移送公安机关3人。

【商标运用】 利用商标行政提示、建议、告诫等手段,规范商标有效运用。开展商标使用提示35户、注册建议56户、发展辅导38户、违法告诫3户。深入开展商标富农行动,从宣传引导、帮扶指导、规范督导等方面着手,大力推进农产品地理标志证明商标使用、管理和保护工作,促进农业结构调整,增加农民收入。加快商标国际注册、运用及保护,在开展马德里商标调研基础上,与高新区管委会、区商务局等单位组织辖区30余户有进出口业务的企业开展国际马德里商标注册培训。

专利管理

【概况】 加强知识产权保护,提升专利质量。对《璧山区专利资助办法》进行修订完善。开展知识产权专题培训13次,486人次参加。组织工商局、商务局、食药监局、文化委等8家部门,联合开展"打击侵犯知识产权和制售假冒伪劣商品"行动3次,对重百、永辉等大型商场商品和桐君阁等药房药品进行检查。全区共申请专利2306件,其中发明专利370件。授权1351件,其中发明专利125件。全区拥有有效发明专利544件,万人发明专利拥有量达到7.35件。青山工业、蓝黛传动等9家企业进入"2018年重庆市企业专利创新百强榜"。国家知识产权试点城区通过验收。

人民生活

城镇居民收入与消费

【城镇居民可支配收入】 全区城镇常住居民人均可支配收入38590元,同比增长9%,增速居考核组22个区第5位,绝对值在全市排位中居第8位。从居民的四项收入来看,工资性收入为24747元、家庭人均经营净收入4422元、财产性收入3843元、转移性收入5578元,同比分别增长8.9%、7.6%、9.2%、9.8%。

【城镇常住居民生活消费支出】 全区城镇常住居民人均消费性支出22088元,同比增长6.9%;其中食品烟酒支出7787元、衣着支出2063元、居住支出3711元、生活用品和服务支出1690元、医疗保健支出1124元、交通通信支出2930元、文教娱乐支2424元、其他杂项商品及服务支出360元,同比分别增长5.6%、4.3%、8.6%、8.3%、12.6%、5.1%、10.3%、1.9%。

农村居民收入与消费

【农村居民收入】 全区农村常住居民人均可支配收入18698元,增长8.6%,绝对值在全市排位中居第7位。其中:农民工资性收入10254元、家庭经营收入5267元、转移性收入2391元、财产性收入786元,同比分别增长8.3%、9.0%、8.7%、9.9%。

【农村常住居民生活消费支出】 全区农村常住居民人均生活消费总支出12981元,增长6.5%。农村居民消费结构中:食品4551元、衣着757元、居住2212元、生活用品及服务1214元、医疗保健1215元、交通通信1806元、文化教育娱乐925元、其他301元,分别比上年增长3.2%、4.2%、4.9%、6.4%、8.6%、16.4%、8.3%、7.9%。

职工工资

【概况】 2018年,全区城镇非私营单位(不包括私营,个体)在岗职工年平均工资71297元,同比增长5.1%。

按企业、事业、机关分,企业在岗职工年平均工资62430元,同比增长0.7%;事业单位在岗职工年平均工资111327元,同比增长17.1%;机关单位在岗职工年平均工资108792元,同比增长19.8%。

按经济类型分,国有经济单位在岗职工年平均工资106395元,同比增长14.2%;集体经济单位在岗职工年平均工资83179元,同比增长21.3%;其他经济单位在岗职工年平均工资61594元,同比增长1.9%。

按行业分,13个行业在岗职工年平均工资增长较快的行业有:居民服务业在岗职工年平均工资46198元,同比增长29.1%;科学研究、技术服务业在岗职工年平均工资95138元,同比增长24.2%;教育在岗职工年平均工资107611元,同比增长23.5%;房地产业在岗职工年平均工资81916元,同比增长17.7%;公共管理、社会保障和社会组织在岗职工年平均工资106978元,同比增长17.1%;金融业在岗职工年平均工资149408元,同比增长13.8%;农林牧渔业在岗职工年平均工资38372元,同比增长10.5%。文化、体育和娱乐业在岗职工年平均工资74105元,同比增长8.2%;卫生和社会工作在岗职工年平均工资106411元,同比增长7.4%。采矿业在岗职工年平均工资53183元,同比增长7.4%。交通运输、仓储和邮政业在岗职工年平均工资65885元,同比增长6.7%。信息传输、软件和信息技术服务业在岗职工年平均工资62582元,同比增长5.0%。电力、热力、燃气及水生产和供应业在岗职工年平均工资79867元,同比增长0.9%。6个行业在岗职工年平均工资下降,其中下降较快的行业有水利、环境和公共设施管理业,在岗职工年平均工资69214元,同比下降12.8%;租赁和商务服务业在岗职工年平均工资39181元,同比下降9.7%。批发零售业在岗职工年平均工资49414元,同比下降3.8%。制造业在岗职工年平均工资61898元,同比下降1.8%。住宿餐饮业在岗职工年平均工资35536元,同比下降1.6%。建筑业在岗职工年平均工资60825元,同比下降0.8%。

社会保障

社会保险

【概况】 全区职工养老、居民养老、职工医保、居民医保、工伤和生育保险参保人数分别达到16.11万人、27.49万人、11万人、52.11万人、12.3万人和8.31万人,分别完成年度任务的160.37%、100.89%、106.14%、100.54%、126.62%和105.50%。基金收入分别完成102678.08万元(不含被征地农转非和超龄人员一次性趸缴收入)、3348.73万元、48583.82万元(含生育保险)、9809.13万元(不含财政补助和利息收入)和3619.31万元,分别完成年度任务的118.43%、103.74%、109.42%、101.97%和117.89%。机关事业单位参保人数为11849人,征收养老保险费23064.46万元,职业年金9911.63万元。城乡养老、医疗保险参保率分别为98.64%、97.81%。

【五险统征】 完善"五险统征"工作机制,扩大社会保险覆盖面,全区参加养老、医疗、失业、工伤保险,缴费户数分别为2080户、2406户、2209户、2545户,比上年底分别新增378户、316户、311户、522户,缴费人数分别达6.87万人、8.31万人、7.49万人、8.54万人。完成生育保险和医疗保险参保征缴合并实施工作,简化用人单位参保手续。推进网上业务经办工作,开通301户网上业务经办平台功能。

【城镇企业职工基本养老保险】 全区城镇企业养老保险参保人数16.11万人,其中企业参保人数12.57万人,个人参保人数3.54万人。征收养老保险费102678.1万元(不含被征地农转非和超龄人员一次性趸缴收入),完成市级下达目标任务的118.43%。抓好城镇企业职工养老保险扩面工作。在继续深入抓好个体工商户、雇工、灵活就业人员参保续保工作的同时,重点开展渝蓉道口等重点大型项目的征地农转非人员参加养老保险的工作，共办理新征地农转非养老保险3615人，征收养老保险费14059.17万元。开展村干部以个人身份参加城镇职工养老保险和医疗保险，补助2017年职工养老保险496人，补助金额212.6万元。补助2017年职工医疗保险309人，补助金额112.6万元。

【城乡居民基本养老保险】 加大城乡居民养老保险扩面征缴力度，通过实行镇街目标责任制，以目标导向促扩面征收，城乡居保参保人数27.49万人，征收养老保险费3348.73万元，完成市级下达征收任务的103.74%。

【机关事业单位养老保险】 全区参保单位352个，缴费人数11849人，征收保险费23064.46万元，征收年金9911.63万元。退休6289人，支付养老金36020.51万元。3月，国家人社部社保中心郭建华书记一行到璧山专项检查调研工作，改革和经办总体工作得到好评。4月，作为全市唯一区县级单位迎接国家人社部机保改革专项工作组大检查，11项业务经办考评成绩优异。5月，按照市人社局、财政局调整部分区县机关事业规范津补贴标准工作要求，按期兑现补发待遇。6月，按照国家和市政府工作部署，对6141名退休人员待遇进行调整，补发待遇774万元于7月底前全面兑付到位。9月，启动转移接续经办工作，90名职工办理了转入（转出）手续，46名退役军人办结接续手续，转移接续走在全市前列。12月，收集汇总全区2014年10月至2018年12月退休的1006名人员信息上报，完成待遇批量复算准备工作。

【养老金调整及发放】 享受城镇职工养老保险、居民养老、机关事业养老人数分别达到6.05万人、8.92万人和0.63万人，发放养老保险待遇12.62亿元、1.19亿元和3.02亿元。实现养老保险待遇14连调，涉及城镇职工待遇调整6.35万人（其中：城保2.51万人，“两类”人员3.23万人，机关事业单位人员0.61万人），于7月30日前全部发放到位，月增资总额720.36万元，补发5035.52万元。完成城乡居民待遇调整工作涉及8.88万人，于9月中旬前全部补发到位，补发1409.85万元。

【基金监管】 开展对全区机关事业单位社会保险缴费基数专项核查，对区国资中心、统计局等4家单位虚报社会保险缴费基数情况进行查处，督促以上单位将医疗保险多划入个人账户46.02万元上缴区财政。1—12月，共受理举报投诉200余人次，涉及企业40余家，稽核发现违规企业15家78人次，少缴社保费173.91万元，督促用人单位进行整改。

【社保降费】 实行阶段性企业降费政策，为全区企业累计降费1.94亿元（其中2018年降费6943万元）。执行重点笔电企业、困难企业和小微企业社保降费政策，为18户重点笔电企业、805户困难企业、552户小微企业累计减负10.053亿元（其中，2018年为企业减负4.143亿元）。

【国企退休人员社会化管理移交社区】 完成区内10个市属国有企业994名退休人员的社会化管理移交，完成2017—2018年市属国有企业退休人员常态化移交63人。重点开展央企青山公司退休职工社会化移交工作，签订移交协议书，完成人员、档案、党员移交等工作，共涉及该单位职工1199人。

【工伤保险专项扩面】 围绕“同舟计划”，确保工伤保险建筑业专项扩面行动有力推进。全年新增项目参保108家，新增征收619.2万元，建筑项目参保人数达到3.35万人。

社会福利

【概况】 全区养老服务事业发展井然有序，稳步推进，养老服务体系也初步建立。为不断满足老年人持续增长的养老服务需求，考虑老年人不同生理年龄阶段对居住和配套服务的高品质养老生活要求，大力发展养老事业，全方位、多层次、高品质为老年人服务。全区60周岁以上老年人150764人，占总人口的23.3%，人口超老龄化趋势越来越明显，养老问题成为一个突出的社会问题。

【社会福利】 全区特困、低保人员中80岁以上的高龄老人755人(其中特困人员中集中居住138人，分散居住617人)，60岁以上失能低保对象233人，发放补贴标准为每人每月200元，全年累计发放金额222.22万元。享受贫困残疾人生活补贴2989人，共发放176.437万元；享受重度残疾人护理补贴6110人，共发放380.575万元，两项“补贴”共发放557.012万元。

【社会养老】 按照“充分吸收社会资金兴办民政公益事业”的要求，社会力量兴办养老机构9所，达到医养模式的3所(青杠护养中心、璧山区福康老年公寓、璧山同济医院友爱健康养老服务中心)，现有总床位1410张。受理筹建社会办养老机构4所，建成后能提供养老床位300张。

【特困人员供养】 全区纳入特困供养人员5532人，发放特困供养人员基本生活费4675万元，其中调标补发275万元。符合照料护理补贴条件的特困人员678人，发放照料护理补贴161万元，其中照料护理补贴调标补发102人7.8万元。

【福彩和慈善】 在售投注站数量73个(自助店3个，快开店38个，传统店28个，民心亭1个，中福在线销售厅1个，中石油合作单位建站2个)。截至9月30日，璧山区中福在线销售1074.4万元，增幅15.6%；电脑票销售5235.5万元，增幅6.2%；刮刮乐销售639万元，降幅2.2%；福利彩票共计销售6949万元，总销量增幅6.7%。现有慈善组织共17个，包括慈善会1个，稻草援助中心15个，“璧山区环卫工人爱心基金”1个。8月9日，璧山区慈善会换届选举大会召开，成立由重庆蓝黛动力传动机械股份有限公司董事长朱堂福为会长的第三届慈善会组织机构，落实办公经费和办公场地，配置2名专职工作人员，及时出台《重庆市璧山区慈善会援助管理办法》《重庆市璧山区慈善会资金使用管理办法》《重庆市璧山区慈善会财务管理制度》，进一步规范慈善援助工作，全年接受社会捐赠400余万元。

社会救助

【概况】 社会救助坚持“兜底线、织密网、建机制”的原则，落实最低生活保障、特困供养、医疗救助、临时救助、支出型贫困家庭救助、农村低保与扶贫开发政策的有效衔接等社会救助政策，统筹推进城乡社会救助体系建设，提高社会救助能力，切实保障困难群众基本生活。

【城乡低保】 全区纳入城乡低保75330户次121256人次，发放城乡低保金5117万元，占总人口(63.8万)比例为1.5%，较2017年同比降低0.1%。纳入农村低保80838人次，发放低保金5100万元。

【医疗救助】 重大疾病医疗救助继续采取“病种”和“费用”相结合的方式救助。医疗救助人次15.23万人次，支出医疗救助金2876.63万元，扶贫济困基金救助1449人次，支出257.33万元，年平均救助水平70%以上(重点医疗救助对象在一、二级医疗机构住院救助水平为80%)，将4317名建卡贫困户纳入重特大疾病医疗救助范围。

【临时救助】 全面使用市临时救助信息管理系统，共救助困难群众1255人，支出临时救助金664万元，次均救助5290元，临时救助人次、次均救助资金超过上年度平均水平。

【困难群众基本生活保障】 贯彻落实璧山区困难群众基本生活保障工作联席会议制度。解决救助家庭经济状况核查部门配合的问题，实现财政供养人员、卫计委死亡人口、国土住房、国税纳税、社会保障信息核查比对。全年核查比对7129户10984人，查出疑点数据879人，保障救助对象精准。继续实施“璧山区扶贫济困医疗基金”对困难群众医保目录外的费用实行分档、分段救助。全年共救助1086人次，支出救助金183万元。

社会抚恤

【优抚工伤】 为全区重点优抚对象发放优抚金5613.2万元，发放慰问金237.79万元，为襄渝民兵民工和精简老职工发放资金251万元，为城乡义务兵家庭发放优待金611万元，医疗救助各级优抚对象95.65万元。改造优抚对象危房18户，发放补助资金23.2万元。给予获各级表彰奖励的驻璧部队和璧山籍现役军人一次性奖励共计18.4万元。办理评（调）残13人，其中，1~4级4人，5~10级6人，部队转移抚恤关系3人。

【双拥共建】 召开专题会议，审议通过2018年全区双拥工作要点，明确年度双拥工作13项重点工作，把拥军优属、拥政爱民工作落实到具体措施中去。加强文化阵地建设，依托驻军多的优势，下拨2万元支持璧城街道北门社区、来凤街道新七村建立双拥工作示范服务站，为在全区范围内推广双拥工作站建设摸索经验。与驻璧部队开展军地联欢联谊、组织文艺演出慰问活动2次。元旦、春节、“八一”等重大节日，区委、区政府组成多个慰问团，由区领导亲自带队对驻璧部队进行走访慰问，发放慰问金41.03万元。全年共接收立功受奖喜报84份，其中优秀士兵喜报53份，荣立三等功31份，发放奖励金18.4万元，鼓励璧山籍和驻璧部队官兵在部队安心服役再立新功。协调解决陆军第39旅配备防护爆破器材、污水处理费减免、驻璧部队官兵子女入学入托、随军家属工作调动等问题。协调符合政府安置工作3人、退休士官1人。积极推进落实陆军第39旅来凤营区自来水管网改造工程。

社会事务

基层政权

【概况】 印发《关于修订完善村规民约和居民公约的通知》，要求各村（居）着眼大力弘扬社会主义核心价值观和中华传统美德，围绕滥办酒席、拒绝赡养老人等10种当前社会反映强烈的突出问题，修订完善村规民约和居民公约，革除陈规陋习，促进移风易俗，全区52个社区135个村全部完成修订完善工作。9月，转发《重庆市民政局关于推广基层治理“三事分流”工作机制的通知》，理顺工作机制，促进村民自治。制定村（居）务公开目录，规范村务公开，强化群众监督。7月，区委办、区府办转发市委办公厅、市政府办公厅《关于建立健全村（居）务监督委员会的实施意见的通知》，并在8月对全区监督委员会主任进行培训，561名村（居）务监督委员会成员参加业务培训。实施农村社区公路硬化项目14个共39.2千米。成立农村社区合作经济组织19个，建设农资超市6个，每个村均设立电子商务平台，帮助农民打开农产品销路。实施城乡社区平安

2018年4月13日，璧泉街道观音社区市民学校开展免费美术培训(杨勇摄)

工程，全区共设置警务室39个，覆盖187个村居，安装摄像头3022个，视频监控网络建设不断推进，各村居均建有巡逻防控队伍和网格管理员。

制定《璧山区村民自治领域扫黑除恶专项斗争实施方案》《璧山区民政局村(居)民自治领域扫黑除恶工作机制》《重庆市璧山区民政局落实中央扫黑除恶第9督导组反馈问题整改工作方案》等扫黑除恶专项斗争工作机制，安排全区村居民自治领域扫黑除恶工作。对全区187个村(居)委员会成员、村(居)监督委员会成员、村(居)民小组长2000余人进行基础情况摸排，经排查，发现线索3条，其中有效线索1条移交区扫黑办处理。对74名涉及前科劣迹的村(社区)"两委"成员、13名村(居)监督委员会成员、71名村(居)民小组长进行分析研判，形成初步处理意见。其中，对5名属于"5条处理意见"类型的有前科劣迹的村(居)干部，按照"坚决清除出村干部队伍"的要求责成相关街镇作出劝退、免职或责令辞职；对69名不属于"5条处理意见"，受行政处罚或党纪处分的村(居)干部，进行约谈提醒、诫勉谈话。同步对2个村(居)务监督委员会成员作出劝退或停职处理，对11名村(居)务监督委员会成员予以约谈提醒、诫勉谈话；对24名村(居)民小组长作出劝退处理，对47名村(居)民小组长予以约谈提醒、诫勉谈话；坚决肃清不符合条件的人员进入村(社区)干部队伍。

社区建设

【概况】 制定《璧山区加强镇政府(街道办事处)服务能力建设实施方案》和《璧山区加强和完善城乡社区治理的实施意见》，各牵头部门均制定各项工作任务子方案，加强镇政府和街道办事处服务能力建设工作和城乡社区治理工作。按照程序将区社区建设工作领导小组调整为区城乡社区治理领导小组，定期研究城乡社区治理工作。制定《重庆市璧山区城乡社区服务体系建设规划（2018—2020）》和《璧山区开发建设单位无偿提供社区综合服务中心用房实施办法》，为社区治理硬件建设提供制度保障。制定《关于进一步做好城乡社区协商工作的通知》，完善城乡社区协商事项清单和工作制度，社区协商工作有序开展。

民政事务管理

【概况】 围绕优质服务，社会事务功能不断增强，全面关爱儿童，依法开展婚姻收养登记服务，做好敬老爱老优待工作，实施流浪乞讨人员救助管理，做到“幼有所依、老有所养，临困有助”。

【婚姻收养登记管理】 全年共办理结婚登记5586对，离婚登记3428对，补领婚姻证3471件，出具婚姻证明2件，办理收养登记3件，解除收养登记1件，补办收养登记1件。合格率、合法率均达到100%，无有效投诉和媒体曝光。5月，制定出台《璧山区收养能力评估暂行办法》，8月，完成收养评估服务单位邀标比选，随即收养评估试行工作正常开展。移风易俗工作扎实开展，当事人在办理结婚登记时，婚姻登记工作人员引导新婚夫妇签订《抵制婚嫁恶俗陋习承诺书》，并对其发放印有宣传崇尚新风礼节、不低俗闹婚的新婚贺信。

【区划地名】 配合完成民政部“撤县设区”调研工作，展现璧山撤县设区后取得的巨大成果，得到调研组充分肯定。推进第二次全国地名普查工作，全区共收录地名1.2万余条，上报国务院普查办验收合格。按照《中华人民共和国标准地名

2018年3月22日，璧山区启动第二届巴渝社会工作宣传周活动（璧山报社供图）

词典》采词要求，完成璧山区词目的采集和编写，通过市编写组验收。做好地名命名及地名标志设置，命名街路9条，设置和维修地名标志32处，满足人民群众出行需求。

【社会组织管理】 全年新登记社会组织8个，登记合格率100%。出台《重庆市璧山区民政局关于加强社会组织登记前置审查有关问题的通知》，协调公安、国安、组织部等相关部门对新登记社会组织人员进行前置审核。联合公安对全区非法社会组织进行清理，对3家非法社会组织予以劝散，年检率85%以上。按程序依法对3家社会组织进行撤销登记，对违规社会组织实施处罚。

【社工人才培养】 组织社会工作者148人参加上半年社会工作者职业水平考试，举办为期6天的考前公益综合培训班，100余参训，28人获得社会工作者职业资格证书。按照《关于鼓励社会工作者参加职业水平考试的通知》，对参加社工职业水平考试的人员给予资助和奖励，发放奖励资助金8万元。培育社工机构3个，开展针对留守人员、社会救助对象等社工项目5个，项目资金达25万元。

【流浪乞讨人员管理】 全年救助各类人员326人次，街面主动劝导救助83人次，投入救助经费近100万元。救助站升级改造建设工作完成。“6·19救助开放日”采取举行骑行、展架展示、救助政策有奖问答和发放传单等方式对救助管理法规政策进行宣传，发放宣传资料1500份。全年无因冻、热、饿、病等导致流浪乞讨人员死亡事故发生。

【养老服务】 免费办理60周岁以上老年人优待证近6000个。发放80岁以上高龄老人营养补贴1395万余元，月均受益人数1.9万余人。为平衡老年人意外伤害保险参保缴费标准及提高保险责任给付额度，对部分特殊困难群体老年人（90周岁以上老年人及所有原“农村五保、城市三无”人员）予以提标续保，由原35元每人每年保费提高到50元每人每年，2018年度统一投保7032人，支付保费35.16万元。

【公墓建设】 推进殡仪馆搬迁、公墓新建工作。位于河边镇复兴村3组的“重庆西郊福寿园人文纪念公园”新殡仪馆和经营性公墓项目全部完工并通过相关部门验收，1月获市民政局行业批准正式投用。殡仪馆中配置投用的新火化炉，遗体火化废气排放通过专业监测机构采样检测，均在《火葬场大气污染物排放标准》（GB13801-2015）限值内，废气检测项目结果判定全部合格。

【殡葬管理】 全年火化遗体822具，免除城乡各类困难群众基本丧葬服务费116人，共计15.73万元。8月，联合工商、公安、发改委等十一部门开展殡葬领域突出问题专项整治行动，重点对公墓建设运营中的违法违规行为、殡葬服务、中介服务及丧葬用品销售中的违法违规行为进行整治。丧葬礼俗工作开展稳步推进，向市民群众印制发放城区文明治丧告知书，并在文明治丧区开展日常巡查，对违法治丧行为予以劝诫、查处，引导丧属群众自觉养成到殡仪服务场所文明治丧的习惯。

【儿童关爱保障】 全区农村留守儿童574名，“两书两单”签订率100%。困境儿童1265名，围绕家庭监护、强制报告、临时监护、控辍保学、户口登记、打击遗弃行为等工作，做到有的放矢，对应帮扶。常态做好孤儿（艾滋病病毒感染儿童）基本生活费发放工作，全年散居孤儿基本生活费发放65.62万元，集中供养孤儿基本生活费发放11.52万元。11月底，按要求建立孤儿保障自然增长机制，并于12月中旬全部补发到位，共补发12.86万元。

2018年3月29日，重庆西郊福寿园人文纪念公园为困难群众提供免费骨灰安放(璧山报社供图)

复退军人

【概况】 为贯彻落实市委机构改革工作有关文件精神，经区编委会研究，区委常委会审定，决定组建重庆市璧山区退役军人事务局。2018年11月23日，根据《关于组建区退役军人事务局有关事宜的通知》和《关于组建区退役军人事务局部分人员调配的通知》文件精神，区退役军人事务局正式启动组建。11月27日，区退役军人事务局组织召开成立大会暨授牌仪式。区退役军人事务局的主要职能职责：贯彻执行退役军人思想政治、管理保障和安置优抚等工作政策法规，以及有关退役军人医疗、疗养、养老等机构的规划政策；负责军队转业干部、复员干部、离休退休干部、退役士兵和无军籍退休退职职工的移交安置工作和自主择业、就业退役军人服务管理工作；组织指导拥军优属、退役军人教育培训、伤病残退军人服务管理、抚恤工作和军供服务保障工作，协调扶持退役军人和随军随调家属就业创业；依法承担英雄烈士保护相关工作，承办烈士的报批审核工作，按规定审核报批重点烈士纪念建筑物保护单位工作，承办烈士纪念设施保护事宜；承担区双拥工作领导小组日常工作等。区退役军人事务局办公地点为中山南路133号，内设机构4个：办公室、政策法规科、移交安置和军休服务管理科、优抚褒扬科(挂重庆市璧山区拥军优属拥政爱民工作领导小组办公室牌子、挂重庆市璧山区烈士陵园管理所牌子)。核定行政编制8名，其中局长1名，副局长2名，科级领导职数5名。下属事业单位有区军队离休退休干部服务管理中心(参公)，核定编制11名，其中干部10人，工人1人。

【退役军人信息采集】 采集璧山籍、璧山常住退役军人和其他优抚对象信息24432人，全部通过国家信息采集系统审核，通过率100%。

【复退军人安置】 完成2018年退役士兵接收安置任务，符合安置条件20余人。凡选择安排工作的全部安置到国有企业，保障其第一次就业。

【退役士兵自主就业】 发放2017年退役士兵一次性自主就业补助金958.95万元，接收安置率100%。

【退役士兵职业教育和技能培训】 根据《重庆市退役士兵职业教育和技能培训工作暂行办法》，依托翔搏职业培训学校和战旗职业培训学校对2017年退役士兵实施技能培训，培训内容为车工工艺、机械识图、量具与公差、金属材料与热处理等。220余人参训，全部获职业资格证书，就业率100%。

【军转干部安置】 接收计划安置军转干部30余名，自主择业军转干部10余名。对计划安置军转干部全部进行妥善安置，其中安置到行政机关20余名（4名安置到政法系统），参公事业单位10余名，事业单位1名。

【退役人员创办微型企业】 相关职能部门配合，有3名退役士兵创办微型企业，并享受国家相关优惠政策。

【军休干部安置】 接收安置1名退休士官。

老年事业

【概况】 全区60周岁以上老年人150764人，占总人口的23.3%，70岁以上老年人口66444人，占总人口的10.3%，80岁以上高龄老人20230人，占总人口的3.1%，高龄老年人在老年人口中的比率不断增加，人口超老龄化趋势越来越明显，养老问题已成为一个突出的社会问题。

【敬老基础设施建设】 基本完成全区15个敬老院达标改造。新建和改造房屋建筑面积34508平方米，增加床位119张，改造达标床位1777张。

【敬老月活动】 10月17日，区老龄委、区民政局在大成广场组织开展以"营造敬老爱老社会氛围、纪念改革开放40周年"为主题的2018年老年节庆祝活动。活动以文艺演出和惠民政策宣传的方式营造尊老、敬老、爱老的浓厚氛围，引导老年人在新时代凝聚和释放正能量。向老年群众赠送《中华人民共和国老年人权益保障法》宣传手册400余本，《重庆市老年人权益保障条例》2000余本，发放各类惠民政策宣传资料近2万份。10月15日，璧泉卫生院20名医护人员到璧泉敬老院，免费为老人体检，详细解答老人咨询的各类健康问题，还为部分长期服药的老人完善了治疗方案，对有基础疾病并需要药物治疗的老人免费提供药品，并进行有针对性的健康宣教。10月16日，福禄镇举行"我们的节日·重阳节"暨文明乡风建设示范活动，当地150余名居民欢聚一堂，与志愿者一同制作浑水粑，观看文艺演出，以此倡导敬老孝老、提升文明乡风。10月17日，青杠实验小学开展"敬老院里学敬老"实践活动，孩子们走进青杠街道中心敬老院看望老人，并送上全校师生捐献的价值1万余元的礼物，祝福老人重阳节快乐。10月17日，璧南法庭把巡回法庭开进正兴镇湾塘村村委会，选择在重阳节当天进村开庭审理罗明赡养纠纷一案，当庭宣判4个被告对原告承担相应赡养义务，以案释法宣传孝道。

【百岁老人名录】 截至2018年年底，璧山区健在的百岁老人共54人，名单如下：

1. 杨万芳，女，103岁，璧山区璧城街道大塘村4社；

2. 李世清，女，100岁，璧山区璧城街道建设路90号2幢1单元4-2；

3.彭素芳，女，100岁，璧山区璧城镇璧永路288号4-2；

4.陈素德，女，101岁，璧山区璧城街道马家桥村4组；

5.马世芬，女，102岁，璧山区璧城街道芋荷村4组；

6.雷树清，女，101岁，璧山区璧泉街道团堡村11社；

7.连雅容，女，109岁，璧山区璧泉街道团堡村6组；

8.张淑辉，女，101岁，璧山区璧泉街道福兴二街3号5单2-1；

9.王德安，男，100岁，璧山区璧泉街道石堡街12号1单2-1；

10.封大清，男，103岁，璧山区璧泉街道养鱼村6组养鱼还建房；

11.张廷华，女，102岁，璧山区璧泉街道大岚6组南河丽景B区；

12.张庆元，男，100岁，璧山区璧泉街道鹰嘴村2组；

13.王锡珍，女，105岁，璧山区大路街道高拱村5组；

14.鲁国义，男，103岁，璧山区大路街道红石社区北街500号附101号；

15.马仕华，女，101岁，璧山区大路街道三台村2组；

16.彭登玉，女，100岁，璧山区大路街道团坝村3组；

17.曾昌碧，女，103岁，璧山区大兴镇朝元村1组；

18.沈罗民，女，100岁，璧山区大兴镇朝元村2组；

19.王大容，女，100岁，璧山区大兴镇船形村5组；

20.余文龙，女，100岁，璧山区大兴镇均田村4组；

21.张杜氏，女，100岁，璧山区大兴镇山王村6组；

22.刘仁德，女，100岁，璧山区丁家街道莲花坝村1组；

23.徐廷文，女，100岁，璧山区丁家街道竹林湾村3组；

24凌中志，女，100岁，璧山区丁家街道竹林湾村2组；

25.魏昌云，男，100岁，璧山区丁家街道走马村3组；

26.徐大发，女，101岁，璧山区丁家街道凉风村2组；

27.卢祖明，女，101岁，璧山区丁家街道石埡村2组；

28.罗忠碧，女，102岁，璧山区丁家街道大岚坳村2组；

29.刘光玉，女，102岁，璧山区丁家街道天灯村1组；

30.魏荣芳，女，100岁，璧山区广普镇护普村2组；

31.陈东碧，女，102岁，璧山区广普镇金龙村8组；

32.江克缘，女，100岁，璧山区广普镇周家村2组；

33.何世荣，女，103岁，璧山区广普镇坪中村6组；

34.刘智渊，男，100岁，璧山区广普镇新四村4组；

35.万中怀，女，100岁，璧山区健龙镇新石村5组；

36.徐大文，女，100岁，璧山区健龙镇小河村5组；

37.叶海清，男，101岁，璧山区来凤街道魁塘村2组；

38.万传容，女，100岁，璧山区来凤街道孙河村6组；

39.孙代书，女，103岁，璧山区来凤街道普新村7组；

40.孙义清，女，101岁，璧山区来凤街道安乐村5组；

41.张晓康，男，101岁，璧山区来凤街道登凤村14组；

42.邹开清，女，102岁，璧山区来凤街道登凤村6组；

43.刘荣成，女，104岁，璧山区来凤街道安乐村4组；

44.陈以贤，女，100岁，璧山区七塘镇建设村2组；

45.况必辉，女，101岁，璧山区七塘镇四合村4组；

46.谢惠芳，女，102岁，璧山区七塘镇跃进村5组；

47.吴昌国，女，102岁，璧山区青杠街道莲花村2组；

48.朱勤淑，女，101岁，璧山区青杠街道中兴村8组；

49.何德英，女，100岁，璧山区青杠街道中大街274号附11号5单元2-3；

50.余大明，女，103岁，璧山区三合镇二郎村2组；

51.罗思碧，女，100岁，璧山区正兴镇金堂村6组；

52.谢淑贤，女，100岁，璧山区正兴镇金堂村5组；

53.黎德清，女，100岁，璧山区正兴镇曙光村7组；

54.任正吉，女，101岁，璧山区正兴镇曙光村8组。

公用事业

自来水生产

【概况】 重庆市渝山水资源开发有限公司是由璧山区政府和重庆市水利投资(集团)公司共同出资组建的国有企业，成立于2004年11月，承担璧山中心城区的自来水供应服务及三江水库、盐井河水库等水源工程的建设管理任务。公司现有自来水厂2座，日供水能力11.5万吨。拥有资产13.15亿元，职工152人。供水范围为璧山中心城区，拥有市政主管道688千米，自来水用户16万户。2018年，自来水供水量2645万吨，实现产值15234万元，供水有效率87.83%，水质合格率100%。

无偿融资3362万元，其中：区财政划拨土地增值收益2000万元，区财政代还世行借款1302万元，市科技局到位创新驱动资金60万元。享受税收优惠政策减免税收425万元。

全年完成自来水售水量2324万立方米，比上年增长16%；供水有效率87.83%，比上年增长0.5%；实现收入15245万元，比上年增加5%，完成全年目标任务的118%；实现利润5006万元，比上年增加2%，完成全年目标任务的111%；完成

2018年5月14日，位于璧山国家高新区锡山路的城市新区水厂工程建设现场(曾清龙摄)

重点工程投资14806万元，超目标任务的27.9%。全年未发生质量事故和安全生产主体责任事故。

【优质服务工作】 坚持以供水保障服务为要务，加强自身建设，增强服务意识，提高工作效率；做好供水工作预案，保障供水安全；加强管网及设施设备日常维护，努力让有限的水资源用到极致。狠抓优质服务，积极配合区政府优化璧山营商环境，优化非居民用水安装收费标准；精简报装流程，压缩办理时限；开发自来水报装软件，实现了用户网上申报、公司内部网上审批功能，全年承接自来水报装工程135项，新增用户13498户。在区人大对建设领域并联审批制度改革考评工作中，公司考评成绩在公用服务类单位中排名靠前。

坚持以供水保障服务为要务，面对水源点多、水源水质差、供水能力不足等困难，做好工作预案，打好提前量，科学调度水源，做好自有水源储备；协调大学城公司，最大限度增加转供水量；对接城市管理部门，主动实施城区生活生产与市政绿化错峰供水；加强管网及设施设备日常维护，改造老旧管道2560米，查找DN100mm以上主管道漏点28处，纠正市政违规取水行为19次，追回水费损失1.93万元，把管网漏损率控制在12%左右。

【重点工程建设】 全年完成投资14806万元，建成城市新区水厂(一期)5万吨工程、长江引水璧山连通工程、大学城至璧山互联互通工程，完成新区主管网11.2千米、三江水库竣工验收工作，盐井河水库已具备竣工验收条件，千秋堰水库可研通过长江委复核。开展渝西水资源配置工程规划建设工作。

2018年4月9日，壁山供电公司工人在110kV凰壁线铁塔上检修线路（张承刚摄）

2018年7月24日，壁山供电公司员工对变电站设备进行巡查测温（张承刚摄）

电力供应

【概况】 国家电网重庆璧山供电公司持续加大电力投入，统筹优化电网布局，稳步提升综合服务水平，强化电力能源保障。2018年，全区用电量23.64亿千瓦·时，同比增长7.01%（其中：大工业用电12.94亿千瓦·时，同比增长3.43%；非普工业2.58亿千瓦·时，同比降低2.04%；商业电量1.77亿千瓦·时，同比增长21.32%）；电网最高负荷51.80万千瓦，同比增长1.15%；最大日用电量1032万千瓦·时，同比降低1.43%。供电可靠率：城镇99.9244%，农村99.7532%。综合电压合格率：城网99.999%，农网99.79%。完成固定资产投资：2.37亿元。

【电网建设】 落实重点工程“代理业主”管理责任，按期迁改110kV田秀西及35kV璧红等重点线路，轨道站前及六旗乐园片区2条110kV、5条35kV输电线路已迁改投运。实施核心区域电网供电保障能力和智能化管控水平提升计划，璧山站首次实现璧山历史上最大规模GIS整体改造，青杠站2台主变在度夏前分别完成增容及大修，温泉站20条新增出线有效缓解老城区电网重过载现象。投入电网改造资金约1.2亿元，新建及改造线路472千米，新增配变容量9300kVA，率先建成全国首批小康用电示范区。服务群众绿色出行及城市旅游需要，保障露营公园电烧烤示范区按期投运，重点区域建成快充站7座、充电桩128个，文化艺术中心快充站充电量全市第一。

【服务重点工程建设】 主动治理助力营商环境优化，开展业扩报装专项治理，推行低压居民办电“一次都不跑”，高压大用户、小微企业办电“最多跑一次”。紧密围绕区内重大项目用电需求，提前谋划各阶段用电接入方案，建成投运六旗展示中心、红星美凯龙等重点用电项目，确保俊豪中央大街按期用电，高效完成重点任务。建立民生项目用电协调督办机制，加强人力、物力和资金保障，太阳堡公租房、两山秀苑二期、香江嘉园等用电项目按期建成，确保儿童公园配套工程“9·28”投运。发挥电力要素保障作用，协助完成比亚迪等项目招商引资工作，助推区内重大电力配套项目有效落地。

【居民用电提升工程】 贯彻降低企业用能成本要求，主动为园区客户投入电网配套资金，及时降低一般工商业电价，引导辖区182家企业进行直购电交易。加强“一停多用”统筹管理，开展不停电作业390次，同比增加52次，减少停电时户数3439个，未发生重复停电事件。提前治理潜在低电压台区135个，调整三项不平衡台区170个，连续5年保持低电压属实零投诉，“获得电力”提升工作得到华中能源监管局肯定。彻底解决天正璧城中央小区持续多年的用电难题，21个问题频发的开发商施工用电违规转供小区全部规范整改为正式用电。成功应对去年五轮连晴高温、负荷两创历史新高及多次经受雷雨大风的考验。

天然气供应

【概况】 重庆璧山天然气有限责任公司成立于1986年，原属璧山县经委下属国有企业，2003年7月由重庆燃气集团全资收购，成立全资子公司。经营范围为：天然气、天然气安装；管道工程（叁级）；燃气燃烧器具安装、维修（乙级）。公司有领导班子成员5名，设6科3站1室。截至2018年年末，拥有在岗在册职工102人（不含外派工47人），其中，中共党员42人，公司现已建成中压及以上主干管线557千米，储配站1座，无人站2座，各类燃气设备设施3558台，供区覆盖全区11个镇街，服务客户18.54万户，人均管理户数1242户。连续15年实现安全平稳供气，死亡重伤责任事故为零的目标。近三年，在消费者协会均保持“零投诉”记录。2018年获评重庆市燃气行业“文明服务示范窗口”。

【生产经营】 2018年，全年供气量为9948万立方米，增幅7.2%。1—11月，新安户数13817户，其中居民13613户，集体21户，工业17户。全年新安装非居客户204户，工业客户安装17户，工业用气量3428万立方米，同比增长1.69%。依靠大型商业综合体和新增楼栋门市，发展餐饮用气，全年实现商业客户安装166户，用气量1095万立方米，同比增长2.24%。4月，完成璧山工业园区车用LNG加注储备调峰站的指标备案。开展非居客户表具智能化对标管理，1—11月完成流量计加装DTU远程数据采集系统141只，完成非居客户更换物联网表1558只。开展管网巡检维护对标工作，全年第三方破坏次数12次，同比减少12次，管网巡检有效率92%。

【安全管理】 对2899户非居客户进行走访，确立示范场所621所，规范场所1630处，发现隐患1651户（隐患3148处），填写《非居民用户情况登记表》2899张，引导客户阅读并签字确认《管道天然气与液化石油气混用安全温馨提示》1102份，拍摄隐患及用气设施照片11658张，修改更新用户档案413份，整理非居档案876份。

【工程建设】 计划投资项目14个，投资额686万元，截至11月底完成530万元，计划投资完成率77.3%。重点工程有：八塘至大路天然气管线工程合北线八塘分支阀室至八塘三元村段（4千米）、铝山大桥至璧青路天然气管线工程、六塘至七塘天然气管线工程、轻轨联络线319国道至黛山大道天然气管线工程、璧山至大路天然气管线六旗乐园段迁建工程、福禄镇和平村134户天然气安装工程等。落实区政府交办的2018年重点民生工程——15个基础设施薄弱村建设计划。

【管网运行维护】 截至11月底，累计完成管道测绘197千米，完成地下管线巡线6493千米，检查阀井2988座·次、临近窨井3210座·次、危桥滑坡地段144处·次、过河管道巡查55处·次。落实推进"雨季三防"工作，对暴雨后危岩、易滑坡地段、过桥、过河区域管道巡查19次，并加强施工地段管线的巡查，发放施工地段告知书17份，切实减少第三方破坏。开展阴极保护工作，累计实施阴极保护管线共计47千米，钢质管线覆盖率100%。完成埋地管道防腐层检测47千米。持续开展天然气老旧管线整治工作，完成皮鞋城、东林大道、文风路、24队车站、六塘和重百等片区老旧庭院管网整改，更换老旧及隐患管线共计8100米，更换调压箱157台（计划更换150台，三年内全部更换完毕），短桩387根，完成标准化阀井改造56台，阀井整改2座。加强站场管理，检测压力表45块，安全阀15个；实行领导24小时值班制。截至目前，共计接警44次，出动抢险44次（其中第三方施工破坏12次），收回赔偿款2.28万元。

生态文明建设

综 述

【概况】 坚持"环境就是资源，环境就是资本，环境就是生产力"的理念，率先在中国西部迈出深绿城市发展步伐。2013年，璧山在持续巩固前期治河、治污、创模成果基础上，把辖区生态环境保护与改善向纵深推进，开展辖区村(社区)、镇街、区级三级同创工作，生态环境与经济社会、民生幸福协同发展。2018年9月21日，环保部在浙江省安吉县召开全国生态文明建设现场推进会，公布包括璧山在内的46个第一批国家生态文明建设示范市县名单。

【生态文明发展措施】 **高起点科学谋划** 一是建立高起点规划体系。2009年，璧山依托中国城市设计规划研究院，完成继东莞、昆山之后的全

"国家生态文明建设示范区"——璧山城区鸟瞰(璧山报社供图)

国第三个县域空间发展规划，在中国西部率先迈出深绿城市发展步伐。2013年8月，《璧山国家生态区建设规划》通过同级人大常委会审议，以法定方式使规划成为我区生态文明建设的指南。同年9月，区委十三届二次全会提出“三区一美”发展战略，将全区划分为“四大功能区”，即“璧中城市区”“璧北生态区”“璧南生态区”和“璧西生态区”，明确各镇街的功能定位和发展方向，进一步凸显差异化“绿色发展”理念。2015年，璧山区委、璧山区政府出台《关于加快推进生态文明建设的意见》（璧山委发〔2015〕7号），提出到2020年，将璧山建成深绿型生态化的“一生之城”，进一步明确璧山生态发展的近期目标和路径。2016—2018年，连续三年出台璧山区生态文明建设和全面推行河长制工作考核办法，推动各项工作落地见效。二是建立强有力的领导推进机制。成立由区长任组长，区委、区人大、区政协分管领导任副组长，25个区级部门和15个镇街“一把手”为成员的生态创建工作领导小组，下设办公室在区环保局。各部门、镇街也按要求成立相应的领导班子和工作机构，实行“一把手”亲自抓、负总责，全区上下形成了“分层管理、上下联动、齐抓共管、良性互动”的生态创建推进格局。三是建立绿色化政绩考核体系。将环境保护工作纳入各镇街经济社会发展实绩考核。实施财政倒扣机制，凡是引进一户污染企业，扣减该镇街上年公共财政预算收入的1%，扣减总额按引进污染企业数量累加计算。引进污染企业5个以上的镇街，党政负责人集体下课。为避免偏远镇街迫于经济压力引进污染企业，建立转移补偿机制，对人均财力不足12万元的镇街补足12万元，总财力不足1200万元的镇街补足1200万元，并安排经济条件较好的街道帮扶经济条件较差镇，补贴金额为街道财政收入的3%~5%。

高标准治污防污 璧山作为全市首个环保物联网试点单位，探索“互联网+环保”新模式，通过“三上”（上数、上网、上智）开创智慧环保新局面，推动环境治理与信息化的协同发展。环保物联网平台是璧山区“智慧环保”建设项目的支撑系统，2015年9月1日正式上线，截至2018年12月31日，璧山环保指挥调度中心在系统中共派发任务17203件，完成任务17166件，完成率99.78%。

上“数” 清理纸质文档、电子文档45万余份，确定一、二、三产重点监管对象270个，60路在线监测、189路视频监控、141个工况监控、1585个电子标签。建立4729个“一企一档”数据库。依托地理信息系统，标定污染源坐标点位1939个、敏感点坐标点位874个，完成9家企业3D模型，构建一张拥有庞大数据支撑的多图层电子地图。

上“网” 通过指挥调度和移动监管双系统无缝集成，环保指挥调度中心工作合理调派，做到“广纳来源、自动调度、规范处置、绩效评价”。环保指挥调度中心工作实现了扁平化管理，环境监察人员由过去的31人扩充到200人，案件办理时限从60天压缩到平均小于8天，提高环境监管效率。

上“智” 实现污染源和环境质量的动态管控、预测预警分析和快速响应，建立一证式污染源管理模式、网络舆情监测系统，实现环境监测和环境监管的业务协同，提升环境管理信息化水平。

高姿态绿色崛起 一是建设“秀美绿城、活力水城”。以“低碳、便利、宜居、舒适”为城市建设价值取向，立足“全域景区、支柱产业”定位，深度策划50个旅游项目，将璧山打造成为“重庆郊区旅游优秀目的地”。打造生物多样化生态城市，城市植物品种多达2600种。城市绿化从“平面”走向“立体”，完成公共区域立体绿化260余处、居民楼院立体绿化1456户。提升公共绿化水平，倡导视觉生态效果，坚持沿道路退让10~40米用于城市绿化，先后建成32个公园、23个广场，城市公园绿化面积累计达到2000万平方米，人均公园绿地面积增加到30平方米，建成区绿化覆盖率提高到50%。坚持每年新建或改造2~5座水库，加快璧山从“贫水”向“富水”地区转变。加强水系空间塑造，打造“一河三湖九湿地”，城区水面比例提高到9%，水网密度接近每平方千米1.9千米，收获“国家园林城市、国家城市湿地公园、中国人居环境范例奖、国家新型工业化示范基地、国家低碳工业园区、国家农业科技园区、国家水利风景区、全国水生态文明城市试点、生态保护与建设示范区”等13张“国字号”名片。

二是坚持污染企业“零容忍”，“产业转型”从容稳健。在重庆市率先制定环保“严控清单”，坚决对高污染、高能耗企业说“不”，累计关停污染企业588家。优良的生态环境，吸引众泰集团、德国大陆集团、新加坡淡马锡公司等一批“大块头”项目入驻，装备制造、电子信息、食品医药三大主导产业在工业中占比提高到65%，新能源汽车、智能装备、互联网、“大健康”产业等战略性新兴产业开篇布局，璧山高新区升级为国家高新区，让重庆迎来时隔24年的第二个国家高新区。伴随“铁腕治污”高速增长的工业总产值生动诠释了近年璧山生态保护与工业转型的相得益彰：2009年，305亿元；2011年，656亿元；2012年突破1000亿元；实现第一个300亿元用了30年（改革开放到2009年），第二个300亿元用了两年，第三个300亿元仅用了一年。

三是城乡生态统筹发展。致力于打造“生态宜居、生产高效、生活美好、人文和谐”的“美丽乡村”，不断做大做精以璧北10万亩蔬菜基地、璧南10万亩苗木基地、璧西10万亩果木基地为核心的特色农业，推行生态健康养殖，发展生态循环农业。依托生态农业大力发展“周末休闲经济”，打造翰林养生文化村、九州生态花卉园、璧北生态农业体验园、青龙湖景区等历史民俗、田园生态、农作体验、山水风光类型的特色乡村旅游示范项目，通过体验式近郊休闲旅游示范项目充分发挥“美丽乡村”的生态价值，基本形成生态农业与高效农业良性互动的产融模式。为将美丽璧山建设由城市延伸到乡村，于2012年开始实施村镇环境综合整治，2013年启动国家级生态镇街、市级生态（村区）和“美丽乡村”创建活动，创建覆盖面达100%。全区除城市规划区内的璧城、璧泉街道外，青杠、大路、正兴等12个镇及涉农街道全部成功创建为市级生态文明建设示范镇街，其中青杠创建为国家环境优美镇街。

【生态文明监管】 长期设立由区委、区政府主要领导任组长，区委、区人大、区政府、区政协分管或联系领导任副组长，相关部门、镇街“一把手”为成员的生态环保工作领导机构，下设办公室先后专门负责“生态创建”“河长制”等生态环保重点工作，形成“分层管理、上下联动、齐抓共管、良性互动”的大环保格局。生态办与河长办合署办公，从相关部门、镇街抽调20余名优秀干部专门从事生态创建和全面推行河长制工作，推动生态文明建设的合力不断增强。建立河流流域水质考核奖惩机制。2018年，与江津、永川签署璧南河流域横向生态保护补偿协议，建立了流域生态补偿机制。在此基础上对境内河流流域水质达标建立相应财力和党政领导考核奖惩机制，按照镇街辖区每月水质达标或较上年提升奖励10万元的标准，激励流域水环境保护责任层层传导，上下一心维护璧南河、璧北河、梅江河流域生态环境安全，确保水环境质量达到水环境功能要求。

生态环境保护

【服务和优化经济发展】 **完善政策制度** 健全行政执法机制，营造良好执法环境。制定《重庆市璧山区环境行政执法支队关于在环境监管执法中全面优化营商环境支持实体经济发展的办法》，进一步营造良好执法环境，促进民营经济发展。推动高新区外工业企业合法合规有序发展，优化全区产业布局。

开展工业集聚区规划环评 在全市率先开展了全区工业集聚区划定工作，为高新区外工业用地上建设项目环评审批创造条件。一是要求各镇街对辖区内工业用地地块进行全面清理，掌握产权情况及地块基本信息，明确集聚区范围。二是制定全区工业集聚区“一张图”，将全区除高新区外629块工业地块全部在地图上进行标识，随时可以掌握各地块位置及相关信息。三是落实规划环评与项目环评联动机制，编制全区各镇街产业发展规划，开展全区工业集聚区规划环评编制，并结合“三线一单”成果，形成环境管控体系。

健全服务机制 大幅压缩审批时限，建设项目环境影响评价报告书、报告表审批全市统一的承诺时限为20个工作日和10个工作日，主动承诺环评报告书、报告表审批时限均为5个工作日。建筑工地夜间作业审核全市统一承诺时限为2个工作日，均做到“马上办”“一次办”。

落实环评审批告知承诺制 在开展了规划环评的国家级、市级产业园区范围内，凡是环境影响小、符合告知承诺制要求的，均告知业主实施告知承诺制，免去技术审查环节，大幅缩短审批时限。

制定并实施《社会环境监测机构服务质量评价办法》 对705家业主单位进行了回访，有效回访519家，其中好评486家、中评32家、差评1家。评价情况在区生态环境局官方网站进行适时公开，针对评价办法实施以来的运行情况及存在的问题，召集各监测单位进行通报，倒逼社会环境监测机构从业自律，提升服务意识，提高环评、竣工验收监测报告质量，切实帮助建设单位根据自身需求合理选择社会环境监测机构。

化解“小散乱污”整治矛盾 “小散乱污”企业多为小型企业，数量大，就业人口多，从有效解决历史遗留问题，服务小企业发展，维护社会稳定的角度，在严格审批的同时，切实为企业分忧解难。将“小散乱污”企业分为环评类、达标整治类、备案类、关停类四类。一是在办理环保手续过程中提前做好宣传工作，告知手续办理相关要求，在办理手续时进一步缩短时限，早日为符合条件的项目完善手续。二是针对无法办理环评手续的项目，主动替业主想办法解决问题，或者转为整治达标类允许暂时生产，或者建议项目搬迁至符合要求的生产场所，并提前告知有关环保注意事项。三是对备案类项目，指导业主完成登记备案，确实不会备案的，由工作人员代为备案。四是针对关停类企业，做好业主解释工作，争取理解。

加大指导服务力度 分类制定企业落实环保主体责任标准化建设指南，指导企业自行开展标准化建设。分行业选择有意愿的代表性企业开展标准化建设试点，由环保部门组织专家论证方案并指导实施。及时宣传培训最新环保法律法规和环保标准。定期收集发布环境违法典型案例。

规范现场检查制度 严格实行“双随机”检查制度。除上级安排的专项执法整治行动外，在日常监管执法中执行“零检日”制度，严格实施《重庆市璧山区环境保护局在规模以上工业企业实施环境执法“零检日行动”方案》。整合检查队伍，环境执法支队负责统筹各科室（站、队）的检查事项，最大程度安排一支检查队伍现场检查，避免多头检查、重复检查对企业的经营造成影响。

【生态镇街建设】 大路街道、丁家街道、河边镇、福禄镇、七塘镇、八塘镇、大兴镇、正兴镇、三合镇、广普镇、健龙镇等11个镇街成功创建成为重庆市生态文明建设示范镇、街道，青杠街道中兴村等52个村（社区）成功创建成为重庆市生态文明建设示范村（社区），并获得命名。截至2018年年底，全区80%的镇街都成功创建成为重庆市生态文明建设示范镇、街道，80%的村社都成功创建成为重庆市生态文明建设示范村（社区），区级、镇街、村社三级生态文明创建同步推进工作成效显著。

林业发展与保护

【概况】 全区林业系统紧紧围绕“生态文明建设”这条主线，树牢践行“绿水青山就是金山银山”理念，坚持“生态优先绿色发展”，大力实施林业“五大行动”，林业改革顺利实施、基础设施不断提升，森林覆盖率达43.5%，林木覆盖率达52.5%。

【森林资源】 全区林地总面积39791.16公顷，森林面积38310.46公顷，森林覆盖率43.5%。全区公益林地面积14871.71公顷（其中：国家级公益林7984.04公顷，地方公益林6887.67公顷）；商品林24919.45公顷（其中：重点商品林2058.11公

2018年5月14日，车辆穿梭在绿意盎然的缙云山上（璧山报社供图）

顷，一般商品林22861.34公顷）。全区Ⅰ级保护林地542.01公顷，占林地总面积的1.36%；Ⅱ级保护林地7442.03公顷，占林地总面积的18.70%；Ⅲ级保护林地8945.78公顷，占林地总面积的22.48%；Ⅳ级保护林地22861.34公顷，占林地总面积的57.45%。

【项目建设】 把开展大规模国土绿化行动作为实施乡村振兴战略行动计划、生态优先绿色发展行动计划的重要内容，坚持数量增长与质量提高相结合，完成疏林地及未成林地培育2000亩，宜林荒山及无立木林地造林4000亩，农村"四旁"植树3000亩，农田林网和特色经济林改造2.1万亩，森林抚育9000亩。

【天然林保护】 一是实现公益林生态补偿全覆盖。全区国家公益林、地方公益林全部纳入生态效益补偿，增强林农森林自主管护的积极性，使公益林得到有效保护。2018年，全区生态效益补偿面积14872公顷，兑付生态补偿资金226.15万元。其中，集中管护45.8945万元，自主管护180.2584万元。二是做好森林监管责任落实。按照《重庆市人民政府关于实施森林分类经营的意见》《重庆市天然林资源保护工程森林资源管护办法》等文件要求，做到管护区域、保护标志、管护任务、责任单位、承包人员、管护措施、奖惩制度的"七落实"，并严格执行天然林资源保护工程"四到县"考核，全面落实22.3万亩公益林管护任务。

【林业有害生物防治】 坚持"预防为主，科学治理，依法监管，强化责任"的防治方针，严格"五落实，七到位"，狠抓森林病虫防治检疫工作。全年新发生林业有害生物成灾率控制在2‰以下，无公害防治率85%以上，测报准确率90%以上，种苗产地检疫率100%。

【林业法治】 积极开展林业综合执法活动，严厉打击破坏森林资源的违法犯罪行为，办理各类森林案件31件，查处31件。林政处罚40人，为国家挽回各种损失69万余元。完成221个森林督查违法图斑的调查处理，清查木材交易市场2处，清查木材经营加工场所12处，清查征占用林地场点14处，责令补种树木1257株，恢复林地约1.81公顷。检查重点部位6处、清查野生动物收购点5处、救助野生动物3只。

【国有林场改革】 推进国有林场各项改革。东风林场机构类别由公益二类调整为公益一类，经费性质由财政部分补助调整为财政全额补助。按照分类推进事业单位改革以及控编减编有关要求，重新核定编制名额为54名，其中干部21名，工人33名。完成岗位设置调整，其中管理岗位15%，专业技术岗位45%，工勤岗位40%。偿还历史债务共350万元。

【缙云山生态环境综合整治】 重庆市缙云山国家级自然保护区面积7600公顷，璧山片区涉及两镇一街（七塘镇、八塘镇、大路街道），占地面积1948.47公顷，其中核心区面积74.1208公顷、缓冲区547.926公顷、实验区1326.43公顷。共有居民234户，615人。其中，核心区无居民，缓冲区内有居民97户237人，实验区内有居民137户378人。

水利建设与治理

【概况】 璧山区水利工作以创建全国水生态文明城市为契机，突出水环境综合整治，全年完成水利投资8.3亿元，创建全国水生态文明城市通过水利部和市政府验收，节水型社会达标建设通过市级验收，柯家桥水库获评重庆市2018年度十座“最美水库”之首。《渝西水资源配置工程方案》获得市政府批复，完成璧山片区管线走向勘察和实物调查以及征地移民安置规划。出台璧山水利建设三年行动项目计划。

【重点水利工程】 完成渝西水资源配置工程璧山项目、千秋堰水库和姊妹桥水库新建工程开工准备。长江引水璧山连通工程和城市新区水厂一期供水5万吨工程主体完工。璧北河—璧南河水系连通工程隧洞整体贯通。完成城区观音塘污水处理厂提标升级改造并投入运行，将每天6万吨城市生活污水处理提升至地表水Ⅳ类排放标准。大学城至璧山调水工程23千米供水管道安装完成，具备通水试运行条件。

【水生态建设】 新建成玉泉湖、棕树湖等2座城市景观防洪水库，完成菜子沟、鹅颈项、雪山和牛公桥等4处湿地工程，构建城市大水系和大景观。以雪山水库及下游湿地为载体打造而成的枫香湖儿童公园，于2018年9月28日投入运行，成为重庆水生态游乐热门之地。

2018年5月17日，位于大路街道龙泉村的璧北河—璧南河水系连通工程施工现场(曾清龙摄)

壁南河青杠段打造生态河堤2.6千米(2018年摄,壁山报社供图)

【河流治理】 实施壁南河河边场镇段、梅江河场镇段、健龙镇三洞桥段、翰林山庄至来凤街道段、棕树水库下游段、两岔河山洪沟、壁南河青杠至来凤河段、龙家河青山厂段、壁北河喜观桥至智灯段9段河流治理工程,完成河道治理17千米,新建堤防20余千米,绿化河湖库岸18千米。

【河长制工作】 新增设1名副总河长,新增设30名区级领导分别担任30条区级河流河长和95座水库库长,新增设41个区级责任单位协助镇街推进落实河长制工作。全区300余名河长巡河1万余次,其中壁南河30名区级河长巡河77次、58名镇级河长巡河1190次、76名村级河长巡河5759次。制定出台《河长制工作考核办法》《三河流域交界断面水质考核奖惩办法》,将新增污染源、河塘库水质作为考核重点,对工作开展不力的镇街和部门严格考核奖惩。

【水利扶贫】 投入2000万元实施15处农村饮水安全巩固提升工程。重点扶持3个市级贫困村和15个区级基础薄弱村水利设施建设。在贫困村投入水利扶贫资金800余万元,新建蓄水池3口,实施农村饮水安全巩固提升工程4处,实施高效节水与灌区工程5处,整治山坪塘11口、提灌站5座,新建蓄水池4口,改建农村道路1.2千米。

【农田水利】 重点围绕蔬菜、苗木、水果、特色食品等农业主导产业,高标准建成以山坪塘、蓄水池、提灌站、节水灌溉、末级渠道为主体的农业配套水利设施,因地制宜开展农村"五小水利"工程建设,完成各类水利设施项目2000余处。其中:兴建小型水源工程73口,新建和改造提灌站6处,维修养护提灌站186处,实施高效节水灌溉面积533公顷,修复水毁工程521处,恢复改善灌溉面积3067公顷,新增灌面800公顷。

【防汛抗旱】 修编完善各类预案219个,组成多个防汛抗旱工作检查组,对全区15个镇街的98座水库工程、重要河段以及蓄水1万立方米以上山坪塘进行多次防汛安全检查,整改安全隐患20

余起，整改率100%。汛前在健龙镇新石村河水坝开展防汛抗旱应急演练，培训人员100余人次。备足750万元防汛物资，投资4475万元，实施防汛抗旱水源配套工程12个，特别是7月后高温伏旱导致农田严重缺水，应急水源工程在抗旱实战中作用明显，抽水150余万立方米，为下游浇灌农田400公顷。成功防御降雨量达143毫米的“7·9”强降雨天气过程。

【供排水事业】 加强供水源头监管，强化水质检测力度，加强对净水剂和消毒剂的使用管理，城区累计供水2000余万立方米，其余各镇街供水水源充足。引进重庆市水务集团，合作并购璧山污水处理项目，实施观音塘污水处理厂提标升级改造并投入运行，完成街镇9个污水处理厂站升级改造，全区污水处理厂站日处理能力16万立方米，实际日处理污水8万立方米。新建城市拓展区中水管网2.2千米，中水回用率35.8%。

【水资源管理】 对27座重点饮用水源水库和40多座备用水源水库进行联合执法，禁止承包肥水养鱼行为，巩固水源保护成果，加强治理各类污染源。完成全区河道普查，加强河道巡查管理和涉河建设项目检查，依法审批涉河建设项目，做好防洪评价。严格水务综合执法，全年查处水事违法行为9起。

【水文水质监测】 完成15个镇街水厂出厂水、管网水、16个重要水源水库、39个农村集中式供水工程、7个河段功能区、23个镇街考核河段断面、38个小型集中供水点和23个农田灌溉水的水质监测，及时掌握全区各类水质状况。区水文水质监测站水质监测能力从36项提升至74项，其中，生活饮用水监测标准42项，地表水监测标准32项。新建梅江水文站，建设测验基础设施，配置水文仪器设备。

【水土保持】 审批水土保持方案27件，征收水土保持规费85万余元。投入资金4783万元，完成水土流失治理面积17.71平方千米，在项目区修建蓄水池31口，生产道路27.1千米，排灌沟渠8.45千米。

2018年3月7日，水质整治后的广普镇坪中村仁育门水库（谢捷摄）

【水库移民后期扶持】 兑现发放全区农村移民4530人(含三峡移民)直补资金271.8万元。投入1000余万元在库区和移民安置区修建农村公路7.5千米,人行便道2千米,公路桥1座,整治山坪塘3口。

【农业水价综合改革】 璧山区被市水利局确定为农业水价综合改革试点区,启动农业水价综合改革工作,制定出台2018—2020年农业水价综合改革实施方案,2018年主要涉及4个镇,分别是大沟中型灌区的七塘镇、八塘镇和璧南河大灌区的福禄镇、大兴镇,实施面积5120公顷。

农业生态建设

【概况】 全区农业生态建设工作在农村能源、防治外来入侵生物、面源污染、土壤修复治理方面均有较好进展,通过重庆市农业生态环保专项督导检查。

【农业生物资源保护】 制定《2018年璧山区农业外来入侵生物调查防治工作方案》,以空心莲子草(水花生)、福寿螺、水葫芦、加拿大一枝黄花等为重点,开展外来入侵生物监测和宣传工作。截至9月,组织外来入侵生物巡察4次,深入镇街开展宣传2次,提高群众对外来入侵生物的认识能

大兴镇船形村金色稻田(2018年摄,璧山报社供图)

力与警惕性，调动群众积极性与自觉性，降低外来入侵生物对农业生产带来的危害。

【农业生态项目】 开展土壤重金属污染防治试点项目工作，结合重金属污染区参考点信息，通过送检土壤样和蔬菜样后选定壁城街道马家桥村3组铬污染超标地块开展蔬菜产地土壤重金属污染修复试点项目。项目总投入65万元，依托西南大学作为技术支撑，对试验点周边100亩土地进行土壤重金属污染加密检测，试验地每年种植铬吸附力较强的蔬菜三季，设置24个试验区，分8种试验方法，进行重金属污染原位修复试验比较，计划通过三年的试验总结出一套适合璧山蔬菜基地土壤重金属污染的修复方案。

【地膜和重点流域面源污染监测项目】 实施“璧山区农产品产地环境质量国控点例行监测”项目，该项目严格按照上级部门要求，按时保质地对11个国控点进行点位核查和采样运样。实施“璧山区2018年重点流域农业面源污染现状监测”项目，主要实施内容是监测水样792个，调查30~35个行政村的面源污染现状，项目按方案完成。

城市园林绿化建设

【概况】 坚持走“生态优先，绿色发展”之路，以“深绿城市”为目标，“生态”与“文化”相得益彰，一大批优质公园、休闲广场、生态停车场、立体绿化应运而生，“公园之城”格局基本形成，不断提升城市价值。新增城市园林绿地面积100万平方米以上，建成区绿化覆盖率提高到50%，绿地率达到46%，人均公园绿地面积达到30平方米，相较2017年人均公园绿地面积上升2平方米，城市人均绿地保持率达到100%。

【绿城建设】 **持续立体绿化建设** 全程提供技术指导和专业支撑，组织采购立体绿化苗木，配制特制轻质土壤，按需滚动供苗，统筹协调立体绿化建设相关事宜。全年完成居民楼院立体绿化1560户，指导督促璧城街道、璧泉街道完成瀚恩大旺社区兴旺正街、金剑路（璧永路至文星路段）、璧泉公共服务中心、东山路至秋实学府段、养鱼二社文风片区等5条立体绿化示范街区建设。重点对边坡绿化实施景观提质，在各处边坡堡坎补栽补植大规格九重葛5000余株、蔷薇1万余株；实施古道湾公园、祝嘉路、市政基地等3处高压廊道下坡体覆绿，打造坡体绿化共计1万余平方米。

持续植物引进 引进200种植物，统筹实施栽植，适时跟踪管养，城区植物品种达到3000种，实现绿化品质提档升级。

持续城市人文景观建设 在新建公园绿地和重要景观节点置放水缸、猪槽、石磨、石碾等农耕器具，巧妙点缀各地“跨界”到璧的文化景观石，配置文化景观石500余块、古水缸80余个，凸显生态与文化的融合，增加绿地景观的观赏性和文化性。充分利用城市空间，安装各类桌、凳、椅300余套，创建一批“城市微客厅”，提升便民设施，使城市“静下来”“坐下来”，让城市更具温度。

全面提升城市道路景观 完成鸡冠石路延伸段、雪松路延伸段、高新区青杠片区等新建道路绿化建设。

2018年4月6日，市民在秀湖汽车露营公园游览（璧山报社供图）

2018年5月13日，观音塘湿地公园一景（璧山报社供图）

2018年5月17日，登云公园一景（璧山报社供图）

2018年6月15日，漫水湾公园一景（璧山报社供图）

绿地管护精细化 开展城区公园绿地补栽补植、修枝整形、抗旱保苗、水肥管理、大树复壮、病虫害防治等绿化管护工作，管护面积800万平方米，行道树1.8万余株；根据全区公园绿地新增情况，及时调整划定养护区域范围，市场化养护面积达到340万平方米；重点重塑翠微公园景观形象，补栽植物2万余株，改造面积达8000余平方米，公园景观形象进一步增绿提质。

以城带乡建设 完成九永高速下道口小游园建设，指导三合镇1个公园建成投用；深入大路街道、大兴镇、广普镇、河边镇等各个镇街指导生态镇街创建工作；帮扶大兴镇符家村、来凤街道新七村等后进村植树添绿，开展修枝整形、除草整地、补栽补植等系列工作，进一步呈现全域园林化发展趋势。

【公园与广场建设】 高定位推动公园建设，注重公园民生公益属性，形成“综合性公园+主题公园+小微型社区公园”的公园体系，打造出更具识别度的“公园之城”。按照集约节约新模式，自主规划、设计、建成投用秀湖汽车露营公园、枫香湖儿童公园、青杠云居体育公园、青杠大河坝公园、青杠中兴社区公园。其中，秀湖汽车露营公园结合旅途休憩及多样化的休闲露营需求，为区内外游客带来具有“穿越感、跨界感”的汽车露营新体验；枫香湖儿童公园以无动力游乐设施为主题，以耕读文化为底色，融游乐、科普、山水为一体，是研学旅行、科普文化交流的绝佳之地。枫香湖儿童公园、秀湖汽车露营公园两大主题公园的相继建成投用，持续刷新城市热度，古建筑、文化墙、老照片穿越时空记忆，成为璧山文化旅游新亮点。

【标准化公厕建设】 持续推进标准化公厕建设，掀起城市“厕所革命”。新区以新建为主，旧城以改造为主，全年新建标准化公厕7座，改建公厕6座。璧山区共有公共厕所203座，其中标准化公厕47座，普通公厕48座，移动公厕20座，开放社会公厕88座，成为璧山城市文明的新窗口。将公厕建设纳入全区民生实事，在俊豪城中央大街等30座标准化公厕内安装直饮水机，24小时免费提供开水和常温水。在公厕等处试点配置10处手机加油站，便民服务设施进一步提升市民的如厕体验和城市管理公共服务品质。

【苗圃建设】 对福禄苗圃及东、西支路苗圃进行升级改造，全面调整苗圃苗木品种，加强苗圃功能性建设。通过引进、储备彩叶植物、开花植物、观果植物，以及将城区部分过密植物移至苗圃栽植等多种渠道，增加苗木储备量，进一步解决日常补栽补植所需。福禄苗圃新增30余亩用地，用于储备雷竹等公园建设用苗，栽植各类苗木2000余株，东、西支路苗圃各栽植苗木3000余株。通过改善改良苗圃土壤，采用美植袋栽植等多种措施，有效确保苗木移栽成活率。

2018年璧山区新建公园一览表

单位：公顷

名称	地址	建成时间	面积	备注（含功能等）
秀湖汽车露营公园	雪松路与黛山大道交界处，紧邻秀湖公园	2018年3月	16.67	休闲露营
枫香湖儿童公园	绿岛新区南部片区，黛山大道以西、福顺大道以南、银山路以北，围绕雪山水库水体	2018年9月	53.33	无动力驱动游乐设施、研学旅行、科普文化
青杠云居体育公园	青杠缙云路	2018年12月	20	
青杠大河坝公园	青杠中兴桥桥头	2018年12月	6.7	
青杠中兴社区公园	青杠中兴社区	2018年12月	3.3	

街道 镇

璧城街道

【概况】 璧城街道地处璧山城区核心，东与沙坪坝接壤，南接璧泉街道，西连福禄镇和大兴镇，北通大路街道和河边镇，是全区文化、商贸中心。街道幅区面积73.78平方千米，其中：耕地1326公顷，城镇规划区16平方千米，城镇建成区15.02平方千米。交通区位优越，319国道、渝蓉高速、黛山大道、轨道交通1号线穿境而过，璧南河由北向南纵贯全境。辖社区居委会10个，行政村6个，村居民小组149个，下属基层党组织46个，党支部97个，党员3119人。年末户籍人口89408人，其中：乡村人口7663人，城镇人口81745人，常住人口16.3万人。辖区有公立中小学9个，在校学生1.34万人，在职教师640人。辖区基础设施齐全，有电影院1个，公园1个，图书馆、文化站2个，敬老院1个、集贸市场5个，金融机构21家。辖区有民营业2300余家，从业人员2.25万余人，总产值90亿余元。全年完成辖区内财政收入8.9亿元，同比增长22%，其中工商税收完成7.85亿元，本级财政收入完成1.37亿元。

【政治建设】 通过党工委、中心组学习、基层党组织主题党日等不断强化“四个意识”，开展《新时代面对面》、《习近平新时代中国特色社会主义思想三十讲》、杨雪峰先进事迹等各类主题宣讲活动130余场。将城市基层党建和机关事业单位党员到社区报到结合，完成项目清单43项。升级改造7个村（社区）便民服务中心，优化调整部分基层党组织书记，开展村（社区）专职干部全覆盖培训。全面实行“两个责任”清单报账，大力开展扶贫、涉黑涉恶、征地拆迁等领域的腐败和作风问题专项治理行动，完善作风建设长效机制，坚持“逢会必讲党风廉政建设”，开展“以案四说”，推进警示教育常态化。推进农村带头人队伍建设，优化调整4个村（社区）党组织书记，销号1个空壳村；加强后备力量建设，发展预备党员13名，摸排落实退役军人组织关系19人；开展村（社区）专职干部财务管理、党建等培训265人次/12次；推进村（社区）“两委”班子及专职干部研判、回访工作；建立更新本土人才数据库，继续实施农村本土人才培养计划。牢牢掌握意识形态工作主导权，强化意识形态管控，建立五本台账，做到意识形态工作“五个有”，厘清意识形态责任37条，建立扫黄打非工作示范点6个。

【经济建设】 完成工业总产值12.1亿元，同比增长12.6%。工业固定资产投资4.2亿元，全社会固定资产投资14亿元。新增限额以上商贸单位4个，个体15个，限上法人批零销售额26.8亿元，同比增长9.3%，限上法人住餐营业收入0.89亿元，同比增长13.2%。全年完成R&D投入1257.7万元，大幅超过任务指标。辖区企业申请发明专利41件。农村常住居民可支配收入20353元，同

璧城大旺桥一带街景(2018年摄,璧山报社供图)

比增长8.6%。农业总产值2.0亿元,蔬菜种植面积10189亩,产量20506吨,水果种植面积3429亩,产量3059吨;新增区级农业龙头企业2个,专业合作社2个,家庭农场2个家。完成春季、秋季动物重大疫病防疫工作,猪、牛、羊免疫率100%,圈舍消毒率100%。开展春季义务植树栽植香樟50亩,签订公益林集中管护10700亩。清理完成枯死松树359株、秋季松树普查面积7352亩。

【社会建设】 投入84.51万元完成来龙村自来水水质提升工程,受益人口2100余人。开展脱贫攻坚大排查7511户,抓好64户贫困户脱贫攻坚工作,完成85户农村C、D级危房改造,“两不愁三保障一达标”落到实处。启动确权颁证、三资清理和产权制度改革工作。兑付2017年耕地地力保护补贴面积140万元,15644亩。完成四面山村农村电网升级改造工程,完成110kV温泉变电站输入线路和输出通道建设,改造城区老旧燃气管道4.5千米。

实现城镇新增就业人员5620人,新增创业人员1004人,指导帮助下岗失业人员就业再就业1357人。结存公益性岗位安置人数210人,新增转移农村劳动力145人,市外农民工返乡创业就业总人数415人。办理“4050”人员灵活人员社保补贴296.45万元,538人次。申报小额贷款1300万元,102户。发放就业补贴8万元。登记求职人员745人,免费职业介绍560人。组织专场招聘会4次,成功招聘求职人员335人。办理新登记其他城镇登记失业人员1350人,城镇登记失业率3%以内。城乡居保参保17719人,征收参保费183.40万元,6588人。城乡居民合作医疗保险参保62883人,足额筹集参保资金1383.769万元。落实在建项目建立“一金三制”,执行在建项目实名制管理100%,建立银行专户制100%，实行农民工工资保障100%。

按政策及时审批、调整各类救助对象，全年发放城乡低保金、优抚优待金、特困人员生活费、临时救助金等民生资金1700余万元，其中：发放临时生活救助金18.6万元/139户，城乡低保金520万元/1.27万人次，特困人员生活费92.3万元/3432人次，孤儿生活补助金9.6万元/96人次，80岁以上高龄营养补助158万元/2.67万人次，高龄失能老年人养老服务补贴13.2万元/660人次，发放优抚补助金704.4万元/6100人次，义务兵优待金96.8万元/121人，襄渝民工及精减老职工生活补助20.2万元/420人次，发放贫困残疾人生活补贴19.3万元/3888人次，重度残疾人护理补贴44万元/8244人次。切实做好慰问工作，其中：2018年春节期间发放慰问金70.6万元，重阳节发放慰问金4.4万元。

全面落实计划生育奖励政策，发放全国农村部分计划生育家庭奖励168.79万元/1357人，重庆市计划生育家庭特别扶助156.91万元/206人，璧山区独生子女特殊家庭生活扶助51.46万元/107人，璧山区独生子女残疾家庭特别关爱金35.76万元/149人，补贴重庆市农村部分计划生育家庭居民参合资金29.19万元/1622人，增发独生子女父母养老保险金9.14万元/762人；85户CD级农村危房四类人员和250户非四类人员的改厕工作正在稳步推进；开展计生协会活动20场次；基本公共卫生服务群众知晓率达80%以上；肇事肇祸等严重精神障碍患者联合服务管理工作逐步走向规范化，落实2017年有奖监护以奖代补金4.58万元/29人。

【文化建设】 针对学习宣传党的十九大精神，新创作音乐情景剧《再一次出发》，建立"璧城文艺坊"文艺创作基地1个，新创编舞蹈《当那一天真的来临》、音乐快板《好人在身旁》、移风易俗小品《婚宴陋俗不能取》、快板《移风易俗树新风》等节目。开展"中国梦·巴渝风"系列群众文化活动3场，开展"奉献人民·放歌巴渝"主题实践活动2场，开展"我们的中国梦"——文化进万家活动2场。开展梦想课堂108场、梦想沙龙3场，建成梦想课堂市级示范点2个。开展"乡村振兴——文明风尚进农家""孝善巴渝"等主题系列活动。开展志愿服务活动192场，志愿服务赶场天12场。推荐"身边好人"，黄勇获评重庆市第72期"重庆好人"、7月"中国好人"；王中理获评重庆市第73期"重庆好人"。成立9支文艺志愿服务分队，广泛开展各类文艺志愿服务活动。常态化开展文物巡察，文化市场安全检查工作。

【生态文明建设】 完成办结市环保督察组督办案件51个。关停蜂窝煤生产销售、使用单位3个。将77家VOC"小散乱污"企业纳入整治名单，企业错时生产基本到位。将辖区13个建筑工地纳入扬尘管控范围，每月至少巡查2次以上。开展野外焚烧巡查，及时发现和处置焚烧行为31次。整治未安装油烟净化设施或油烟整治不达标餐馆24家，关停4家。整治废旧铅蓄电池回收处置单位54家，堆放不规范、无标识等问题固废单位46家。建立企业环保网格化监管机制，发现和处理工业企业环保投诉80余起。辖区4座水库完成安装浮床140个、栽种水生植物4000丛，完成110口山坪塘的水质达标整治，栽种水生植物16.4万丛。整治水库4座，养鱼池137口。与责任村（社区）签订目标责任书，全面落实生态河长巡查机制，每月河道清漂2次以上。每月对辖区数十个塘库堰进行巡查2次以上，确保无饲料投放和畜禽粪便投放，水质局地实现好转。完成兴旺正街和金剑路路段334米的花槽修建和种植土回填，栽种三角梅1100株。

聘请城区背街小巷专职清扫保洁人员183人，农村生活垃圾专职保洁员23人、兼职保洁员69人。配置压缩式垃圾车3辆、垃圾收集车3辆、高压冲洗车2辆和路面养护车3辆，建成农村垃圾收集点241个，农村垃圾定点清运率100%。投入资金160余万元改造疏通管网等市政设施112处，城区1116口化粪池全部完成安装安全警示牌；违法建筑整治工作有序推进，整治存量违法建筑4.2万平方米/389户，拆除新增违法建筑8户，拆除瀚恩阳光小区集中成片违法建筑10户。拆除和整改卫片图斑违法建筑13户，清理核实四山管控范围和青龙湖国家森林公园内的违法建筑2.2万平方米/64户，拆除率100%。

璧泉街道

【概况】 璧泉街道紧邻重庆主城西部，地处璧山城区中心位置，东接重庆大学城，西连大兴镇，南毗青杠街道，北临璧城街道。经璧山隧道连接主城，距离重庆大学城五分钟车程，交通便捷，区位优越。绿岛新区核心区、璧山高新技术产业开发区、中央商务区都坐落在街道内。辖区环境深绿，拥有枫香湖儿童公园、东岳体育公园、秀湖公园、汽车露营公园、观音塘湿地公园、璧南河公园等28个生态公园，拥有南门唐城、俊豪中央大街、砂之船奥特莱斯、天赐华汤温泉、人民广场、文体广场、体育中心等一大批休闲旅游场所。街道辖区面积43平方千米，耕地面积789公顷，辖13个社区居委会，127个居民小组。年末户籍人口7.8613万人，常住人口23.7558万人。下属基层党组织45个，其中社区党委13个、机关事业单位党支部7个、非公党支部25个，有党员2064名；班子成员12人，机关干部108人，机关内设机构6个、下属事业单位4个。辖区有中小学11个，在校学生23113人，教师1843人。医疗卫生机构73个，其中医院11家。全年出生人口1845人，符合政策生育率99.34%。

【政治建设】 开展习近平总书记全国两会期间系列重要讲话精神宣讲15场，开展“名嘴进百家”活动5场。加强党员干部教育，推进“两学一做”学习教育常态化制度化。提升基层组织力，以社区党组织为核心，以步行15分钟为半径，在距便民服务中心较远的居民聚居区，建立党群服务工作站11个，接受咨询近1万人次，提供服务近1000件。以多网融合为目标，统筹推进基层党建、社会治理、安全、意识形态等工作。56个网格231名网格人员走访群众近20万人次、解决事项近1万件。以城市基层党建联席会议制度为契机，实现共建共治共享，完成项目清单131条。以“三亮三先”活动为载体，2000余名党员干部亮明身份和承诺，激发干部职工模范带头作用。群工系统，线上线下共解决群众事项1870件。七一期间，街道共评选优秀共产党员30名、优秀党务工作者8名、先进基层党组织7个。落实党员领导干部参加“双重组织生活”和讲党课制度，班子成员讲党课24次。加强对党员干部人才的培训培养，领导联系服务专家12人。开展“星级党组织”创建活动，督促落实“三会一课”“主题党日”，新发展党员8名，收缴党费15万余元。整顿后进基层党组织，整改突出问题3个，并整体搬迁便民服务中心。新建非公党组织5个，组建社区非公联合党支部9个。以党风廉政建设为抓手，全面落实主体责任和一岗双责。开展警示教育4次，约谈提醒600余人次，立案审查违纪问题6件，给予党纪处分5人，组织处理1人。创新开展未巡先改，完善制度6项。

【经济建设】 完成规模以上工业总值459.8亿元，同比增长17.7%；限上批发零售销售额47.4亿元，同比增长14.3%；限上住宿餐饮2.4亿元，同比增长17.8%；辖区财政总收入24.3亿元，同比增长29%，其中：工商税完成19.1亿元，地方财政收入2.75亿元，同比增长44%。农村常住居民人均可支配收入20295元，同比增长8.5%，城镇常住居民人均可支配收入42242元，同比增长9.3%。辖区内民营企业4832家，从业人员139766人，总产值1343亿元。农林牧渔总产值5436.95万元，其中农业产值2364万元。蔬菜产量8814吨，果类

位于璧泉街道的观音塘湿地公园喷泉美景(2018年5月,周海瑞摄)

2018年7月26日,璧泉街道龙井湾村村民在黄桷古树下纳凉(璧山报社供图)

产量1252吨。做好璧山高新区、绿岛新区重点项目建设协调服务工作,配合完成汽车露营公园、枫香湖儿童公园建设,推进双凤公园、古道湾公园等巴渝文化公园建设,配合区级部门做好奥特莱斯二期、千年重庆旅游风景区、俊豪购物街、地派温泉等重点商贸旅游项目建设协调服务工作。解决高新区、绿岛新区发展中的征地拆迁、社会事业管理等问题,全年完成征地1670亩,租地1734亩,拆迁房屋9000余平方米,发放拆迁补偿资金3064万元,过渡费3120万元。积极帮助企业申报小微企业和其他资金补助，解决企业具体困难。开展企业走访服务工作，收集企业存在的各种问题，积极帮助企业协调解决土地、资金、用工等困难，提高企业水、电、油、气保障水平。完成全国第四次经济普查清查摸底工作，清查单位5274家，清查个体8407家。

【文化建设】 开展“中国梦·巴渝风”系列群众文化活动2场、“奉献人民·放歌巴渝”主题实践活动2场、“我们的中国梦”——文化进万家活动2场、“红色文艺轻骑兵”文艺活动2场、“深入生活·扎根人民”主题实践活动1场，打造具有本土特色的优秀文艺作品1部。开展文化科技卫生“三下乡”活动1场。实施乡村振兴文化兴盛行动，以“家风润万家”为主题，评选“好家风、好家训”13条，开展“点赞公民”——千万市民学法律、升国旗、做公益等“责任”系列活动3场。开展移风易俗、婚丧礼俗整治、文明礼仪宣教等乡村文明新风工作，制作移风易俗宣传画300幅，13个社区成立移风易俗理事会，创作抵制婚嫁恶俗文艺节目3个，开展抵制婚嫁恶俗文艺演出1场。评选“十佳绿色家庭”“十佳书香家庭”等最美家庭13户，“十星级文明户”“五好家庭”“和谐家庭”72户。开展各种志愿服务活动81场，开展“烟头不落地　璧山更洁净”活动。

【社会建设】 全面推进脱贫攻坚，10户贫困户全部稳定脱贫。完成鹰嘴等5个社区73户“四类”人员C、D级危房改造，将260余户居民纳入城区自来水供水范围，解决群众饮水安全问题。发放农业支持保护补贴1640户，补贴面积2863.22亩，补贴金额272007.17元。退耕还林直补6户，面积748.98亩，金额93622.5元。公益林直补3133.2亩，补贴金额36815.1元。新增城镇就业人员7551人，城镇登记失业率控制在3%以内。办理创业担保贷款121户1648万元，新增就业156人。开展特色职业推介活动，回引农民工421人，累计求职登记753人，职业介绍成功525人。办理城乡居民养老保险12490人，参保率95%，完成保费收取96.35万元。办理2019年城乡居民医疗保险55162人，收取保费1272.5万元。稳妥处理突发性、群体性劳资纠纷47件，涉及金额2494万元，惠及农民工1651人。办理食品经营许可1820件，办理小作坊登记14件，食品流通摊贩备案68件。为3310人发放低保金182.2万元；发放重点优抚对象定期补助金454万元；发放特困人员救助基本生活费56.7万元；发放营养补贴97.4万元；发放残疾人重度护理补贴22.8万元；发放残疾人贫困生活补贴7万元；投入28.8万元，完成12栋老旧居住建筑楼消防设施和消防水表改造；发放惠民宣传礼包3.2万份。深入推进扫黑除恶专项斗争，悬挂宣传横幅480幅，张贴标语9000余张，发放宣传资料25万份，营造了浓厚的宣传氛围；收集群众举报和部门交办线索47条，核查发现有涉恶嫌疑1条，有其他犯罪嫌疑8条，移交区外1条，打击涉恶人员6人。强化社会面防控，专职巡逻队协助民警抓获各类违法犯罪嫌疑人近200人，其中移送起诉100人，治安处罚48人，强制隔离戒毒18人，从中破获刑事案件285件，查处治安案件47件。继续发挥“2+N”联调室作用，共调解纠纷1301起，涉及2680人593万元。开展非法宗教活动整治，关闭非法活动点5处，拆除活动点1处。

【生态文明建设】 实施林缘空地绿化30亩，栽植森林阻隔带10千米，投入5万余元进行登山步道旁的杂草清理，增加集中祭祀点3个，新建林区防火接水系统1处，安装森林静态全覆盖监控摄像头16个，实现全时段实时远程监控。做好迎接市环保集中督察，接收督察案件52件。开展全国第二次污染源普查工作，普查各类污染源2000余家。做好大气污染攻坚行动，巡查70个建筑工地扬尘管控，立案查处29处建筑工地扬尘问题。排查高污染燃料企业15个，立案查处

1件。建立野外焚烧网络监控系统，实现对辖区主要农作物耕种区的全时监控，并建立巡查宣传队伍，实现全域管控。加强河长制巡管机制，全年街道、社区两级河长处理一般性问题62处，整治水污染问题6个。加强工业排污治理，54家企业建立“一企一策”档案，完成34家“三高”企业和325家“散乱污”企业整治。加强餐饮油水集中整治，1511家餐馆安装油水分离器，安装餐饮集中区高清监控51个，实现餐饮偷排全天候监控。实行三重巡查机制，完善污水管网巡查管护；实施文风桥片区污水管网改造工程，重新设计安装200余米污水管道；投入维修整治资金172万元，整治修复39处管道、21处箱涵、166处井盖、178处水篦子、553处破损道路，清掏2500米河道，安装南门小河沟污水提升泵站；升级改造5000平方米小区绿化。完成山坪塘水质达标治理，解除83口山坪塘、32口养鱼池的承包合同；关停或拆除辖区7家养殖场。改善人居环境。街道、社区两级河长发现处理问题82处，整治水污染问题15个。开展大气扬尘巡查320次，清掏化粪池808座，消除农村存量生活垃圾150吨，在城区设置非生活垃圾投放点26处，完成3条立体绿化示范街区建设和4条农村道路美化。

青杠街道

【概况】 青杠街道东邻九龙坡区走马镇、江津区双福镇，南接璧山区来凤街道，西界璧山区大兴镇、正兴镇，北连璧泉街道，距重庆主城区23千米，距璧山城区13千米。成渝高速公路、国道319线、黛山大道等多条公路穿境而过，九永高速来凤互通距青杠10分钟车程，成渝高铁璧山站设立在青杠。辖区面积46.45平方千米，其中耕地面积738.47公顷。场镇规划面积9.5平方千米，建成区面积约7平方千米。辖6个村7个社区，121个村（居）民小组，年末户籍人口41688人，辖区常住人口69075人。辖区内有中小学4个，在校学生5416人，在职教师311人，其中，青杠初中在校学生1275人，在职教师107人；青杠实验小学在校学生2634人，在职教师134人；中兴小学在校学生813人，在职教师38人；青山小学在校学生694人，在职教师32人。有医疗卫生机构3个，执业（助理）医师295人，床位605张，其中，青杠街道卫生院床位33张，专业医护人员52人；青山医院床位50张，专业医护人员45人；重医大附一院青杠老年护养中心床位522张，专业医护人员198人。全年出生人口716人，符合政策生育率99.02%。开展家庭医生签约服务17148人，覆盖率31.2%，孕前优生健康检查279人，农村妇女宫颈癌检查603人。有110kV变电站2座和220kV变电站1座，有日供气8万立方米天然气站1座，日供水2万吨水厂1座。有占地20亩的市政环卫基地2座，有标准化公厕9座。村村通广播、便民服务中心和休闲健身广场等设施覆盖全街道。

【政治建设】 深入开展“两学一做”学习教育常态化和制度化工作，开展习近平新时代中国特色社会主义思想和党的十九大精神全覆盖培训。完善村（社区）党建工作月度推进会和非公企业党建工作季度推进会机制，改进村（社区）党建和非公企业党建工作考核办法。抓实城市基层党建工作，召开城市基层党建工作联席会，签订“共建共享”协议，收集需求清单59项，梳理资源清单73项，确定并完成项目清单17个，推动党建引领社会治理。推行“订单式”和“下沉式”服务工作法，为262户特殊困难群体提供长期固定关爱服务，累计接收群众反映事项216件，办结率100%。组织开展微党课观摩交流活动，推选出1名党组织书记参加区级决赛并获得三等奖。拍摄《邹瑜1200多千米的生命传递》和《坚持红色传承，锤炼坚强党性》党员微视频和微公益广告片。发展预备党员14名，转正党员18名。全面彻底抓实巡察整改工作，将巡察反馈的6个方面

2018年7月10日，青杠街道生态公园一景（璧山报社供图）

2018年3月22日，青杠街道沿河路一景（谢捷摄）

15个问题，细化分解为37项任务进行整改。发挥正面舆论主导力，报送党委信息、政务信息等280余条，在各媒体网站上稿80篇条，其中在市级以上媒体上稿37篇条；开展梦想课堂36堂，十九大精神主题宣讲30场，志愿服务活动130余场，志愿者实名注册人数达5300余人；成立12支以重庆好人邱国惠为代表的移风易俗宣传劝导队，开展移风易俗活动10场，打造移风易俗示范点1个；莲花村刘晓梅、青山社区邹瑜分别获“感动重庆月度人物”和“重庆好人”称号。强化从严治党管控力。建立党风廉政建设纪实制度，印发《党风廉政建设纪实手册》，以纪实的方式记录在册，紧盯重要节点，加大四风问题检查力度，编发党风廉政短信8条，提醒广大干部清廉过节，对辖区内酒店、茶楼、农家乐等检查6次,检查公务用车5次,均未发现违纪情况。

【经济建设】 全街道103家规上工业总产值完成237.0313亿元,同比增加2.6%;青杠统计部分(不含高新区)10家规上工业企业实现总产值10.4272亿元,同比增长8.91%;全社会固定资产投资(不含高新区)完成8.9247亿元;限上法人批零销售额实现2.2485亿元,同比增长18.1%;限额以上住餐营业收入实现2.5103亿元,同比增长17.8%。辖区财政总收入7.0292亿元,同比减少0.3%;工商税收完成6.9957亿元,同比减少0.3%;一般公共预算收入完成8108万元,同比增长3.27%。中国银行、中国农业银行、中国工商银行、中国建设银行、重庆农村商业银行、重庆银行、邮政储蓄银行7家银行在青杠设分支机构,各项存款余额30.2855亿元,同比增加17%,其中居民储蓄存款余额26.842亿元,同比增长14.6%,贷款余额8.73亿元,同比增加12.1%。粮食总产量4885吨,蔬菜产量8444吨,水果5881吨,水产1199吨。农业总产值13887.4万元,同比增加5.6%;农村常住居民人均可支配收入19654元,同比增长9%。

企业服务　全街道民营企业1575家,从业人员21537名。全年走访企业150余家次,收集问题和建议16条,帮助14家企业解决实际问题和困难17个。组织170家企业参加各类政策和管理知识培训,组织指导40余家企业参加各级项目资金和专利申报工作。富鸿齐电子等3家企业成功申报为2018年重庆市两化融合管理体系贯标试点企业。重庆宝格电子科技有限公司被评为"2018年重庆市两化融合管理体系贯标示范企业"。星极齿轮被认定为"2018年重庆市技术创新示范企业"。大茂伟瑞柯等8家企业23项产品被评为"2018年度重庆市重大新产品";山青机械等12家企业17个项目获得重庆市工业和信息化项目专项资金支持。

城市建设　投入530万元完成滨河西路道路油化改造工程,投入资金170万元扩建云居体育公园,新增网球场、五人制足球场、羽毛球场、乒乓球场各1个。投入18万元完成滨河广场扩建工程。投入20余万元改建公厕1座。投入460余万元新建中兴变电站公园和中兴儿童公园,新增公共体育面积3800平方米,新增绿地面积7万平方米。日均冲洗路面60万平方米、清扫保洁面积125万平方米、清运处置垃圾60余吨,全年累计出动清漂船1600余次,清理璧南河水面和岸边垃圾360余吨。修剪各类乔灌木约1.2万棵,绿化施肥、施药13万平方米,锄草80万平方米,铺设草坪1.5万平方米,补植行道树53棵、地被植物3000余株。维修水篦子189套,更换市政井盖150个,修缮城市道路950平方米。安排专人定期全面巡查检修,累计维修各类路灯843盏,抢修线路近5000米,在塘坊社区、中兴村、沿河西路新安装路灯67盏,确保亮灯率、检修及时率、设施完好率均在98%以上。

【文化建设】 开展以"我们的中国梦·文化进万家"为主题的迎春文化活动6场,观看和受益群众1万余人。开展"粽情端午·尽情放粽"系列活动,组织辖区川剧爱好者开展川剧专场文艺演出2场,组织30余名学生、社区志愿者开展现场书法、制作粽子、扇面绘画、书画展等活动。更新改造广播喇叭设备45组,放映农村公益电影78场,开展文化服务进基层文艺演出16场、文化讲座12场。图书室借阅各类书籍3550册,借阅人次1700人,电子阅览室上网浏览385人次。开展以"书香建设·全民阅读品牌"为主题的读书活动,在参加区"朗读大赛"活动中,家庭组获得二等奖、中学组分别获得特等奖和二等奖、小学组和青年组均获得三等奖。参加区"百姓大舞台"和"不忘初心、牢记使命"文艺比赛活动获得二等奖。在创建重庆市社区教育示范区工作中,成为示范镇街的验收点并成功验收。

【社会建设】 **社会救助** 为城乡低保户3291人发放低保金132.3万元;为特困人员177人发放补助151.443万元;为80岁以上高龄老人发放营养补贴89万元;为失能老人、孤儿等66人发放补助补贴19万元;为民政优抚对象260人发放补助332.53万元;为困难群众、民政对象41人发放临时救助金30万元;对贫困残疾人493人发放生活补贴7.345万元,发放护理补贴1211人19.176万元;投入190余万元建设的中心敬老院升级改造工程完工投用。

脱贫攻坚 明确30户建卡贫困户结对帮扶单位和帮扶责任人,制作贫困户档案资料牌30块并到户上墙,在全区推广。组织辖区9家企业出资为24户贫困户免费提供仔猪40头、羊5头、玉米1万千克,以及街道出资免费提供鸡苗150只、化肥100包,发放慰问金3.02万元,落实公益性岗位3个,帮助贫困户稳定脱贫。

就业政策 举办2018年春季企业用工现场招聘会,帮助辖区企业招聘员工587人,发放27笔小额贷款315万元;指导帮助145名困难人员实现再就业,为257名"4050"人员申报办理社会保险补贴121.5万元。

民生工程 实施CD级危房改造工作,全年危房改造任务95户,实施改造入住69户。参加城乡合作医疗保险31546人,筹资561.9万元,参合率96%。解决渝青机械有限公司等40起劳资案件,为农民工追回拖欠工资约400万元。

拆迁安置 配合高新区完成棕树水库大坝、比亚迪进场临时道路等近200亩土地的临时使用工作,完成铜罐驿长江提水联通工程青杠段120余亩土地临时使用和补偿工作。配合区交委完成黛山大道南延段430亩土地的征收工作。配合高新区、区征地办完成棕树村2、3、7组和莲花村1、2组1038亩土地的征地拆迁工作。配合区征地拆迁办、高新区30天内完成比亚迪项目近1500亩土地的征地拆迁工作。启动塘坊定向经济适用房分证办理工作,有序推进塘坊安置区自建房总证办理工作,完成中兴、杨柳安置区500余户分证办理。

【生态文明建设】 **七大类污染源监管** 关闭污染企业和"三高两违"企业4家,关闭养殖场15家,取缔潲水油加工作坊15家,严格审批新增餐饮单位70余家,辖区未新增污染源。

蓝天保卫战攻坚行动 加强道路和建筑工地扬尘管控,督促建筑企业开展扬尘治理,查处建筑渣土运输车违法行为22件。开展挥发性有机物污染治理,督促企业完善环保手续,建设治理设施,对无法治理2家企业予以搬迁、关停。加强野外秸秆禁燃巡查监管,及时发现和处置各类焚烧行为30余起,做出行政处罚5起。

"小散乱污"企业整治 对辖区323家企业进行审核分类,确定38家编制环评报告书(表),70家备案登记,196家暂时保留,对19家"小散乱污"企业实施关停。

国家第二次污染源普查 完成1191家工业企业普查对象、1家生活源锅炉普查对象,13家入河排污口普查对象、21个养殖场污染源、4个集中式污水处理厂(站)的基础摸底和入户调查工作。

违法建筑整治 完成2018年存量违法建筑整治目标任务,涉及128起10645平方米。拆除"四山"管控区违法建筑18起,面积14084.6平方米,完成复土复绿8929.91平方米。

区域水质达标整治 完成2.4万米城区老旧二、三级管网排查、建档,检查雨污井盖222座,维修破损污水管网4处,投入近60万元清掏化粪池1000余口。完成农村种植大户粪污规范收集处置,修建粪污池避雨棚20处,规范露天堆肥避雨设施54处。稳步推进辖区104口山坪塘、64户养鱼池的水质达标整治,投入60余万元完成水生植物栽植和管理用房拆除,投入14万元完成200亩冬季死亡植物打捞工作。

来凤街道

【概况】 来凤街道位于璧山区南部，东邻江津区双福新区回龙村，南接璧山区健龙镇、丁家街道，西连璧山区正兴镇、大兴镇，北靠璧山区青杠街道。辖区有成渝高速公路、国道108线以及九永高速公路，其中九永高速设来凤道口，到江津双福新区只需6分钟车程，至成渝高速丁家道口7千米，至成渝高速青杠道口3千米，到成渝高铁璧山客运站8千米，距璧山城区19千米。辖区内“黛山大道”南段建设开工建设，通车后可直接快速进入成渝城际铁路以及轻轨1号线璧山延伸段和渝遂高速。街道辖区面积44.484平方千米，场镇建成区面积3平方千米，耕地面积1365公顷，森林面积822公顷。规划区总用地面积90.17公顷，其中规划城市建设用地面积84.37公顷，规划居住人口1.17万人。辖3个社区，10个行政村，共116个村(居)民小组；辖30个党组织，共有党员1354人。建成街道公共服务中心1个，300平方米，便民服务中心13个，共6670平方米。2018年年末人口35457人，其中农业人口16646人，非农业人口18811人。户籍人口出生人数340人、符合政策率99%；常住人口出生人数205人、符合政策率99%。街道有市级文物保护单位二道牌坊(何氏百岁坊)，区级文物保护单位大佛寺、佛耳洞、翰林山庄。有来凤摄影基地、花卉苗木观光旅游基地等特色旅游项目。

【政治建设】 实推进“两学一做”，严格落实主题党日、党员干部双重组织生活等制度，深学笃用习近平新时代中国特色社会主义思想和党的十九大精神，强化意识形态教育，加强“两个覆盖”。新建非公党组织1个，创建区级“双强双带”示范党组织1个。制定“两个责任”清单，列出主体责

2018年3月8日，游客在来凤炫彩万木源景区游览(曾世雷摄)

任29项和监督责任18项，摸排出风险点37个，廉政约谈561人次。修订《村（社区）专职干部日常管理制度》，有效解决专职干部不专问题。开展村（社区）届中回访，对履职不好的7名“问题干部”限时整改，对13名“前科劣迹干部”约谈教育，劝退5名问题小组长。扎实搞好新七村党支部后进整顿，针对存在的问题，从选优配强支部书记入手，抓好整改落实，如期脱“帽”。

【经济建设】 工业总产值21.2亿元，营业收入21.5亿元，完成工业固定资产投资1.91亿元，实现利润总额1.27亿元。2018年农业总产值26639万元，粮食总产量9571.72吨。辖区内非公有制企业450个数，从业人员5776人数，总产值达到21.2亿元。实现公共财政收入5253万元，地方财政收入1171万元；全社会固定资产投资9.6亿；规模以上工业企业总产值9.6亿；社会零售品销售总额实现3.5亿；城镇居民人均可支配收入39200元，同比增长9%，农村居民人均可支配收入18850元，同比增长9%。有金融机构3个，即农业银行来凤分理处、农村商业银行来凤分理处、邮政储蓄来凤营业所。2018年，各项存款余额3.47亿元，贷款余额1.01亿元。

建成翰林公园，新建公厕1个，整修公厕1个；新植九永高速路下道口绿化50亩，补植沿河路两侧绿化3千米，安装行人座椅46张，实现城区的靓化；新建垃圾收集点400个，各村增加保洁员1名，确保农村整洁的常态化。

坚持“文旅结合、农旅结合”的思路，推动乡村旅游项目落地，依托九州花卉基地，打造占地2400亩的“炫彩万木源”，集苗木生产、观光旅游、科普体验、亲子娱乐、生态养生展示等功能于一体的乡村旅游景区，2018年接待游客21万余人。

【文化建设】 借助璧山报社、璧山电视台力量，发挥街道通讯员队伍的作用，积极推介街道，对外展示来凤古驿风采，在《重庆日报》等市级媒体上稿14篇，位居全区街镇第二。加强对街道13个农家书屋的管理维护工作，保持免费正常对外开放；加强农村文化市场监管引导，按照《文化市场管理条例》要求，指导辖区文化市场明确经营理念，守法经营，坚持繁荣与整治相结合，确保了农村文化市场的健康发展。积极举办群众喜闻乐见的文化活动，切实丰富群众文化生活，依托“来凤乡村音乐舞台”开展“奉献人民、放歌巴渝”“我们的中国梦　文化进万家”“中国梦·巴渝风”“红色文艺轻骑兵”“深入生活·扎根人民”活动10余场、开展摄影展1场。开展春节、“三八”节、“五一”节等重要节日活动8场。

【社会建设】 街道有中学1所，小学1所，高等职业学院1所，卫生院1所。来凤中学2018年有100个教学班，学生5449人，教职工405人；来凤小学2018年有32个教学班，学生1607人，教职工87人；重医护理职业学院占地287.9亩，建筑面积9.7万余平方米，2018年有护理、助产、康复治疗技术、老年与社区康复4个专业，7个教学大班，教职工104人，学生3200人；来凤中心卫生院开设内、外、妇产科和医疗、护理部，占地面积6077平方米，业务用房面积4458平方米，2018年在职职工69人，开放床位80张，实施电子病历、电子处方、电子发票等信息化管理，为90%的辖区内居民提供公共卫生服务。

完成黛山大道南延段和城镇拓展工业用地两个项目780亩征地拆迁；完成孙河村、安乐村人饮工程改造；完成农村改厕913户；改建来凤敬老院并投入使用；家庭医生签约4347户；新建农村人行便道38千米；完成四好农村路路基建设18条33千米、路面硬化2条3.4千米；完成CD级危房改建155户，拆除农村危旧房203户；建成黄葛坡提灌站，建成幸福桥、合嘴桥。

全年发放低保金、抚恤金、残疾人补助等1100余万元；发放就业再就业小额贷款92万元；城镇新增就业1835人，帮助下岗再就业288人，城镇登记失业率控制在2.0%以下；解决拖欠民工工资纠纷5起，追回民工工资15万余元；城乡合作医疗保险做到应保尽保。有建卡贫困户43户，"一户一策"制定帮扶方案，完成小额扶贫贷款10户，提供公益性岗位解决就业2人，全面完成CD级危房改建、家庭医生签约和医疗保障全覆盖，确保扶贫对象"两不愁三保障"。

全面启动扫黑除恶专项斗争，组织召开院坝会100余次，宣讲5000余人次，向群众发放宣传资料6万余份，张贴公告和海报1000余张。出台《社会治安有奖举报实施办法》，设立举报箱14个，使扫黑除恶专项斗争家喻户晓，人人皆知。上报涉黑涉恶线索1条，办理区扫黑办转办线索7条。

【生态文明建设】 取缔265口山坪塘承包养鱼，完成187口山坪塘净水植物栽植。关停整治养鱼池98家1165亩。关停并拆除禁养区内养殖场42家。完成冬水田蓄水503亩。新建污水管网500余米，维持来凤污水处理厂正常运行。完成新大桥箱涵建设、胜利堰污水治理工程。关停"小散乱污"企业75家，其中关停违法占地企业67家、"三高企业"5家、饮水源保护范围内企业3家。协助企业申报完善环保手续46家，完成"全国污染源普查工作"摸底、清查、现场核查工作。处理环保投诉52件，做到每件投诉有回复。完成巡查环保任务98件，环保监察任务1件。拆除场镇存量违法建筑43664平方米，超额完成区里下达的拆违任务。加强对新增违法建筑行为的巡查，发现新增违法建设行为1件并拆除。拆除"四山"管制区范围内违法建筑20起17736平方米，复绿土地3500平方米。

丁家街道

【概况】 丁家街道地处璧山区南部，东连来凤街道、健龙镇，南接广普镇、三合镇，西界永川区大安街道，北邻正兴镇。北距璧山城区26千米，东距重庆市区32千米。辖区面积85.33平方千米，耕地5218公顷，城区规划5.5平方千米，建成区3.8平方千米。辖16个行政村，3个社区，142个村(居)民小组。年末户籍总人口65999人，城镇人口24824人，常住人口61598万人，其中外来人口2153人。

街道交通区位优势明显，成渝高速公路、九永高速公路、渝隆路、丁广路、丁正路、丁健路在此交汇。地处丘陵地带，浅丘起伏，一般海拔高度340米。东为温塘峡背斜(东上)，东南部为桌状、坪状高中丘，西部北部为浅缓丘谷，梅江河沿西山出境。境内最高点位于竹林湾村老鹰岩，海拔485米，最低点位于杨寺村，海拔270米。境内有梅江河、定林溪两条河流，梅江河流经新民、八寿、竹林湾、大岚坳4个村，全长10.4千米。定林溪经天灯、凉风、铜瓦、杨寺村，全长6.2千米。地下矿藏有煤炭、石灰石、油页岩、耐火黏土、陶瓷黏土、铁矿石等。动物资源200余种，保护植物10余种。

全街道规上工业总产值19.23亿元，营业收入178838万元，利润总额32376万元。完成固定资产投资2.97亿元。辖区内非公有制企业1169个，从业人员23201人，限上法人批零销售额3272万元，同比增长12.8%，限上法人住餐营业收入2808万元，同比增长16%。全年财政收入0.93亿元，其中：其中地方财政收入9329万元，工商税收8910万元。境内拥有金融机构4家，营业网点8个，各项存款余额18.54亿元，同比增长3%；贷款余额6.64亿元，同比增长2%；居民储蓄存款余额17.8亿元，同比增长5%；农业总产值59790.9万元，同比增长6.37%，粮食总产量1.87万吨；农村常住居民人均可支配收入19383元，同比增长8%，城镇常住居民人均可支配收入40205元，同比增长8.8%。医院2家，正式职工189人，临聘职工147人，实际开放床位逾629张。中学2所、小学3所，年底在校学生4655人，在岗在编教师354人，其中初中在校学生1474人，在

2018年5月11日，丁家市民在绿树环绕的街道散步休闲(璧山报社供图)

2018年，丁家街道开展城乡环境整治。图为5月11日，工作人员搬运水缸等老物件，摆放到大街上(张承刚摄)

2018年，丁家街道开展城乡环境整治。图为整治后的场镇一角（璧山报社供图）

岗在编教师135人。幼儿园13所，幼儿教职工185人，在校幼儿2095人。2018年，全街道出生人口655人，死亡599人，人口出生率9.77‰，死亡率8.93‰，自然增长率0.84‰，符合政策性出生643人，符合政策性生育率98.17%。

【政治建设】 严格落实"三会一课"制度，扎实推进"两学一做"学习教育常态化制度化，利用党员冬训、十九大精神宣讲团等活动载体做到党员教育全覆盖，党工委书记讲专题党课4次，班子成员到联系支部讲党课21次。严格落实意识形态责任制，党工委会议专题研究意识形态工作4次，明确责任分工，多种形式抓好干部群众思想政治教育工作。

加强党支部阵地建设，提升基层党支部战斗堡垒作用，新建沙堆社区党建示范点1个，调整党支部书记3人，新任专职干部5人，引进本土人才25名，完成"两委"届中回访。制定整顿转化方案，选派第一书记，成立工作领导小组，确保后进党支部八寿村支部、花卉苗木业支部成功"脱帽"。强化非公经济组织"两个覆盖"，新建非公党支部2个。在基层党组织广泛开展"先锋工程"，带动广大党员群众积极参与到脱贫攻坚、生态文明、社会治理工作中。

组织93名党员干部参观邱少云纪念馆和杨闇公故居，开展理想信念教育。全年抽查财务票据4次，明察暗访酒店、茶楼5次，开展群众身边腐败和不正之风专项督查5次，督促整改问题6个，组织处理2人，立案审查1人。常规约谈549人次，对苗头性、倾向性问题约谈提醒21人次。办理办结群众信访举报31件次，报送问题线索18个，立案查处4人，开除党籍1人、留党察看1人、党内严重警告1人，党内警告1人。

【经济建设】 服务企业 加大对民营经济的政策扶持力度，探索民营经济信用担保体系，为民营企业搭建融资平台，破解“融资难”问题。助力企业化解劳资矛盾，为16家重点企业制定并实施“一企一策”，构建和谐劳动关系，优化民企发展环境。街道有规模以上工业企业17家，商贸限额以上法人3家。优化工业经济结构，逐步淘汰或转化一批高能耗、低产出、重污染的项目，排查整改燃煤企业6家，完成180余家餐馆油烟净化器安装。引导企业申请专利18项，协助9家企业进入科技型企业库。

农业产业化 完成璧山区丁家街道实施乡村振兴战略规划（2018—2022年）重大项目清单编制。持续做强苗木产业，提升现有2.2万亩苗木档次，产值3.01亿元，发展观赏、盆景类苗木1000亩，多肉植物600亩，小花产业1000亩。扶持苗木龙头企业发展，完成各类龙头企业申报并获批国家级龙头企业1家，市级龙头企业2家，区级龙头企业9家。推进果蔬产业，蔬菜播种面积4.5704万亩，产量9.3225万吨，其中儿菜种植2.005万亩，产量5万吨，水果种植0.7667万亩，产量0.8144万吨。

商贸旅游业 商贸中心稳步发展，辐射周边15万人口以上。有龙乐、宜客乐等大中型超市5个；按照现代化标准改造投入使用的农贸市场3个；璧南商都、尚客优等宾馆酒店20余家，渝味源、家泰美宴、老幺跳水兔等大中型餐馆50余家，银桂园、金湖山庄等大中型农家乐4家，广场3个。培育生态休闲观光农业，结合花卉苗木优势与历史文化底蕴，传承丁家“正月十四闹元宵”千年民俗特色，着力建设“立山寺——莲花坝”乡村旅游核心区，完善步道、休闲亭、登山石阶等基础设施，打造集佛教文化、园林园艺、民宿休闲、康养旅游为一体的文旅融合项目。

【文化建设】 在16个村开展流动文化进村活动32场，传承发扬爱国英雄文化，挖掘“家”文化，将家教、家训、家规、家风篆刻于景观石共计28处。参加区“不忘初心、牢记使命党员形象展示活动”获表演三等奖。参加区“百姓文化舞台”镇街文艺会演获优秀节目三等奖。组织参加区第一届全民健身运动会，获冠军3个，亚军2个，在石垭村建成健身路径1条。建成13个村（社区）综合性文化服务中心，其中新建高古、大岚坳、铜锣社区等8个村（社区）综合性文化服务中心。以居民素质推进为重点，社区教育学校和19个村（社区）学习中心积极组织开展政策宣传、实用技能培训、卫生健康、文化等教育活动110余场次。抓好文物保护、文化娱乐场所安全监管，农家书屋、文艺干部培训、全民阅读等活动有序实施。开展“移风易俗——抵制婚礼恶俗”专项整治活动，成立19个移风易俗理事会，打造莲花坝村巴渝新居为乡村精神文明移风易俗示范点，开展文明家庭创建、“好家风好家训”“清洁户”“促进户”等评选活动，营造文明氛围、打造“文明院落”。

【社会建设】 深入推进扫黑除恶专项斗争，摸排线索27条，发放群众举报奖励22000元。有效防范化解社会风险，调解各类矛盾纠纷740起；落实“法轮功”等31名重点邪教人员及戒毒、刑满释放人员帮教工作，落实74名严重精神障碍患者“一对一”联合服务管理小组；积极应对非洲猪瘟防控应急处置工作，启动预案，成立8个工作组，设置3个守卡点，派出30余人24小时轮流值班，全面落实人财物保障。深入开展安全生产重点行业领域“5+2”隐患排查治理等专项行动，查出各类安全隐患100余起，处罚199561元，其中食品药品立案查处19件，罚没入库186561元；道路交通共查处隐患26起，罚款8000元，全年无亡人安全事故发生。投入3500万元完成精神卫生中心建设并投用。投入400余万元完成街道慈善敬老院进行达标改造并入住。实施民生救助工程，走访慰问各类困难群众，发放各类困难补助1000余万元，惠及千余人次。逐步落实老年优抚，推进“阳光计生”优质服务。开展志愿服务活动150余场，其中“志愿者服务赶场天”13场，“我们一起奔小康”主题志愿服务活动4场，帮贫助困50余人次。

【生态文明建设】 完成公路、水系绿化，新增绿化面积200亩，植树1.1万株。投入200万元完成梅江河、高洞河、定林溪及观堰段河道综合治理40余千米、整治山坪塘525口、水库6座、养鱼池31口，关停养殖场26个、污染企业17家，强化秸秆焚烧和大气污染治理，清理整治“大棚房”2处。开展城镇环境卫生、农村垃圾整治，2018年城乡垃圾无害化处理12000余吨，化粪池清掏100余口。街道将2018年确定为“城镇环境整治提升年”，突出花卉苗木之乡主题，建成生态停车场3个。完成成渝高速公路下道口、惠民大道、渝隆路和6个出入场口等重要道路的综合景观改造，完成九永高速风貌改造219户。以“看得见山，望得见水，记得住乡愁”为主题建造乡情台。打通丁健路口断头路，完成集贸市场改造、马坊和定林污水处理厂升级改造、污水管网、中水回用建设等一批市政基础设施建设。实施渝隆路、丁健路、丁正路等部分路段立面改造2万余平方，完成1.8万平方违法建筑整治。与绿岛公司合作整治存量土地，启动民发地块、移民创业园等240亩闲置土地征地拆迁工作。

“微客厅”建设。贯彻“生态+文化”的发展思路，整治场镇秩序，完善场镇基础设施，优化各路段景观，打造优美的生态环境，营造深厚的历史文化氛围。引进乡村老物件，打造一批场镇微景观，建成场镇“微客厅”9个，展示“洁亮美”新丁家。在街道大力宣传、持续发动下，群众自发捐赠近千件闲置的具有农耕气息、历史痕迹的老物件，石水缸、石磨、猪槽、碓窝、风车、石库门等搬进城区后，经现场规划设计，或单列、或组合成精致的石头小品，摆放在场镇的道路口、街面、广场、人行道、小区等。让“乡情•乡愁”元素在街头巷尾寻得着、看得见，提升人居品位，成为一条靓丽的城市风景线。深挖丁家历史故事、人文名家，择其精华镌刻在石头上，打造“家”文化景观。

大路街道

【概况】 大路街道位于璧山城区以北，地处缙云山和云雾山之间，东邻沙坪坝，西接铜梁，南界河边、璧城，北连七塘。距璧山城区19千米，重庆主城区26千米，大学城15千米，北碚区20千米，铜梁城区15千米。大路街道是璧山北部中心城镇，辖3个社区和14个行政村。辖区面积116.22平方千米。耕地2900公顷，林地4750公顷，城市规划区7.9平方千米，建成区3.56平方千米。

地形地貌主要以浅丘陵为主，沟谷、森林、山地、稻田是最典型的自然特征。属亚热带湿润气候，平均海拔500米左右，年平均温度18℃，冬季最低温度-3℃，年平均降雨量1030毫米，年日照1300小时，无霜期340天，气候温和，雨量充沛，冬暖春早，气候宜人。街道自然资源丰富，东依缙云山脉，西靠云雾山脉，森林面积4546公顷，林木覆盖率69.2%，常见植物有180科900多种，有国家一级重点保护野生植物银杏和水杉；有青龙湖国家级森林公园、三担湖公园，三江水库、大沟水库、天堂水库等3个饮用水水库，以及9个小(二)型水库；有碧泰源农业发展公司、天一生态农业观光园等乡村休闲旅游资源。

年末户籍人口6.3万人。其中，常住人口5万人，城镇人口18950人。辖区有金田寺、天堂寺、大路基督教活动点合法宗教场所3个；有中国地理标志产品“大路黄花”、绿色食品“一叶牌”大五星枇杷、有机产品“黑五类”。辖区内非公有制企业个数350个，从业人员4500余人，年产值34亿元。其中，工业企业145个，总产值31.2亿元，同比增长13.5%；增加值8.7亿元，增长14.1%；利润总额2.8亿元，工业固定资产投入4.4亿元。财政收入1.79亿元，增长56.3%，其中本级财政收入

2018年6月5日，市民在大路街道中铁任之健康城四季花海游玩（璧山报社供图）

3333万元。工商税收1.6879亿元，增长58.8%。金融机构7个，各项存款余额17.28亿元，增长10.84%，各项贷款余额1.72亿元，增长35.07%，居民储蓄存款余额15.93亿元，增长7.37%。农业总产值4.25亿元，农民人均纯收入18864元，增长9.2%，粮食总产量211.01万千克。

辖区医院1所，现编制70人。执业医师16人，助理医师14人（含临聘1人，乡村助理1人），护士19人（含临聘5人），药剂人员4人，医技人员6人，公共卫生人员16人，后勤管理人员6人。辖区内幼儿园、小学、中学14所，教师人数403人，学生人数6054人。全年户籍出生人口450人，符合政策生育率99.1 %。

【政治建设】 深入学习宣传习近平新时代中国特色社会主义思想和党的十九大精神，不断提升党员政治思想素质。推行“先锋工程”，全年发展党员9名。打造团坝村党建示范三个“温情驿站”，结合支部主题党日开展便民利民活动，实现党建与情感、善治、爱心融合。拍摄关爱困境儿童短片《小幸运》，荣获重庆市党员教育教材微公益类三等奖。整顿转化红石、三台后进党组织，改造三江、大堂基础设施薄弱村，整体提升基层党建水平。用好城市党建“三张清单”，召开街道联席会议3次，形成项目52个，解决城区湿滑路面改造、居民小区矛盾调解、场镇卫生综合整治等群众反映的突出问题63个。成立中铁任之养老产业有限公司党委，提升非公党建两个覆盖水平。全年提拔正科级领导干部3名、副科级领导干部2名。全年组织中心组理论学习13次，宣讲习近平总书记全国两会期间系列重要讲话精神23场次，受众达2500人；组织170余名党员干部参与全区习近平新时代中国特色社会主义思想知识竞赛，其中一等奖1名、二等奖1名、优秀奖2名。加强基层宣传文化阵地管理，对辖区17个村（社区）的户外宣传栏内容发布按照审核、发布、巡查三级流程管理。全年开展志愿服务活动136场次，志愿服务赶场天活动12场次。倡导移风易俗，发放宣传资料2000余份、文明婚嫁手册200份，商定形成《阳河村文明婚嫁公约》，打造福里村“崇尚科学　反对迷信”移风易俗示范点和民俗文化景观墙。开展“整洁庭院”创建评选活动，评选先进户324户。尚思琪、李金秋登上第75期“重庆好人榜”，承办璧山区第6期重庆好人微访谈示范活动。全年在《重庆日报·农村版》上稿22条，位列镇街第一。

【经济建设】 8月，重庆富易达科技有限公司与深圳王子新材完成重大资产重组，“联姻”A股上市，配套京东方、富士康、海尔等塑料泡沫包装，新征地100余亩，建地膜生产线，完成投资2.3亿元。中铁任之健康城投资15亿元（计划投资86亿元）完成23万平方米老年公寓、健康管理中心建设并投入使用，二期工程43万平方米完成土地平场工作。大路物流园投资1.13亿元（计划投资5亿元）完成展示中心、仓储物流区和商业配套区的基础建设，13家企业入园并试行运营，实现营业额1.1亿元。

开展集中走访服务民营企业工作，共走访民营企业17家，收集问题18个，并对问题的解决情况进行进度跟踪。引导辖区企业开展科技创新，全年14家企业入库成为科技型企业，5家企业共申请发明专利12件；引导特奇机电等12家企业进行技扩改，增强企业发展后劲；引导3个工业企业升规、2个批零企业升限，为增加规上、限上企业经济总量打下基础。依托特色农业和青龙湖旅游产品开发项目，打造璧山恋湖黄花种植专业合作社、派登特农业科技有限公司、西亚南野果开发有限公司、重庆任之投资有限公司农业分公司，初步形成七蕊黄花种植基地2500亩、特色柑橘示范基地300亩、大五星枇杷1000亩和2000亩现代农业示范园区。

【文化建设】 举办大型群众性活动3场，大型体育活动4次。参加璧山区2018年“百姓文化舞台”惠民展演（大路专场）活动。参加璧山区第五届青少年艺术之星评选活动和“寻找最美朗读者”活动。流动文化下乡56场，其中展览、放电影举办28场，送文艺演出28场。协办“中国梦、巴渝风”“文化进万家”“深入基层扎根人民”等大型文化活动。举办计生卫生、交通安全、法制教育、科普教育、农村生活治理等专栏8次，指导14个行政村的农家书屋图书编码、上架、开架、阅览、资产管理等工作。参加健步走活动并组织两支队伍参赛，其中大路街道一队获得全区第一。参加重庆市璧山区党员形象展示活动获得二等奖。参加“欢跃四季　舞动巴渝”2018重庆有线杯重庆广场舞璧山区选拔赛获得优秀组织奖。

【社会建设】 辖区建卡贫困户77户（贫困人口188人）。致贫原因大多是因病、因残致贫。已脱贫76户（享受政策）184人、未脱贫1户4人。落实2名具体工作人员，将脱贫攻坚工作纳入重要的议事日程，召开研究部署脱贫攻坚工作会议14次，培训村（社区）干部5次。4—5月，排查一般农户1万余户，没有发现错评、漏评现象。因户施策产业帮扶26户，低保兜底18户，五保2户，其余贫困户不定期走访慰问，及时了解生产生活困难给予帮助。对每户贫困户都进行了走访慰问或电话慰问，总次数800余次，确保每个帮扶人每月走访贫困户1次以上；对15户贫困户进行扶贫小额信贷，共计47万元。

生育服务证实现街道及村（社区）两级网上办理，办理生育服务证443个，其中二孩生育服务证220个，受理再生育13例。流动人口婚育证明合格率100%，反馈率和信息提交率100%，和卫生、公安、民政、教育等实现信息共享9547条。奖励扶助新增218人，退出75人，累计2038人；

国家特别扶助新增9人,退出3人,累计117人;区级生活扶助金新增5人,减少5人,累计72人;特别关爱金新增2,退出3人,累计72人;贫困城乡独生子女死亡、残疾家庭成员增发扶助金新增5人,退出6人,累计18人;独生子女父母养老保险金增发新增248人,退出36人,累计1264人;手术并发症没有新增及退出人员,累计5人;四级残退出1人,累计8人;独生子女年满14周岁父母一次性奖励79人;独生子女父母死亡一次性抚慰金5人。全年发放计生奖特扶等资金共计4072360元。为152位计生特殊困难家庭成员购买住院护理保险,为299户计生困难家庭,681人购买意外伤害险。落实计生特殊困难家庭"3 +X"六位一体帮扶制度,利用春节对辖区81户计生特殊困难家庭进行入户走访慰问,发放慰问金(含物资)约4万元。利用元旦、春节、端午、中秋等传统节日对联谊会29名成员进行慰问,按每人每年不少于1000元的标准落实,发放慰问金(折合物资)约2.9万元。在原有区级示范点5个村居的基础上,完成新增创建8个村居示范点,达到75%以上。完成114对适龄夫妇孕前优生检查。完成846名35~64周岁农村妇女宫颈癌筛查。完成家庭医生签约服务目标任务,辖区常住人口49942人,签约任务30%,家庭医生签约15024人,完成率100.3%;重点人群18866人,签约服务12266人,签约服务65.01%(任务60%)。完成农村卫生厕所788户的建设任务,完成创建全市计划生育优质服务先进单位工作。

元旦春节对困难户、低保户、五保户、困难优抚百岁老人等对象共272户,惠及群众738人,发放慰问金13.42万余元。特殊对象临时医疗救助金额5万余元。对69户162人发放临时困难救助金11万元。申报因灾倒房重建3户,补助资金6万元。对487名散居特困供养人员以及敬老院集中供养的119名特困人员全年累计发放生活补贴505万余元,孤儿5人,全年累计发放6万元,2018年经济困难的高龄失能老人新增30人、核销15人,发放养老服务补贴20万余元。对399户(627人)农村低保户,全年累计发放230万余元,274户(396人)城市低保,全年发放200万元,80岁以上老人高龄进行补助:目前有1821人享受(100岁老人7人),全年发放21万元。"八一"期间开展辖区退役军人走访慰问活动751人,发放慰问金3.755万元。10月至12月为退役军人及其他优抚对象信息采集1982人,重点优抚416人,全年发放560万余元。投入200万余元完成团坝敬老院达标改造工程,于4月5日搬迁入住。投入33万余元,完成六合社区养老服务站建设。

【生态文明建设】 完成农业园区187亩征地项目零星竹木补偿款发放、房屋拆除、征地农转非人员的落实。158亩征地项目涉及的新房1、2组零星竹木补偿款发放、房屋拆除。完成大竹村弃土场用地的清理、补偿。启动高拱村1号梁场用地的清理。完成千秋堰水库扩建项目涉及范围内建构筑的清理摸底,清理农房150余户。启动中铁任之健康城240亩征地(用于覆盖原租地范围)。开展小散乱污企业整治,完成限期整治企业60家,关停、搬迁企业9家。加强环卫力量和环卫清运设施,年清运垃圾7600余吨。清运三江水库历史遗留垃圾16000多吨。团坝村开展垃圾分类试点工作,投放40升二分垃圾桶1000余个,四分垃圾桶160个。完成接龙场镇及老福里树三岔路口110多个店牌规范整治,修复破损路沿砖约490平方米。对迎宾路及围城路800多米的雨污管网和20多个雨污井进行清掏和疏通。对围城路及海尔路口约60米堵塞污水管进行更换,新修3个污水井。完成投资约54.12万元的污水管网截流工程(一期),解决污水进入雨水管、暗涵堵塞等问题。完成辖区化粪池清掏约8600立方米。对青龙湖国家风景名胜区拆除建筑面积9293.7平方米,整改完成26个问题,整改完成率100%。在缙云山自然保护区拆违工作中,实际拆除违法建筑4个,拆除违法占地面积

2667.12平方米，拆除建筑面积2667.12平方米，经区级部门复耕验收和街道预验收复土复绿合格共3处，面积4966.12平方米。

正兴镇

【概况】 正兴镇位于璧山区西南部，西接永川区金龙镇，南接璧山区丁家街道、东接来凤街道、北接大兴镇，距璧山城区23千米，距G85渝昆高速（成渝）丁家出口6千米，成渝城际铁路客运专线穿境而过。在建合璧津高速公路在正兴镇规划有下道口，黛山大道西延段至合璧津公路正兴下道口立项。全镇辖区面积75平方千米，耕地面积3697公顷，场镇规划面积1.7平方千米，建成区面积0.91平方千米。全镇辖12个村，84个村民小组；2个社区，5个居民小组。下设16个党支部，其中农村党支部12个，社区党委2个，机关党支部1个，非公联合党支部1个，共有正式党员1289名，预备党员7名，女党员274名，占党员总数的0.21%，大专以上党员156名，占党员总数的0.12%。有公共服务中心1个，300平方米，便民服务中心14个，6670平方米。2018年年末，户籍人口40596人，其中乡村人口26639人，城镇人口13957人，常住人口28286人。

正兴镇作为传统农业大镇，主导产业有：蜜柚、草皮、葡萄、花卉苗木、粮油等。旅游资源有国家2A级露德堂风景区，属西南地区最大的天主教堂；有位于湾塘村的黄岭梅子湾白鹭保护区；有位于尖山子村的燃灯山，属璧山"古八景"之一。全镇水域面积284万平方米，其中金堂水库水面面积83.07万平方米，储水1250万立方米，是璧山区最大的中型水库。有4座小（二）型水库（天河水库、朝阳水库、洗马水库、协合水库），梅江河穿境17千米，水量约60万立方米。

辖区机构有：派出所1家，卫生院1家，自来水厂1座、污水处理厂（站）3座，敬老院2个，"五保"家园2个，集贸市场3个，粮站1个，兽医站1个，食品站1个，网络公司1家，电信公司1个；依法登记的宗教场所有金堂村露德堂、沙塝村华佗寺2处；金融机构3家，营业网点5个，各项存款余额7.4亿元，同比增长8.82%；居民储蓄存款余额10.2亿元，同比增长24.39%；各项贷款余额7095万元，同比增长3%。有学校3所，幼儿园4所（学校附设3所，民办1所）。其中，初级中学校1所，在职教师43人，在校学生422人；小学2所，在职教师83人，在校学生1157人；全年出生人口320人，死亡351人，人口出生率7.88‰，自然增长率-0.76‰，符合政策性出生318人，符合政策生育率99.38%；辖区企业156个，从业人员5476人，其中工业、服务业企业75个，农业企业81个。企业总产值7.69亿元，其中非公有制企业7.56亿元；粮食总产量16243.71吨，农业总产值3.36亿元。

2018年，全镇公共财政收入2193.8万元，完成年度预算的164.71%，同比增长139.86%。其中，非税收入80.8万元，完成年度预算的67.87%，同比减少64.38%，工商税收1940万元，同比增长135.85%；工业总产值4.15亿元，同比减少2%。营业收入3.9亿元，同比减少2.5%。实现增加值1.08亿元，同比减少1.8%。实现利润总额2876万元。完成工业固定资产投资3800万元，同比减少36.67%；城镇居民可支配收入37234元，同比增长8.3%，农村居民可支配收入18125元，同比增长7.8%。

【政治建设】 落实"书记抓、抓书记"基层党建目标责任制，项目化制定书记抓基层党建"责任清单"，层层签订党建目标责任书。严格落实"考核问效"制度，把基层党建与项目建设、信访维稳、脱贫攻坚、生态环境等工作同研究、同部署、同推进，坚持对党员领导干部不定期开展"点穴式"约谈，全年领导班子成员约谈346人次，二级机构负责人约谈221人次，村（社区）负责人约谈1310人次。发展党员5名，培养积极分子36名。投资180万元对文华、太和、河堰、沙塝、大面、朝阳等

6个村阵地实施了改造提升工程。以“不忘初心，牢记使命”主题教育，开展集中学习会议30余场，开展红色革命传统教育2次，培训党员干部3500余人次。通过政务易短信平台定期推送党规党纪、党的十九大、习近平总书记系列重要讲话精神等学习内容，常态化推送短信121条，受众16997人次。

【经济建设】 立体农业示范点基本建成，发展花椒33.33万平方米、沃柑8万平方米、无花果4万平方米、春见5.33万平方米、优质黄花梨26.67万平方米。依托河堰村、沙塝村良好的农业基础，以立体农业示范点为核心区域，结合农村“三变”改革，采用“支部+基地+合作社+农户（贫困户）”的发展模式，成立专业合作社与市场对接，推动农业与休闲业的融合发展，促进农民增收致富。围绕“露德文化”主题，充分挖掘露德文化以及特色饮食文化，沿金堂布景建设，规划核心景点，丰富生态观光内涵，全力打造文旅综合体。打造以润天河农业、花田牧歌休闲农业为核心区域的60万平方米立体农业示范点，实施旅游步道、观光亭、休闲长廊、生态停车场等项目建设，基本建成集旅游观光、生态采摘、露德文化体验为一体的综合体。位于金堂村、河堰村的城市体育公园建设完成立项和招投标，占地6000平方米，总投资400万元，主要建设体育设施、配套服务设施和绿化与环境设施。

投入1400万元，实施梅江河防洪治理项目以及龙家河等水利设施建设；投资185万元，完成河堰村饮水工程；完成15千米的人行便道建设，启动建设金堂3号桥、正丹路，塆塘排洪沟渠前期建设工作。完成水厂路、城龙路、天宏路、麻梁路等23条共计44千米“四好公路”建设，农村交通环境不断优化；累计投入78万元，720米场镇3期雨水管网顺利投入使用，聘请4名污水管网专职巡查员，对污水处理厂（站）运行情况进行常态化巡查；实施“河堰、沙塝、金堂”美丽乡村建设等项目建设；推进水生植物园及体育儿童公园项目周边配套设施建设。

2018年6月14日，金堂水库一景（璧山报社供图）

【文化建设】 开展"移风易俗、文明乡风"系列活动，利用清明节、重阳节等传统节日，组织各村（社区）开展主题宣讲等形式多样的活动，丰富群众文化活动，大力宣扬社会主义核心价值观。建成璧山区文化馆分馆、璧山区图书馆分馆；举办大型公益性文化活动32场，科普宣传、培训48场，知识讲座与指导培训26场，群众性文化活动10场，"送电影下乡"150场，乡风民风得到明显改善。

【社会建设】 建立14个区级部门、138名人员和7名镇属各单位负责人的帮扶队伍、镇机关干部74人的联络员队伍和村五职干部为村级帮扶队伍三大帮扶体系，分别对全镇172户贫困户开展结对帮扶。全覆盖走访贫困户、低保户等困难群体，建立工作台账，找准致贫原因，讨论制定切实可行的帮扶方案，实施改造C、D级危房168户，贫困户住房得到全面保障，合作医疗、商业保险、教育资助以及家庭医生签约等实现全覆盖。组织建卡贫困户开展实用产业技能培训300余人次，创建1个就业扶贫车间。新建人行便道20千米，全镇12个村农村人饮工程集中供水率100%，农村用户供电可靠率100%，农村综合电压合格率100%。市级贫困村大面坡村新建人行便道21.9千米，硬化道路16.9千米。截至2018年年底，全镇建卡贫困户从247户683人，降低至45户113人，整体越过人均3500元的收入线，贫困发生率降低至0.29%。全年发放各类救助金约1445万元，城乡居民基本养老保险参保率90%以上，新型农村合作医疗覆盖率97%以上。完成孕前优生健康检查90人、农村适龄妇女"两癌"筛查1400余人，并与8947人签订家庭医生服务协议。374户农村卫生厕所得到改造。推进"平安正兴"建设，社会治安持续稳定。

【生态文明建设】 关停养殖场87家、拆除75家、复垦40家，完成畜禽养殖污染治理阶段性任务。推进机关企事业单位、餐饮业环保设施设备更新。落实河长制，使河道管理成为常态，开展水库、山坪塘、精养鱼池水质达标和关停治理工作，解除水库、养鱼池、山坪塘承包养鱼协议578口，验收达标537口，达标率99.4%。强化巡山与森林管护落实，使森林保护更加有效。推进植树造林种植，森林覆盖率达到48%。推进焚烧秸秆等系列环保禁令的实施。整合资金80万元，开展农村生活垃圾治理。金堂村荣获绿色村庄荣誉称号。

大兴镇

【概况】 大兴镇地处璧山区中西部，距璧山城区6千米，是重庆绿岛新区重要组成部分，获得"全国科普示范基地""全国标准化级气象灾害防御镇""重庆市首批市级现代农业示范园区""市级中心镇""市级卫生镇""璧山商贸五强乡镇""重庆市生态文明建设示范镇"等称号。辖区面积100.14平方千米，辖兴隆、油田2个社区，长隆、狮子、双柏、龙飞、万民、高桥、朝元、船形、石鼻、平安、独耳、山王、茅莱、联盟、莲生、均田、符家17个行政村。全镇总人口57871人，其中第一产业从业人员12478人，第二产业从业人员3084人，第三产业从业人员25238人；耕地面积3195公顷，农作物播种面积4377.2公顷，其中粮食作物播种面积3647.6公顷；中学1所，小学5所，其中小学在校人数2050人，小学在职教师105人；工业企业55家，建筑企业6家，住宿餐饮企业2家。

【政治建设】 通过知识测试、交流讨论、表扬先进，深入学习习近平新时代中国特色社会主义思想和党的十九大精神。开展"先锋工程"，设置"4+1"先锋岗位，落实好"三会一课"制度、组织生活会制度、民主评议党员制度、谈心谈话制度、"一事一议"制度，每个制度形成记录模板，规范组织生活档案资料。对全镇19个村(社区)书记、党建工作人员和机关年轻干部进行系统化培训,提升基层党建负责人工作水平。开展服务群众工作,推进"指尖上、家门口、一体化"服务。新任命2名年轻支部书记,选聘29名年轻本土人才到村工作,充实村级干部队伍。率先对全镇19个村(社区)进行届中回访,掌握"两委"班子基本情况,通过回访调整有问题干部1名。打造基层党建示范点1个,积极发挥示范点的示范、带动和辐射作用;打造宣誓室2间,激励党员牢记入党初心;改扩建便民服务中心1处,提升服务群众质量;从"全面从严治党""组织保障""制度建设""党员队伍建设""党员组织生活""服务群众"六个方面规范党建资料,提升党建工作水平。

【经济建设】 完成规模以上工业企业总产值2.7亿元,全社会固定投资7亿元。辖区内财政总收入完成4718万元,超出计划数69.35%。其中,工商税收完成2703万元,非税收入完成143万元,契税完成1872万元。财政支出4851万元,其中,一般公共预算支出4430万元,政府性基金支出421万元。投资925万元完成高桥村、万民村2017年农业综合开发项目。2018年,农业综合开发项目、一二三产业融合项目和船形村、龙飞村高效节能灌溉项目进入施工阶段。"丹凤片区"以葡萄产业为基础,发展葡萄2.2万亩。"梅江—同心片区"发展晚熟柑橘8000亩。开展全国第四次经济普查,清理出经济单位463家,其中第一产业197家,第二产业78家,第三产业188家,个体1653家,个体平均从业人数3.3人。完成比亚迪动力电池建设项目涉及的351户1007人的征地拆迁清理、补偿等工作,完成高新区创新产

2018年6月22日,游客在壁山大兴镇葡萄园体验采摘乐趣(曾清龙摄)

业园涉及18户村民的炮损房屋及建构附着物的清理。

完成经济适用房消防、绿化,如期交房。完成兴隆公园路灯安装和绿化。新增停车位150个。拆除大兴场镇临街乱搭乱建38处,约780平方米;完成大兴场镇规划区内屋顶违法建筑整治3.7万余平方米。实施公共服务中心及场镇重要节点绿化美化工程。开展农村生活垃圾治理工作,清运垃圾4150吨。落实全镇75千米硬化公路边沟及杂草清理工作机制。完成大兴污水管网二期、三期改造工程。实施农村电网改造约150千米;投资112.4万元完成龙飞、朝元、茅莱、均田等4个村17.82千米人行便道建设;完成平安村断头路区级验收;投资62.8万元对茅莱村4口山坪塘、1座提灌站和平安村2座提灌站进行改造;争取区水务局防汛抗旱资金,在朝元村改造石河堰1座;推进独耳村人饮提质增效工程,为600余户提供饮水安全保障。完成全镇205.153千米"四好"农村路规划编制,争取到"四好"农村路第一批道路建设35.883千米计划指标,完成茅莱、平安、朝元、均田村约23千米"四好"农村路建设。

【社会建设】 完成食品和餐具检测任务655个,完成率100%,将全镇505家餐饮单位和种植大户农产品的质量安全纳入网格化监管。进行道路交通安全隐患巡查50余次,整治安全隐患8处,查处交通违法行为730余件。同镇内4家非煤矿山、2家加油站、1家丹7井、63户烟花爆竹经营者、19个村(社区)签订安全目标责任书。争取资金20万元完成油田社区养老服务站建设。争取资金30万元升级改造大兴中心幼儿园,实施幼儿园绿化、美化、亮化工程。为计生特殊家庭发放慰问金、慰问品5.6万元,发放独生子女父母一次性奖励金4.65万元。将全镇82户计生特殊家庭纳入"3+X"制度,建立档案,分类管理。为32791人建立居民健康管理档案,13374人完成家庭医生签约服务;卫生改厕749户。为567户低保户发放低保金426.9万元;安置特困人员614人,发放补贴45.7万元;救助特殊困难家庭359户593人;民政医疗救助对象共3358人次,发放医疗临时救助62.24万元;为老人、残疾人、孤儿、优抚对象等人群发放各类补贴近600万元。为全镇200户重度一、二级残疾人免费赠送康复健身器材,为57户农村贫困残疾人建房,补贴85.5万元;对全镇17户体残家庭进行无障碍设施改造,提供生活必须用品。

城镇新增就业人数670人,城镇登记失业人员就业119人,城镇就业困难人员就业56人,回引农民工返乡就业创业245人,超额完成目标任务;核实高校毕业生信息13人,全部实现就业;为46146人办理城镇居民医疗保险、34036人办理养老保险;审核廉租租赁补贴30户51人,为困难人群提供有效住房保障。精准扶贫不放松。完成247户建卡贫困户的帮扶人、镇级联络人的对接工作,精准制定2018年度帮扶方案。完成全镇7588户农村危房清理和1725户农村非四类重点对象危房鉴定工作;完成2017年和2018年478户四类对象C、D级危房的鉴定改造工作,其中C级199户,D级279户;启动全镇600户D级危旧房的应拆未拆工作,拆除407户。社会治理更有力。全镇开展治安巡逻4000余次,参与人员约9000余人次,在治安防控中起到良好效果。加强校园及周边综合整治,营造安全的生活、学习环境。持续推进"雪亮工程"建设,共安装高清摄像头62个,维护20个,全镇累计安装视频监控680个,进一步完善了治安防控网。

【文化建设】 辖区规上企业建立工会组织,2018年7月镇工会联合会指导重庆恒望机械有限公司成立工会,公司219名职工全部入会,入会率100%。对机关干部、重庆恒望机械有限公司、重庆市弈鑫机电配件厂等非公企业以及19个村(社区)工会会员开展实名制录入工作,将在璧山区外务工的农民工也进行了登记录入，共录入工会会员2267名。镇机关工会、恒望机械有限公司被评为合格职工之家。

【生态文明建设】 实施环保“五大行动”，生态环境明显改善。成立秸秆禁烧巡查小组，开展秸秆禁烧执法，全年处罚12起，罚款2500元。开展生态环境整治工作，拆除违法建筑12家，共13589平方米。全镇15座水库、938口山坪塘全部解除承包合同、全部拆除养鱼设施；因地制宜完成560余口山坪塘水生植物驳岸栽植，其余山坪塘完成浮床栽植；整治范围内养鱼池229户298口完成关停整治；完善河长组织体系，坚持每月巡河1～2次，开展“清河一号”和河道清“四乱”专项行动。关停整治养殖场39家，取缔潲水猪场14家。完成全镇69口化粪池清掏及安全排查，并标注安全警示标识；关停整治“散、乱、污”作坊44家。污水处理日趋完善。升级改造全镇6个污水处理站，整改修缮污水管网新老问题46个，约1.8千米；新建大鹏、大兴、三教三个场镇污水管网约2.7千米。

七塘镇

【概况】 七塘镇地处璧山区北部缙云山、云雾山腹地，东接缙云山，毗邻北碚区歇马镇，西连云雾山，毗邻铜梁区蒲吕镇，南与大路街道接壤，北与八塘镇相连。东南地势高，西北低平，属低山浅丘型地貌，中亚热带湿润季风气候，年平均气温18℃左右，年降雨量1000毫米左右，璧北河贯穿全境。距璧山城区28千米，距“渝遂高速”大路下道口6千米，辖区内有出境公路“S107”“G244”2条，有农村公路168千米、硬化道路132千米、油化道路34.5千米，村村通公路覆盖率100%、社社通公路覆盖率85%以上。

全镇辖区面积57.48平方千米，辖8个村71个村民小组和2个社区9个居民小组。总人口33477人，场镇常住人口3218人。有白、布依、傣、侗、哈尼、拉祜、黎、蒙古、苗、纳西、羌、水、土、土家、瑶、彝、仡佬、壮18个少数民族，部分群众信仰有佛教、道教、基督教、天主教。全镇耕地2803.07公顷，人均耕地0.1公顷，城镇规划区3平方千米，城镇建成区0.414平方千米。2018年创建为“国家级卫生镇”，2018年成为全区仅有的2个“乡村振兴试验示范镇”之一。

全年辖区财政总收入1584万元，增长11.7%，其中税收收入完成1545万元，增长14.7%，农村常住居民人均可支配收入实现18260元，主要经济指标保持稳定增长态势。

辖区内有重庆市金盾橡胶制品有限公司、聚益橡胶制品有限公司、中阔机械制造有限公司3家规模以上企业。55家皮鞋生产企业，从业人员1958人，总产值95868万元。

辖区内有中心卫生院1所，占地0.55公顷，总建筑1704.5平方米。有大路中学七塘分校区、七塘小学、依凤小学学校3所，民办幼儿园3所，教师98名，学生1154人；有党校1所，学员960名。全年出生人口数220人，符合政策生育率100%。

【政治建设】 完善中心组学习制度，建立AB角工作机制，坚持党委委员联系政府工作，促进党政班子成员思想和工作的深度交融。狠抓干部作风建设，不断提高干部队伍的执行力。按照《干部任用条例》，选拔任用4名领导干部。创新机关干部驻村包组的驻村工作方法，64名机关干部与10个村（社区）实现无缝对接。以“不忘初心，牢记使命”主题教育为牵引，推动“先锋工程”不断深化，促进党员亮身份、亮标准、亮承诺，党员主动认岗定责，支部结合实际为党员设岗定责，凸显党员先锋模范作用。固定每月15日开展支部主题党日，突出主题党日“党味”。常态化推行强化党员身份意识“五个一”活动，丰富组织生活形式内容。进一步明确党员交纳党费、按时参加“三会一课”、党员领导干部双重组织生活等责任义务，增加党员“身份”意识。后进党组织三步梯村党支部成功“摘帽”，投入200余万元对阳岫村、喜观村便民服务中心新(改)建，修缮村级便民服务中心6个，落实服务群众专项工作经费49.6万元，新发展党员5名。发放补助40年以上党龄的老党员297名48万元，慰问困难党员68名。实施“1126”工程，推进网格信息员制度和党员干部走访制度，变群众上访为干部下访。镇党委主持召开征求意见座谈会4次、院坝会78次、走访群众3500人次、接访1500人次。全年调解纠纷638件，调解成功率100%，处理各类信访件166件，完成率100%。

加强村居干部队伍建设，逐一分析研判130余名村(社区)干部，劝退村社干部5人，约谈提醒村社干部3人，诫勉谈话村干部1人，深入调查村(社区)干部前科劣迹，调整党支部书记2名，党支部委员1名，综合专干1名。对标对表压实责任，制定《重点工作考核办法》，重点对脱贫攻坚等工作中出现的问题进行监督督查，发布督查通报4期，累计批评5人，约谈2人，做检讨1人。

【经济建设】 全镇围绕“食、住、行、游、购、娱”乡村旅游六大要素，全方位打造集旅游观光、休闲娱乐、示范试点于一体的特色农业示范基地。一是实施2018年高效节水灌溉和水价改革、四合村现代农业基地公共服务设施建设、一事一议与美丽乡村、2014年一事一议与2013—2015年美丽乡村结余资金等项目，改善与新增节水灌溉面积近3500亩，新建水泥路与生产便道24千米、美化道路4.3千米，新增旅游停车场1600余平方米。二是整修护排灌设施3000余米，整治提灌站1口；实施每亩只交1元保费的农作物保险政策，其中水稻2600米，玉米500亩。三是强化路网建设，完成“S107”道路盐店村、阳岫村4.5千米改造，完成阳原路、骑干路、跃王路、红七路、鱼智

七塘镇利用小湿地打造公园，成为市民休闲散步好去处(2018年6月摄，璧山报社供图)

路、胡黄路12千米村级道路硬化改造,完成“四好公路”约10千米的硬化,其余28千米农村“四好公路”硬化项目有序推进。实施农村人行便道5千米、桥梁1座、渠道2千米。完善场镇功能,新增场镇停车位30个,整治七塘场镇老街800平方米,升级改造农贸市场3个、改造公厕1所,新建公厕2所,增设果皮箱100个。

蔬菜基地建设。七塘镇是“璧北生态区”核心,同时也是“国家农业科技园区”建设的主战场,“璧北10万亩蔬菜基地核心区”建设基本形成规模。充分发挥重庆农科院技术优势,依托农业园区科创中心、渝西研发中心推广新品种,加大农业精品化、标准化建设力度,拓宽蔬菜基地成长空间,认证绿色农产品3个、无公害农产品4个,创建重庆名牌产品2个,培育新型农业经营主体114家,全年蔬菜播种面积2866.6公顷,产量14万余吨、蔬菜产值实现近2亿元。引进重庆凯锐农业公司开展“以虫治虫”循环农业项目,引导和带动蔬菜业主以农药“零残留”为目标,推动无公害循环农业实施。开展农产品生产环节检测500例、流通环节检测88例,合格率99.5%。

特色资源。辖区内生态旅游资源丰富。西南首个昆虫主题乐园“喜观昆虫王国”、热带水果基地、农耕文化园、生态采摘园等农旅融合项目相继开园。蓝莓种植基地、孔雀养殖基建设初具雏形,初步成型以血橙基地—热带水果基地—樱桃谷—葡萄基地—蔬菜基地—昆虫王国“六点一线”的“一日游”乡村旅游线路。璧山血橙曾荣获重庆晚熟柑橘“三峡杯评优大赛”金奖,“渝璧·玉”血橙种植专业合作社荣获由农业部牵头颁发的全国百佳农业合作社和100个农产品品牌称号,种植规模1万亩。柑橘类,种植有沃柑、大雅、春见和晚熟血橙等水果2000余亩。热带水果类,种植有火龙果、杧果、百香果、木瓜、蓝莓、葡萄和樱桃等水果3000余亩,各类水果总产值1.1亿元。农耕地文化园和四季香水果采摘园全部开园正式接待,每年吸引大批游客前往采摘。

【文化建设】 休闲健身广场,全镇共6个。以镇文化服务中心为主体的阅览室、科教室和网吧全部免费对外开放,可同时容纳150余人集中学习。购买群众文化下乡活动16场,举办“农家书屋管理员”“群众文艺”“社会体育指导员”等培训8批次。义务教育阶段学生入学率、巩固率、按期毕业率均100%。顺利完成七塘初中拆校合并大路中学设立分校区的校改工作,通过努力,七塘小学获三类学校第二的名次,依凤小学获得四类小学第一的名次,两所小学在教育工作上取得新的突破。非物文艺节目《肉莲花》、小品《懒汉脱贫》分别在百姓大舞台、“不忘初心,牢记使命”党员形象展示中斩获区级一等奖。深入开展“乡贤”“孝星”评选活动,评选优秀典型18人,营造榜样效应。

【社会建设】 2018年全镇49户138名贫困人口实现脱贫42户116人,122户C、D级危房改造任务如期完成。新办理城乡居民基本养老保险649人,城乡居民合作医疗办理人员累计达到26426人。严格按照政策发放城乡低保金119万余元,累计发放344户609人,新增低保24户,清理退出低保12户,真正做到应保尽保。优化城乡临时救助与医疗救助服务,139户289人获得临时救助15.6万元。累计发放455位特困人员生活补助177.45万元,发放32位失能人员照料护理补贴3.84万元。

推进基本公共卫生服务,办理流动人口婚育证50个,建立流动人口健康档案722份。严格落实计划生育奖励扶助、特别扶助等政策,新增奖扶71人,兑现一次性奖励2.7万元。认真开展计生特殊家庭帮扶工作,全年发放慰问品、慰问金4.14万元。建立医疗及日常管理服务,特殊家庭群众免费体检率达100%。推进民生实事,完成“两癌筛查”1435人,免费孕前优生健康检查124人,家庭医生签约6410人,农村改厕353户。

全年开展消防、食品药品、乡村道路、烟花爆竹等各类安全执法378次，出动执法检查1134人次。排查整改各类安全隐患159件次，全年无重大安全责任事故。63家企业完成职业健康分类分级以及危害项目申报，在岗接害体检人数826人。全年共调解纠纷1008件，调解成功率100%，及时处理各类信访166件。深入开展扫黑除恶专项斗争，营造风清气正的社会环境，采取多形式开展宣传工作，发放宣传资料1万余份，开展集中宣传活动4次，重点场所开展宣传活动10余次，发布扫黑除恶短信近10万条，倡议书1000余份，收到群众举报的扫黑除恶的线索5条，均属一般性质的矛盾纠纷，通过调解处理。

【生态文明建设】 坚持“绿水青山就是金山银山”理念，严格执行“河长制”，推行“河长治”压实责任，从严管控各类污染源。关闭养殖场8家，潲水养猪场2家，镇域18条河流落实三级河长，整治水库4座，山坪塘137口，养鱼池58口，栽植水生植物，璧北河水质长期稳定保持在Ⅳ类。实施绿化亮化工程，完成七塘老街，将军村、建设村小广场，建设村农民新村管网、七依路、蔬菜基地循环线及场镇入口绿化美化等工程，在已整治院落等公共区域安装路灯138盏，实施汤家桥河堤整治。见缝插针搞绿化，为七依路、蔬菜基地循环线等9.4千米道路“增美添色”，杨家桥小广场、俊源广场绿化面积扩大8500平方米，改善人居环境45200平方米，建设以“爱国”“家风”“孝善”“农耕”为主题的喜观向家院子、幺滩院子、建设陈家湾院子、将军烂田沟院子的文化院落，其中1个院落已实现污水无害化处理。新增高压冲洗车1台、垃圾压缩车2台、农村垃圾收运车辆8台，新增垃圾收集点48个、垃圾桶600个。配备专职保洁员46名，制作农村生活垃圾治理宣传牌180块、宣传栏8块，评比表彰整洁示范户263户。

八塘镇

【概况】 八塘镇地处璧山区最北端，东、北连北碚区，南依七塘镇，西邻铜梁区、合川区，境内福八、接八、澄八公路与外界相通，交通便利。辖区面积65.26平方千米，耕地面积2354公顷，场镇规划面积3.02平方千米。辖10个村、1个社区，62个村(居)民小组。总人口3.15万人，其中非农人口8721人，场镇常住人口3785人。镇党委辖基层党组织23个、党员993人。全年财政总收入907万元，同比增长16.1%，其中非税收入16万元，工商税收891万元。金融机构5个，各项存贷款余额90441万元，居民储蓄存款余额100182万元。农林牧渔业总产值34748万元，同比增长24%；粮食总产量10600吨，同比增长7.06%；农村居民人均可支配收入17755元，同比增长8.8%。辖区内有八塘小学、五龙小学、八塘中学3所学校，在校学生1640人，在职教师118人。卫生院1所，在职职工54人。企业(工业、农业、第三产业等)173家，从业人员4269人。私营个体户589家，从业人员1136人。

【政治建设】 推进“两学一做”常态化制度化，抓好十九大精神学习宣讲，张贴海报、标语200余张，组织领导干部深入村社院落开展专题宣讲50余次。组织开展党员冬训18场次，受教党员群众2000余人次。对全镇29名优秀党务干部、优秀共产党员和2个先进基层党组织进行表彰，开展“不忘初心、牢记使命”知识测试和“三个一”活动。全年化解基层问题200余件。“一对一”结对帮扶建卡贫困户37户80人。通过群工系统受理事件313项，办结310项，满意率100%。全年发展党员6名，接收入党积极分子15名，办理预备党员转正7名。补充本土人才11名到村挂职，配齐村(社区)专职干部，指导各村(社区)培养后备干部50名。

【经济建设】 全镇土地流转面积2.43万亩，流转

2018年2月28日，八塘镇4200余亩樱桃花绽放，吸引大量游客前往观赏（璧山报社供图）

2018年3月20日，八塘镇敢英村休闲观光园一景（璧山报社供图）

率67.4%；蔬菜种植（复种）面积4.2万亩，产量累计9.4万吨；绿色及无公害种植果蔬面积近1.2万亩。樱桃、柑橘、葡萄、草莓、蓝莓等特色农产品产业蓬勃发展，群众增收渠道不断丰富。发展乡村原生态旅游，以云雾山樱桃谷、一碗水、高滩瀑布等自然景观为依托，打造多条周末旅游观光线，完成导游词编写。推进“云雾山樱桃节”的宣传造势，举办璧山区第四届云雾山樱桃采摘节暨璧山区旅游推介会。修建旅游公厕、生态停车场，云雾山樱桃谷采摘核心区硬件设施建设日臻完善。缙林踏水小镇、古塘乡谷等生态农耕主题旅游项目效果凸显。产业融合促进经济发展势头良好，全年完成财政总收入907万元，同比增长16.1%。规模以上工业总产值3156万元，同比增长4.4%；规模以上工业增加值726万元，同比增长5.7%。农村居民人均可支配收入17755元，同比增长8.8%；农林牧渔业总产值34748万元，同比增长24%；粮食产量10600吨，同比增长7.06%。开展第四次全国经济普查，全面调查第二产业和第三产业的发展情况。

“第四届云雾山樱桃采摘节”从2018年4月10日持续至4月30日。开幕式于4月10日上午在凉水村樱花广场举行，主办单位为璧山区凉水樱桃种植专业合作社、璧山区梨檬樱桃种植股份合作社，现场2000余名观众见证采摘节开幕。提升樱桃基地基础设施，新建停车场1个、面积2300平方米，新建卫生公厕1座，新增指引系统154个，新修采摘区公路12千米，方便游客采摘、游玩。

【文化建设】 举办“我们的中国梦——文化进万家暨‘红色文艺轻骑兵’走进八塘”文艺活动，进一步学习十九大精神，推进“社会主义核心价值观”建设。举办首届“唱响璧北”乡村歌手大赛和八塘镇乡村才艺大赛，展示干部群众积极向上的精神风貌。组织参加璧山区“百姓文化舞台”系列惠民展演（八塘专场），在全镇营造尊老、爱老、敬老的社会新风，构建和谐、健康、文明的社会氛围。加强校园硬件建设，五龙小学投入近10万元，校园环境更加优美。八塘小学有15名学生被璧山中学预录。八塘初中连续三年被评为璧山区教育系统优秀单位，创新教学“让仪式感点亮生活”被教育部评为中小学德育工作典型经验。

【社会建设】 开展家庭医生签约服务、“两癌”筛查、孕优工作，1.1万余人受益。开展严重精神障碍患者管理服务工作，147人在管，发放监护人以奖代补资金6.92万元。发放国家计划生育奖励扶助资金91.728万元，惠及771人，国家计划生育特别扶助资金28.896万元，惠及37人。

场镇建成生态停车场1个，建设“四好农村路”31千米，投入使用5千米，五喜路扩宽油化改造工程全面完成并投入使用，完成敢英片区路网工程、缙宝路、瓦河路、登黄路等近13千米农村公路建设，农村公路硬化率稳定保持全区同类镇前茅。新建基础设施薄弱村人行便道5千米，新增敢英村片区路网工程太阳能路灯50盏，新建彩色便道2.1千米。完成江兴村、石庙村、青云村饮水安全整治工程，5800余人受益。启动八塘至大路天然气管线改造建设工程。完成石庙村、江兴村、五龙村、阳龙村、前进村、智灯村等6个村农村电网改造。

实施大塘路、双黄路道路绿化提升工程，实施三岔河场镇段河堤绿化提升工程，完成垒土绿化9500平方米。探索城乡环卫一体化管理模式，全年清运生活垃圾4104吨，无害化处理率95%。标准化改造农村垃圾收集点，拆除旧点位44个，改建269个，新增129个，各村新配置垃圾桶1100个，场镇新配置果皮箱40个，开展农村整洁庭院评比工作，完成363户农村卫生厕所改造，升级改造八塘污水处理厂和临江污水处理站。

针对全镇110户（256人）贫困户，建立APP联动机制，实行动态管理，精准施策，做到“一户一档一方案”,通过政策救助、产业扶持等,解决好因病因残因灾致贫返贫问题,办理贴息贷款扶持贫困家庭24户,贷款金额37.1万元,解决贫困户缺资金问题;完成四类对象C、D级危房改造125户,启动非四类对象758户的农村危房鉴定工作,解决贫困户住房安全问题。严格落实惠农政策,全年发放耕地地力保护补贴183万余元。扎实做好民政工作,全年向困难群众发放保障金1000余万元,惠及城镇低保216户300人,农村低保341户581人,特困供养对象397人,孤儿1人,优抚对象263人,80岁以上老龄人965人。宣传征兵工作各种优待政策,9名新兵光荣入伍,发放义务兵优待金14人,共计13.52万元。城乡居民养老保险参保1.7万余人,城乡居民医疗保险参保2.6万余人。实现城镇新增就业260人,指导和帮助下岗失业人员就业和再就业220人。城镇登记失业率控制在3%以内;实现农民工返乡回引就业165人。

制定《八塘镇扫黑除恶专项斗争工作实施方案》,开展工作推进会议、问题线索摸排会等80余次,摸排收集相关线索13条。常态化开展综治巡逻,将一品社区纳入C类重点整治地区,辖区内发案量大幅度下降。开展校园及周边治安综合整治专项行动,确保校园及周边“零”发案。加大公安破案打击力量,全年共破案42件,破案数同比增加40%。开展领导干部接访下访工作,解决问题150余件,化解信访疑难案件2件。全年无森林火灾发生。

【生态文明建设】 完成缙云山国家级自然保护区和重庆主城“四山”管制区违法建筑排查,整改缙云山自然保护区违法建筑7宗,拆除违法建筑380.78平方米。开展“大棚房”问题专项清理整治行动,发现“大棚房”问题违法违规用地1宗,0.18亩,耕地非农化违法违规用地项目7个,11.322亩,全部限期整改。完成场镇建成区违法建筑整治28826.85平方米,完成历年农村危房改造后应拆未拆104户危房拆除。

开展山坪塘养鱼池水质达标整治,完成下范家沟河(三岔河)、青云水库、111口山坪塘水生植物种植;完成89口山坪塘、96口养鱼池整治验收工作,2017、2018年度山坪塘、养鱼池整治工作任务超额完成,提前完成2019年度养鱼池整治工作任务33.3%。关停指定区域内养殖场7家,完成“小散乱污”企业专项整治6家,璧北河出境断面常年稳定保持Ⅳ类水质。开展全国第二次污染源普查工作,完成三岔河(三元桥段)污水管网改造工程并投入使用,璧北河福寿桥至丁家嘴段河堤整治工程进场施工,持续推进河长制工作,开展“清河一号”专项整治工作,推动镇域水环境质量大幅度改善。

河边镇

【概况】 河边镇位于璧山城区西北部。场镇距城区8千米,与铜梁区接壤,319国道、黛山大道、渝蓉高速穿境而过。辖6个村1个社区,辖区面积50.23平方千米,耕地面积2352.94公顷,场镇规划4.1平方千米,是重庆市市级生态镇、市应急管理示范镇、国家级气象标准示范镇。辖区内小学、初中学校、卫生院各1所。2018年年末人口2.54万人,其中非农业人口0.85万人。全年户籍人口出生164人,符合政策生育率98.2%。辖区基督教临时活动点有3处,信教群众300余人。

全镇工农业总产值14.26亿元。其中,工业总产值11.45亿元,同比增长26.1%;增加值1.97亿元,增长24.68%;利润总额0.45亿元,增长25%。工业固定资产投资1.8亿元,下降53.1%。辖区内非公有制企业39个,从业人员750人,总产值2.45亿元。全社会固定资产投资4.9亿元。社会消费品零售总额22.6亿元。财政总收入9165万元,增长72.8%。工商税收9073万元(本级1812万元),增长85.2%。金融和非金融机构2个,居民储蓄存款余额5.92亿元。农业总产值2.81亿元，增长5%；农民人均纯收入18694元，增长8.9%，粮食总产量8489吨，下降3.6%。

河边初中有在校学生366人，其中住宿生有265人，有教学班9个，教职工51人，学历合格率100%。其中，中学高级教师12人，中学一级教师28人。校园总面积为19523平方米，有教学楼1栋、综合楼1栋、学生公寓2栋、学生食堂1栋，可容纳600人就餐，有3个塑胶篮球场及5000多平方米的运动场、有一个门球场和一个网球场。学校建有音、体、美、科、劳等六大功能室，建有理化生实验室各一间，建有图书室、阅览室、多媒体教室、网络教室和阶梯教室。2018年，参加全区中小学跳踢比赛获初中组第五名；跳绳比赛获初中组第六名；啦啦操比赛获初中组第七名；师生参加征文、演讲、书法、绘画等比赛有二十多人次获奖；教学质量获全区初中同类学校第三名。

河边小学有小学教学班18个，在校学生876人。在职教职工52人，其中璧城教管中心1人，借调区教委1人，外校交流到校教师1名。取得高级职称6人，一级任职资格教师30名，管理人员1人。招聘幼师及保育员7名，招聘保安10名，食堂工作人员8名。辖区内学校空置教学点3个。中心校占地14609平方米，有教学班18个，教学楼3栋，操场面积5794平方米，有标准化篮球场2个，羽毛球场3个。学校内专设仪器室、美术室、书画室、阅览室等功能室10个。有市级书法家协会会员4人，区级书法家协会会员18人。

河边镇卫生院是新型农村合作医疗保险的定点医院，有职工28人。设有内科、外科、儿科、妇产科、中医科、骨伤科、牙科及B超、心电图、放射、检验等科室，共计24张床位。镇下辖村卫生室11个，乡村医生21人。

【政治建设】 推进"两学一做"学习教育常态化制度化，管好用好"智慧党建"，探索建设"家门口、指尖上、一体化"的服务体系，"订单式"服务收单207条，"下沉式"服务330人次。打造新四村为示范村，完成复兴村后进支部转化。推进抓党建强集体经济、促乡村振兴，提升基层党组织

河边镇浸口村道路绿化（2018年5月16日摄，璧山报社供图）

2018年3月16日，河边镇璧南河治理施工现场(璧山报社供图)

组织力。发展预备党员4名，转正3名。加大党内关怀力度，及时足额发放老党员补助、离任村居干部补助，坚持重要节日慰问困难党员。签订党风廉政建设责任书69份，组织党员干部观看廉政警示教育片5场次1100人次，举办廉政专题讲座3次，发放廉政学习资料1000余份。接收处理信访件10件，做到件件有回复、事事有回音。立案查处案件8件，其中受留党察看处分1人，党内严重警告处分2人，党内警告处分3人，行政警告处分2人，营造了在位清廉、在岗勤政的良好风气。加强干部理论学习，深化理论面对面宣讲35场。

【经济建设】 服务全区重大项目，完成渝蓉道口盐井河1、2、3、4征地拆迁722亩，合璧津高速、王家湾水库征地拆迁完成勘界定桩和水利设施、构附着物清理。做好重庆利达气体有限公司、重庆市璧山区储备粮储有限公司项目建设，围绕盘活闲置工业用地、废旧厂房，引进3家企业，冀东水泥、冀东商混等规上企业稳步发展。重庆西郊福寿园人文纪念公园启用，为璧山“一生之城”服务体系补上“人生链条”最后一环。全年社会固定资产投资4.5亿元，限额以上商贸销售总额23亿元，同比增长72%，工业投资达1.8亿元，规上工业总产值9.8亿元，同比增长31%。财政收入9165万元，同比增长72.8%，工商税收9073万元，同比增长85.2%。

开展美丽乡村建设，完成3千米人行便道建设、17户农房风貌改造，连通600米泥结石断头公路。推进生态农业发展，盐井河、同心蔬菜基地建设1.5万亩，浸口、新四果木基地发展到5000余亩，引进重庆市恬园居农业科技有限公司。发展农村电商，农产品网上销售额实现4500余万元。全年农业总产值2.8亿元，农民人均纯收入1.87万元。实施同心村、铁石村水厂改造。完成璧南河河边段河道治理3.95千米。新增太阳能路灯4盏,铺设人行便道600平方米,设置隔离桩200根。修建旅游公厕1座,维修公厕1座。完成6座标准公交站亭基础建设。启动浸口村便民服务中心迁建规划设计。完成镇党群服务中心主体建设。完成20条农村公路和2座桥基础建设,硬化农村公路10千米。在复兴村、铁石村两个基础薄弱村新建人行便道4千米、接通断头路800米、完成公路路基建设11千米,其中硬化7千米。

【社会建设】 整合资源,精准帮扶,全镇124户贫困户落实了帮扶责任和措施。其中产业扶贫19户,提供产业扶贫资金4万余元,向贫困户发放慰问物资近4万元,就业扶贫23人,完成贫困户小额信贷25户,享受扶贫医疗报销67人次,教育扶贫35人,社会帮扶9户,完成贫困户C、D级危房改造31户。改造四类重点人员C、D级危房139户。硬化场镇D级危房便道500平方米。全年脱贫户人均纯收入达到或超过脱贫标准,实现“两不愁、三保障”。2018年减贫2户7人,拟对90户脱贫户稳定脱贫。发放民政救济资金400余万元,受益人数590人。为3名残疾人申请机动车燃油补贴。发放义务兵家属优待金、重点优抚对象优抚金277.84万元。为80周岁以上老人发放高龄补助59.19万元,受益898名。家庭医生签约服务9928人、“两癌”筛查600人、孕优检查70对,兑现独生子女父母一次性奖励32户。规范化管理重症精神病率100%。城镇新增就业628人,完成就业技能培训52人,发放小额创业担保贷款150万元,城乡养老和医疗保险参保率95%以上,登记失业率控制在3%以内。完成公交卡年审、补办、充值等业务。狠抓扫黑除恶,摸排出黑恶类高危人员线索2条,抓获以艾某为首的赌博恶势力团伙,查获赌博人员51人,刑事拘留4人,治安拘留17人,教育训诫30人。完善“天网”工程,47个高清摄像头实现农村重点部位全覆盖,25个场镇背街小巷模拟摄像头纳入区“雪亮工程”。加大破案打击力度,全年破获刑事案件57件,打击处理犯罪嫌疑人17人,查获吸毒人员18人,涉毒移送起诉3人,强制隔离戒毒9人,涉黄、涉赌行政拘留19人。严格落实“党政同责,一岗双责”安全生产责任制,排查安全隐患501条,隐患整改479条,安全生产执法罚款8.68万元,打击违法销售和储存成品油案6起、督促1家非煤矿山企业改造落后工艺、5家企业和1家学校进行安全整改,关停2家木工板厂,查处食品药品安全隐患12起,立案处理10起,罚款5.929万元。加强人防、技防、物防,严防死守防止森林火灾,全年无重大火灾和安全事故发生。

【文化建设】 河边镇文化服务中心新扶持培养文艺队伍3支,组织庆元宵文艺演出暨猜灯谜活动、百姓文化舞台活动、盘点端午传说暨包粽子活动、党员形象展示活动、广场舞比赛活动、移风易俗文艺展演活动,全年购买演出12场,开展培训6场,组织展览6场,开展各类培训12场,参加培训人员600人次,培训内容涉及党史、环保、消防、健身、励志、技能拓展等。成立社区学校,在各村居开设社区教育点,全年开设各类课程100余次,参加区第一届全民健身运动会,取得广播体操镇街组第一名、钓鱼比赛团体第一名,荣获全区坝坝舞比赛第一名,绑腿接力第二名的优秀成绩,举办全镇首届全民健身运动会,共有8支队伍300余名群众参加。加强对外宣传,在《重庆日报》刊播信息10条,《璧山报》66条,网络媒体信息75条,实时传播好声音,提高政府影响力公信力凝聚力。深入开展梦想课堂、梦想社区、乡贤善治等教育实践活动,打造“杨家院子”社会主义核心价值观院落。开展志愿服务活动40余次,新创作移风易俗文艺节目3个,开展文艺演出进基层12场,助力乡村文化振兴,提高群众精神文明程度。

【生态文明建设】 实施大气污染防治攻坚行动,

加强污染源巡查监管，严肃查处各种污染行为，对野外焚烧人员进行法制教育50余人次，罚款3人次；督促3家烧结砖企业和冀东水泥公司落实错峰生产，15家中型餐馆完成油烟分离器安装，32家餐馆完成油水分离器安装。治理农村面源污染，完成农村改厕359户；实现城乡垃圾清运服务外包；推行农村“化肥农药减量化生产”；四山整治、一二级饮用水源地、指定区域已关停各类养殖场23家，复垦11627平方米；完成渝蓉高速两边荒山荒坡绿化120亩，农村道路绿化1千米。开展水环境治理工作，严格落实“河长制”，开展“清河一号”专项行动，建立三级河长体系，纵深推进河流、水库、山坪塘、精养鱼池生态治理，完成208口山坪塘、28口精养鱼池整治工作，河道栽植沉水植物1900平方米；完成全国第二次污染源普查，对18家“小散乱污”企业进行分类整治，有14家企业完成环保手续，4家企业实施关停。加强水生态修复，开展河边场镇段河道治理工程，新建和改造拦河堰各2处，新建人行桥6座，拆除挡水桥2座，新建穿堤建筑物6外，新建人行梯步转接原有道路8处，护岸上人行梯步25处。开展“文明家庭创建”活动，树立自觉维护公共环境卫生意识。

福禄镇

【概况】 福禄镇是璧山西部门户。东临璧城街道，南连大兴镇，西与铜梁区华兴镇接壤，北接河边镇和铜梁区西泉镇。福禄场镇距渝蓉高速福禄下道口4.1千米，距黛山大道10千米，距重庆绕城高速16.1千米。辖区面积40.6平方千米。最高海拔638米。梅江河贯穿全境。辖6个村民委员会（斑竹村、龙宝村、胜利村、红山村、和平村、浸河村），1个社区居委会（福中社区），38个村民小组，2个居民小组。全镇土地面积4046公顷，其中耕地1195.2公顷。场镇规划面积3平方千米。年末人口20204人，其中非农业人口2391人，场镇常住人口2555人。全年出生人口145人，符合政策生育率98.44%。

全年财政总收入4546万元，增长52.8%。一般公共预算收入972万元，增长12.6%；工商税收906万元，增长47.6%。农业总产值2.38亿元，增长5.6%。农村居民人均可支配收入17833元，增长9.7%。粮食总产量8973吨。规上企业总产值、全社会固定资产投入等经济指标保持稳定增长态势。辖区有银行2个，邮政储蓄银行和农村商业银行，城乡居民储蓄存款3.08亿元，增长4.4%。辖区有福禄镇卫生院1个，职工25人；村级卫生室14个，个体诊所2个，连锁药房3个。辖区有大兴初级中学福禄校区、福禄小学（含福禄幼儿园）以及民办幼儿园等学校，其中大兴初级中学福禄校区教学班3个，教师15人，学生150人；福禄小学教学班11个，教师34人，学生308人。

【政治建设】 高度重视、积极落实意识形态工作，召开党委会研究4次，中心组学习十九大精神3次，开展知识测试、问答3次，推动“两学一做”学习教育常态化制度化。打造示范点，带动基层党建水平提升，重点以“斑竹村党建示范点‘提亮’工程”和“红山村党建示范点培育工程”2个项目为突破，辐射带动全镇基层党建水平整体提升。实施和平村“后进支部整顿转化及基础设施薄弱村提升工程”，选派和平村“第一书记”，调整和平村书记。推进和平村实施道路畅通工程、农村人饮工程、水利设施工程、人居环境改造等，改善和平村基础设施薄弱情况。完善服务功能夯实基层群众基础。群工系统累计受理事项400件，办结率为100%、满意率为96.7%；通过“下沉”服务收到民情订单87件，已全部办理。组建“便民服务队”，在全镇各村社区提供理发、家电维修、拍摄纪念照等便民服务累计200余次。落实党风廉政建设，建立“半月谈”“分级约谈”制度，开展个别约谈100余次、集体约谈50余次，累计约谈700余人次，重点项目分级约谈4次

61人次。整治侵害群众利益问题，发现问题线索5条，认真核查交办的问题线索1条，办理案子1件。

【经济建设】 紧扣“百年福禄橘香、怡心文创小镇”主题，投入680万元，完成文丰街滨河路风貌整治项目，并顺利通过市级验收；投入1000万元，启动实施桔园街街区环境综合整治项目，对桔园街梅江河两侧建筑及外立面进行改造；着手编制《2019年特色小镇福华路街区环境综合整治项目》实施方案。“空间太阳能电站实验基地”项目落户和平村，10kV变电站、加油站项目完成勘测。新建农业园区道路6.5千米，红山、和平、龙宝新建人行便道20千米，完成福中、胜利11千米景观步道建设。实施农村公路畅通工程，启动桂梨路、双黑路等19条24千米“四好”公路建设，完成麻赵路、高银路、红周路、杨四路、橘香大道一标段建设。

抓住全镇作为“璧山区乡村振兴试验示范镇”、和平村作为“璧山区乡村振兴试验示范村”的历史机遇，启动镇、村两级乡村振兴规划编制工作，实施和平村徐家院子人居环境改造项目。抓好农村“三变”改革，开展土地确权颁证，启动红山村集体经济发展试点项目建设。升级改造斑竹沃柑核心园区，新建旅游公厕2座，新增生态停车场1个，完成旅游附属工程及导视系统建设。推进“福果柑橘主题公园”“东方嘉之树农业生态园科普示范基地”“达立奇乡村旅游观光园”3个园区建设。完成龙宝村“禄”文化院落建设及美化绿化工程。实施胜利村一二三产融合发展项目。收集农耕文化元素，深入挖掘“福文化”“禄文化”“橘文化”，结合沃柑、牛奶枇杷等优质水果采摘，体验式乡村旅游雏形初显。

福禄镇水果种植历史悠久，截至2018年年底，全镇沃柑种植面积7000余亩。福禄沃柑果实中等大小，果皮光滑，橙红色，油胞细密，具有汁多味甜，口味独特，果形端正，果肉细嫩化渣的品质。果肉富含葡萄糖、果糖、蔗糖、果酸、维生素C、维生素B_1、维生素B_2、柠檬醛、钙、磷、铁等多种微量元素和营养物质，可溶性固形物13.3%，含糖量约为14.5%，维生素C含量超过23.69毫克/100毫升。

调整优化特色农业产业结构，大力扶持新型农业合作经营主体，开展职业橘农专题培训，全年新发展专业合作社3个、培育农业龙头企业1家、家庭农场2个，新增青脆李、桃等特色水果500余亩，全镇水果种植总面积1.43万余亩，四季见花、四季有果的“四季果园”初步成型。围绕农业增效农民增收，新增“人良品好”等商标3个，申请注册“福禄橘香”品牌商标，嘉之树、茂妍家庭农场荣获绿色食品证书。利用“互联网+”，开通“福禄橘香”微信公众号，建立斑竹、和平电商平台工作站点，聘请专业电商销售人才，举办电商培训会，全年销售各类水果40余万千克，销售收入300余万元。

新引进重庆六汇混凝土公司，辖区有企业13个，其中规模以上企业2个（即重庆旭展建材有限公司、重庆市璧山区峰智混凝土有限公司），企业新增发明专利4个。个体工商户351个，从业人员3314人。全镇规上工业总产值1.86亿元。

【文化建设】 加强精神文明建设，组织流动文艺节目、科技知识展览进村演出24场；惠民电影下乡放映72场。建成斑竹、龙宝、红山、胜利四个村（社区）综合文化服务中心。举办全民阅读、流动图书馆进校园、摄影展、猜灯谜、文艺培训讲座等系列活动，丰富校园文化生活。举办春节民俗文化演出、农民运动会、福禄专场百姓大舞台等活动，丰富人民群众精神文化生活。举办“十抵制、十提倡”“我们的乡贤我们评”“传统节日进万家”等系列活动，推动文明乡风建设。

【社会建设】 围绕“两不愁三保障一达标”，深入开展扶贫大排查，制定落实“一户一策”脱贫方案。强化帮扶责任，调整充实62名帮扶责任人和联络员。实施和平村基础设施薄弱村提升工程。推进扶贫信贷，发放13户贫困户小额扶贫贷款39万元，落实扶贫公益岗位3个，发放产业扶持资金3.7万元。完成斑竹、胜利农村人饮巩固提升工程，启动和平、龙宝人饮巩固提升工程。福中、和平、胜利新安装天然气140户。完成农村"四类人员"C、D级危房改造117户，发放37户残疾人建房补助金55.5万元。新建农村标准化公厕2座，完成农村卫生厕所改造170户。实施农村亮化工程，安装农村院落路灯100盏。开展计生基层群众自治工作，推行家庭医生签约服务，免费实施农村妇女健康体检、"两癌"筛查和育龄妇女孕前优生健康检查。兑现落实计生奖励政策，发放计生特殊家庭慰问金、计生奖扶特扶资金249万元，代表全区接受"创建重庆市计划生育优质服务区县"检查。发放再就业小额贷款150万元，新增就业144人。投资620万元新建敬老院并如期投用，发放医疗救助、特困人员救助、临时救助692万余元，城乡居民养老保险、医疗保险参保率分别达88%、99%。开展"平安福禄"创建，推进"雪亮"工程，新增摄像头66个。发挥镇村两级调委会作用，化解重点疑难信访问题2件。

【生态文明建设】 督促工矿企业加大环保设施投入力度，开展餐饮企业油烟排放和工业企业大气污染物达标排放专项治理。建立完善镇村硬化道路清扫保洁常态化机制，落实专门队伍开展野外秸秆禁烧常态化巡查。实施"碧水行动"。深入推行生态河长制，排查整治梅江河流域污染源，完成94口山坪塘、40个养鱼池、2座水库水质达标整治，实施1.27千米梅江河流域综合整治工程。完成场镇污水管网普查，新建场镇污水管网900米，清掏场镇化粪池31个。扎实开展"清河一号"行动，全面清理河库岸边和保护区内的各类垃圾。开展"三高"和"小散乱污"企业专项整治，关停小散乱污企业2家。开展"绿地行动"，完成桂观路、三双路等5条公路行道树栽植绿

2018年2月6日，游客在福禄镇斑竹村采摘沃柑（璧山报社供图）

化，实施滨河路立体绿化改造。督促璧坤公司拆除违规建筑并全面复垦复绿，督促引导冀东、旭展开展“绿色矿山”创建。推进“田园行动”，开展农村生活垃圾治理，清理收运生活垃圾1320余吨，“村归、镇集、区运输、区处理”收运体系进一步健全。开展农村生活污水治理，启动实施农村5户以上集中居民点治污工程。开展指定区域和饮用水源保护区污染源专项治理，完成6个畜禽养殖场整治，关闭26个同心水库饮用水源保护区养殖场。

广普镇

【概况】 广普镇地处璧山区最南端，东邻健龙镇，南与江津区接壤，西邻三合镇，北连丁家街道，镇政府驻普兴社区普兴街14号，距璧山城区40千米。辖区面积47.15平方千米。辖普兴社区和护普、马鞍、白鹤、金龙、大石塔、周家、柏杨、坪中8个村，45个村民小组和4个居民小组。年末总人口25163人，常住人口17726人。

全年财政收入1168万元（其中工商税收1132万元），完成年度目标任务的107.35%，其中本级财政收入252万元。工业总产值4.5亿元；规模以上工业总产值17277万元；社会固定资产投资45755万元；工业固定资产投资7930万元；农村常住居民人均可支配收入17325元，增速9.3%；城镇常住居民人均可支配收入37517元，增速9.5%。域内有中小学两所，广普中学和广普小学。共有23个班，在校学生979人，在职教师82人。

【政治建设】 狠抓党员政治教育，各支部围绕学习贯彻党的十九大精神累计培训党员4075人次，组织十九大的集中考试2次。每月开展流动党员教育，为行动不便、卧病在床的老党员送学上门、送考上门461人次。对9个村（社区）65名干部和本土人才全覆盖开展回访，进行两次研判。通过交流讨论、公益劳动、帮贫助困等形式，丰富“主题党日”内容。抓好“承诺、践诺、评诺”等环节，评选各类先锋141人次。注重学做结合，持续推进“两学一做”学习教育常态化制度化。各党支部累计走访党员、群众2715人次，开展“下沉式”“订单式”服务675件，为民代办事项141件。镇流动便民服务队上门为民服务3次，更新惠民政策小读本，免费向群众发送。非公“两个覆盖”率100%。新选配群团负责人5名，落实活动阵地和活动经费，以党建带群建。实行“能上能下”的用人机制，免去3名工作不在状态、工作成效不明显的正科级干部。通过严格选拔，共提拔中层干部7名，公务员非领导职务晋升1名，事业单位专技岗晋升2名。镇党委主要领导约谈共计39人次，镇纪委开展约谈共计62人次，镇党委各分管领导开展约谈共计44人次，开展中央八项规定精神、侵占群众利益和排查扶贫领域问题线索走访群众80人次，未发现相关问题或线索。干部涉权事项信息系统共录入党员干部人数178名，亲属人数2449名，涉权事项44件，所有涉权的事项均按照区纪委要求进行核查并公示。

【经济建设】 发展农业产业，在柏杨村建成优质贡橘基地200亩；新发展家庭农场2个，农民专业合作社4个；全镇绿化苗木1.6万亩；争取78万元修建金龙、白鹤等村人行便道13千米；发放农业土地支持保护补贴等120余万元。以乡村文化振兴为抓手，挖掘独特历史文化、红色文化、民俗文化资源，完善“凉伞云遮”景点设施，开展地域文化和旅游景点宣传活动6场，全年旅游人数突破10万人，呈上升趋势。开展车辆乱停乱放、店外占道经营、损坏公共设施、乱贴乱涂、乱扔垃圾、摆摊设点等各类不文明行为整治行动200余次；清理无主垃圾80余处20余吨。拆除场镇存量违法彩钢棚4000余平方米，场镇“弱电下地”全面完成。将管理触角延伸到社区与农村，完成亮化村庄工作，安装庭院路灯100盏。完善交通基础设施，累计投入900余万元实施“四路一桥工程（四条路6千米），投入290余万元建设“四好农村路”14.51千米。

【文化建设】 公共文化服务网络全覆盖。新建村综合文化服务中心4所，全镇共有农家书屋9个，全镇农家书屋藏有书籍共13658册，音像制品2610张，桌椅58套，书柜44个，灭火器12个，五簿一册齐全，实现每个村3个图书外借点（文化中心户），共计24户，每个图书室设立法律法规、健康教育等各类专柜，每周免费开放时间在52小时以上。全年到电子阅览室学习、上网人数约1260余人次，书籍借阅约285人次。广播电视村村通工程、农村电影放映惠民工程、农家书屋工程、农体工程等，并自发开展许多文艺活动，每村每年2次送文化下乡文艺演出活动，实现公共文化网络全覆盖，多渠道、多形式为基层群众提供优质的文化服务。

【社会建设】 落实产业扶贫，全年上报符合条件的贷款贫困户30户，27户已放款，贷款金额51.2万元，超额完成区下达全镇贫困户20%的任务。实施教育脱贫攻坚行动、健康扶贫工程和农村危房改造工程，辖区内中小学及幼儿园均按照市、区教育扶贫政策全面落实学前教育贫困户家庭子女实行“零”收费入学、义务教育阶段贫困户家庭学生免费享受“爱心午餐”及寄宿生生活费补助等学生资助政策；全镇113户300人已全部免费参加了城乡居民基本医疗保险和大病医疗等；全镇完成农村“四类对象”C、D级危房改造224户，其中建卡贫困户48户。2018年财政扶贫资金投入及资金整合投入2008.38万元。整合上级资金投入2000万元，本级财政扶贫资金投入8.38万元。

全镇城乡居民农村合作医疗参保20507人。其中，民政资助1172人，扶贫建卡资助279人，计生优抚资助1415人，残疾（3、4级）资助307人。发放低保金140万元；发放特困人员生活费294

位于广普镇的“凉伞云遮”景区（2018年5月，谢捷摄）

万元；发放优抚金160万元；发放孤儿、高龄、失能生活、护理人员费用65.9万元；发放奖扶金、特扶金、生育关怀金、独生子女父母死亡一次性抚慰金、独生子女父母一次性奖励、计生特殊家庭慰问金等4.3万元。创业担保贷款100万元；改造危旧房376户，其中，一般危房152户，D级危房195户，C级29户。

建立辖区严重精神障碍患者管理台账，全年未发生严重肇事肇祸事件。完成乳腺癌筛查600例、宫劲癌筛查600例、孕优检查76人次。家庭医生签约5360人，建卡贫困户和计生特殊家庭签约率100%。完成农村卫生厕所改造492户。落实奖励扶助政策发放奖扶金、特扶金251余万元，生育关怀金3万元，独生子女父母1.74万元；手术并发症补助0.84万元，春节慰问计生特殊家庭3.65万元，慰问率100%。

开展扫黑除恶工作，谈话调查群众300余人次，未发现涉黑涉恶情况。开展背街小巷、进楼入户巡逻48次，发放重点整治告知书12份，入户发放《致居民的一封信》1600余份。全年信访件的参评率为95%，信访件的满意率为100%。

【生态文明建设】 花费近50万元，累计出动2000余人次，出动机动清漂船两艘，人工清漂船9艘，共清理河道两岸倒伏竹及漂浮物3000余吨，清除河库岸边各种垃圾36吨。全镇8座水库、275口山坪塘，全部解除承包合同，拆除养殖设施和管理房；开展全镇整治范围内92口精养鱼池水质达标整治；436.4余亩冬水田整治通过区农业农村委和区生态河长办验收。全镇共设置垃圾桶点800余个，配备垃圾桶1600个，配备公路保洁员12人，配备社级田间地头保洁员45名，确保农村环境干净整洁。

三合镇

【概况】 三合镇位于璧山区南端，东邻广普镇，南接江津区，西连永川区，北依丁家街道，距璧山城区38千米，属典型的丘陵地形，梅江河横贯全镇，流长13千米。辖区总面积35.98平方千米，土地面积2101公顷，其中耕地面积954公顷，林地1147公顷，场镇规划面积0.7平方千米。辖7个行政村，1个社区，34个村(居)民小组。年末总人口16474人，非农业人口2938人，场镇常住人口1155人。

有三合小学1所，在校学生389人，在职教师32人；幼儿园2所，在校学生102人，在职教师8人。卫生院1所，在职职工21人，拥有床位25张，村卫生室8个，药店5个。有线电视管理站1个，闭路电视用户2500户。农村广播覆盖率100%。小型水电站2座，年发电130万千瓦·时。

【政治建设】 开展党员“三个一”活动，向全镇党员发放文化衫、饮水杯等政治生日礼物900余件。设置先锋岗位9个，扎实推行党员积分制，用“小积分”管好“大队伍”。创新联合主题党日，机关党支部逐村开展联合主题党日8场次。全镇党员干部115人开展“五个一”服务，解决处理社情民意237条。把深入学习习近平新时代中国特色社会主义思想和党的十九大精神，党章党规等有关党内法规以及习近平总书记重要讲话精神等作为中心组重点学习内容，并适时增加理论热点。全年学习研讨10次，完成调研报告3篇、理论文章7篇、学习心得16篇。全镇、村干部分3批次43人次赴贵州、四川以及区内其他镇街参观学习特色产业发展、乡村旅游及小城镇建设好经验、好做法。全年提拔副科级领导干部1名，转正2名。新建便民服务中心2个，提档升级便民服务中心5个，打造天星村党建示范点，推进镇、村两级宣誓厅标准化、全覆盖。对8个村(社区)“两委”班子及53名村(社区)干部开展全覆盖届中回访。调整村党支部书记1名，选任社区党支部副书记1名，补选支委委员2名，储备后备干部33名。全年纪律暗访和作风督查16次，约谈提醒298人次，通报批评12人，查处违纪党员1名，通报侵害群众利益典型案例4起。

【经济建设】 全镇工业经济总产值2670万元，增加值875万元，利润272万元。完成工业固定资产投资570万元。全年财政总收入260万元，同比增长14.2%，其中税收收入241万元，非税收入19万元。金融机构2个，年末居民存款余额2.02亿元，贷款余额330万元。粮食总产量8105吨。农业总产值19103万元，同比增长24%，农村居民人均纯收入17212元。全镇有民营企业114家，从业人员296人（不含第一产业），总产值4437万元（不含第一产业）。

推进道路建设，完成省道S444、九永高速下道口至场镇道路建设规划设计，启动土地协调工作。完成粮邓路、沙整路硬化4.5千米，完成二郎、天星国土整治道路硬化17.5千米。实施“四好”农村公路（西学路、天土路、叶牛路、石西路、天三路、罗莱路、大高路、大小路、湾小路、钟欧路）建设10条19千米，路基工程全部竣工。实施三合大桥危桥改造工程。配套设施建设加“等级”。新建人行便道20千米，沟带路4千米，新建蓄水池8口，检修提灌站20座，整治沟渠1.2万米，安装太阳能路灯50盏，完成新场、龙凤村饮水安全工程，实施高山、天星、二郎、双河4个饮水安全工程。加快农村电网升级改造，改造升级变压器11台，改造线路15千米，规划三合35万kVA变电站1座。拆除场镇存量违法建筑4428平方米，拆除农村危房91栋，约1.2万平方米，开展“两山”和“大棚房”问题清理整治，排查问题线索70余条。全年新增光纤用户479户，网络光纤通组实现全覆盖。

产业结构不断优化。推进标准化茶叶基地建设，新种植“黄金芽”“福选9号”茶叶400亩90万株。发展优质水果，种植“大雅”“爱媛”优质水果400亩。健全农产品质量标准体系，对农产品农药残留抽样检查320个，合格率100%。新认定市级农业龙头企业1个，区级农业龙头企业1家，新认证无公害农产品1个，新认证为绿色食品1个，新注册商标2个。引进重庆二郎岗生态旅游发展有限公司的生态农业田园综合体项目落户，投资3.5亿元，实现招商引资亿元项目零突破。实施农产品加工业提升行动，引导农民新建标准化花椒加工厂4个，完成三业茶叶加工设备改造，启动茶叶加工厂建设，支持茶叶、花椒等农产品就地加工转化增值。筹备2019年第一届璧山区梨花春茶乡村文化月活动，新建生态停车场4个，公厕3个，生态院落3个，打造乡村旅游接待点4个，观光亭5个，观光长廊2个。全年出栏生猪13728头，肉兔23.3万只，禽类83.8万羽；水产629吨，果蔬类44808吨。批发零售、住宿餐饮等个体商贸经营户252家，社会消费品零售总额8200余万元。

【文化建设】 1名教师、4名学生参加市级、国家级NOC（全国中小学信息技术创新与实践）活动获得一等奖，学生参加第22届中小学运动会篮球比赛获小学B组男子第五名，8名小学毕业生升入璧山中学就读。群众文化生活丰富多彩。打造剪纸创作文艺基地，开展送文化下乡活动14场次，送电影84场次，举行春节、端午、重阳、国庆等大型节庆活动4次，原创《背着妈妈看风景》舞台剧荣获璧山区“百姓文化舞台”镇街文艺会演优秀节目一等奖，参加区第一届全民健身运动会，广播体操荣获第二名、拔河比赛荣获第四名、健身球第六名。

【社会建设】 建成镇公共服务中心、平安社区便民服务中心，改造龙凤、石龙桥、双河、高山、二郎5个村便民服务中心，启动新场、天星村便民服务中心升级改造；建成场镇停车场1个、标准化公厕建设3个；实施平安公园建设；实施卫生厕所改造156户；实施九永高速沿线房屋风貌改造45户；新建场镇坡屋顶西瓦房盖5000平方米；公共服务中心新增公交卡办理窗口。社会保障体系

2018年5月29日，三合镇6000亩青花椒丰收。图为村民采收花椒（曾清龙摄）

更加健全。开展就业适应性培训67人，发放创业担保贷款210万元，城镇新增就业232人；全镇新农合参保率96%，城乡居民养老保险参保率97%；实施医疗救助65人次10.93万元、临时救助101人次11.3万元，特困救助2916人次212.8万元；城乡低保实现应保尽保，发放低保金189.5万元；建成全市一流养老院，面积2000平方米，床位100张。计生卫生政策全面落实。家庭医生签约4435人，确定了计生特殊家庭“3+X”联系人制度，发放计生奖扶金156.462万元，免费开展农村妇女“两癌”筛查、孕前优生健康检查、60岁以上老人体检活动，基本公共卫生服务群众受益率100%。

125名帮扶干部和55名联络员对123户建档立卡贫困户开展结对帮扶工作，13户36人实现脱贫。实施“四类人员”C、D级危房改造157户，实现贫困学生助学全覆盖，合作医疗、商业保险以及家庭医生签约全覆盖，贫困户因病住院自费比例不超过10%，慢病、特病人员门诊自费比例不超过20%全部实现。产业到户项目共实施15户45人，发放产业扶持金3万元。开展实用产业技能培训400余人次，32户贫困户通过扶贫小额信贷共46万元发展产业，开展致富带头人结对扶贫行动，11户建卡贫困户与致富带头人签订帮扶带贫协议，为贫困户拓宽增收渠道。实施二郎村市级土地整治项目，平整出有效新增耕地350余亩，硬化道路11.5千米，整治沟渠1.2万米。实施天星基础设施薄弱村提升工程，整治提灌站1座，新建蓄水池4口，新建人行便道6千米，实施便民服务中心升级改造，实施公路硬化6.3千米，农村饮水提升工程铺设管道5.6万米，平整土地200亩。

依法取缔"中国真理教"非法聚集点2处，查获"全能神""门徒会"邪教线索2条，依法拘留2人，训诫教育4人。开展"扫黑除恶"专项斗争，办结涉黑涉恶类案件10件。新增监控4个，处理治安案件46件、刑事案件51件，破案惩处7人，行政拘留10人。调解各类矛盾纠纷192件，办理信访件41件，无1例越级上访事件。开展校园法制讲座2场，户外集中法制宣传活动14次，在龙凤村、双河村开展以案说法活动2次。建成人防疏散基地1个，可疏散安置10207人。全年社会大局稳定，未发生一例安全事故和群体性事件。

【生态文明建设】 实行"河长制"，建立"库长制、塘长制"，聘请专业清漂队伍，对梅江河进行常态化清漂、保洁，实施河道水质生态修复，一级支流栽植挺水植物4000平方米，提升梅江河水质。整治水库2座，验收合格率100%。整治山坪塘159口，115口山坪塘验收合格，超额完成目标任务。整治养鱼池74口，71口养鱼池水质达标，提前完成2019年整治任务83.4%。山坪塘和养鱼池栽植挺水植物15万余株共4万余平方米，浮水植物38940平方米，浮床36个、浮框492个、圈围网8400米。建成水生植物基地1个，8万平方米，种植美人蕉、鸢尾、睡莲等各类水生植物品种20余个，年生产量200万株以上，年产值近400万元。建成二郎污水处理站1座，升级改造三合场镇污水处理站1座，新建配套一、二、三级污水管网2956米，新建高山村大佛寺新村居民点小型湿地1座。新建垃圾台50个，新增垃圾桶100个，聘请1家专业的环卫公司和35名农村专职保洁员，对生活垃圾进行清扫保洁和运输处理；每季度常态化开展"整洁庭院示范户"评选，选出"整洁庭院示范户"96户。镇机关率先实施生活垃圾分类。完成场镇17个化粪池的清掏。关停整治养殖场1个。补栽美人蕉、三角梅、凤尾竹、斑竹等植物3.8万余株，补栽行道树1320株，主干道绿化普及率达98%以上。实施8个村（居）便民服务中心美化绿化提升工程，绿化面积约2000平方米；实施平安体育公园建设，绿化面积1.4万平方米。

健龙镇

【概况】 健龙镇位于璧山区东南部，东临江津区，南接广普镇，西连丁家街道，北倚来凤古驿。东西宽2.5千米，南北长20千米，辖区面积50.6平方千米，场镇规划面积1.26平方千米，平均海拔281米。全域土地肥沃，水源充沛，草木葱茏，景色宜人。地貌呈浅丘宽谷地形，属桌状中丘的璧山向南斜轴部的开阔地带，海拔高度240~350米之间，相对高度50~80米，境内最高点海拔801米，最低点海拔239米。多系遂宁组合泥岩，境内有森林资源、农作物资源、中药材资源。森林面积约333.3公顷，植物主要以松、柏组成和亚热带竹为主。农田1000公顷，农作物资源种植业中有棉、油、麻、丝、茶、糖、烟、果、药杂等。盛产莲藕、江安李等。矿藏资源有煤、铁矿、石灰矿、石膏矿，其中石膏储量1000万吨。动物资源60余种，保护动物10余种。璧南河蜿蜒迤逦，于境内长15千米。镇辖9个行政村，2个社区，55个村民小组，2018年总人口2.66万人，常住人口1.71万人，其中非农业人口3348人，全年出生人口数215人，符合政策生育率98.60%。镇内有卫生院1所，敬老院1所，学校1所，在职教师46人，在校学生549人。

【政治建设】 落实"三会一课"制度，结合支部主题党日活动，持续推动"两学一做"常态化制度化，抓牢抓实基层党员学习贯彻党的十九大精神专题教育培训。指导村（社区）聚焦硬件设施、标识标牌、窗口设置、人员配置、制度更新等方面，强化村（社区）便民服务中心建设。更新更换了11个村居的党务公开栏。规范小河村服务管理的方式，重点解决堰沟和公路等基础设施落后、

九永高速健龙服务区南站(2018年3月15日摄,璧山报社供图)

行道树和涵洞安全隐患大、便民服务中心条件差等问题。完成5名党员的转正工作,确定4名预备党员发展对象,新吸收4名中共预备党员,发展10余名入党积极分子。推进党员干部主动走访联系群众工作机制,收集并解决群众合理诉求330余件次。创新推广运用“浩顺云”服务终端,整治工作纪律,坚持机关干部分片驻村工作办法,60余名机关干部与11个村(社区)实现无缝对接。落实党风廉政建设“两个责任”清单,严肃查处群众信访举报、问题线索,全年处理因工作存在消极怠慢、履职不力等问题的镇村干部30余人次。

【经济发展】 全镇农业总产值2.6亿元,增加2000万元,同比增长8.3%。完成社会固定资产投资36080万元。规模以上工业产值24533.7万元。限上住宿和餐饮业营业收入1068.4万元,同比增长17.1%、地方财政收入完成1122万元,超额完成区级任务9个百分点。农村常住居民人均可支配收入16580元,增速全区排名第3位。城镇居民人均可支配收入34870元,增速全区排名第一位。辖区工业企业34家,个体工商户141个。规上工业企业4家、规上商贸企业1家。非公经济从业人员4733人,其中私营个体3265人,非公经济产值116212万元,其中私营个体68562万元,商贸企业1家。对42家被监管单位开展安全生产日常检查466批次,发现并整改安全隐患109条。

辖区内国道(九永高速公路)2.85千米、县道9.43千米、乡道11.43千米、村道60.68千米、社道120千米。争取资金3500余万元实施农村路网建设,完成杨胡路、大太路、石苏路、桥施路、石坪路共5条村道9.92千米路基改建工程;完成大塔路2.34千米路面工程;1.22千米沿河路建设项目完工;S544和来健路两条干线公路完成施工放线;李塘路等8条“四好农村路”13.5千米建项目全部进场施工。投入资金168.6万元实施“一事一议”“美丽乡村”建设项目,新建人行便道17.4千米、泥结石公路420米,改造泥结石公路400米、休闲观光长廊500米。新建1.8米宽人行便道5千米、泥

2018年5月7日，健龙镇人大代表为低保户冯宗国插秧（孙茜摄）

结石路1.3千米。璧南河三洞桥河段5.2千米河道综合治理工程进入施工准备阶段。

全镇土地流转面积1167公顷。蔬菜种植面积600公顷，产值4500万元；花卉苗木种植400公顷，产值3000万元。争取资金150万元在白果、画眉等9个村实施长防林建设项目200公顷，新栽植青脆李、脆红李、晚熟血橙、沃柑等经果苗木15.95万株。弥勒玫瑰园、小河紫薇园、大圆祥博物馆等观光景点年接待2万余名城区市民休闲体验。缙云山麓、璧南河畔休闲观光的乡村旅游路线初具雏形，农旅融合特色产业链逐步显现。白果村150万元集体经济发展试点项目进入招标，全年购置水稻保险153公顷，组织52名新型职业农民开展果蔬种植、畜禽养殖等农业技术培训2批次，招引农业种植业主累计25家。完成2017年度的市级农村综合改革试点项目、蔬菜产业建设项目，新建蔬菜大棚0.09公顷。

【文化建设】 开展文化惠民活动，举办“我们的中国梦”文化进万家活动暨红色文艺轻骑兵走进健龙元宵文艺演出、“五一”文艺汇演等活动24场次；组织送电影、送文艺下乡活动122场次；举办文体培训4次；组织志愿者服务活动30次，市文联“送欢乐下基层”志愿服务行动深受群众喜爱；秀湖公园百姓文化舞台健龙镇专场演出和百姓文化舞台镇街文艺会演活动中荣获三等奖；“寻找最美朗读者、最美朗读家庭”诵读大赛中获得中青年组二等奖。全区首届全民健身运动会上，女子跳绳单摇获得第1名，健身球规定和自编套路在15个镇街中获得第3名和第4名并取得体育道德风尚奖；傅博特荣获2018年重庆市残疾人游泳锦标赛男子组50米仰泳S5级别第一名。

【社会建设】 按时足额兑现393户639人城乡低保金303万元，为358名特困供养人员发放护理补贴和生活供养金316.9万元，为239名优抚对象发放抚恤金250万元，为328名受灾群众发放物资11.8万元，为225名特殊病例患者办理特病卡，扶贫济困体系日趋完善。落实计生奖扶4.12

万元，计划生育奖励扶助、特别扶助政策准确率、兑现率均达100%。为998名80岁以上老人发放高龄老人营养补贴70万元，为1122名65岁以上老人办理爱心卡，认真落实老年人优待政策。开展群众义诊5批次350余人，开办健康知识讲座13场次，完成839名农村适龄妇女的“两癌”筛查工作，实现5961名群众签约家庭医生服务，组织20965人购买城乡居民医疗保险。

贯彻落实“一达标两不愁三保障”工作要求，严格执行“两评议两公示一比对一公告”动态调整程序，成功实现54户136人脱贫。

【生态文明建设】 健全生态河长制组织体系，新增设副总河长1名，扎实开展“清河一号”专项行动，将辖区内13条河流河道逐一落实镇、村、社三级责任人，加强日常巡查监管，全年累计巡河657次；制定出台“行政问效”办法，加强责任追究，处理因生态创建工作推进不力的镇村干部5人次。强化工业污染整治力度，督促3家涉水企业完成污染治理，关停“三高”“小散乱污”企业3家，工业企业废气、废水排放环保监测全覆盖。推进大气污染治理工作，全年开展秸秆野外焚烧巡查检查150余批次，查处秸秆焚烧23次、罚款处理2人、批评教育21人。加强水系污染治理工作，签订245份养鱼池关停转产或达标协议，完成131口山坪塘、81口养鱼池水质达标整治，3个养鱼池完成复垦，修复冬水田42处18.3公顷。完成小桥河沟、璧南河三洞桥等河道支流2150平方米的水生植物栽植；将石膏矿温泉水引入璧南河，水质明显改善。全年投入600余人次落实15千米璧南河段保洁工作，集中清理漂浮物、垃圾等1000余吨。开展养殖污染源治理，关停养殖场31家，取缔濑水养殖场7家。加大污水管网巡查和清掏力度，改造污水厂2座，新铺设污水管网280米，场镇治污能力进一步提升。

开展违法建筑整治工作，全年整治彩钢棚等违法建筑6810平方米。推进“四山”整治工作，拆除管控区内违章建筑2.2万平方米。推进“四类人员”C、D级危房改造工作，完成76户C级危房、183户D级危房改造，改造卫生厕所322户。完成九永高速沿途75户农户风貌改造工程。整治场镇破损路面590平方米、维修路灯50余盏。启动国土绿化专项行动，实施180公顷经济林和33.3公顷“四旁植树”项目；扎实开展辖区内72千米硬化公路行道树补植工作。投入资金260余万元，加大城乡垃圾清运治理，实现11个村（社区）垃圾治理全覆盖，全年清运生活垃圾3000余吨。

人物　光荣榜

人物简介

何永杰

何永杰，男，1982年10月出生，河边镇人。

2004年，何永杰毕业于四川外国语大学日语专业，先后在中国旅行社总社（重庆）有限公司、重庆北国假期国际旅行社担任导游、领队一职。因为学的是日语，刚毕业时那会儿何永杰主要带的是来川渝旅游的日本团队，六七十岁的游客是旅行团的主要成员，年龄都偏大。作为导游，一般到了宾馆发放完房卡之后，就可以休息了。何永杰不同，他发完房卡，还要一个一个房间地去拜访游客，看看房间里有没有热水，问问游客会不会充电，帮游客打开电视机。所以，那些日本老人们，都喜欢叫他“暖宝宝”。何永杰的这份周到细致是许多导游都无法做到的。带团本来就有很多琐碎的事情，他能把每一样都放在心上，从未与游客发生过冲突的事情。他在每一次接待入境游客和带出境团队时，自始至终都能做好每一个环节，细心体贴的服务，获得游客的高度赞扬，为导游、领队行业树立了良好的形象。

2017年，曼谷时间12月21日17时左右，何永杰带着旅行团进入泰国芭堤雅一家象园观光游览。当时何永杰正在象园停车场内与几名游客聊天，两名游客（非本团游客）所骑的大象走到一个斜坡时，头开始出现晃动，在经过一片草地后突然“发疯”，冲向公路边上的大树。当时旅行团游客赖天丽正在停车场旁边和她老公、孙子拍照，距离大象十几米远，大象撞了树之后，就朝人群跑过来，撞到了赖天丽。游客受到惊吓后都纷纷向远处跑去，逃到了停放两辆大巴车的中间。何永杰明知道很危险，但是他为了救受伤的赖天丽，在游客们跑向大巴车的时候，他却朝大象跑去。随后躲在两车中间的游客就感受到了车辆明显的晃动，听到撞击的声音。大象把何永杰卷起来撞车，撞了多次后便把他重重摔到地上踩踏……何永杰献出了年仅35岁的宝贵生命。

何永杰作为导游，把游客安危置于首位，在危难时刻挺身而出，舍己救人，表现出一个旅游从业人员的良好职业操守和责任感，成为当之无愧的“平民英雄”。2018年3月，中央文明办授予何永杰“中国好人”。

何舒培

何舒培，男，1986年生，璧城街道人。

何舒培从小就特别喜欢飞机，摆弄过上百种飞机模型，也培养出独立动手制作的能力。在何舒培5岁的时候，参加了重庆市幼儿制作比赛，每个区县有两名代表，当时有近百名儿童参加比赛。在比赛上，不同于其他孩子制作的“小”作品，何舒培用一个可乐瓶安装上发动机，并且装上了翅膀。何舒培的动手能力和思维能力征服了在座的所有评委老师，他制作的作品获得了唯一的一个一等奖。何舒培的小学和初中都是在璧山度过的，看杂志、做航模，何舒培把学习以外的时间都用在了对飞机的“研究”上。高考时，以600多分的高分进入北京科技大学，学习机械工程与自动化专业。毕业后到英国克莱菲尔德大学留学，选择飞机设计专业继续学习飞机专业知识。2014年，在留学期间，何舒培考取了飞行驾照。2015年，入职中国商飞公司，参与我国首款自主设计研发大型客机C919的研制。

在C919的研制中，何舒培负责C919飞行手册编制。飞行手册是飞机正常运行的保障，内容包括飞行准备、发动机起动、滑行、起飞前、起飞、起飞后、爬升、巡航、下降准备、下降等飞行的全部过程，一旦突发紧急情况、遇险时，飞行手册是飞行人员的第一手应急参考。同时，飞行手册也是取得特许飞行证的重要文件。编制飞行手册，专业性强，难度系数高，这项工作过程中的挑战和困难不言而喻。而作为团队中为数不多拥有飞行经验的何舒培，时常能将很多理论的东西通过自己的经验进行讲解，也让飞行手册编制更加得心应手。何舒培和同事们常常是字斟句酌，力求精益求精，经过两年日日夜夜的编制，不计其数的各种讨论，最终完成编制。

2018年2月7日晚，2017年度“感动重庆十大人物”颁奖典礼在重庆广电大厦演播厅举行，何舒培获得“感动重庆十大人物”殊荣。

黄　勇

黄勇，男，1975年生，三合镇人。2018年4月22日，璧山国际半程马拉松赛开赛，黄勇步行近2千米路，背着90岁的母亲来到比赛起点观赛。黄勇背着母亲看马拉松的照片迅速在朋友圈和网络上发酵，人们都被这一幕所感动，纷纷称他为“璧山孝子”，许多媒体也争相报道他的“孝迹”。事实上，黄勇长时间以来都是用这样的方式背着老人出去玩。因老母亲患有腰椎间盘突出症，不能长时间走路，稍微走远一点，都是黄勇背她。黄勇是家中最小的儿子，哥哥姐姐都在外地，他认为母亲几十年含辛茹苦把他拉扯大，背她是应该的。

2018年7月9日，黄勇被评为2018年第四期“最美巴渝·感动重庆”月度人物。7月31日，黄勇入选中央文明办发布的2018年7月“中国好人榜”。

集体荣誉

国家级荣誉

获奖单位	授奖单位	获奖名称	授奖时间
璧山区	水利部	国家水生态文明城市	2018年11月
璧山区	中国报业协会、中国旅游报社、中国社会科学院新闻与传播研究所	2018年中国旅游影响力自驾游目的地	2019年1月
璧山区	全国爱国卫生运动委员会	国家卫生城市(区)	2018年3月
璧山区	中国汽车工业协会	2018年中国汽车协会零部件制造(特色)优秀基地	2019年2月
璧山区	国家卫生计生委	国家级妇幼健康优质服务示范区	2018年1月
璧山区经济信息委	中国皮革协会	中国皮革行业杰出单位	2018年8月
璧山区图书馆	文化和旅游部	国家一级图书馆	2018年5月
璧山区特殊教育学校	全国妇联	三八红旗集体	2018年3月
璧山区委宣传部(璧山区党政信息中心)	中央宣传部	2017年度舆情信息工作优秀单位	2018年4月
东风林场	中国林场协会	2017年度全国十佳林场	2018年4月
璧山区委宣传部、璧山区卫计委、璧山区广播电视台	国家卫生计生委人口文化发展中心	中国微视频大赛最佳医师节宣传片奖	2018年11月
重庆广播电视信息网络有限公司璧山分公司	中共中央宣传部、文化部、国家新闻出版广电总局	第七届全国服务农民、服务基层文化建设先进集体	2018年1月
重庆盾之王实业有限公司	国家知识产权局	国家级知识产权优势企业	2018年1月
璧山区气象局	中国气象局	全国气象工作优秀集体	2018年2月
璧山区总工会	中华全国总工会 应急管理部	2016—2017年度全国“安康杯”竞赛优秀组织单位	2018年5月
璧山区总工会经费审查委员会	中华全国总工会	2018年度全国工会优秀审计项日	2018年12月
朱龙友(重庆市璧山区总工会服务发展部部长)	中华全国总工会 应急管理部	2016—2017年度全国“安康杯”竞赛优秀个人	2018年5月
岳秀兰(女),重庆市璧山区北街幼儿园园长、支部书记	中华全国总工会	全国优秀工会积极分子	2018年9月

续表

获奖单位	授奖单位	获奖名称	授奖时间
重庆永达精密有限公司三工厂磨齿班	中华全国总工会	全国工人先锋号	2018年4月
达能(重庆)食品饮料有限公司脉动生产线“大禹”小组工会小组	中华全国总工会	全国模范职工小家	2018年9月
国家电网重庆璧山供电公司	国家电网公司	国家电网公司2017年度实现安全目标的单位	2018年2月
国家电网重庆璧山供电公司	国家电网有限公司	国家电网有限公司先进集体	2019年1月
国家电网重庆璧山供电公司	国家电网有限公司	10千伏及以下配电网标准化建设改造创建工作达标单位	2019年1月
国家电网红岩(璧山营销)共产党员服务队	中共国家电网有限公司党组	国家电网优秀共产党员服务队	2018年5月
国家电网重庆璧山供电公司城北供电所	国家电网有限公司	国家电网有限公司2018年度五星级乡镇供电所	2019年1月
国家电网重庆璧山供电公司变电检修班、装表接电班	国家电网公司	国家电网公司先进班组	2018年3月
国家电网重庆璧山供电公司变电二次运检班	国家电网有限公司	国家电网有限公司先进班组	2019年3月
10kVCT辅助拆装器的研制	国家电网有限公司	国家电网公司2018年质量管理(QC)小组成果三等奖	2018年6月
青杠街道办事处	国管局、发展改革委、财政部	2017-2018年公共机构能效领跑者	2018年5月
璧山区科学技术协会	中国科协	全国科普日优秀活动单位	2018年12月
璧山区福禄镇红山村	中国科协、财政部	基层科普行动计划先进集体	2018年9月
璧山区人民医院党委	中国卫生计生思想政治工作促进会	全国卫生计生系统党建品牌工程重庆秀(首秀)	2018年3月
璧山实验小学	共青团中央 教育部 全国少工委	2018年度“全国优秀少先队集体”(大队)	2018年12月
璧山区文化委(执法支队)	中华人民共和国文化旅游部	第二届全国文化市场综合执法岗位竞赛 三等奖	2018年11月

市级荣誉

获奖单位	授予单位	获奖名称	受奖时间
璧山区东岳体育公园	重庆市体育局	重庆市2017年市级大型城市体育公园	2018年1月
璧山区	重报都市传媒集团、重庆市养生健康服务协会、健康盛典组委会	中国·重庆2018十佳康养胜地	2019年1月
大圆祥博物馆	重庆市教育委员会	重庆市中小学社会实践教育基地	2018年12月
重庆天赐华汤温泉度假区	华龙网、重庆文化创意产业协会、重庆市旅游协会、重庆市总商会旅游商会、重庆文化艺术品行业协会和重庆网络作家协会	首届重庆文化旅游新地标	2018年12月
三担湖公园中铁任之健康城	华龙网、重庆文化创意产业协会、重庆市旅游协会、重庆市总商会旅游商会、重庆文化艺术品行业协会和重庆网络作家协会	首届重庆文化旅游新地标	2018年12月
喜观昆虫王国	重庆市旅游发展委员会	重庆市研学旅行示范基地	2018年6月
喜观昆虫王国	市农家乐乡村旅游协会	重庆市最美旅游民宿	2018年12月
璧山区图书馆	重庆市图书馆	老年人智能手机培训活动优秀组织单位、优秀宣传单位	
璧山区供销合作社联合社	重庆市供销合作总社	2018年综合业绩考核二等奖	2019年2月
璧山区地方志办公室	重庆市地方志办公室	2017年全市地方志工作考评第一名	2019年2月
民盟璧山区支部委员会	民盟重庆市委	参政议政先进集体	2018年12月
民盟璧山区支部委员会	民盟重庆市委	反映社情民意信息工作二等奖	2018年12月
农工党璧山区支部	农工党重庆市委	2017—2018年度先进支部	
致公党璧山区支部	致公党重庆市委	参政议政工作先进集体	
民建璧山工委	民建重庆市委	2018年度反映社情民意信息工作进集体、参政议政工作先进集体、理论宣传报道先进集体三等奖	
民建璧山工委	民建重庆市委	会务工作一等奖	
共青团重庆市璧山区委	团市委	一等奖	2018年3月

续表

获奖单位	授予单位	获奖名称	受奖时间
共青团重庆市璧山区委（1.台商工业园党群服务中心市民学校；2.璧泉街道华龙社区市民学校；3.璧泉街道天门社区市民学校；4.璧城街道城中社区市民学校）	团市委	2017年度青年之家·城乡社区市民学校市级示范点	2018年2月
璧山区人民医院——多功能实时癌痛监测系统	团市委	第二届重庆市“五小”创新晒活动优秀项目	2018年5月
国网重庆璧山供电公司	共青团重庆市委、重庆市科学技术局、重庆市国有资产管理委员会、重庆市市场监督管理局	重庆市青创工作室	2018年11月
璧山区丁家街道办事处	重庆市政府安全生产委员会办公室	2018年度危险化学品、烟花爆竹打非治违先进集体	2019年3月
璧山区青杠街道塘坊社区	市委宣传部、市精神文明建设办公室、市教委、区文化和游游发展委、共青团重庆市委、市妇联	在2018年“寻找重庆书香典范”展示活动中，荣获重庆书香社区	2018年12月
区政协	重庆市政协办公厅	政协新闻宣传工作先进单位	2018年12月
璧山区检察院公诉科未检组	重庆市妇女联合会、重庆市人力资源保障局	重庆市三八红旗集体	2018年3月
璧山区国土局信息档案科	重庆市妇女联合会	重庆市巾帼文明岗	2018年10月
璧山区中医院内一科护理单元	重庆市妇女联合会	重庆市巾帼文明岗	2018年10月
璧山区实验小学英语教研组	重庆市妇女联合会	重庆市巾帼文明岗	2018年10月
璧山区大兴镇油田社区便民服务中心	重庆市妇女联合会	重庆市巾帼文明岗	2018年10月
璧山区妇幼保健院妇女之家	重庆市妇女联合会	重庆市优秀妇女之家	2018年5月
璧山区来凤小学校妇女之家	重庆市妇女联合会	重庆市优秀妇女之家	2018年5月
璧山区城关幼儿园妇女之家	重庆市妇女联合会	重庆市优秀妇女之家	2018年5月
璧山区青杠街道大兴社区妇女之家	重庆市妇女联合会	重庆市优秀妇女之家	2018年5月
璧山区春海花乡生态休闲农庄	重庆市妇女联合会、重庆市商务委员会、重庆市文化和旅游发展委员会、重庆市扶贫开发办公室	重庆市最美巾帼农家乐	2018年12月
璧山区妇女联合会	中共重庆市委宣传部、重庆市妇女联合会、重庆市精神文明建设委员会办公室、重庆市教育委员会	2018年“书香润万家”家庭阅读活动组织奖	2018年7月

续表

获奖单位	授予单位	获奖名称	获奖时间
区检察院	重庆市人民检察院	全市检察机关2017年宣传工作先进单位	2018年2月
区检察院	重庆市人民检察院	全市检察机关2017年信息工作先进单位	2018年2月
区检察院检察四部	重庆市人民检察院	集体三等功	2019年1月
区检察院食品安全行政公益诉讼办案组	重庆市人民检察院	嘉奖	2019年1月
区检察院对璧山区看守所工作人员失职致使在押人员逃脱的监督案	重庆市人民检察院	十佳纠正违法案件	2019年1月
区检察院对璧山区司法局社区矫正执法不规范的监督案	重庆市人民检察院	十佳检察建议案件	2019年1月
璧山区总工会	重庆市总工会	区县工会工作目标综合考核"特等奖"	2019年1月
重庆三友机器制造有限责任公司	重庆市总工会	重庆五一劳动奖状	2018年4月
重庆市诚润机械有限公司技术中心	重庆市总工会	重庆市工人先锋号	2018年4月
重庆万泰电力科技有限公司传感器事业部	重庆市总工会	重庆市工人先锋号	2018年4月
国家电网重庆璧山供电公司	国家电网重庆市电力公司	国网重庆市电力公司2017至2018年度调控工作先进单位	2019年1月
国家电网重庆璧山供电公司	国家电网重庆市电力公司	国网重庆市电力公司2018年度安全生产先进单位	2019年1月
国家电网重庆璧山供电公司(璧山郭家村10kV保驾7社等台区改造工程;杨候一社2号变台、璧山船形村10kV盐井4社等台区新建工程;打钟坡2号变台、璧山船形村10kV盐井4社等台区新建工程;长冲五社变台、璧山船形村10kV盐井4社等台区新建工程;石碾米槽2号变台、璧山郭家村10kV保驾7社等台区改造工程;天灯坡水库2号变台、璧山110kV东林站10kV东奥线排管配套送出工程)	国家电网重庆市电力公司	国家电网重庆市电力公司2018年配电网百佳工程	2018年8月

续表

获奖单位	授予单位	获奖名称	受奖时间
团堡社区	重庆市农业农村委员会、重庆市应急管理局	2018年度“平安农机”示范村居表彰	2018年
大兴镇狮子村	重庆市爱国卫生运动委员会	2018年优秀卫生村	
大兴镇兴隆社区	重庆市精神文明建设委员会	最美志愿服务社区	
大兴镇兴隆社区	重庆市人民防空办公室	人民防空合格社区	
青杠街道莲花村	重庆市农业农村委员会、重庆市应急管理局	2018年重庆市“平安农机”示范村居	2018年12月
青杠街道梁山村、中兴村、大森村	重庆市环境保护局	重庆市生态文明建设示范村(社区)	2018年1月
三合镇	重庆市爱国卫生运动委员会	重庆市卫生乡镇	2018年3月
三合镇“爱心茶园”志愿服务项目	重庆市委宣传部等六部门	“首届重庆市志愿服务项目大赛”脱贫攻坚类铜奖	2018年3月
正兴镇	重庆市环境保护局	重庆市生态文明建设示范乡镇	2018年1月
璧山区正兴柚子树宣讲队	中共重庆市委宣传部	基层理论宣讲先进集体	2018年12月
金堂村、河堰村、沙塝村	重庆市城乡建设委员会	2018年美丽宜居示范村庄	2018年3月
璧山区环境保护局	重庆市环境保护局 重庆市教育委员会	重庆市2017年小学“生命之水”科普教育活动先进单位	2018年8月
璧山区教育委员会	重庆市环境保护局 重庆市教育委员会	重庆市2017年小学“生命之水”科普教育活动先进单位	2018年8月
璧山区实验小学校	重庆市环境保护局 重庆市教育委员会	重庆市2017年小学“生命之水”科普教育活动先进学校	2018年8月
璧山区北街小学校	重庆市环境保护局 重庆市教育委员会	重庆市2017年小学“生命之水”科普教育活动先进学校	2018年8月
璧山区金剑小学校	重庆市环境保护局 重庆市教育委员会	重庆市2017年小学“生命之水”科普教育活动先进学校	2018年8月
区环境保护局	重庆市环境保护局	2017—2018年度全市生态环境宣传教育工作先进集体	2018年8月
大路街道、丁家街道、河边镇、福禄镇、七塘镇、八塘镇、大兴镇、正兴镇、三合镇、广普镇、健龙镇	重庆市环境保护局	重庆市生态文明建设示范乡镇(街道)	2018年1月

续表

获奖单位	授予单位	获奖名称	受奖时间
青杠街道：中兴村、梁山村、大森村 大路街道：接龙社区、六合社区、龙泉村、四维村、三台村、大堂村 来凤街道：四平村、普新村、鹿河村、新七村、魁塘村 丁家街道：石垭村、三五村、高古村、竹林湾村、黉学村、龙安村、天灯村 河边镇：盐井河村、铁石村、浸口村 福禄镇：红山村、胜利村 七塘镇：四合村、喜观村 八塘镇：三元村、敢英村、凉水村、阳龙村 大兴镇：石鼻村、高桥村、万民村、龙飞村、朝元村 正兴镇：团结村、朝阳村、大面坡村 三合镇：双河村、天星村、石龙桥村 广普镇：金龙村、白鹤村、柏杨村、大石塔村 健龙镇：弥勒村、新石村、寨子村、小河村、睦佳村	重庆市环境保护局	重庆市生态文明建设示范村(社区)	2018年1月
重庆绿岛新区文化艺术中心	重庆市城乡建设委员会 重庆市建筑业协会	重庆市建筑业协会巴渝杯优质工程奖	2018年7月
区人力社保局工伤认定案卷(壁人社伤险认字〔2017〕310号)	重庆市人力资源和社会保障局	2018年行政执法优秀案卷	
区养殖业技术服务中心	重庆市兽药饲料检测所	2018年度畜产品质量安全监测管理工作先进集体	2019年2月
区动物疫病预防控制中心	重庆市动物疫病预防控制中心	2018年度动物疫病监测工作先进集体	2019年2月
区规划局	重庆市规划局	2018年度区县规划部门城乡规划工作考核一等奖。	
璧山区	市卫生健康委	2016—2018年全市计划生育优质服务先进单位	2018年12月
区委组织部	市人力社保局、市卫生健康委	重庆市尊医重卫先进集体	2018年8月
区卫生计生委	市卫生健康委	首个“中国医师节”摄影比赛一等奖、二等奖	2018年10月
区卫生计生委	市委宣传部、市文明办等	最佳志愿服务项目	2018年12月
区卫生计生委	市卫生健康委、共青团重庆市委员会	首届全国卫生健康行业青年志愿服务项目大赛(重庆赛区)银奖	2018年7月
区卫生计生委	市卫生健康委	重庆市卫生健康系统先进集体	2019年1月
区人民医院	市卫生健康委	三甲医院	2018年7月

续表

获奖单位	授予单位	获奖名称	受奖时间
区中医院	市卫生健康委	重庆市中医药健康文化知识大赛三等奖	2018年11月
区中医院	重报都市传媒集团	中国.重庆2018十佳温情医院	2019年1月
区中医院	重庆市中药药事管理质量控制中心	重庆市中药技能竞赛第四赛区团体优胜奖	2018年6月
区疾控中心	市疾控中心	2018年全市国家基本公共卫生服务项目宣传工作集体一等奖	2019年1月
区疾控中心	市疾控中心	2018年全市健康中国巴渝行—科学健身主题宣传活动集体一等奖	2019年1月
区交委	市爱卫会	2018年重庆市卫生单位	2018年11月

区级荣誉

获奖单位	授奖单位	获奖名称	授奖时间
壁城街道城中社区党委	区委	优秀党务工作者	2018年6月
来凤街道孙河村党支部	区政府	美丽乡村	2018年3月
青杠街道综治办	区政府	在十九大维稳安保工作中作出较大贡献，记集体三等功	2018年3月
青杠街道梁山村	区委	先进基层党组织	2018年6月
区人力社保局机关党支部	区委	先进基层党组织	2018年6月
区人民医院党委	区委	先进基层党组织	2018年6月

先进个人

国家级荣誉

获奖人	授奖单位	获奖名称	获奖时间
何永杰、黄勇、邹瑜	中央文明办	中国好人	2018年11月
龙大江	国家文化和旅游部	全国非物质文化遗产保护工作先进个人	2018年6月
潘启慧	中国轻工业联合会	中国工艺美术大师荣誉称号	2018年6月

续表

获奖人	授奖单位	获奖名称	获奖时间
刘　华	中国侨联	全国侨联系统先进个人	2018年8月
傅菊娘	全国妇联	全国最美家庭	2018年5月
华成群	全国妇联	全国五好家庭	2018年5月
张易培(璧山中学)	团中央学校部 全国学联秘书处 中国青年报社	2018年度全国“最美中学生”	2019年1月
洪　涛	国家电网公司	国家电网公司2017年度安全生产先进个人	2018年2月
黄　勇	中央文明办	中国好人	
白世平	国家中医药管理局	全国中医药健康文化知识大赛百佳选手	2018年12月
区气象局郑颖菲	中国气象局	2018年重大气象服务先进个人	2018年12月

市级荣誉

获奖人	授奖单位	获奖名称	获奖时间
王复莲	民建重庆市委	2018年反映社情民意信息工作先进个人	
袁　义	民建重庆市委	评为2018年度参政议政工作先进个人	
唐　磊	民建重庆市委	2018年度会务工作先进个人	
贺廷帮	民进重庆市委	最美民进教师	
朱华凯	民进重庆市委	先进会员	
董　阳	民盟市委	纪念中共中央发布“五一口号”70周年主题征文优秀奖	2018年11月
冯世德	民盟市委	纪念中共中央发布“五一口号”70周年主题征文优秀奖	2018年11月
李东旭	民盟市委	纪念中共中央发布“五一口号”70周年主题征文优秀奖	2018年11月
杨　俊	民盟市委	参政议政先进个人	2018年12月
彭　菲	民盟市委	反映社情民意信息工作先进个人	2018年12月
王治渝	民盟市委	优秀盟务工作者	2018年12月
冯世德 杨　俊 彭　菲	民盟市委	优秀盟员	2018年12月
李东旭	民盟市委	优秀新盟员	2018年12月
何宗莉	农工党重庆市委	2018年度党务工作先进个人	
冯世德	民盟重庆市委	优秀盟员	2018年12月

续表

获奖人	授奖单位	获奖名称	获奖时间
向邦俊	重庆市政协办公厅	政协理论研究优秀论文三等奖	2018年7月
舒畅、吴杰	重庆市政协办公厅	政协理论研究优秀论文二等奖	2018年7月
张兴亮	重庆市政协办公厅	政协新闻宣传工作优秀通讯员	2018年12月
石怀伟	重庆市政协办公厅	政协新闻宣传工作先进工作者	2018年12月
漆春梅	重庆市妇女联合会、重庆市人力资源保障局	重庆市三八红旗手	2018年3月
左定梅	重庆市妇女联合会	重庆市巾帼建功标兵	2018年10月
郑晓希	重庆市妇女联合会	重庆市优秀巾帼志愿者	2018年1月
何琴家庭	中共重庆市委宣传部、重庆市精神文明建设委员会办公室、重庆市妇女联合会	重庆市最美家庭	2018年12月
余光全家庭	中共重庆市委宣传部、重庆市精神文明建设委员会办公室、重庆市妇女联合会	重庆市最美家庭	2018年12月
温文英家庭	中共重庆市委宣传部、重庆市精神文明建设委员会办公室、重庆市妇女联合会	重庆市最美家庭	2018年12月
王万玉家庭	中共重庆市委宣传部、重庆市精神文明建设委员会办公室、重庆市妇女联合会	重庆市最美家庭	2018年12月
黄勇家庭	中共重庆市委宣传部、重庆市精神文明建设委员会办公室、重庆市妇女联合会	重庆市最美家庭	2018年12月
曹小琴家庭	重庆市妇女联合会、重庆市精神文明建设委员会办公室、重庆市城市管理委员会、重庆市教育委员会、重庆市环境保护局、重庆日报报业集团	重庆市“最美阳台”	2018年11月
胡灿璨家庭	重庆市妇女联合会、重庆市精神文明建设委员会办公室、重庆市城市管理委员会、重庆市教育委员会、重庆市环境保护局、重庆日报报业集团	重庆市“最美阳台”	2018年11月
廖秀丽家庭	重庆市妇女联合会、重庆市精神文明建设委员会办公室、重庆市城市管理委员会、重庆市教育委员会、重庆市环境保护局、重庆日报报业集团	重庆市“最美阳台”	2018年11月

续表

获奖人	授奖单位	获奖名称	获奖时间
周文君家庭	重庆市妇女联合会、重庆市精神文明建设委员会办公室、重庆市城市管理委员会、重庆市教育委员会、重庆市环境保护局、重庆日报报业集团	重庆市"最美庭院"	2018年11月
廖海梅家庭	重庆市妇女联合会、重庆市精神文明建设委员会办公室、重庆市城市管理委员会、重庆市教育委员会、重庆市环境保护局、重庆日报报业集团	重庆市"最美庭院"	2018年11月
贺平家庭	重庆市妇女联合会、重庆市精神文明建设委员会办公室、重庆市城市管理委员会、重庆市教育委员会、重庆市环境保护局、重庆日报报业集团	重庆市"最美庭院"	2018年11月
张小梅家庭	中共重庆市委宣传部、重庆市妇女联合会、重庆市精神文明建设委员会办公室、重庆市教育委员会	重庆市十大最美"书香家庭"	2018年7月
何春先家庭	中共重庆市委宣传部、重庆市妇女联合会、重庆市精神文明建设委员会办公室、重庆市教育委员会	最美书香家庭	2018年7月
龙吉敏家庭	中共重庆市委宣传部、重庆市妇女联合会、重庆市精神文明建设委员会办公室、重庆市教育委员会	最美书香家庭	2018年7月
秦建家庭	中共重庆市委宣传部、重庆市妇女联合会、重庆市精神文明建设委员会办公室、重庆市教育委员会	最美书香家庭	2018年7月
区检察院干警王璨	重庆市人民检察院	全市检察机关2017年宣传工作先进个人	2018年2月
区检察院干警赵明洪	重庆市人民检察院	全市检察机关2017年信息工作先进个人	2018年2月
区检察院干警郑杰炜、陈可人	重庆市检察官协会、重庆市法学会检察学研究会	《贪污受贿犯罪量刑标准实证研究》2017年度《重庆检察》所刊载研究成果三等奖	2018年5月
陈光元（重庆市壁山区青年志愿者协会志愿者）	重庆市青年志愿者协会	第三届重庆市优秀青年志愿者	2018年10月

续表

获奖人	授奖单位	获奖名称	获奖时间
方金奇（重庆山青机械制造有限公司技术中心副主任）	重庆市总工会	重庆五一劳动奖章	2018年4月
张蓉（女，重庆凯成科技有限公司总经理）	重庆市总工会	重庆五一劳动奖章	2018年4月
杨正琴（女，重庆市璧山区璧城畜牧兽医站站长）	重庆市总工会	重庆五一劳动奖章	2018年4月
彭李华（重庆市璧山区人民医院骨科）	重庆市总工会	金牌职工	2018年12月
金克胜（重庆万泰电力科技有限公司）	重庆市总工会	十佳职工创新成果	2018年12月
李　彬	重庆市税务局	百名共产党员先进典型	2018年11月
苟卫东	重庆市税务局	百名共产党员先进典型	2018年11月
刘　羽	重庆市税务局	百名基层干部先进典型	2018年11月
游　莉	重庆市税务局	百名基层干部先进典型	2018年11月
骆虹利	重庆市税务局	百名青年干部先进典型	2018年11月
曹　珍	重庆市税务局	百名青年干部先进典型	2018年11月
荣　凌	重庆市税务局	百名巾帼建功先进典型	2018年11月
曹　艺	重庆市税务局	百名巾帼建功先进典型	2018年11月
赵有力	重庆市税务局	百名退役军人先进典型	2018年11月
王中禄	重庆市税务局	百名退役军人先进典型	2018年11月
武芳超	重庆市税务局	百名退役军人先进典型	2018年11月
陈　宾	国家电网重庆市电力公司	国家电网重庆市电力公司2018年QC小组活动卓越领导者	2018年4月
周君杰	国家电网重庆市电力公司	国家电网重庆市电力公司2018年QC小组活动质量信得过班组建设先进个人	2018年4月
廖致棋	国家电网重庆市电力公司	国家电网重庆市电力公司2017年度保密先进个人	2018年5月
周君杰	国家电网重庆市电力公司	2016-2017年度"国家电网重庆市电力公司青年五四奖章"提名人员	2018年5月
徐腾飞、王泽	国家电网重庆市电力公司	国家电网重庆市电力公司2018年"安康杯"安全知识技能竞赛个人三等奖	2018年7月
刘天红、郭逢杰	国家电网重庆市电力公司	国家电网重庆市电力公司2018年迎峰度夏先进个人	2018年9月

续表

获奖人	授奖单位	获奖名称	获奖时间
王　媛	国家电网重庆市电力公司	国家电网重庆市电力公司财务人员税务管理劳动竞赛个人三等奖	2018年9月
龙　浩	国家电网重庆市电力公司	国家电网重庆市电力公司2018年度反窃电工作先进个人	2018年12月
周君杰	国家电网重庆市电力公司	国家电网重庆市电力公司优秀绩效经理人	2018年12月
谢天星、袁秀娟、杨莉	国家电网重庆市电力公司	国家电网重庆市电力公司2017至2018年度调控工作先进个人	2019年1月
周君杰、余明春、彭焱	国家电网重庆市电力公司	国家电网重庆市电力公司2018年度五星级红旗班组长(优秀班组长)	2019年1月
陈永波	国家电网重庆市电力公司	国家电网重庆市电力公司2018年度线损综合治理及反窃电工作先进个人	2019年1月
阮伶杰、张伟、蔡明月	国家电网重庆市电力公司	国家电网重庆市电力公司2018年运维检修工作先进个人	2019年1月
邓前锋、胡丁文、黄群、李雨佳、王珂嘉	国家电网重庆市电力公司	国家电网重庆市电力公司2018年度安全生产先进个人	2019年1月
姜　鹏	国家电网重庆市电力公司	国家电网重庆市电力公司2018年度安全生产先进“三种人”	2019年1月
邓琼丽	国家电网重庆市电力公司	国家电网重庆电力2018年度降损先进个人	2019年2月
刘浩、吴霏霏	国家电网重庆市电力公司	国家电网重庆市电力公司2017—2018年度基建管理工作先进个人	2019年2月
彭代红	国家电网重庆市电力公司	国家电网重庆市电力公司2018年度党内统计年报工作先进个人	2019年2月
邹景齐	国家电网重庆市电力公司	国家电网重庆市电力公司2017—2018年度发展工作先进个人	2019年2月
雷　政	国家电网重庆市电力公司	国家电网重庆市电力公司2018年度物力集约化工作先进个人	2019年2月
廖泽宾	国家电网重庆市电力公司	国家电网重庆市电力公司2017—2018年度后勤工作先进个人	2019年2月
余　玲	国家电网重庆市电力公司	国家电网重庆市电力公司2017—2018年度人力资源工作先进个人	2019年2月
杨春麟	国家电网重庆市电力公司	国家电网重庆市电力公司宣传工作先进个人	2019年3月
江晓玲	国家电网重庆市电力公司	国家电网重庆市电力公司2017—2018年度巾帼建功标兵	2019年3月
鄢　斌	国家电网重庆市电力公司	国家电网重庆市电力公司2017—2018年度运营监测工作先进个人	2019年3月

续表

获奖人	授奖单位	获奖名称	获奖时间
廖惠、杨飞、刘强	市质监局	年度考核优秀	2019年2月
彭世禄	重庆市盐业(集团)有限公司	重盐云商营销先进个人	2019年1月
彭世禄	重庆市盐业集团主城有限责任公司	品种盐销售能手	2019年1月
肖　虢	市消防安全委员会	消防工作成绩突出个人	2018年11月
花园社区龙吉敏	市委宣传部	2018年重庆最美书香家庭	2018年7月
三星村曹继美	重庆市司法局	重庆市优秀人民调解员	2018年7月
甘国涛	重庆市人力资源和社会保障局、市扶贫开发办公室	重庆市扶贫开发工作2018年度先进个人	2018年11月
王万玉	中共重庆市委宣传部	2018年第八期感动重庆月度人物	2018年11月
璧山区正兴镇曙光村1组雷宗菊家庭	重庆市生态环境局	重庆市生态文明 群众性创建示范典型——乡村生态文明家庭	2018年12月
红山村"嘉之树"党支部书记 蔡金东	中共重庆市委宣传部、重庆市精神文明建设委员会办公室、重庆市互联网信息办公室	第四届重庆市"拥抱新时代 践行新思想 实现新作为"人生规划大赛总决赛事业策划组一等奖	2018年11月
余有国	重庆市环境保护局办公室	"利剑执法"专项行动表现突出的个人	2018年2月
苏　鹍	重庆市环境保护局办公室	"利剑执法"专项行动表现突出的个人	2018年2月
万贤纯	重庆市环境保护局 重庆市教育委员会	重庆市2018年小学"生命之水"科普教育活动先进教师	2018年8月
白垣渊	重庆市环境保护局 重庆市教育委员会	重庆市2018年小学"生命之水"科普教育活动先进教师	2018年8月
肖方利	重庆市环境保护局 重庆市教育委员会	重庆市2018年小学"生命之水"科普教育活动先进教师	2018年8月
张锦云	重庆市环境保护局办公室	2017年度全市环保系统政务信息工作先进个人	2018年9月
黄文品	重庆市环境保护局 重庆市总工会 共青团重庆市委员会	2018年环境执法大练兵演讲比赛表现突出个人二等奖	2018年7月
胡秋月	重庆市环境保护局	2017—2019年度全市生态环境宣传教育工作优秀通讯员	2018年8月
冯世德	重庆市委统战部	先进个人	2018年12月
黎朝燕	重庆市饲料兽药监测所	兽药饲料畜产品质量管理工作先进个人	2019年2月
周　琼	重庆市畜牧技术推广总站	畜牧技术推广工作先进个人	2019年2月
李晓薇	重庆市畜牧技术推广总站	畜牧技术推广工作先进个人	2019年2月
何兴胜	重庆市畜牧技术推广总站	畜牧技术推广工作先进个人	2019年2月

续表

获奖人	授奖单位	获奖名称	获奖时间
谢　波	重庆市农业农村委员会 重庆市人力资源和社会保障局 重庆市总工会	动物疫病防治员重庆赛区第[illegible]名	2018年10月
钟小艳	重庆市农业农村委员会 重庆市人力资源和社会保障局 重庆市总工会	动物疫病防治员重庆赛区第六名	2018年10月
钟小艳	重庆市动物疫病预防控制中心	2018年度非洲猪瘟及马病防控工作先进个人	2019年2月
向春艳	重庆市动物疫病预防控制中心	2018年度动物疫病预防控制工作先进个人	2019年2月
李永强	重庆市动物疫病预防控制中心	2018年度动物疫病预防控制工作先进个人	2019年2月
苟元洪	重庆市人力资源和社会保障局 重庆市科学技术局	重庆市科技系统先进个人	2018年12月
璧山区人民医院 周长青 区第二人民医院 赵文琴	市人力社保局、市卫生健康委	重庆市尊医重卫优秀医师	2018年8月
吴丕六	市卫生健康委	重庆市卫生健康系统先进个人	2019年1月
区人民医院陈飞	共青团重庆市委、重庆市人力资源和社会保障局	全国青创先锋候选人、巴渝青年工匠事迹展播人气之星(共12名)	2018年12月
璧山区中医院 陈建宇 区妇幼保健院 巫智琴	市人力社保局、市卫生健康委	重庆市尊医重卫优秀医务工作者	2018年8月
陈建宇	重庆市人力资源和社会保障局	重庆市优秀医务工作者	2018年8月
陈逸明	共青团重庆市委办公室	2018年度重庆市青年岗位能手(标兵)	2018年12月
区文化执法支队 杨春	重庆市文化市场执法总队	重庆市第二届文化市场综合执法岗位练兵技能竞赛第一名	2018年10月

区级荣誉

获奖人	授奖单位	获奖名称	获奖时间
区委办刘泽伟	区委	优秀共产党员	2018年6月
区信访办龙泽勇	区政府	党的十九大期间维稳安保工作三等功	2018年3月
区信访办曾勇	区政府	党的十九大期间维稳安保工作个人嘉奖	2018年3月
区信访办祝坤	区委	优秀党务工作者	2018年7月
璧城街道马鹏飞	区委	优秀共产党员	2018年6月
璧城街道郑吉华	区委	优秀共产党员	2018年6月

续表

获奖人	授奖单位	获奖名称	获奖时间
璧城街道刘欢	区委	优秀党务工作者	2018年6月
璧城街道黄龙芳	区委	优秀党务工作者	2018年6月
来凤街道邱健	区政府	十九大期间维稳安保工作表现突出记嘉奖1次	2018年3月
丁家街道刘刚	区委	优秀共产党员	2018年6月
青杠街道张进均	区委	优秀共产党员	2018年6月
青杠街道卢沙	区委	优秀党务工作者	2018年6月
青杠街道余云华	区政府	在十九大维稳安保工作中作出较大贡献，记三等功一次	2018年3月
绿岛新区管委会苏昌胜	区委	优秀共产党员	2018年6月
绿岛新区管委会曾军凯	区委	优秀党务工作者	2018年6月
区就业和人才服务局郑勇	区委	优秀党务工作者	2018年6月
区卫生健康委党委柯真碧、刘鸿	区委	璧山区优秀党务工作者	2018年6月
区卫生健康委党委刘丽、李勇	区委	璧山区优秀共产党员	2018年6月
区人民医院 孙岚	区委、区政府	璧山区2017年度“璧山英才”	2018年2月
区人民医院陈国涛 蒋迎九	区委	璧山区第二届“璧山英才”	2018年12月
区委督查室肖鸿霞	区政府	在全区生态环境保护工作中表现突出记个人三等功	
区委督查室肖益华	区政府	在全区生态环境保护工作中表现突出记个人三等功	
区委督查室邹乾平	区政府	在全区生态环境保护工作中表现突出记个人三等功	

璧山区2017年度“璧山英才”名单

（按姓氏笔画排序，共14人）

王丹膺　重庆红宇摩擦制品有限公司技术总监

王绍慧　重庆红宇精密工业有限责任公司党委书记、董事长

邓　庆　重医附一院青杠老年护养中心副主任

龙大江　重庆市璧山区大江龙餐饮文化有限公司董事长

朱堂福　重庆蓝黛动力传动机械股份有限公司董事长

任国胜　原重庆医科大学附一院院长，现任重庆医科大学附一院分子肿瘤与表观遗传学实验室主任、重医附一院青杠老年护养中心主任

孙　岚　区人民医院肿瘤科主任

李培军　中国长安汽车集团股份有限公司重庆青山变速器分公司总经理

杨祖旺　重庆市一中副校长、璧山中学名誉校长

张　蓉　重庆凯成科技有限公司总经理

徐建强　中国长安汽车集团股份有限公司重庆青山变速器分公司技术中心电气控制平台总设计师

傅　静　璧山实验小学校长

谢更新　重庆大学国防科学技术研究院院长，挂职璧山区政府党组成员、璧山高新区管委会副主任、重庆军民融合协同创新研究院副院长

潘啟慧　原中国长安汽车集团股份有限公司重庆青山变速器分公司工会俱乐部主任

（中共重庆市璧山区委、重庆市璧山区人民政府于2018年2月8日以璧山委发〔2018〕2号文件公布）

文 献

不忘初心 牢记使命
全力推动高质量发展创造高品质生活

——在区委十四届六次全会上

（2019年2月11日）

蓝庆华

同志们：

这次会议的主要任务是，认真学习贯彻中央经济工作会议和全市经济工作会议精神，总结2018年工作，安排部署2019年工作，动员全区广大党员和干部群众，不忘初心、牢记使命，全力推动高质量发展、创造高品质生活，为全面建成小康社会收官打下决定性基础，以优异成绩庆祝中华人民共和国成立70周年。

党的十八大以来，区委坚持贯彻新发展理念，抢抓机遇、应对挑战，全区综合实力快速提升，城乡面貌日新月异，经济活力不断增强，人民生活持续改善，和谐局面更加巩固，党的建设全面加强，各项事业取得了长足进步，发展成就令人振奋。我们一定要继往开来、乘胜前行，继承和发扬历届党委领导班子的好理念、好思路、好做法、好传统、好作风，不断谱写新时代璧山事业发展新篇章。

下面，我代表区委常委会，讲四点意见。

一、2018年工作回顾

2018年，面对艰巨繁重的改革发展稳定任务，区委始终拼搏进取，务实担当，团结带领全区各级党组织和广大党员干部群众，大力实施“三区一美”行动计划，统筹推进经济建设、政治建设、文化建设、社会建设、生态文明建设和党的建设，取得了丰硕成果，向全区人民交出了满意答卷。

一年来，坚持忠诚看齐，前行道路更有方向。始终把旗帜鲜明讲政治摆在首位，引领各项事业发展进步。深学笃用习近平新时代中国特色社会主义思想，扎实推进党的十九大精神轮训党员全覆盖，努力做到学懂弄通做实，真正学出觉悟、学出信仰、学出担当。树牢“四个意识”，坚定“四个自信”，坚决做到“两个维护”，坚决落实市委“三个确保”政治承诺。坚持破立并举，注重法德结合，出台《关于营造良好政治生态的意见》等系列文件，全面彻底干净肃清孙政才恶劣影响和薄熙来、王立军流毒。紧紧围绕习近平总书记对重庆提出的“两点”定位、“两地”“两高”目标和营造良好政治生态、做到“四个扎实”的重要指示要求，统筹推进“五位一体”总体布局、协调推进“四个全面”战略布局，认真落实敏尔书记调研璧山重要指示精神，切实打好“三大攻坚战”、实施“八项行动计划”，有效保证中央和市委决策部署全面落实在璧山大地上，推动各项事业始终沿着总书记指引的正确方向不断前进。

一年来，注重提质增效，经济发展更有质量。坚持以供给侧结构性改革为主线，推动经济发展质量变革、效率变革、动力变革。地区生产总值增长10%；一般公共预算收入实现52.9亿元，其中税收收入完成31.9亿元；规上工业增加值增长9.4%；社会消费品零售总额增长12.9%；全体居民人均可支配收入达到29888元，增长10.3%，主要经济指标保持稳定增长态势。在首届“智博会”引进比亚迪等市场主体，蓝黛、龙润、红宇等企业转型和产品升级提速见效，新技术、新产业、新业态、新模式不断发展。璧山国家高新区进一步发展壮大，军民融合“1+10”产业研究院体系日臻完善，产业和股权投资基金初具规模，42家企业进入市级挂牌上市储备库，全区R&D占地区生产总值比达到3.25%。深化“放管服”改革，推进工程建设项目审批制度改革试点，开展行政执法“零检日”行动和精准走访服务民营企业活动，设立6个资金池，落实减税降费各项政策，积极争取国家专项基金投向实体经济，营商环境不断优化。秀湖汽车露营公园、枫香湖儿童公园、红星美凯龙、俊豪中央大街建成投用，六旗乐园数字体验园对外开放，全域旅游迈出坚实步伐。深化改革激活农村资源要素，璧北10万亩蔬菜、璧南10万亩苗木、璧西10万亩水果三大基地建设提档升级，道口经济、周末经济、采摘经济展现新亮点，乡村振兴基础更加扎实，全区人民加快发展的信心更强、底气更足。

一年来，坚守匠心执著，区域价值更有分量。深入践行“绿水青山就是金山银山”理念，促进人与自然和谐共生。坚持把绿色作为城市发展底色，秀美绿城、活力水城、文化古城取得新进展，新增城市公共绿地面积100万平方米，植物品种更加丰富；“全国水生态文明城市”通过国家验收，“一河六湖十八湿地”构架基本成型；璧山城垣、耕读大街等文化主题街区再现历史场景，一批老照片、旧物件展示人文历史，优秀传统文化得到不断挖掘、传承和弘扬。启动交通“三年行动计划”，六旗大道建成通车，轨道交通1号线加紧推进，国省道和县乡公路接续改造，“四好农村路”快速建设，内畅外联的交通格局基本成型。统筹推进山水林田湖草系统治理，坚持对环境污染“零容忍”，持续推进“五大环保行动”，有序整治缙云山国家级自然保护区，全面推行河长制，强化大气和水环境治理，境内三条主要河流水质全部达标，环境空气质量持续改善。采取系列管用措施，有效防范债务风险，全区政府性债务绿色可控。十多个全国、全市工作现场会在璧山召开，国际半程马拉松赛等重大赛事成功举办，璧山发展进入明显“上升通道”，收获了主动、赢得了先机。

一年来，情系百姓民生，社会事业更有温度。深入贯彻“以人民为中心”的发展思想，始终把人民对美好生活的向往作为奋斗目标。坚持60%以上的财政收入用于保障和改善民生，努力推动经济社会协调发展。扎实推进基本公共服务标准化、均等化，一批重点民生实事全面完成，40万平方米保障性住房建成交付，各类社会保障覆盖面不断扩展，人民医院成功创建“三甲”，智慧校园跻身全市一流，“国家卫生区”实至名归。深入实施精准扶贫“八大工程”，15个薄弱村基础设施全面提升，农村C、D级危房改造年度任务顺利完成，“两不愁三保障”得到有效落实。不断丰富群众精神文化生活，百姓舞台、儿童舞台温暖人心，“音乐与城市”传递社会主义核心价值，免费惠民演出让高雅艺术走进寻常百姓生活。坚守安全稳定底线，扫黑除恶专项斗争取得阶段性成果，“2+N”联调机制全市推广，社会治理“网格化”把平安和谐的网底越织越密，全年未发生较大及以上生产安全事故，璧山父老乡亲的获得感幸福感安全感更加充实、更有保障、更可持续。

一年来，突出固本强基，党的建设更有活力。全面落实新时代党的建设总要求，坚持从严管党治党，压紧压实“两个责任”，自我净化、自我完善、自我革新、自我提高的能力明显增强。动态整治软弱涣散基层党组织，推动全面从严治党向基层延伸。严肃党内政治生活，涵养党内政治文化，扎实推进“两学一做”学习教育常态化制度化，思想政治建设持续加强。严格执行中央八项规定精神和市委实施意见，设立“无会日”，推广“马路办公—千里眼”工作法，严防“三多一懒”，“四风”整治成效明显。强化理论武装、价值引领、阵地管理、舆论引导，意识形态领导权有效巩固，宣传思想工作卓有成效。接续实施“千人引才计划”，评选表彰“企业创新型人才”和“璧山英才”，累计引进和培养1933名高学历、高职称、高技能人才。突出党管干部原则，坚持用“二十字”好干部标准选人用人，建立完善干部“能上能下”和容错纠错机制，营造了风清气正良好环境。推进“家门口、指尖上、一体化”服务体系建设，变“群众跑腿”为“信息跑路”，让基层组织回归服务群众本质。保持良好迎考备考状态，先后经历环保专项督察、脱贫攻坚常态化督查、扫黑除恶检查指导，有力促进相关工作不折不扣落实。稳步推进国家监察体制改革，坚定不移深化区委政治巡察，用好监督执纪“四种形态”，严肃查处群众身边腐败和作风问题，持续巩固反腐败斗争成果。坚持党的集中统一领导，大力支持人大及其常委会依法履职，制度体系进一步健全完善；充分发挥人民政协协商民主作用，推进广泛多层制度化发展；党管武装和“双拥”工作不断加强，爱国统一战线进一步壮大，群团、民宗、侨台、档案、保密、关心下一代、老干部等各项工作取得新成效。

同志们，这些成绩的取得，得益于市委、市政府的坚强领导，凝聚着历届领导班子的智慧力量，饱含着全区干部群众的心血汗水，寄托着老同志老干部的殷切期望，倾注着社会各界的关心支持。在此，我代表区委，向全区广大党员干部、人民群众，向驻璧部队、武警官兵和公安干警，向各民主党派、各人民团体、社会各界人士和离退休老领导、老同志，向所有关心支持璧山发展建设的朋友们，致以崇高的敬意和衷心的感谢！

二、奋进新时代，开启新征程

2019年，是新中国成立70周年，也是全面建成小康社会关键之年。发展的机遇不等人、问题不等人、时间不等人，唯有实干才能创业兴业，唯有苦干才能攻坚克难。

做好2019年工作，必须深刻把握、辩证分析当前形势和机遇。当今世界，新一轮科技革命和产业变革方兴未艾，全球创新版图、经济结构正在重构重塑，面临着百年未有之大变局，但变局中危和机同生并存，经济全球化的历史大趋势不可逆转。当今中国，尽管经济运行稳中有变、变中有忧，但仍处于并将长期处于重要战略机遇期，尤其是深化改革开放、加快绿色发展、实施宏观调控政策带来种种“利好”，发展依然拥有足够的韧性、巨大的潜力，经济长期向好的态势不会改变。当下重庆，政治生态持续向好、干部群众精神状态积极向上、各项事业稳步向前，经济发展已由高速增长阶段转向高质量发展阶段，呈现出“稳中向好、变中出新、转中有为”的良好局面。

对璧山而言，机遇就在眼前。国家“一带一路”、长江经济带、西部大开发战略和成渝经济区、成渝城市群等区域发展战略深度实施，我们从中受益顺势而为。全市新一轮国土空间规划即将重构区域发展格局，随着公路、轨道、水、电、气等基础设施与主城一体化互联互通推进，地理位置得天独厚的璧山，区位优势在叠加，发展势能在集聚，加快发展正当其时。我们要在抓住用好战略机遇和巩固提升良好态势中保持定力、增强信心，牢牢把握主动，沿着高质量发展方向坚定前行。

越是态势向好越要清醒，必须看到，我们的工作还存在许多不足，也面临不少困难和挑战。主要是：环境承载能力不强，产业和城市的拓展空间不足；发展不平衡不充分，社会事业、基层治理水平参差不齐，尤其是社区自治能力和效果亟待提升；现代服务业发展相对滞后，消除三产“短腿”现象任重道远；农业效益不高，比较优势不强，综合配套服务体系有待完善；对中小企业发展重视程度不够，营商环境仍需优化，工业经济发展较为困难；党的建设方面还存在不少薄弱环节；等等。这些问题，必须全力以赴加以解决。

做好2019年全区各项工作，要以习近平新时代中国特色社会主义思想为指导，全面贯彻党的十九大和十九届二中、三中全会精神，深入学习贯彻中央经济工作会议精神，紧紧围绕习近平总书记对重庆提出的“两点”定位、“两地”“两高”目标和营造良好政治生态、做到“四个扎实”的重要指示要求，统筹推进“五位一体”总体布局，协调推进“四个全面”战略布局，全面落实全市经济工作会议精神和市委一系列重大决策部署，按照敏尔书记“努力成为全市落实新发展理念的示范区先行区”的要求，坚持稳中求进工作总基调，坚持新发展理念，坚持推动高质量发展，坚持以供给侧结构性改革为主线，坚持深化市场化改革、扩大高水平开放，进一步稳就业、稳金融、稳外贸、稳外资、稳投资、稳预期，为全面建成小康社会收官打下决定性基础，以优异成绩庆祝中华人民共和国成立70周年。

今年我区经济社会发展的主要预期目标是：地区生产总值增长9%，城乡居民人均收入增速与经济发展基本同步，发展质量和效益显著提升，人民群众的获得感、幸福感、安全感明显增强，各行各业全面进步、争创一流，力争走在全市前列。

确定上述预期目标，主要是综合考虑了我区发展的外部环境、基础条件、潜力后劲和预期变量，兼顾了需要和可能。结合当前形势，保持经济运行在合理区间是必要的，适当调低增长预期目标是符合实际的，这样做既有利于稳定预期、提振信心，又为深化供给侧结构性改革、推动高质量发展预留更多空间。

三、精准施策，着力推进璧山高质量发展

2017年8月7日，敏尔书记调研璧山时，明确要求璧山“努力成为全市落实新发展理念的示范区先行区”。我们要毫不动摇坚持以新发展理念贯穿全局，走好“生态优先、绿色发展”之路，不断对标对表中央、市委新要求，注重精准施策，切实抓好推进璧山高质量发展各项重点工作。

（一）深入推进供给侧结构性改革。供给侧结构性改革是改善供给结构、提高经济发展质量和效益的治本之策。要认真领会和贯彻“巩固、增强、提升、畅通”八字方针，树立“全区域、一二三产业整体上增加有效供给、优化供给结构”的理念，创造和引领消费，实现更高水平、更高质量的发展。

巩固“三去一降一补”成果。要在“破、立、降”上狠下功夫，提高供给质量，增加有效供给。加大对“僵尸企业”处置力度，做到认真清理、坚决退出。对有市场前景、暂时困难的企业要区别对待，通过实施战略重组等方式使其重获新生。注重运用市场机制、经济手段、法治办法，更加严格执行质量、环保、能耗、安全等法规标准，更加严格治理各种违法违规行为，倒逼落后产能加快出清，防范过剩产能反弹。统筹运用兼并重组、股权融资、债权转股权等方式，稳妥有序降低工商实体企业杠杆率。完善职工安置、债务处置、稳定防控等政策机制，确保破除无效供给稳妥有序。

增强微观主体活力。要全面实施市场准入负面清单制度，切实落实各项产权保护措施，对任何所有制、任何规模、任何类型的企业，都要一视同仁，只有做到“近者悦”，才会有“远者来”，推动建立公平开放透明的市场规则和法治化营商

环境。扎实开展精准走访服务民营企业活动，落实行政执法“零检日”制度，全面清理、精简涉企收费，有效降低企业成本负担。构建“亲”“清”新型政商关系，做到亲不逾矩、清不远疏，坦荡真诚同民营企业接触交往，对非公经济人士多关心、多交心、多引导，积极帮助民营企业解决资金融通、要素保障、政务服务等难题，充分激活民营经济发展动力。筹建企业家俱乐部，搭建企业与企业、企业与政府对话和信息对称平台，建立“企业吹哨、部门报到”互动机制，开展优秀企业评选活动和专题宣传报道，营造全社会尊重和激励企业家能干事、干大事的良好氛围。强化各类要素保障，破除各类要素流动壁垒，让企业把更多精力用在专注发展上。

提升产业链水平。我区产业多处于产业链、价值链中低端，竞争力不强、效益不高。要更加注重技术创新和规模效应形成新的竞争优势，着力提升智能装备、信息技术、生命健康等产业技术水平，做强技术研发、产业配套、品牌塑造等关键环节，发展以现代金融、物流、旅游、康养等为代表的现代服务业，促进一产业与二三产业深度融合，加快打造产业链中高端的支柱产业，培育和发展新的产业集群。

畅通国民经济循环。要加快建设统一开放、竞争有序的现代市场体系，畅通生产、流通、分配、消费循环。促进生产与消费良性互动，瞄准市场需求调整优化供给，更好满足居民个性化、多样化需要。促进经济增长与就业扩大良性互动，加快建设实体经济与人力资源协同发展的产业体系，推动产业转型与就业提升协同发展。促进金融和实体经济良性互动，着力破解金融“脱实向虚”、对实体经济“输血”不足的问题，在助推实体经济中壮大金融行业。

（二）全力打好“三大攻坚战”。在全市经济工作会议上，陈敏尔书记对打好“三大攻坚战”做出了新的部署。要全面落实市委部署要求，突出抓重点、补短板、强弱项，针对突出问题，打好重点战役。

打好防范化解重大风险攻坚战。重点是防范金融风险和政府隐性债务风险。着力整治非法集资、P2P网络借贷等风险点，严厉打击金融违法犯罪活动。加大全区各类政府资源、资产、资金、债务统筹平衡力度，坚决遏制隐性债务增量，加快存量债务置换和化解，盘活各类资金资产。推进区属国有企业市场化转型，抓好债务风险管控，妥善处理遗留问题，既保证全区重点在建项目资金需求，又科学有序化解债务风险。

打好精准脱贫攻坚战。脱贫攻坚是全面建成小康社会的底线任务。要落实精准方略，下足“绣花”功夫，以高度政治自觉和责任担当抓好中央脱贫攻坚专项巡视整改和2018年度脱贫攻坚成效考核市级交叉检查问题整改，切实提升脱贫攻坚质量。大力实施产业扶贫、教育扶贫、健康扶贫、生态扶贫等，确保精准识别到户到人、精准帮扶到户到人、精准退出到户到人。

打好污染防治攻坚战。近年来，我区生态环境治理取得了积极进展，要坚守阵地、巩固成果，不能放宽放松，更不能走回头路。要统筹好“建、治、管、改”，持续深化“五大环保行动”，全面推行河长制，聚焦打赢蓝天保卫战、打好柴油货车污染治理、璧南河综合治理、水源地保护、饮用水达标、农业农村污染治理等重点战役，加大工作和投入力度，确保璧山天蓝、地绿、水清、空气更清新。加速提标改造污水处理厂（站），全面推进污水管网升级，进一步提升污水收集和处理能力。保持对环境污染“零容忍”，持续整治“三高两违”，从源头上减少污染。认真分析臭氧超标源头，精准施策，降低臭氧污染。坚持问题导向，落实“共抓大保护、不搞大开发”方针，统筹抓好中央和市级环保督察反馈问题整改，着力解决突出生态问题。

（三）着力构建现代产业体系。推动经济高质量发展，关键要提升产业体系综合竞争力，围绕聚集绿色产业，着力构建现代工业、现代服务业、现代农业体系，形成拉动经济增长的强大引擎。

构建现代工业体系。工业是璧山经济的脊梁，既要"一轮明月"，也要"满天繁星"。聚焦供给侧、智能化、高质量，围绕"智能装备、信息技术、生命健康"三大主导产业，重点引进新能源、新材料、节能环保、智能模具、高端装备、人工智能、信息技术、移动互联网、生命工程、医药食品等领域技术含量高、环境质量优、生命周期长的项目。大力发展智能制造，加快推进数字产业化、产业数字化，积极培育"人工智能+""大数据+""清洁能源+""供应链+""5G+"等新兴业态。利用大数据、互联网等新技术对制造业进行全方位全角度全链条改造，加快传统制造业向现代制造业转变，聚合经济新动能。大力发展绿色制造，采用智能技术和节能环保技术改造传统产业，培育有技术含量、环境质量的绿色产业，淘汰高污染、高能耗的落后产业，不断提升经济发展的"绿色含量"。搭建服务平台、提供公共配套服务，打造中小企业集聚小区，推动一批企业落户璧山、专心发展。要像抓招商引资一样抓"企业成长计划"，一户一策精准施策，推进一批本地企业转型升级、提质增效、做大做优做强。

构建现代服务业体系。服务业总体上是经济、社会、生态效益俱佳的绿色产业，具有广阔的前景，但我区服务业总体上小、弱、散、缺。要像重视工业一样重视服务业发展，像扶持工业一样扶持服务业发展。大力培育大健康产业，围绕"医、养、健、管、游、食"全产业链，重点发展医疗服务、健康养老养生、健康旅游、体育健身休闲、健康管理与信息化、中医药服务、健康保险等项目，打造全市大健康产业示范区。大力发展现代金融业，围绕实体经济需求，引进各类金融机构，推动产业链、价值链、供应链等金融模式和产品服务创新，不断提升金融服务实体经济能力。大力发展文化旅游业，突出做精品、强服务，以"旅游+"为导向，丰富"吃住行游购娱，商养学闲情奇"等要素，加快建设六旗乐园、御湖国际旅游度假区等标志项目，进一步完善"全域景区"旅游配套设施，积极策划公共旅游产品，加大旅游宣传营销力度，继续推出文化旅游精品线路和有影响力的城市品牌节会赛事活动，推进"智慧旅游"建设，让人能够坐下来、静下来、住下来。生产性服务业不发展、制造业走不远，生活性服务业不提升、城市品质不会高。要大力推进先进制造业与现代服务业深度融合，加快发展工业设计、服务外包、科技服务等生产性服务业，围绕打造总部经济、现代物流、咨询设计等高端业态，加快补齐高端商业商务集聚区缺乏的"短板"，建设一批特色酒店，引进和推出一批特色餐饮，努力提升生活性服务业水平。

构建现代农业体系。要围绕提高土地产出率、劳动生产率和资源利用率，厚植现代农业发展优势，全力打造主城区的"菜园""果园""花园"。充分发挥国家农业科技园区聚集、辐射、示范作用，引进和培育一批新型农业经营主体，积极构建现代农业产业体系、生产体系和经营体系。大力发展多种形式适度规模经营，推进蔬菜、苗木、水果三大基地提质增效，打造有影响力的生态农产品品牌，提高农产品附加值和中高端市场占有率。用"互联网+"为农业赋能，大力发展农村电商，打造城乡一体的电商运营中心和配送体系，帮助特色农产品销得更顺畅、农村居民生活得更方便。实施质量兴农行动，创建"国家食品安全示范城市"，完善农产品质量安全监管体系，净化农产品产地环境。大力发展都市特色效益农业，撬动以观光休闲、民宿体验为主的"假日经济"，培育壮大"农文旅、产加销"一体化发展的新产业新业态，做到延伸产业链、提升价值链、完善利益链，推动农业"接二连三"。

（四）千方百计扩大有效需求。市场需求本身就是资源，而且是重要资源。要改变重投资、轻消费的倾向，注重多管齐下，充分挖掘内需外需潜力，为经济平稳运行提供有力支撑。

发挥消费基础性作用。消费需求是最终需

求，其规模扩大、质量提升将对投资起到引领和倍数作用。要适应服务消费增速加快、比重提升新趋势，适应物质产品消费加快升级需要，多渠道扩大服务供给，提升产品质量，改善消费环境，让老百姓吃得放心、穿得称心、用得舒心。稳住餐饮、百货等传统消费领域，加快教育、育幼、养老、医疗、文化、旅游等民生服务业发展。培育新兴消费热点，加快消费领域产品创新，积极发展共享经济、休闲度假、网络消费、定制消费、体验消费等新业态，促进线上线下良性互动。建立居民收入稳步增长机制，提高低收入群体收入水平，保障农民工工资及时足额发放。促进房地产高品质开发和健康发展，释放居民消费能力和消费预期。

发挥有效投资关键作用。要加大项目储备和基础设施投资力度，积极争取国家、市级项目支持，重点推动一批高速铁路、公路、轨道交通、水利、物流、市政等基础设施建设。加快推进黛山大道连接九永高速、双星大道西延段、合璧津高速建设，尽早开工渝蓉高速连接内环、渝遂高速支线，配合做好渝昆高铁、成渝中线高铁、兰渝高铁建设，启动缙云山金凤隧道前期工作，打造区域综合交通枢纽。大力发展绿色交通，轨道交通1号线璧山段投入试运行，建设地铁至高铁“云巴”线，开工璧山至铜梁轨道交通，新投用一批新能源公交车和充电桩，方便市民绿色低碳出行。完善招商引资引智工作机制，激发招商队伍内生动力，提升招商引资引智质效。实施供应链招商和产业链招商，紧盯各产品企业的国内国际前列企业，突出“上门招商”“环境招商”“精准招商”“科研成果招商”，努力引进牵引性强的大项目好项目，实现上中下游项目集聚发展，构建产业生态。加强签约项目跟踪服务，及时监控投资到位情况，确保签约项目尽快落地投产达效。发挥市场机制和社会投资作用，拓宽投资资金来源渠道，充分调动民间投资积极性。

统筹抓好稳外需工作。要立足现有优势和条件，采取积极措施，争取在外贸工作上取得突破。着力推进外贸市场多元化，坚持稳住现有市场，大力开拓新兴市场，不断增强出口竞争力，提升一般贸易出口产品附加值，推动加工贸易产业链升级，发展服务贸易。培育外贸新业态，积极发展总部贸易、跨境电子商务、服务外包等，打造外贸新增长点。优化外贸结构，引导更多企业参加“广交会”“西洽会”等国际性展会，推动机电、鞋业等更多“璧山造”优势产品“走出去”，扩展国际市场空间。

（五）大力促进城乡区域协调发展。发展的最高境界就是城乡融合。要践行“绿水青山就是金山银山”理念，统筹抓好规划引领、城市提升、乡村振兴三个着力点，不断增强发展整体性，推动城市与乡村各美其美、美美与共，实现区域城乡协调发展、融合发展。

高标准编制国土空间规划。要按照“东融西进、北连南合”总体思路，充分发挥地处主城与渝西连接带的区位优势，主动谋划与各毗邻区域的协同发展。坚持全域、全要素、全过程规划，把在“园中建城、林中建城、景中建城、水中建城”的大生态观作为城市规划指引，立足五年、放眼十年、展望三十年，把璧山放在大都市区格局中科学谋划城市发展定位、空间格局、功能布局和要素配置，强化国土空间规划的战略引领和刚性控制作用。围绕合璧津高速、渝遂高速支线、璧山至铜梁轨道开工等，提早谋划优化城镇体系布局，科学划定城市开发边界，合理管控开发强度，多为城市“种绿”、多为生态“留白”，构建疏密有度、错落有致、显山露水的城市界面，为远景发展留出余地和弹性。保护山水生态基底，将山水林田湖草等自然景观引入城市，坚持沿道路退让10至40米用于城市绿化，坚持每平方千米预留100亩建设生态停车场，真正把城市放在大自然中。注重城市风貌设计，加强对建筑高度、密度、色彩和风格的把控，控制好城市天际线、山脊线、水岸线，严管广告标语和道路绿化开口、开挖，凸显独具魅力的城市印象。

突出抓好城市提升。要持续推进“绿城、水城、古城”建设，把城市建设成为大公园、大森林、大景区、大水系，彰显“城在园中、园在城中，城在林中、林在城中，城在景中、景在城中，城在水中、水在城中”的大美意境。建好秀美绿城，倡导道法自然，保护好山脉、森林、河流、湿地等核心生态区域，全面提升自然保护区的生态功能和生态价值，维护生物多样性，打造会呼吸的“绿色家园”；开展补绿增绿行动，建设沿道路、河流、高压线的生态廊道，提高绿地率、人均绿地和森林覆盖率，在更大范围内构筑起“绿色屏障”；构建类型多样的全域公园景观体系，建设一批社区小游园和微绿地；实施景观照明提升工程，打造光彩靓丽的楼宇、道路、桥梁、河滨、绿道、公园等城市夜景体系。建好活力水城，加强水系空间塑造，推进“海绵城市”建设，继续实施河湖水系连通工程，巩固水生态文明成果，持续提升城区水域面积。建好文化古城，加大非物质文化遗产保护力度，推进秀湖水街、翰林院等现有资源开展文创策划，建设“文化主题街区”，深度挖掘再现古道文化、状元文化、驿站文化、抗战文化、农耕文化等历史文脉，留住反映城市风貌与文化特色的“乡愁”，不断提升城市文化品位和人文内涵。大力实施城市综合管理提升行动，坚持大城细管、大城智管、大城众管，推动城市管理工作不断取得新进展。

全方位促进乡村振兴。要按照“产业兴旺、生态宜居、乡风文明、治理有效、生活富裕”的总要求，统筹推进产业、人才、文化、生态、组织“五个振兴”，全面激发农村发展活力。深入开展农村人居环境整治三年行动，实施农村饮水安全巩固提升工程，推动厕所革命、垃圾收运体系、污水处理设施等建设，有效治理农业面源污染，守住绿水青山，提升村容村貌。深化农业农村改革，落实农村承包地宅基地“三权分置”制度，稳妥推进农村“三变”改革试点，促进“三社”融合发展，引导城乡资源要素合理流动，走出一条生态产业化、产业生态化之路。打好“乡情牌”“乡愁牌”，吸引一批有志之士积极投入乡村振兴，培养造就一支懂农业、爱农村、爱农民的“三农”工作队伍。探索土地“点征”与流转相结合的方式，引导有意向、有实力的企业打造一批特色乡村项目。分层分类开展好乡村振兴试验示范，落实2500万元镇街最低财力保障，引导镇街走符合自身条件的差异化发展道路。推动“道口经济”提升镇街发展活力，建设一批特色小镇。

（六）全面增强发展动力活力。现阶段支撑经济增长的因素和条件发生了重大变化，必须更多依靠改革、开放和创新的力量加速发展动能转换，做实、做优、做强实体经济，为推动高质量发展注入强劲动力。

更加注重改革推动。要对接全市重点改革任务，深入推进重要领域和关键环节改革，坚决破除惯性思维束缚，更大限度激发市场活力，释放更多红利。要按照中央顶层设计和市委部署要求，积极稳妥推进区级机构改革，优化机构设置和职能配置，切实提升行政效能。要加快政府职能转变，持续深化“放管服”改革，实施审批服务“五个100”行动计划，充实镇街、村（社区）两级服务中心便民服务功能，推动“软件”与“硬件”同步升级，让企业和群众少跑腿、好办事、不添堵。持续推动重点领域、重点事项审批改革，打造“线上+线下”政务服务平台，打破各种各样的“卷帘门”“玻璃门”“旋转门”，推动各项政策落地、落细、落实。提高国家专项建设基金使用效率，建好用活帮扶“资金池”，做大产业和股权投资基金规模，培育一批企业改制挂牌上市，帮助企业翻越市场的“冰山”、融资的“高山”、转型的“火山”。以全市高质量发展指标体系、政策体系、标准体系、统计体系、绩效评价和政绩考核办法为引领，推动全区经济高质量发展。

更加注重开放带动。高新区是璧山制造业发展的主要集聚区，是对内对外开放的重要平台。要以规划建设60平方千米国家高新区为载体，突出“绿色、环保、低碳”标准，加快构建支撑高质量发展的智能制造产业体系，提升有限空间内的产出强度和经济密度。

推动高新区体制机制改革，优化产业空间布局，重点建设“军民融合产业示范区”“国家智能化示范园区”“中意创新产业园”“中新合作智慧区”等开放平台，提高对外开放水平。军民融合产业示范区，首期规划5平方千米，大力推进青山工业园等项目建设，加快军民两用高新技术成果落地转化，促进军民融合产业深度发展。国家智能化试点示范园区，规划20平方千米，加快新能源汽车核心零部件基地和大数据中心建设，推动传统产业绿色化、智能化、低碳化、高端化改造，打造智能化产业集群。中意创新产业园，首期启动3平方千米，重点入驻一批中意创新合作项目。中新合作智慧区，主要承接中新互联互通项目，围绕智慧交通、智慧医疗、智慧物流等领域开展项目建设。高水平营造对外开放环境，全面落实外商投资企业“准入前国民待遇+负面清单”管理制度，促进贸易和投资自由化便利化。

更加注重创新驱动。探索地方经济与重点高校、科研院所融合的可行路径，建立政府引导、企业主导、院校协作、多元投资、成果共享的创新模式。争取纳入重庆科学城规划建设，积极对接国家创新战略布局，谋划建设大科技装置、实施大科学工程。强化创新平台功能，推动“政产学研用”一体协同创新，打造一批开放、协同、高效的共性技术服务平台，培育一批孵化器和加速器，形成一批有核心竞争力的产业和企业。突出企业创新主体地位，以建好重庆军民融合协同创新研究院为抓手，继续完善“1+10”产业研究院体系，促进一批规上工业企业建立研发机构，提升高新技术产业比重，提高全要素生产率。强化创新政策激励，探索设立多层次、市场化创新基金，引导全社会将更多资源投入科技创新领域。保持财政R&D经费支出稳定增长，全社会研发投入占地区生产总值比重提高到3.35%。注重招才引智，实行更加积极、更加开放、更加有效的人才引进政策，鼓励表彰“璧山优秀企业”“璧山工匠”，优化“企业创新型人才”“璧山英才”评选机制，培养造就一批一线创新人才、青年科技人才、高技能人才和高水平创新团队。

（七）扎实抓好民生改善和安全稳定工作。增进民生福祉是发展的根本目的，安全稳定是发展的底线要求。要围绕人人参与、人人尽力、人人享有，不断满足人民日益增长的美好生活需要，形成更加有效的社会治理，营造更为良好的社会秩序，不断增强人民群众获得感、幸福感、安全感，打造一个更加和谐美好的新璧山。

持之以恒改善民生。要牢固树立以人民为中心的发展思想，坚持60%以上财政收入用于保障和改善民生，滚动实施一批民生实事。从解决群众最关心最直接最现实的利益问题入手，围绕“幼有所育、学有所教、劳有所得、病有所医、老有所养、住有所居、弱有所扶”，持续完善城乡公共服务体系，进一步织密扎牢民生保障网。切实把普惠性幼儿园建设纳入统一规划，强化刚性约束，持续规范小区配套幼儿园建设使用，确保与首期建设的居民住宅区同步建设、同步验收、同步交付使用。前瞻布局学校建设，按照产业发展、住宅状况、人口数量、辐射半径等进行精准测算，做到总体谋划、分步实施。推动职业教育与经济发展、社会需求紧密衔接，鼓励引导相关院校申办适应璧山产业发展的特色专业，着力引进国际学校等高端教育机构。突出抓好高校毕业生、退役军人等重点群体就业，加大职业技能培训力度，促进就近稳定就业。加快区妇幼保健院三级创建、区中医院建设，扎实落实各项医改便民措施，推进医共体“三通”建设，切实提高基层医疗卫生服务能力。完善养老护理体系，加强养老服务机构管理，健全多层次养老保险制度，努力解决养老难问题。加快完善住房供给和保障体系，切实提升保障性住房尤其是定向安置房的建设进度和质量，让老百姓享受到更多看得见、摸得着的实惠。

打造共建共治共享的社会治理格局。转型的社会、多元的价值，更需要关注社会治理、地区秩序。要坚持把专项治理与系统治理、综合治理、依法治理、源头治理结合起来，推动突出问题整治和社会治理创新。探索党建引领、小区治理的有效路径，把党的组织和宣传阵地延伸到小区、楼栋，引导小区居民自治，实现自我约束、自我教育、自我管理、自我服务，促进城市基层群众“生活圈”“服务圈”“管理圈”高度统一，力求政府治理和社会调节、居民自治良性互动。践行新时代“枫桥经验”，深化“2+N”联调机制，围绕“多元主体、协同共治”路径，整合派出所、司法所和社会组织资源，夯实社会治理基层基础。提升社会治理社会化、法治化、智能化、专业化水平，加强大数据、人工智能与社会治理深度融合，健全“家门口、指尖上、一体化”的服务体系，激发基层组织活力。牢固树立宪法和法律意识，统筹推进全面依法治区，突出依法行政、严格执法、公正司法、全民守法，有效提高全民法治意识和道德自觉，促进社会善治。

提升社会文明程度。要持续做好城市营销，塑造“音乐与城市”品牌，强化“来了就是璧山人”的城市包容性格，提高外界对璧山的认知度、认同度和美誉度。建立一批名家工作室，挖掘展示璧山优秀本土文化，提供更高质量的文化供给。结合“奉献人民、放歌巴渝”等常态化主题活动，推动代表中华传统文化、优秀文化的艺术形式走进璧山。围绕新中国成立70周年等重要时间节点，抓好重大文艺题材的创作宣传，积极推出一批精品力作。深入挖掘讲好“小城故事”，推进公民道德建设，努力将社会主义核心价值观融入百姓生活，潜移默化提高全社会文明程度，尤其是引导青少年扣好人生“第一粒扣子”。

全力维护安全稳定。确保社会安全稳定是促进经济发展的前提。要时刻绷紧安全稳定这根弦，坚持守土有责、守土有方、守土有效，聚焦重点行业、重点领域，加强隐患排查化解，夯实安全生产基本面，坚决杜绝重特大安全事故，确保社会大局和谐稳定。深入开展扫黑除恶专项斗争，坚持有黑扫黑、无黑除恶、无恶治乱，抓好突出问题整改落实，切实防止冲击社会心理底线、严重危害社会稳定的极端事件发生，持续净化社会环境。加强信访稳定工作，强化源头治理，努力将矛盾纠纷化解在基层、化解在萌芽状态。

四、重整行装再出发，毫不动摇把党建设得更加坚强有力

办好璧山的事，关键在党，关键在人。冲刺“第一个百年目标”近在咫尺，各项改革发展稳定任务艰巨繁重。全区各级党组织和广大党员干部务必保持“永远在路上”的定力，以更坚定的决心和更强大的勇气全面推进党的政治建设、思想建设、组织建设、作风建设、纪律建设，把制度建设贯穿其中，深入推进反腐败斗争，不断提高党的建设质量，推动全面从严治党向纵深发展。

始终把政治建设放在首位。政治建设是党的根本性建设，决定党的建设方向和效果。要树牢“四个意识”，坚定“四个自信”，坚决做到“两个维护”，坚决执行党的政治路线，听从党中央号令，严格遵守政治纪律和政治规矩，在政治立场、政治方向、政治原则、政治道路上同以习近平同志为核心的党中央保持高度一致。以实际行动落实市委“三个确保”政治承诺，坚决肃清孙政才恶劣影响和薄熙来、王立军流毒，切实营造风清气正、海晏河清的良好政治生态。严肃党内政治生活，增强政治性、时代性、原则性、战斗性，勇于开展批评和自我批评，带头弘扬正气、抵制歪风邪气。切实发挥党委领导核心作用，始终坚持民主集中制，完善区委全会、常委会会议、部门党委（党组）会议工作机制，积极支持人大、政协依法依章程履职，建设法治政府，广泛汇聚各方力量，形成推动发展的强大合力。全面贯彻落实党的

十九大精神，作出任何部署都要在党中央“五位一体”总体布局和“四个全面”战略布局中找方位、找定位，推进任何工作都要在习近平新时代中国特色社会主义思想中找思路、找方法，不断对标对表中央和市委新要求，做到与时俱进、与时俱新。

坚定不移深化思想建设。思想建设是党的基础性建设，革命理想高于天。要把坚定理想信念作为首要任务，坚持用习近平新时代中国特色社会主义思想武装头脑、指导实践、推动工作，运用马克思主义立场、观念、方法观察和解决问题。实施好《璧山区干部教育培训规划》，办好党校主体培训班、专题培训班，用好“干部大讲堂”学习论坛品牌，进一步强化对全区党员干部政德教育。务实开展“不忘初心、牢记使命”主题教育，深入推进“两学一做”学习教育常态化制度化，教育引导全区共产党员牢记党的宗旨，挺起共产党人的精神脊梁，解决好世界观、人生观、价值观这个“总开关”问题，自觉做共产主义远大理想和中国特色社会主义共同理想的坚定信仰者和忠实践行者。认真落实意识形态工作责任制，牢牢掌握意识形态工作领导权、管理权和话语权，推动区级融媒体中心建设，切实加强阵地管理，积极构建清朗网络空间。增强防范化解重大风险意识，做实做细做好各项工作。

坚定不移深化组织建设。践行新时代党的组织路线，是提高组织工作水平和效果的总遵循。要坚持用“二十字”好干部标准选人用人，通过全覆盖“一线”考察识别干部，注重“三个把关”人岗相适用准干部，突出“功能建设”抓好班子配备，着力建设忠诚干净担当的高素质专业化干部队伍。着眼长远发现储备年轻干部，注重在困难艰苦的地方锻炼干部，培养干部的斗争精神和斗争本领，源源不断选拔使用经过实践考验的优秀干部。坚持严管和厚爱结合、激励和约束并重，完善干部考核评价机制、激励机制和容错纠错机制，疏通干部“能上能下”渠道，旗帜鲜明为敢于担当、踏实做事、不谋私利的干部撑腰鼓劲。坚持科教兴区和人才强区，用好人才实习实践基地、百名博士璧山行、国创会等引才平台，以识才的慧眼、爱才的诚意、用才的胆识、容才的雅量、聚才的良方，营造“近悦远来”的社会氛围，聚天下英才而用之。以全面提升基层组织政治功能和组织力为重点，突出抓好村（社区）“两委”换届，扩大新兴领域基层党的组织覆盖和工作覆盖，探索推广“智慧党建”等新模式，推动基层党组织全面进步、全面过硬。

坚定不移深化正风肃纪。好作风出战斗力。要加强作风建设，持续夯实“两个责任”，巩固拓展落实中央八项规定精神成果，警惕“四风”新动向新表现，持续深入开展兴调研转作风促落实行动，坚决纠正“三多一懒”现象，遏制过度痕迹管理、文山会海等现象，防止不正之风回潮复燃，力戒形式主义、官僚主义。将督查督办放在更加突出的位置，围绕上级重大决策部署和区委中心工作，创新工作方式，建立自动化智能化督查平台，通过强化过程监管，有效提高办事效率，推动决策部署落地落实，确保事事有回音、件件有着落。加强纪律建设，重点强化政治纪律和组织纪律，带动廉洁纪律、群众纪律、工作纪律、生活纪律严起来，用好“十必问”“十必谈”等三个暂行办法，完善纪检监察干部联系村（社区）工作制度，真正让纪律建起来、用起来、严起来。加强纪律教育和执行，聚焦关键人、关键处、关键事、关键时，强化“八小时外”的日常监督，充分运用票据管理系统、“天网”和大数据平台筛查“四风”问题线索，做到真管真严、敢管敢严、长管长严。深刻汲取黄文杰案教训，用好黄文杰等璧山最现实的反面典型，常态化制度化开展“以案四说”警示教育，让党员干部知敬畏、存戒惧、守底线。

坚定不移深化反腐败斗争。人民群众最痛恨腐败现象，腐败是我们党面临的最大威胁。要以反腐败永远在路上的坚韧，坚持无禁区、全覆盖、零容忍，坚持重遏制、强高压、长震慑，强化不敢腐的震慑，扎牢不能腐的笼子，增强不想腐的自觉。保持惩治腐败的高压态势，稳步推进监察体制改革，发挥好区委巡察和纪委派驻制度的监督“前哨”作用，实现对所有行使公权力的公职人员监察全覆盖，精准运用“四种形态”，使纪律规矩真正成为“带电的高压线”。推动全面从严治党向基层延伸，扎实开展扶贫领域腐败问题专项治理，严查涉黑涉恶腐败和“保护伞”，重拳打击群众身边的腐败问题，以实际行动和成效取信于民、造福于民。强化突出问题、重点岗位和关键环节监督，善于运用大数据智能化手段，紧盯国有资产、工程招投标和扶贫资金、财政资金使用等重点领域加强监管，确保公权力在正确轨道上运行。充分发挥同级监督作用，让党员干部习惯在受监督和约束的环境中工作生活。

同志们，我区正处在改革发展关键阶段，做好2019年各项工作意义重大。让我们更加紧密团结在以习近平同志为核心的党中央周围，在市委的坚强领导下，团结一致、沉心静气、真抓实干，奋力谱写璧山高质量发展新篇章，以优异成绩迎接中华人民共和国成立70周年！

政府工作报告

——2019年2月17日在重庆市璧山区第十七届人民代表大会第三次会议上

重庆市璧山区人民政府区长秦文敏

各位代表：

现在，我代表区人民政府向大会作工作报告，请予审议，并请各位政协委员提出意见。

一、2018年工作回顾

2018年，全区上下以习近平新时代中国特色社会主义思想为指导，全面深入贯彻党的十九大精神，坚持稳中求进工作总基调，在市委、市政府和区委的坚强领导下，大力实施“三区一美”行动计划，较好地完成了区十七届人大二次会议确定的主要目标任务。全区地区生产总值增长10%；固定资产投资增长10.2%；一般公共预算收入实现52.9亿元，其中税收收入完成31.9亿元；全体居民人均可支配收入达到29888元，增长10.3%；城镇化率提高到58.24%。

一年来，我们始终保持昂扬向上的精神状态和攻坚克难的奋斗姿态，闯关迈坎、行稳致远，以工作实绩诠释奋进者的足迹。

——良好的政治生态提供发展“源动力”。紧紧围绕习近平总书记对重庆提出的“两点”定位、“两地”“两高”目标和营造良好政治生态，做到“四个扎实”的重要指示要求，树牢“四个意识”，坚定“四个自信”，坚决做到“两个维护”，坚决落实市委“三个确保”政治承诺，坚决肃清孙政才恶劣影响和薄熙来、王立军流毒，政治生态持续整体向好，干部群众精神状态积极向上。

——招商引资吹响产业提档升级“冲锋号”。在首届中国国际智能产业博览会上成功牵手比亚迪，200亿级新能源汽车电池生产基地项目落地，拉开产业集群发展帷幕。全年累计签约项目92个，投资额超过530亿元。新开工5亿元以上项目13个。

——创新举措为实体经济发展赋予“新动能”。设立产业发展资金、工业企业流贷风险补偿资金等6个资金池，落实各项减税降费政策，评选“璧山英才”“企业创新型人才”，开展行政执法“零检日”行动和精准走访服务民营企业活动。为134家企业提供资金支持29亿元、帮助企业融资8.5亿元、减免税费18.1亿元，“璧山政府给民企当‘靠山’”登陆央视新闻联播。

——深化“放管服”优化营商环境“软实力”。从“5-20-50”到“一网两端”，从“5个100”行动计划到“多证合一”“证照分离”改革，整合取消54.3%的行政许可，彻底终结非行政许可事项，新登记市场主体8729户，建成政务信息共享交换平台，“家门口、指尖上、一体化”便民服务体系初步形成，两次在全市大会上做经验交流发言。

各位代表！回顾过去一年，我们收获了成功的喜悦，也经历了“一山放过一山拦”的挑战。我们始终坚持一件事情接着一件事情办、一年接着一年干，在决胜全面小康征程中奋力前行。

这一年，我们坚持“绿色生态”，区域价值持续提升。

城市空间不断拓展。按照新增100平方千米城市规模，启动国土空间规划编制。完成“多规合一”编制，成为全国县级土地利用总体规划编制试点区县。实施征地拆迁6437亩，供应土地9685亩。城市品质日益攀升。秀湖汽车露营公园、枫香湖儿童公园建成投用。新增城市公共绿地100万平方米，城市植物品种更加丰富。完成“海绵城市”试点项目建设，新建2座水库、4处湿地，河湖水系连通工程隧洞整体贯通。城区水域面积占比提高到10.9%，“一河六湖十八湿地”构架基本成型，成功创建“全国水生态文明城市”。文化主题街区再现历史场景，古建筑、文化墙、老照片展示人文历史，优秀传统文化不断传承和弘扬。基础设施建设持续推进。实施交通三年行动计划。完成轨道交通1号线璧山段高架桥建设，开工站前广场主体工程。合璧津高速璧山段开工建设，六旗大道建成通车，黛山大道南延至来凤一期工程完工、二期工程开建，启动56千米干线公路建设。铜罐驿长江提水璧山供区管道工程全线贯通，城市新区水厂一期工程完工。110kV秀璧东、西线迁改入地有序推进。新建公共充电站2座、充电桩260个。启动八塘至大路天然气管线和20万立方米LNG储配站建设。现代服务业加快发展。六旗乐园数字体验园对外开放，御湖国际旅游度假区、地派温泉酒店等项目加快建设。举办2018重庆秋季旅游启动仪式等节会活动6场，旅游收入增长29.7%。红星美凯龙、俊豪中央大街开门迎客。引进总部经济项目8个，总部经济示范基地初具规模。服务业增加值增长10.4%，社会消费品零售总额增长12.9%。组团参加首届中国国际进口博览会，签约金额1.2亿美元。新引进金融机构8家，金融业增加值占比提高到5.4%。

这一年，我们坚持“提质增效”，新型工业上档升级。

工业经济稳中有进。规上企业达到333家，规上工业增加值增长9.4%。实际利用内资15.8亿元、外资1.9亿美元，进出口总额达到23.5亿元。工业集中度达到87.3%，工业用地产出强度达到每平方千米103亿元。国家高新区开启“二次创业”。高新区规划环评通过国家验收，启动新拓展20平方千米控规研究，完成高铁站前片区7.3平方千米控规修编。新建道路20千米、绿化40万平方米，建成区拓展到21平方千米，入驻企业1146家。新通联、铂汉电子等36个项目开工建设，红宇工业园B区等20个项目建成投产。创新创业持续活跃。新引进科技孵化器2个，新增科技型企业129家、高新技术企业45家，培育“牛羚”企业41家、“瞪羚”企业9家，112家企业完成智能化改造，高新技术企业产值占比达到42%。36.9%的规上企业建立研发机构，全社会研发经费投入17.5亿元，占地区生产总值比重达到3.25%。支持企业改制上市，42家企业进入市级拟上市储备库。新授权发明专利110件，万人有效发明专利拥有量7件，成功创建“国家知识产权试点城区”。军民融合稳步推进。筹建50亿元军民融合产业发展基金，新成立1个院士工作站，新注册5家研究院有限公司，“1+10”产业研究院体系更加完善。成功举办第三届重庆军民深度融合产业发展交流会，启动空间太阳能电站试验基地建设。

这一年，我们坚持“协调共进”，城乡区域融合发展。

扎实推进精准脱贫。投入8780万元，实施15个基础设施薄弱村提升工程。通过扶贫小额信贷风险补偿金支持贫困户贷款457万元，帮助就业292人。实施2485户贫困户危房改造，完成农村“四类人员”危房改造任务。实现贫困学生助学全覆盖，建立健康扶贫医疗基金，购买精准脱贫、大病、住院医疗等多种保险，建卡贫困户住院自付比例9.6%、门诊自付比例15.6%。开展“万企帮万村”行动，实施帮扶项目36个，企业和贫困户对接签订农副产品采购合同540万元。农村常住居民人均可支配收入达到18698元，增长8.6%。持续推进农业现代化。落实乡村振兴战略行动计划，在2个镇、3个村开展试验示范。围绕“三大基地”和特色农产品，打造“名特优新”精品农业，新增农业龙头企业7家、农产品商标252件，新认证绿色食品19个，农产品网络销售额达到1.7亿元。与科研院校合作，开展品种选育、技术推广和成果转化，引进新品种500余个、新技术12项。流转土地31.5万亩，流转率55%。国家农业科技园区引进项目6个，投资额8.6亿元。全力打好污染防治攻坚战。扎实推进中央环保督察和市级环保集中督察反馈问题整改。开展缙云山国家自然保护区和其他自然保护地生态环境综合整治，清理整治“大棚房”问题，恢复耕地32.9亩。深入实施大气污染防治攻坚行动，空气质量优良天数达到266天。全面落实河长制，整治水库77座、山坪塘3268口、养鱼池701口，璧南河两河口国控断面水质整体达标。启动城区地下管网排查，45个污水处理厂（站）建成投用，中水回用率达到35.8%。完成44家工业企业环保主体责任标准化建设，整治“小散乱污”企业162家。关停整治养殖场201个，镇街和农村生活垃圾基本实现无害化处理，农村面源污染得到有效控制。

这一年，我们坚持“共建共享”，民生事业续写新篇。

重点民生实事全面落实。建成“四好农村路”120千米，升级改造农村饮水安全巩固提升工程12处，升级改造农村电网218千米，建成3个城市公园，实施1560户立体绿化、打造5条立体绿化示范街区，新建生态停车场9个、新增停车位1257个，新建改造公厕13座、农村卫生厕所6430户、垃圾收集站7座，新增公共直饮水点50个，公共Wi-Fi接入点达到110个，建成保障性住房40万平方米，改造城区老旧燃气管道13.4千米，实现农村义务教育学生营养餐全覆盖。社会事业再上台阶。璧山中学大兴校区完成85%的主体工程，新建和改扩建公办幼儿园17所。在全市率先完成“学前教育三年行动计划”目标任务，成功创建社区教育市级示范区，全国教育信息化工作会议在璧山召开。医药卫生体制改革取得实效，12项医改便民措施全面落实。区人民医院“三甲”创建成功，区中医院建设继续推进，区妇幼保健院与重医附属儿童医院合作办医，区心理康复中心搬迁入住。成功创建“国家卫生区”，七塘、三合通过“国家卫生镇”技术评估。探索“互联网+健康医疗”新模式，启动智慧医疗前期建设方案编制。推出17场免费精品文艺演出，开展流动文化进基层600场次。举办璧山国际半程马拉松赛、国际长板大师赛、“上战”中国武术技击对抗赛等赛事。就业和社会保障体系更加健全。坚持就业优先，完成就业技能培训4119人，发放创业担保贷款4940万元，城镇新增就业2.3万人。深入推进“五险统征”，城乡居民养老保险、医疗保险参保率分别达到98.6%、97.8%。推动“两金三制”全覆盖，努力确保农民工工资按时足额支付。实施医疗救助、临时救助、特困人员救助21.7万人次，发放救助金8649万元。城乡低保实现应保尽保，发放低保金5126万元，12.1万人次从中受益。完成15个镇街敬老院升级改造。鼓励“医养结合”模式发展养老产业，三担湖康养小镇一期18.3万平方米养老公寓投用。深化改革多线并进。着力推进供给侧结构性改革，整治“三高”企业198家，整治违法建设27.4万平方米。清理化解政府隐性债务，国有企业资产负债率控制在30%以内。完善政府投资项目管理办法，改革公共资源交易监督管理，制定限额以下政府投资项目承包商随机抽选制度。推动社会信用体系建设，搭建信用信息平台，提供“信用体检”服务。与市水务集团开展污水处理项目合作，有效盘活国有资产3.6亿元。平安建设纵深推进。妥善处置“5·3”居民饮用自配药酒中毒事件，沉着应对非洲猪瘟疫情。积极创建“全国禁毒示范城市”，禁毒教育示范基地和社区康复中心建成投用。公安合成作战中心实战运行，打掉恶势力犯罪集团1个、侦办恶势力犯罪团伙6个，扫黑除恶专项斗争走向深入。开展校园安全大排查大整治，整改隐患145处。设立158个农村道路交通劝导站，打通道路交通安全"最后一千米"。落实信访工作责任制，走访群众2.7万人次，化解信访重点问题32件。推进安全生产领域改革发展，重点问题"清单管理，挂牌督办"，全年未发生较大以上生产安全事故。法治政府建设实现新进展。对124个重大决策合同、文件进行合法性审查，对36项重点工作开展社会稳定风险评估。坚持行政机关负责人出庭应诉，出庭率提高到73.4%。积极支持检察机关开展公益诉讼。深入推进党风廉政建设和反腐败斗争，立案查处78件，政务处分23人。办理人大代表建议155件、政协委员提案228件，限时办复率和满意率均达100%。

随着经济社会发展，双拥共建、妇女儿童、关心下一代、老干部、残疾人、老龄、民族宗教、外事、侨务、对台工作取得新进展，审计、统计、编制、物价、武装、供销、民防、气象、消防、地震、科普、档案、修志等工作取得新进步。

一年坚韧求索，璧山厚积优势赢得发展先机。敏尔书记叮嘱璧山要"努力成为全市落实新发展理念的示范区先行区"，让我们方向更加清晰。良智市长点赞璧山"发展进入明显上升通道"，让我们前行路上更有底气。

各位代表！岁月铭记奋斗的艰辛，时代印证奋进的脚步。这一年取得的成绩，是遵循党中央、国务院方向指引，在市委、市政府和区委的正确领导下，在人大、政协的鼎力支持下，在历届老领导、老同志的深耕厚植下，全区人民和衷共济、风雨同行的结果。在此，我代表区人民政府，向全区人民，向人大代表、政协委员，向各民主党派、工商联、人民团体，向驻璧部队、武警官兵、公安民警、消防救援队伍指战员，向关心、支持、参与璧山发展建设的社会各界人士，致以崇高的敬意和衷心的感谢！

新时代的奋斗，是一场改革不停歇、开放不止步的宏伟征程。当今世界，正处于一个百年未有之大变局，外部环境复杂严峻，经济发展不确定因素增多。当今中国，经济进入"深度调整期"，经济运行稳中有变、变中有忧，下行压力仍然存在。在这个重要战略机遇期，我们必须清醒认识到，发展中的问题不容忽视：经济总量不大、结构不优，应对外部风险和压力的抵抗力还有待加强；环境承载能力不强，产业和城市的拓展空间不足；产业智能化、信息化程度不高，对中小企业发展重视程度不够，营商环境仍需优化，工业经济发展较为困难；现代服务业发展相对滞后，消除三产"短腿"现象任重道远；农业效益不高，比较优势不强，综合配套服务体系有待完善，等等。发展中的问题，必须靠发展来解决。我们要拿出中流击水的勇气、披荆斩棘的毅力，以"等不起"的紧迫感、"慢不得"的危机感、"坐不住"的责任感，始终做发展航船的奋楫者。

二、把握新形势，开启新征程，实现新作为

岁月无穷长，总有特殊的时间节点给我们前行的力量。从2019年新中国70华诞，到2020年全面建成小康社会，从2035年基本实现社会主义现代化，到2050年建成富强民主文明和谐美丽的社会主义现代化强国，一幅民族复兴的宏伟蓝图已经呈现在我们面前。

顶层设计激励人心，发展形势催人奋进。习近平总书记对重庆提出"两点"定位、"两地""两高"目标和营造良好政治生态、做到"四个扎实"的重要指示要求，赋予重庆强大的发展动力。在"一带一路"和长江经济带、西部大开发、成渝城市群发展规划等国家战略框架下，重庆依托大学城规划建设科学城，并以科学城为智核，联动璧山等周边地区，打造西部"智能谷"。地理位置得天独厚的璧山，区位优势在叠加，发展势能在集聚，将全面分享主城西进、成渝互动的利好。新时代的璧山，迎来前所未有的发展机遇。

按照区委十四届六次全会的总体部署，2019年政府工作的基本思路和主要任务是：以习近平新时代中国特色社会主义思想为指导，全面贯彻党的十九大和十九届二中、三中全会精神，深入学习贯彻中央经济工作会议精神，紧紧围绕习近平总书记对重庆提出的“两点”定位、“两地”“两高”目标和营造良好政治生态、做到“四个扎实”的重要指示要求，统筹推进“五位一体”总体布局，协调推进“四个全面”战略布局，全面落实全市经济工作会议精神和市委、市政府一系列重大决策部署，按照敏尔书记“努力成为全市落实新发展理念的示范区先行区”的要求，坚持稳中求进工作总基调，坚持新发展理念，坚持推动高质量发展，坚持以供给侧结构性改革为主线，坚持深化市场化改革、扩大高水平开放，进一步稳就业、稳金融、稳外贸、稳外资、稳投资、稳预期，为全面建成小康社会收官打下决定性基础，以优异成绩庆祝中华人民共和国成立70周年。

2019年全区经济社会发展主要预期目标是：地区生产总值增长9%，税收收入增长8%，固定资产投资增长9%，工业增加值增长9%左右，社会消费品零售总额增长10%左右，实际利用内外资分别增长15%、10%，进出口总额增长10%，全体居民人均可支配收入增长10%，单位地区生产总值能耗、主要污染物总量减排等约束性指标完成市里下达目标任务。

三、2019年工作安排

2019年，是冲刺全面建成小康社会的关键一程。我们要坚持目标不变、方向不偏、干劲不减，全面落实“三大攻坚战”“八项行动计划”，推动高质量发展，创造高品质生活，在以下八个方面迈出坚实步伐。

（一）聚焦“有效供给”，在夯实高质量发展基础上迈出坚实步伐

璧山要成为全市落实新发展理念的示范区先行区，就必须推动高质量发展。要落实生态优先绿色发展行动计划，切实贯彻“巩固、增强、提升、畅通”八字方针，保持发展定力，激发发展活力，提升发展质量，夯实“稳”的底盘，积蓄“进”的力量。

深入推进供给侧结构性改革。树立“全区域、一二三产业整体上增加有效供给、优化供给结构”的理念，创造和引领消费，实现更高水平、更高质量的发展。推进农业农村各项改革，坚持“质量兴农、绿色兴农、效益优先”，构建多品种、精品化的效益农业格局。推动产业集聚发展，鼓励企业进行本地配套，引导园区外工业企业向高新区聚集，打造中小微企业产业园。大力整治“三高”企业，清理处置“僵尸企业”，倒逼落后产能加快出清。多渠道扩大服务供给，改善消费环境，培育新兴消费热点，加快消费领域产品创新，积极发展共享经济、休闲度假、网络消费、定制消费、体验消费等新业态，促进线上线下良性互动。开展闲置土地清理处置，盘活闲置低效国有资产。统筹运用兼并重组、股权融资、债权转股权等方式，稳妥有序降低工商实体企业杠杆率。

切实抓好重大基础设施建设。做好项目策划包装，向上争取20亿元以上项目资金及10亿元专项建设债券。落实基础设施建设提升行动计划，抓好交通建设三年会战。推进合璧津高速建设，开工渝遂高速支线，配合做好渝昆高铁、成渝中线高铁、兰渝高铁等前期工作。轨道交通1号线璧山段实现试运行，站前广场、换乘枢纽同步投用。建设地铁至高铁“云巴”线路，开工璧山至铜梁城市轨道交通。力争启动金凤隧道建设和六旗隧道前期工作，争取渝蓉高速内环连接线尽早开工。完成黛山大道南延至来凤二期60%工程量，启动双星大道西延至大兴等干线公路建设100千米、建成80千米。启动渝西水资源配置工程璧山项目建设。编制能源发展规划，完成110kV秀璧东、西线迁改入地和110kV七安变电站建设，推进镇街天然气管网和重要节点控制工程建设改造。推动无线城市接入I-Chongqing

大平台，加快5G网络建设应用。

优化营商环境支持实体经济发展。切实落实各项产权保护措施，对任何所有制、任何规模、任何类型的企业都要一视同仁。制定支持实体经济健康发展政策措施，继续实施行政执法“零检日”制度，试行企业环保问题“初犯免罚”，落实减税降费政策，营造宽松的发展环境。深化“放管服”改革，围绕“5-20-50”目标，推进“一网两端”建设，实施审批服务“五个100”行动计划，打造智能化、信息化、一体化的线上+线下政务服务平台。构建“一张蓝图、一个系统、一个窗口、一张表单、一套机制”的“五个一”体系，制定“减、放、并、转、调、诺”六张清单，初步实现建设工程审批改革试点目标。太阳堡行政服务中心投用，打造“24小时不打烊政府”。推开“证照分离”、深化“多证合一”、推进商事制度改革，全面实施市场准入负面清单制度。用好用活工业企业流动信用贷、商业价值信用贷、知识价值信用贷、助保贷、银政通等资金池，严控违规抽贷、断贷行为，打好金融服务实体经济“组合拳”。落实区级领导联系重点项目制度，提高上级补助资金使用效益。扎实开展精准走访服务民营企业活动，建立“企业吹哨、部门报到”互动机制，及时解决存在的困难和问题。全面运行政务信息共享平台和政商互动平台，举办企业家俱乐部，构建“亲”“清”新型政商关系。开展优秀企业评选，依法保护企业家人身和财产安全，营造尊重和激励企业家能干事、干大事的良好氛围。启动第三方调查机制，建立营商环境评价体系。

（二）聚焦“靶向攻坚”，在打赢“三大攻坚战”上迈出坚实步伐

“三大攻坚战”锁定三年，志在必胜。要坚持从问题着手，突出抓重点、补短板、强弱项，在巩固已有成果的基础上，拿出更实举措，在盯紧、抓实、见效上下功夫，确保高质量、高标准完成目标任务。

打好防范化解重大风险攻坚战。加大各类政府资源、资产、资金、债务统筹平衡力度，坚决遏制隐性债务增量，加快存量债务置换和化解，盘活各类资金资产。加强金融监管，严厉打击非法集资、P2P网络借贷等金融违法犯罪活动。健全区属国有企业集中统一监管体制机制，完善法人治理结构和薪酬考核体系。推进国有企业实体化，加快对外股权投资步伐。推进两山公司市场化运营，注入有效资产，力争主体信用评级达到AA+。

打好精准脱贫攻坚战。大力实施产业扶贫、教育扶贫、健康扶贫、生态扶贫等，确保精准识别、精准帮扶、精准退出、产业扶持到户到人。巩固3418人脱贫成果，新实现320户、880人脱贫。贫困人口最低生活保障全覆盖，确保“两不愁、三保障”。保障贫困家庭子女接受九年义务教育，解决因贫失学辍学问题。满足贫困人口基本医疗需求，实现基本养老保险和基本医疗保险、大病保险全覆盖。动态消除农村“四类人员”危房。建立健全扶贫后扶机制，落实每户2000元产业扶贫资金，促进贫困对象稳定增收。继续开展“万企帮万村”行动，形成企业与贫困户对接机制，营造全社会参与扶贫的良好氛围。

打好污染防治攻坚战。做好中央和市级环保督察反馈问题整改，着力解决突出生态问题。推进大气污染防治攻坚专项行动，编制空气质量限期达标规划，空气质量优良天数提高到280天。加大建筑工地和运渣车辆整治力度，开展柴油货车污染治理。持续推进“三河”流域“三水”共治，完成2个污水处理厂主体工程建设和6个镇街污水处理厂升级改造，全面完成山坪塘、水库、精养鱼池整治，璧南河水质实现稳定达标。启动智慧管网综合监管平台建设，实施140千米地下管网改造。强化污染地块土壤治理修复和环境风险管控，确保“净土开发”。持续推进公共机构生活垃圾强制分类。完善企业环境信用评价指标体系及评价办法，建立企业环境信用“红黑名单”。巩固“国家生态文明建设示范区”成果，筹建重庆两山生态环境研究院。落实“三线一单”环境管控要求,完成生态红线勘界定标。

(三)聚焦“创新开放”,在构建现代工业体系上迈出坚实步伐

创新引领发展,开放决定未来。要继续实施创新驱动发展战略行动计划、军民融合发展战略行动计划、科教兴区和人才强区行动计划、内陆开放高地建设行动计划,以大数据智能化为引领,围绕“芯屏器核网”全产业链,构建“一轮明月+满天繁星”发展格局,形成拉动经济增长的强力引擎。

着力提升产业链水平。按照60平方千米规划建设璧山国家高新区,建成区扩大到25平方千米,推动高新区体制机制改革。以高新区为载体,围绕“智能装备、信息技术、生命健康”三大主导产业,重点引进培育新能源、新材料、节能环保、智能模具、高端装备、人工智能、信息技术、移动互联网、生命工程、医药食品等领域技术含量高、环境质量优、生命周期长的项目。规划建设20平方千米国家智能化试点示范园区,打造智能化产业集群。比亚迪新能源汽车电池生产基地首期10Gwh建成投产,力争引进比亚迪新能源汽车整车项目,打造比亚迪西南区域总部。借力一汽、东风、长安战略合作契机,面向下一代汽车核心部件,整合青山工业科技研发和配套生产资源,打造青山新能源传动系统科技产业园。与中国模具工业协会和行业龙头企业合作,搭建“互联网+制造”公共服务平台,吸引一批规模化模具生产企业入驻,打造智能模具产业园。实施“企业成长计划”,培育黛信、龙润、三友、金冠等本地企业规模逐步做大到100亿级。强化项目跟踪服务,实现亚士创能等30个项目开工建设,品正食品二期等20个项目建成投产。

汇聚高端创新资源。积极培育“人工智能+”“大数据+”“清洁能源+”“供应链+”“5G+”等新兴业态,推进数字产业化、产业数字化,数字经济增加值占地区生产总值比重超过30%。积极对接国家创新战略布局,争取纳入重庆科学城规划建设,谋划建设大科技装置、实施大科学工程。深入推进智慧园区建设试点,开展智慧园区整体设计,争创国家级制造业创新中心。鼓励“大众创业、万众创新”,构建“众创空间-孵化器-加速器”创业孵化链条。强化创新平台功能,推动“政产学研用”一体协同创新,加快“双创谷”“力合清创”等孵化器建设,引进培育众创空间、科技孵化器5个。推动创新生产要素与传统产业融合聚变,支持“机器换人”,实施传统产业高端化、低碳化、数字化、智能化改造项目50个。以工业设计为重点,着力打造政府主导、社会参与的检验检测公共服务平台。新增科技型企业120家、高新技术企业30家、独立法人研发机构5家,新建市级企业技术(工程)中心10个,40%的规上企业建立研发机构。保持R&D经费支出稳定增长,全社会研发经费投入占地区生产总值比重提高到3.35%,高新技术企业产值占比达到45%。做实重庆军民融合协同创新研究院,成立重庆军民融合协同创新研究院运营公司,健全“1+10”产业研究院体系,组建2个专业研究院和1个院士工作站。启动首期5平方千米军民融合产业示范区建设,设立50亿元军民融合产业发展基金,围绕石墨烯、量子通信、等离子等前沿科技,力争引进产业化项目5个。

打造开放高地和投资洼地。深度融入“一带一路”和长江经济带建设,拓宽开放渠道、提升平台能级、厚植人才沃土。实施供应链招商和产业链招商,主动对接世界500强和细分行业龙头企业,突出“上门招商”“环境招商”“精准招商”和“科研成果招商”,引进100亿级项目1个、50亿级项目3个、10亿级项目25个。加快中意创新产业园、台商工业园建设,精心策划一系列招商推介活动。以中新合作智慧区为载体,重点承接智慧交通、智慧医疗、智慧物流等领域中新互联互通项目。全面落实外商投资企业“准入前国民待遇+负面清单”管理制度,吸引更多外资投向战略性新兴产业,引进外资项目2个,实际利用外资超过2亿美元。支持企业利用国际性展会、跨境电子商务、境外营销网络，加大国际市场开拓力度，培育机电、鞋业等进出口超千万美元企业5家，新增进出口企业5家。推动通机、汽摩等领域优势企业加快海外产业布局，在紧缺关键技术领域实施海外并购。开展“招商功勋”评选，加大招商人才培养引进力度，强化社会招商和专业招商队伍建设。表彰“璧山工匠”，优化“璧山英才”“企业创新型人才”评选机制，引进培养高层次人才400人以上。

（四）聚焦“补齐短板”，在构建现代服务业体系上迈出坚实步伐

现代服务业发展水平是衡量现代社会经济发达程度的重要标志。要像重视工业一样重视服务业发展，围绕“补短板、强弱项”，在大健康、现代金融、文化旅游、总部经济、现代物流、生活服务等领域聚焦发力，提升服务业对经济增长贡献率，形成新的经济增长点。

大力培育大健康产业。围绕“医养健管游食”全产业链，重点发展医疗服务、健康养老养生、健康旅游、体育健身休闲、健康管理与信息化、中医药服务、健康保险等项目，编制区域大健康产业发展规划，打造全市大健康产业示范区。支持三担湖康养小镇、重医附一院青杠老年护养中心建设，积极引进国际国内中高端康养服务机构，形成满足不同层次需求的康养产业业态。坚持以健康需求为导向、以应用发展为牵引，逐步构建“互联网+健康医疗”新模式。推进区域影像工程试点建设，整合互联网医疗智库资源，逐步构建标准规范、智能精准的智慧医疗和健康信息服务体系。引进生物制剂、再生医学新材料等领域生物医药创新企业，打造生命健康产业园。

大力发展现代金融业。促进金融与产业深度融合，引进银行、保险、证券、基金、融资租赁等金融机构5家以上，金融街入驻金融机构达到20家，力争金融业增加值占地区生产总值比重提高到5.6%。启动物流金融创新试点，推动产业链、价值链、供应链等金融模式和产品服务创新。做大产业和股权投资基金规模，培育引进拟挂牌上市企业10家，新增5家企业进入市级拟上市储备库，进入资本市场企业累计超过20家。（下转3版）（上接2版）

大力发展文化旅游业。以“旅游+”为导向，丰富“吃住行游购娱，商养学闲情奇”等要素。完成六旗乐园水乐园主体工程，加快御湖国际旅游度假区建设。建设地派温泉等一批精品酒店，推进旅游集散中心等“全域景区”旅游配套设施建设。开展文旅资源普查，建立旅游资源数据库，将璧山故事、传统文化、精品演艺植入景区、景点，增强旅游的历史厚重感。建设旅游管理大数据平台和旅游智慧云平台，打造“智慧导览系统”。加强全域旅游整体形象包装策划，启动璧山旅游VI设计。讲好“小城故事”，塑造“音乐与城市”品牌，强化“来了就是璧山人”的城市包容性格。推出文化旅游精品线路，举办璧山国际马拉松等品牌赛事活动，唱响旅游“四季歌”。

打造区域消费聚集地。引进行业龙头打造全业态、体验式高端商业综合体，依托品牌乐园、交通枢纽站点、城市重要节点，打造高端商业商务集聚区，构建大商圈发展格局。加强秀水湾、砂之船奥特莱斯、俊豪中央大街等体验式消费业态培育，启动红星美凯龙二期项目建设。引进培育一批新型零售业市场主体，加快构建“线上+线下、商品+服务、零售+体验”的现代零售业体系。鼓励做大砂之船、中港实业等总部经济规模，力争新引进5亿级总部经济项目3个以上，加速形成总部经济商务生态圈。依托电商公共服务中心，培育一批示范电商企业，打造电商生态圈。探索商贸物流新技术、新业态、新模式，引进培育大型供应链企业。扶持发展现代物流业，启动智能物流公共信息平台建设。加快农产品物流园、普洛斯二期项目建设，建成镇街物流点30个、城市末端公共取送点160个。促进房地产高品质开发和健康发展，新开工商品房200万平方米、竣工260万平方米。

（五）聚焦“乡村振兴”，在构建现代农业体系上迈出坚实步伐

经济形势越复杂，越要稳住“三农”。要把乡村振兴战略行动计划作为新时代“三农”工作的总抓手，倡导用抓工业的理念抓农业，围绕提高土地产出率、劳动生产率和资源利用率，厚植现代大农业发展优势，加快农业农村现代化进程。

打造主城区的“菜园”“果园”“花园”。依托国家农业科技园区，促进璧北蔬菜、璧南苗木、璧西水果三大基地提质增效。建立蔬菜配送分拣中心和网络销售体系，设置配送、直销点20个，推进农超、农校、农企精准对接，让璧山蔬菜直达市民餐桌，打造服务城市的“绿色菜园”。围绕葡萄、血橙、樱桃等特色水果产业，集中连片建设3个集赏花采果、科普教育、休闲娱乐为一体的水果采摘园，打造市民青睐的“四季果园”。启动丁家花卉苗木交易市场规划设计，优化花卉苗木品种，提升苗木基地500亩核心区植物景观，力争形成西南地区最大的线上线下花卉苗木综合交易市场，打造独具特色的“城郊花园”。落实农村土地“三权分置”制度，激活农村发展要素，吸引城市资本下乡。稳妥推进“三变”改革试点，完成清产核资和量化配股。实施农业项目补助资金股权化改革，消除集体资产“空壳村”。建设“三农”大数据信息平台，大力推动“三社”融合发展。

走深走实产业生态化、生态产业化路径。强化“三品一标”认证和质量追溯工作，新增认证产品6个、追溯点5个。继续实施禁止销售高毒农药和化肥零增长行动，实施土壤改良3000亩，农业标准化生产普及率达到30%以上。实施8个农村建设用地复垦项目，完成1.5万亩高标准基本农田建设，新增耕地1500亩。引进培育农业龙头企业5家、家庭农场20个，新增绿色食品15个、名牌农产品10个。发展农村电商，打造城乡一体的电商运营中心，实现农产品网上销售2亿元。推出3条乡村旅游线路，引进农产品加工、物流企业2家，推动农业发展“接二连三”。认真落实粮食安全行政首长责任制，保障粮食基本供给。分层分类开展好乡村振兴试验示范，落实2500万元镇街最低财力保障，引导镇街走符合自身条件的差异化发展道路。推动“道口经济”发展，启动三合、依凤、福禄道口国土空间规划前期研究，完善大路道口基础设施。

（六）聚焦“统筹协调”，在促进区域城乡融合发展上迈出坚实步伐

破解城乡二元结构，关键在推进城乡融合发展。要践行“绿水青山就是金山银山”理念，促进城市与乡村的和谐统一，推动城市与乡村各美其美、美美与共，形成城乡融合发展新格局。

高标准编制国土空间规划。按照“东融西进、北连南合”总体思路，充分发挥地处主城与渝西连接带的区位优势，主动谋划与各毗邻区域的协同发展。坚持全域、全要素、全过程规划，把在“园中建城、林中建城、景中建城、水中建城”的大生态观作为城市规划指引，立足五年、放眼十年、展望三十年，强化国土空间规划的战略引领和刚性控制作用。谋划优化城镇体系布局，科学划定城市开发边界，合理管控开发强度，多为城市“种绿”、多为生态“留白”。保护山水生态基底，将山水林田湖草等自然景观引入城市，坚持沿道路退让10至40米用于城市绿化，坚持每平方千米预留100亩建设生态停车场。注重城市风貌设计，加强对建筑高度、密度、色彩和风格的把控，控制好城市天际线、山脊线、水岸线，严管广告标语和道路绿化开口、开挖。

精细推进城市品质提升工程。持续推进“绿城、水城、古城”建设，把城市建设成为大公园、大森林、大景区、大水系。建好秀美绿城，开展补绿增绿行动，建设沿道路、河流、高压线的生态廊道，绿地率提高到48%，人均绿地面积增加到46平方米，森林覆盖率达到46.5%；构建类型多样的全域公园景观体系，开工古道湾公园，建设2个社区小游园和一批微绿地；实施景观照明提升工程，打造光彩靓丽的楼宇、道路、桥梁、河滨、绿道、公园等城市夜景体系。建好活力水城，巩固“全国水生态文明城市”建设成果，新建2座水库，整治10千米河道，城区水面比例提高到11.5%。建好文化古城，加大文化遗产保护力度，深入挖掘再现历史文脉，实施城市细节改造更新；用好用活秀湖水街、翰林院等资源开展文创策划，丰富文化主题街区内涵。严厉查处违法用地行为，清理整治违法建设，坚决遏制新增。实施城市综合管理提升行动，按照“大城细管、大城智管、大城众管”要求，全面推行“马路办公”，用好“千里眼”工作群，扩大“智慧城管”覆盖面。加快推进车管所建设，建成智能交通大数据指挥平台。新投用一批新能源公交车和充电桩，合理调整公交线路运力，“公交一卡通+AI人脸识别系统”上线运行。

持续优化农村人居环境。深入开展农村人居环境整治三年行动，有效治理农村面源污染，建成3个市级美丽宜居村庄和10个绿色示范村庄。完善农村生活垃圾收运体系，创建10个农村生活垃圾分类示范村。完成生活污水处理设施升级改造，农村生活污水处理率达到80%。继续开展自然保护地生态环境综合整治，持续清理整治“大棚房”问题。推进农村移风易俗，塑造清新文明良好乡风。

（七）聚焦“民生福祉”，在持续提升民生保障水平上迈出坚实步伐

增进民生福祉是发展的根本目的。要继续实施保障和改善民生行动计划，坚持60%以上财政收入用于民生，从解决群众最关心最直接最现实的利益问题入手，多谋民生之利、多解民生之忧，让发展更有温度、幸福更有质感。

重点实施一批民生专项。切实提高保障性住房建设进度和质量，建成两山丽苑定向经济适用房。实施9个片区、16.7万平方米棚户区改造，改造38栋老旧居住建筑消防设施。新建城区小学1所，新增公办幼儿园3所，改善农村薄弱幼儿园11所，建设168个村（社区）儿童之家。建设区残疾人康复中心，改建璧泉社会福利院。新增社会养老机构3家、社区养老服务站8个，打造市级示范社区养老服务中心1个。新增生态停车场10个、公共停车位1200个。新建改造标准化公厕6座、标准化垃圾收集站6座。新开工“四好农村路”200千米、建成400千米。实施农村饮水安全巩固提升工程，启动14个饮用水源地达标整治。常态化开展惠民演出活动和流动文化进基层服务，送文化下乡600场。

不断强化就业和社会保障。抓好高校毕业生、退役军人等重点群体就业，完成就业技能培训3000人，发放创业担保贷款3000万元，城镇新增就业1.8万人。健全“五险统征”机制，推动机关事业单位养老保险制度改革，城乡养老、医疗保险参保率稳定在95%以上。落实社保降费减负惠民政策，推进异地就医联网结算。提高城乡低保标准，城乡差距缩小到1∶0.76。医疗重点救助对象自负费用救助比例提高到70%，生活不能自理的特困人员集中供养率达到35%。严厉打击拖欠农民工工资行为，提高劳动保障监察和劳动人事争议仲裁效率，构建健康和谐劳动关系。

扎实推进社会事业发展。璧山中学大兴校区开学招生，继续推进职教中心改扩建工程。深入实施教育综合改革，着力缓解“大班额”现象，稳步开展新高考改革。推动职业教育与经济发展、社会需求紧密衔接，鼓励引导相关院校申办适应璧山产业发展的特色专业，大力引进国际学校等高端教育资源。巩固提升区人民医院三甲创建成果，加快区妇幼保健院三级创建和区中医院建设。推进医共体“三通”建设，继续提高基层医疗卫生单位服务能力。深化“三医联动”，推进医疗卫生单位薪酬制度改革。建立10个名家工作室和文化创意空间，挖掘展示优秀本土文化。围绕新中国成立70周年等重要时间节点，抓好重大文艺题材的创作宣传，推出一批精品力作。完成新图书馆装修和区体育馆功能用房改造。

打造共建共治共享的社会治理格局。深入

推进扫黑除恶专项斗争，严厉打击电信网络新型违法犯罪。开展“枫桥经验”璧山实践，提高基层社会治理整体水平。深化“2+N”联调机制，构建矛盾纠纷多元化解格局。推进“雪亮工程”建设，升级公安合成作战平台，新建执法办案智能管理中心。推进消防指挥中心综合消防站和大路消防站建设。探索城市社区居民自治可行路径，安装1000套智能门禁前端，打造智能化社区防控体系+社区网格化服务管理试点。扎实推进重大事项社会稳定风险评估，努力化解一批重点疑难信访问题，确保信访稳定形势平稳可控。落实抚恤优待政策，做好双拥共建工作。继续实施食品药品放心工程，推进国家食品安全示范城市创建。深化安全生产诚信体系建设，加强道路交通、建设施工、特种设备、工商贸、校园、消防等重点行业领域安全整治，确保不发生较大以上生产安全事故。

（八）聚焦“忠诚担当”，在加强政府自身建设上迈出坚实步伐

做好政府工作，不仅看表态，关键看行动，最终看效果。要着力锻造一支政治过硬、本领高强的干部队伍，持续推进自我革命，推动效能提升，实现作风转变，建设人民满意的服务型政府。

坚持对党绝对忠诚。深学笃用习近平新时代中国特色社会主义思想，把理想信念建立在对科学理论的理性认同上，把对党忠诚落实到履职尽责的实践中。树牢“四个意识”，坚定“四个自信”，坚决做到“两个维护”，严守政治纪律和政治规矩，坚决肃清孙政才恶劣影响和薄熙来、王立军流毒，以实际行动落实市委“三个确保”政治承诺。

深化改革提升效能。落实机构改革各项工作，优化政府机构设置和职能配置。深化财税体制改革，推进预算绩效管理。加强社会信用体系建设，全面开展信用报告应用和信用修复工作。完成事业单位和国有企业公务用车制度改革，继续推进国家节约型公共机构示范单位和能效领跑者创建工作。围绕上级重大决策部署和全区中心工作，建立自动化智能化督查平台，强化过程监管，推动落实落地。优化完善政府投资管理办法，建立项目管理实施全链条工作机制。推进机关效能建设，切实改进文风会风，全面整肃庸政懒政怠政行为。

全力建设法治政府。健全科学、民主、依法决策机制，认真履行公众参与、专家论证、风险评估、合法性审查等重大决策法定程序，坚持法律顾问固定列席区政府常务会议，行政机关负责人出庭应诉率提高到80%。完善法律援助和司法救助制度，构建覆盖城乡的公共法律服务体系。依法规范国有土地、矿产资源交易和政府采购，严厉打击工程建设领域围标串标行为。健全“谁执法，谁普法”责任制，加大全民普法力度，做好“七五”普法工作。切实转变政府职能，创新行政管理方式，加强诚信政府建设，提升政府公信力。认真办理人大代表建议和政协委员提案，主动接受人大及其常委会法律监督、工作监督，自觉接受政协民主监督，积极接受社会和舆论监督。以开放的姿态广开言路，认真听取各民主党派、工商联、无党派人士和人民团体的意见。

坚决筑牢廉政根基。严格落实中央八项规定精神，驰而不息纠正“四风”，坚决克服形式主义和官僚主义新动向新表现，坚决整肃不担当、不作为现象。强化惩治和预防腐败工作，加强制度建设，完善不敢腐、不能腐、不想腐的长效机制，营造风清气正的良好氛围。加强重点领域、重要项目、专项资金的审计监督，强化审计结果运用。做好群众来信来访、网络留言办理和阳光政务工作，畅通民意诉求渠道。

各位代表！时序轮替中，始终不变的是奋斗者的身姿。我们要继续团结奋进，汇聚改革发展的正能量，提振矢志向前的精气神，紧密团结在以习近平同志为核心的党中央周围，在区委的坚强领导下，以永不停息、再攀高峰的勇气，共同绘就璧山高质量发展更加壮美的时代画卷，以优异成绩迎接中华人民共和国成立70周年！

统计资料

2018年璧山区国民经济和社会发展统计公报

重庆市璧山区统计局
2019年4月

2018年，全区上下在区委、区府的坚强领导下，以习近平新时代中国特色社会主义思想为指导，全面深入贯彻党的十九大精神，坚持稳中求进工作总基调，坚持新发展理念，坚持推动高质量发展，坚持以供给侧结构性改革为主线，坚持深化市场化改革、扩大高水平开放，全年经济总体实现稳定增长，居民生活水平稳步提高，社会事业稳步发展。

一、综合

全年完成地区生产总值527.3亿元，同比增长10.0%。按三次产业分，第一产业增加值28.8亿元，同比增长4.2%；第二产业增加值325.1亿元，同比增长10.3%；第三产业增加值173.4亿元，同比增长10.4%。三次产业结构比5.5:61.6:32.9。非公有制经济实现增加值380.1亿元，增长7.2%，占全区经济的72.1%。其中，民营经济实现增加值352.0亿元，增长6.8%，占全区经济的66.8%。按常住人口计算，全区人均地区生产总值达到70874元，比上年增长8.7%。

年末全区总户数25.62万户，总人口（户籍人口）64.77万人，其中城镇人口33.98万人，乡村人口30.78万人。在总人口中，男性32.74万人，女性32.02万人。全年出生人口6615人，死亡人口5090人，人口自然增长率为2.04‰。

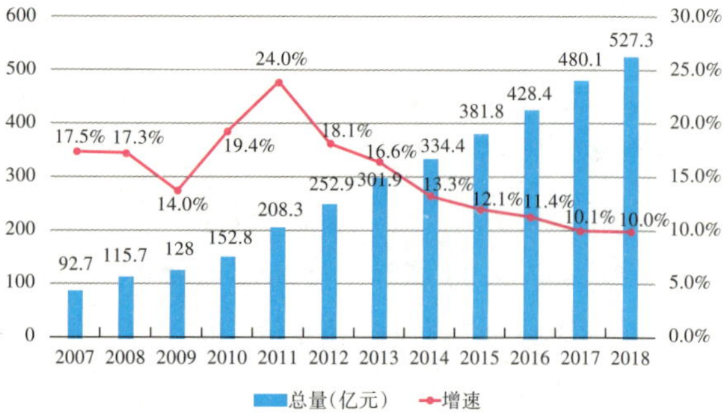

图1　2007—2018年GDP总量及其增长速度

出生人口性别比为105.5（出生人口、死亡人口含漏统数据）。2018年，全区常住人口74.80万人，其中城镇常住人口43.56万人，农村常住人口31.24万人，城镇化率为58.24%，比上年提高1.98个百分点。

全年居民消费价格总水平同比上涨2.4%，其中食品烟酒类价格同比上涨1.4%。在食品烟酒价格中粮食价格同比下降3.4%、鲜菜价格同比上涨8.0%、畜肉价格同比下降2.8%、水产品价格同比上涨2.0%、蛋价格同比上涨8.2%、鲜果价格同比上涨3.2%。

表1 2018年居民消费价格

指　　标	比上年±%
居民消费价格总指数	2.4
食品烟酒	1.4
衣着	−2.1
居住	5.7
生活用品及服务	2.8
交通和通信	1.1
教育文化和娱乐	1.8
医疗保健	6.5
其他用品和服务	−1.2

二、农业

全年完成农林牧渔业总产值43.1亿元，按可比价计算，同比增长4.8%。其中农业产值23.2亿元，同比增长10.9%；林业产值0.6亿元，同比增长13.0%；牧业产值15.5亿元，同比下降0.6%；渔业产值3.4亿元，同比下降2.0%；农林牧渔业服务业产值0.4亿元，同比增长14.5%。

全年粮食产量16.6万吨，同比下降4.6%；水果产量13.4万吨，同比下降17.8%；蔬菜产量73.2万吨，同比下降6.1%；全年出栏生猪22.4万头，同比增长0.3%；出栏家禽2544万只，同比增长1.0%。

表2 2018年主要农产品产量

指标名称	单位	产量	比上年±%
粮食	万吨	16.6	−4.6
蔬菜	万吨	73.2	−6.1
水果	万吨	13.4	−17.8
生猪出栏数	万头	22.4	0.3
家禽出栏数	万只	2544	1.0
猪牛羊禽肉	吨	55657	1.3
禽肉	吨	38486	1.0
猪肉	吨	16802	1.6
禽蛋	吨	6122	−0.9
水产品	吨	17303	−10.0

璧北蔬菜基地3.8万亩，播种面积达到12.1万亩，蔬菜产量达到27.5万吨。璧南苗木基地8.0万亩。全年粮食作物播种面积26892公顷，同比下降5.1%。油料种植面积2712公顷，同比下降6.4%。蔬菜种植面积22852公顷，同比增长1.0%。

三、工业和建筑业

全年完成工业增加值275.1亿元，同比增长9.4%。占全区地区生产总值的52.2%。工业对全区经济增长的贡献率达51.5%，拉动经济增长5.2个百分点。

全区规模以上工业企业329家，从业人员平均人数87216人，同比下降2.9%。全年规模以上工业总产值同比增长10.7%，其中汽车制造业总产值同比增长12.9%，对规上工业增长的贡献率为33.1%；计算机、通信及其他电子设备制造业总产值同比增长11.2%，对规上工业增长的贡献率为14.2%；皮革、毛皮、羽毛及其制品和制鞋业总产值同比增长5.9%，对规上工业增长的贡献率为9.4%。规模以上工业企业利润总额比上年增长23.5%。

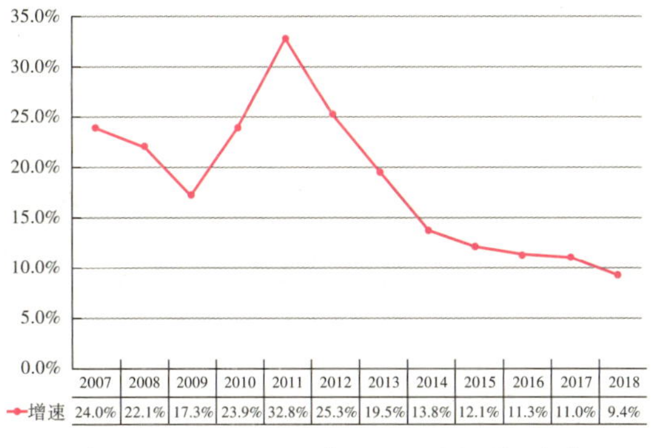

图2 2007—2018年工业增加值增速

全年完成在地建筑业总产值286.1亿元，同比增长23.1%。完成建筑业增加值49.9亿元，同比增长15.9%，对经济增长的贡献率为13.4%，拉动经济增长1.3个百分点。我区注册的资质建筑企业35家，其中三级以上施工总承包建筑企业25家，三级以上专业承包建筑企业10家。全区注册地建筑企业完成建筑业总产值135.6亿元，同比增长13.7%；房屋建筑施工面积573.9万平方米，同比增长0.5%，其中本年新开工面积371.4万平方米，同比增长2.5%；房屋建筑竣工面积301.5万平方米，同比下降0.7%。

四、服务业

全年服务业增加值173.4亿元，比上年增长10.4%。对经济增长的贡献率为33.1%，拉动经济增长3.3个百分点。其中交通运输、仓储和邮政业增加值24.6亿元，同比增长9.1%；批发和零售业增加值17.6亿元，同比增长8.5%；住宿和餐饮业增加值7.8亿元，同比增长7.2%；金融业增加值29.0亿元，同比增长11.5%；房地产业增加值19.4亿元，同比增长5.5%；营利性服务业增加值48.5亿元，同比增长18.9%；非营利性服务业增加值26.3亿元，同比增长1.5%；农林牧渔服务业增加值0.3亿元，同比增长13.7%。

年末全区公路里程2354千米，其中等级公路1361千米。全区汽车拥有量95773辆，同比增长16.4%。全社会公路客运量2735万人，旅客周转量129642万人千米；公路货运量2751万吨，货运周转量277737万吨千米。铁路旅客发送量31.4万人，铁路旅客到达量31.9万人。

全年完成邮电业务收入5.1亿元，同比增长6.1%。其中邮政业务收入1.4亿元，同比增长13.2%；电信业务收入3.7亿元，同比增长3.7%。年末固定电话用户9.6万户，比年初增长2.1%；移动电话用户70.7万户，比年初增长13.9%；互联网用户21.8万户，比年初增长23.8%。

五、国内贸易

全年社会消费品零售总额同比增长12.9%。限额以上法人企业完成社会消费品零售额47.2亿元，同比增长13.3%。

图3　2007—2018年社会消费品零售总额增速

六、固定资产投资

全年完成固定资产投资475.0亿元，同比增长10.2%。分经济类型看，国有经济投资104.2亿元，同比增长46.2%；集体经济投资0.4亿元，同比下降55.2%；私营个体经济投资301.5亿元，同比增长22.8%；港澳台及外商投资6.1亿元，同比下降25.1%；其他经济投资62.9亿元，同比下降40.3%。分产业看，第一产业投资11.3亿元，同比增长63.6%；第二产业投资235.9亿元，同比增长10.5%，其中工业投资235.9亿元，同比增长10.5%；第三产业投资227.7亿元，同比增长8.1%。高新区完成投资213.6亿元，绿岛新区完成投资24.0亿元。

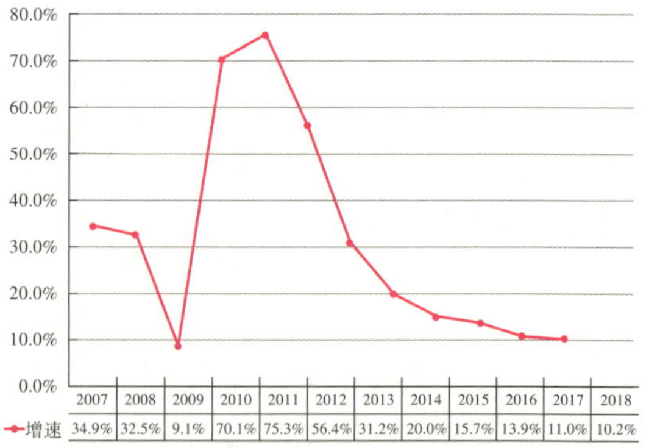

图4　2007—2018年固定资产投资增速

房地产开发投资77.7亿元，同比下降4.2%。全年房屋施工面积579.3万平方米，同比下降5.1%，其中新开工面积128.1万平方米，同比增长22.7%。住宅施工面积448.9万平方米，同比增长

1.6%；住宅新开工面积107.6万平方米，同比增长31.5%。全年房屋竣工面积77.1万平方米，同比下降47.6%，其中住宅竣工面积58.1万平方米，同比下降39.9%。全年商品房销售面积227.7万平方米，同比增长7.9%，其中住宅销售面积216.0万平方米，同比增长13.1%。

七、对外经济

全年实际利用内资15.8亿元，同比增长11.0%。实际利用外资19287万美元，同比增长27.5%。

全年完成进出口总额23.5亿元，同比增长27.5%，其中进口额4.9亿元，同比增长16.2%；出口额18.6亿元，同比增长30.8%。

八、财政金融

全年辖区内财政收入162.3亿元，同比增长15.2%。地方财政收入144.5亿元，同比增长15.7%。一般公共预算收入52.9亿元，同比下降2.2%，一般公共预算收入中，税收收入完成31.9亿元，同比增长14.1%；非税收入21.0亿元，同比下降19.6%。地方财政支出172.8亿元，同比增长12.3%，其中一般公共预算支出82.3亿元，同比增长5.8%。在一般公共预算支出中，教育支出10.6亿元，同比增长2.2%；社会保障和就业支出6.4亿元，同比下降16.7%；医疗卫生与计划生育支出7.5亿元，同比下降9.0%；节能环保支出4.8亿元，同比增长6.6%；城乡社区支出26.0亿元，同比增长14.8%；农林水支出6.9亿元，同比增长8.4%。

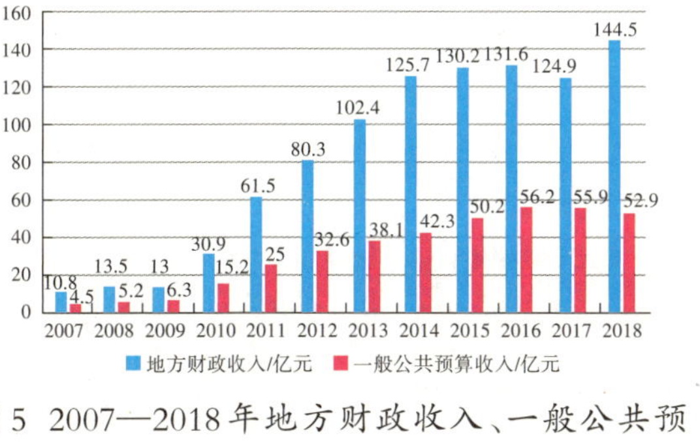

图5 2007—2018年地方财政收入、一般公共预算收入总量

年末，全区金融机构本外币存款余额542.3亿元，比年初增长20.1%，其中人民币存款余额538.4亿元，比年初增长20.8%。人民币住户储蓄存款余额340.3亿元，比年初增长11.6%。全区金融机构本外币贷款余额362.0亿元，比年初增长15.2%。

全年保费收入9.0亿元，同比增长7.5%；赔付支出3.3亿元，同比下降12.1%。

九、人民生活和社会保障

全体居民人均可支配收入29888元，同比增长10.3%。按常住地分，城镇常住居民人均可支配收入38590元，同比增长8.9%。在城镇常住居民人均可支配收入中，人均工资性收入24747元，人均经营性收入4422元，人均财产性收入3843元，人均转移性收入5578元。城镇常住居民人均生活消费支出22088元，同比增长6.9%。城镇居民恩格尔系数为0.353。农村常住居民人均可支配收入18698元，同比增长8.6%。在农村常住居民人均可支配收入中，人均工资性收入10254元，家庭经营性收入5267元，人均财产性收入786元，人均转移性收入2391元。农村常住居民人均生活消费支出12981元，同比增长6.5%。农村居民恩格尔系数为0.351。

年末城镇企业职工基本养老保险参保人数222174人，同比增长9.4%；城乡居民社会养老保险参保人数274867人，同比增长0.1%；城镇职工基本医疗保险参保人数109799人，同比增长8.6%；城乡合作医疗参保人数521119人，同比下降0.2%；失业保险参保人数90481人，同比增长3.1%；工伤保险参保人数123419人，同比增长26.2%；生育保险参保人数83065人，同比增长8.4%。城镇失业人员登记数1745人，同比下降39.2%；城镇登记失业率1.50%，比去年同期下降1.10个百分点。

十、科学技术和教育

全区市级以上技术中心47个，高新技术企业135家，高新技术产品222个。全年全区有效发明专利拥有量544件。

年末全区拥有各类学校203所，其中普通中学17所、小学38所、幼儿园145所、中职2所、特殊教育学校1所。全区各类学校在校学生91704人，其中普通中学在校学生27687人，小学在校生41777人，幼儿园在校生19378人，特殊教育学生117人，中职生2745人。全区各类学校招生人数25059人，其中普通中学招生9212人，小学招生6355人，幼儿园招生8332人，特殊教育学校招生27人，中职学校招生1133人。全区各类学校教职工人数6540人，其中专任教师5506人。在专任教师中，普通中学1975人，小学2254人，幼儿园1124人，特殊教育学校29人，中职学校124人。高校录取专科及以上璧山户籍考生3506人，其中本科1986人。

十一、文化旅游、卫生健康

年末全区拥有文化馆1个，公共图书馆1个，档案馆2个，镇街文化服务中心15个，电影发行公司5个，歌舞娱乐场所43家，综合性体育中心1个，体育馆1个，承办各类比赛40场次。

全年累计接待境内外游客1380.41万人次，同比增长3.1%，实现旅游总收入483145万元，同比增长29.7%。

年末全区共有各级各类医疗卫生机构515个。其中，医院、卫生院34个、妇幼保健院1个、疾病预防控制中心1个、卫生监督所1个、私人诊所154个、卫生所(医务室)14个、村卫生室291个、门诊部7个、社区卫生服务中心(站)12个。全区共有医院、卫生院床位4909张。卫生技术人员4486人。全区执业医师和执业助理医师1656人，注册护士2229人。

2018年，卡介苗、糖丸、白三联、麻苗接种率分别达99.33%、97.88%、97.94%、97.30%，流脑、乙脑接种率分别达96.55%、97.81%，乙肝合格接种率、乙肝首针及时率分别达97.00%、99.63%，产妇住院分娩率100.00%，5岁以下儿童死亡率4.93‰，婴儿死亡率4.10‰。

十二、资源、环境和应急管理

全年水资源总量43637万立方米。全年降水量1118毫米。年平均气温18.6℃。年末水库蓄水总量6068万立方米。全区总用水量12300万立方米，其中农业用水4295万立方米，工业用水3118万立方米，生活用水2809万立方米，其他用水2078万立方米。全区总用电量23.6亿千瓦·时，其中工业用电量14.3亿千瓦·时。全区天然气用气量11374万立方米，其中工业用气4612万立方米。

全区林木面积60.9万亩，林木覆盖率53.5%。生活垃圾无害化处理100.0%。城区空气质量优良天数达到266天。城市集中式饮用水源地表水质达标率100.0%，区域环境噪声和交通干线噪声平均值控制在53.6分贝和66.5分贝。医疗废物、危险废物集中处理率100.0%。

全年各类事故死亡21人，同比增长50.0%。其中交通事故死亡19人，同比增长35.7%。

注：①本公报为初步统计数据，最终数据以《璧山统计年鉴2018》为准。

②地区生产总值、各产业增加值绝对量按现价计算，增长速度按可比价计算。根据第三次全国农业普查结果，对地区生产总值、三次产业增加值比重、等历史数据进行了修订。

③农、牧、渔业等历史数据根据第三次全国农业普查结果进行了修订。

④保险数据来自区金融办。

2018年璧山区主要经济指标完成情况排位表

主要经济指标		单位	数值	排位	
				全市	22区
地区生产总值(GDP)	总量	亿元	527.3	15	14
	增速	%	10.0	2	1
#工业增加值	总量	亿元	275.1	7	7
	增速	%	9.4	3	2
#规模以上工业增加值	总量	亿元	–	–	–
	增速	%	9.4	3	2
第三产业增加值	总量	亿元	173.4	18	16
	增速	%	10.4	13	6
实际利用外资	总量	万美元	19287	11	11
	增速	%	27.5	7	5
进出口总额	总量	亿元	23.5	14	14
	增速	%	27.5	10	5
社会消费品零售总额	总量	亿元	–	–	–
	增速	%	12.9	–	–
全体居民人均可支配收入	总量	元	29888	12	12
	增速	%	10.3	10	1
(1)城镇常住居民人均可支配收入	总量	元	38590	8	8
	增速	%	8.9	7	5
(2)农村常住居民人均可支配收入	总量	元	18698	7	7
	增速	%	8.6	26	9
固定资产投资	总量	亿元	475.0	–	–
	增速	%	10.2	19	9
地方财政收入	总量	亿元	144.5	–	–
	增速	%	15.7	–	–
一般公共预算收入	总量	亿元	52.9	9	8
	增速	%	−2.2	26	16
#税收收入	总量	亿元	31.9	11	10
	增速	%	14.1	11	6
城镇化率	比率	%	58.24	–	–
	提高百分点	百分点	1.98	–	–

说明:部分指标未公布总量、增速及排位是因市级部门未发布

镇街主要经济指标排序(1)

单位名称	辖区内一般公共预算收入/万元		增速/%	
	绝对额	位次	±%	位次
璧城街道	89233	2	24.8	7
璧泉街道	243303	1	29.2	6
青杠街道	68714	3	−2.5	13
来凤街道	5253	7	−17.5	15
丁家街道	9329	5	−5.3	14
大路街道	17911	4	56.3	3
八塘镇	907	14	16.1	8
七塘镇	1584	11	11.7	10
河边镇	9165	6	72.8	2
福禄镇	4546	9	52.8	4
大兴镇	4718	8	73.4	1
正兴镇	2194	10	39.8	5
广普镇	1168	12	11.3	12
三合镇	260	15	14.0	9
健龙镇	1122	13	11.6	11

镇街主要经济指标排序(2)

单位名称	辖区内工商税收/万元		增速/%	
	绝对额	位次	±%	位次
璧城街道	78695	2	24.8	5
璧泉街道	191263	1	13.2	9
青杠街道	67486	3	−2.5	13
来凤街道	5032	7	−17.9	15
丁家街道	8702	6	−7.8	14
大路街道	16879	4	58.8	3
八塘镇	885	14	18.0	6
七塘镇	1538	11	14.4	7
河边镇	9073	5	85.2	1
福禄镇	4477	8	64.3	2
大兴镇	2702	9	7.3	12
正兴镇	1940	10	35.9	4
广普镇	1128	12	10.5	10
三合镇	241	15	14.2	8
健龙镇	1067	13	10.5	10

附 录

2018年重庆市璧山区行政区划一览

街道 镇	村、社区名称
璧城街道	10个社区：塘湾社区、东关社区、大旺社区、北门社区、城中社区、芋荷社区、马家桥社区、三角社区、双龙社区、黄葛社区 6个村：来龙村、新堰村、天池村、大塘村、四面山村、龙井湾村
璧泉街道	13个社区：南关社区、文凤社区、牛角湾社区、双狮社区、华龙社区、养鱼社区、虎峰社区、新胜社区、观音社区、团堡社区、天门社区、大岚社区、鹰嘴社区
青杠街道	7个社区：大兴社区、大字社区、双路社区、青山社区、石河社区、清明社区、塘坊社区 6个村：沙坡村、梁山村、大森村、中兴村、棕树村、莲花村
来凤街道	3个社区：东街社区、西街社区、花园社区 10个村：孙河村、登凤村、普新村、安乐村、来凤村、魁塘村、三星村、鹿河村、四平村、新七村
丁家街道	3个社区：铜锣社区、沙堆社区、合中社区 16个村：石垭村、长五村、竹林湾村、天灯村、黉学村、高古村、大岚坳村、走马村、三五村、新民村、铜瓦村、龙安村、凉风村、八寿村、杨寺村、莲花坝村
大路街道	4个社区：红石社区、接龙社区、六合社区、三担社区 13个村：福里村、三台村、新房村、三江村、四维村 大堂村、高拱村、郭家村、大沟村、团坝村、龙泉村、大竹村、阳河村
正兴镇	2个社区：文华社区、太和社区 12个村：沙塝村、朝阳村、团结村、河堰村、石院村 石龙村、金堂村、尖山子村、卫寺村、大面坡村、湾塘村、曙光村
大兴镇	2个社区：兴隆社区、油田社区 17个村：长隆村、万民村、石鼻村、茅莱村、符家村、狮子村、高桥村、平安村、联盟村、双柏村、朝元村、独耳村、莲生村、龙飞村、船形村、山王村、均田村
七塘镇	2个社区：七兴社区、金凤社区 8个村：建设村、将军村、四合村、三步梯村、阳岫村、盐店村、喜观村、跃进村
八塘镇	1个社区：一品社区 10个村：智灯村、江兴村、凉水村、五龙村、敢英村、石届村、阳龙村、三元村、前进村、青云村
河边镇	1个社区：文昌社区 6个村：铁石村、同心村、盐井河村、复兴村、新四村、浸口村

续表

街道 镇	村、社区名称
福禄镇	1个社区:福中社区 6个村:龙宝村、胜利村、红山村、浸河村、斑竹村、和平村
广普镇	1个社区:普兴社区 8个村:坪中村、马鞍村、周家村、白鹤村、白杨村、护普村、大石塔村、金龙村
三合镇	1个社区:平安社区 7个村:新场村、天星村、双河村、龙凤村、二郎村、高山村、石龙桥村
健龙镇	2个社区:肖家嘴社区、龙江社区 9个村:白果村、玉林村、新石村、画眉村、弥勒村寨子村、睦佳村、小河村、鱼洞村
合计	9个镇、6个街道、134个村、53个社区

2018年璧山区组织机构及负责人名录

区级党政机关

中共重庆市璧山区委员会

书　记:蓝庆华(12月任职)
　　　吴道藩(12月离任)
副书记:秦文敏(1月任职)
　　　章勇武(1月离任)
　　　何　平
常　委:李金泉
　　　张献强
　　　朱朝阳
　　　欧汉东(12月任职)
　　　刘　晋
　　　万　容
　　　李　丹
　　　韦汉付(10月任职)

重庆市璧山区人大常委会

主　任:陈　强
副主任:刘启海
　　　杨红军
　　　彭达宪
　　　罗恩德
　　　吴建卿(女)

重庆市璧山区人民政府

区　长:秦文敏(1月任职)
　　　章勇武(1月离任)
副区长:张献强
　　　敖　斌
　　　张树金(12月离任)
　　　程　虎
　　　陈荣彬
　　　万永生
　　　王复莲

政协重庆市璧山区委员会

主　席:向邦俊

副主席:张正刚
刘正忠
周英碧(女)
杨　靖
钟昌国
雍　湘(女)
秘书长:周厚强

区委机构

区纪委

书　记:李金泉
副书记:刘廷忠
陈洪涛
陈　文
常　委:祝晓琴(女,7月离任)
殷朝阳
李焰梅(女)
车　昕
李华东(7月任职)
张　莉(女,7月任职)

区纪委工作部门

办公室主任:李华东(4月离任)
组织部部长:祝晓琴(女,4月离任)
李华东(4月任职)
宣传部部长:赵　东(1月离任)
党风政风监督室主任:张莉(女,1月离任)
王启华(4月任职)
信访室主任:殷朝阳(4月离任)
唐　刚(4月任职)
案件监督管理室主任:赵　东(1月任职)
第一纪检监察室主任:李焰梅(女)
第二纪检监察室主任:余　波(1月任职)
第三纪检监察室主任:张　莉(女,1月任职)
第四纪检监察室主任:李宗洪(1月任职)
第五纪检监察室主任:肖金菊(女,1月任职)
案件审理室主任:车　昕
巡察室主任:余　波(1月职务随机构改革自然消失)

纪委派驻部门纪检组组长

驻区委办公室纪检组组长:王新宇(11月职务随机构改革自然消失)

驻区人大机关纪检组组长:王丁(女,11月职务随机构改革自然消失)

驻区政府办公室纪检组组长:邓昌谷(11月职务随机构改革自然消失)

驻区政协机关纪检组组长:徐搴锴(8月离任)

驻区委组织部纪检组组长:王　春(11月职务随机构改革自然消失)

驻区委宣传部纪检组组长:胡世礼(4月离任)

王登益(4月任职,11月职务随机构改革自然消失)

驻区委统战部纪检组组长:王万全(4月任职)

任志成(4月任职,11月职务随机构改革自然消失)

驻区委政法委纪检组组长:汪永燚(11月职务随机构改革自然消失)

驻区国土房管局纪检组组长:甘华学

驻区财政局纪检组组长:叶兰(女,8月离任)

驻区教委纪检组组长:叶龙娟(女,4月任职,11月职务随机构改革自然消失)

驻区城乡建委纪检组组长:叶龙娟(女,4月离任)

周世俊(4月任职,8月离任)

驻区农委纪检组组长:周家勤(女,11月职务随机构改革自然消失)

驻区公安局纪检组组长:王复健(4月离任)

胡廷东(7月任职,11月职务随机构改革自然消失)

驻区人力社保局纪检组组长:李贵春(11月职务随机构改革自然消失)

驻区卫生计生委纪检组组长:李好(女,11月职务随机构改革自然消失)

驻璧山高新区管委会纪检组组长:王登益(4月离任)

王复健(4月任职,11月职务随机构改革自然消失)

驻区环保局纪检组组长:孙登洪(11月职务随机构改革自然消失)

驻区委办公室纪检监察组组长:王新宇(11月任职)

驻区政府办公室纪检监察组组长:王丁(女,11月任职)

驻璧山高新区管委会纪检监察组组长:李好(女,11月任职)

驻区财政局纪检监察组组长:周家勤(女,11月任职)

驻区教委纪检监察组组长:叶龙娟(女,11月任职)

驻区农业农村委纪检监察组组长:任志成(11月任职)

驻区公安局纪检监察组组长:胡廷东(11月任职)

驻区人力社保局纪检监察组组长:郑祖旺(11月任职)

驻区卫生健康委纪检监察组组长:汪永燚(11月任职)

派出第一监察室主任:徐搴锴(8月任职)

派出第二监察室主任:甘华学(8月任职)

派出第三监察室主任:周世俊(8月任职)

派出第四监察室主任:刘智(女,8月任职)

区委工作部门

区委办公室

主　任:余祖明

副主任:莫　�(兼任区委研究室主任)

肖伦友

专职密码督查员:江　波

组织部(非公经济和社会组织工委)

部　长:万　容(女,兼任区委非公经济和社会组织工委书记)

副部长:田　中(兼任区公务员局局长)

王复梅(女,4月任职)

余有全(4月离任)

钟华琴(女,1月任职)

何　琪

区委非公经济和社会组织工委副书记:陈敏(4月任职)

宣传部

部　长:李　丹(女)

常务副部长:胡正好

副部长:李　航

林勇华

詹　勇

统战部

部　长:刘　晋

常务副部长:彭朝英(女,兼任区政府民宗侨办主任、区委台办主任、区政府台办主任)

副部长:刘光中(兼任区工商联党组书记)

肖绍国(4月离任)

叶　兰(女,8月任职)

政法委

书　记:朱朝阳

副书记:张中华(综治办主任)

周　伟(防邪办主任)

钟　新(国安办主任)

政治处主任:陈贵宗(8月离任)

综治办副主任:姜　虹(女)

编办

主　任:魏晓凤(女)

副主任:王才福

区直机关工委

书　记:王大全(5月任职)

　　　王复梅(女,5月离任)

副书记:张世会(8月任职)

　　　万　华(8月离任)

区委部门管理机构

督查室

主　任:王忠宇

副主任:肖鸿霞(女)

老干局

局　长:王复梅(4月任职)

　　　余有全(4月离任)

副局长:孙　萍

党校

常务副校长:欧文礼(7月任职)

　　　　　舒　俊(7月离任)

副校长:尹　宏(8月任职)

　　　蓝　建(8月离任)

　　　张长林

专职校务委员:曾　健(11月任职)

　　　　　　万　红

璧山报社

社长、总编、党组书记:张伟

副社长、副总编、党组成员:刘家宏

　　　　　　　　　　　　陈云刚

副社长、党组成员:连宏宇(7月任职)

党史研究室

主　任:黄文斌

副主任:刘顺英(女)

区人大常委会工作机构

人大办公室

主　任:陈力胜(5月任职)

　　　王大全(5月离任)

副主任:黄　强

人大常委会人事代表工作委员会

主　任:王亚东(女)

副主任:万川洪(5月任职)

　　　黄　宏(5月离任)

人大财政经济委员会

主任委员:徐安绪

副主任委员:张显鸿(11月任职)

　　　　　伍仁斌(11月离任)

人大教育科学文化卫生委员会

主任委员:王禧华

副主任委员:沈　亮(女)

人大常委会农业工作委员会

主　任:韩维萍(女)

副主任:黄　宏(5月任职)

人大常委会城乡建设环境保护工作委员会

主　任:王万书

副主任:程锡萍(女,5月任职)

人大常委会信访办公室

主　任:陈力胜(5月兼任)

　　　王大全(5月离任)

副主任:张巧玲(女)

区政府工作部门

区政府办公室(法制办、民防办、应急办)

党组书记、主任:董奕锋(兼外办主任、民防办主任)

副主任:邓沛伟

聂源极

党组成员:王 丁(11月任职)

发改委

党组书记、主任:刘兆奎

副主任:刘 平(女)

常爱书(2月任职)

张元毅(5月任职)

财政局

党组书记、局长:彭禄友(兼金融办主任)

党组成员、副局长:董其鑫

刘 诚

张红梅

孙辉琴(女,区国库集中收付中心主任)

周家勤(区纪委监察委派驻区财政局纪检监察组长)

经信委

主任、党委书记:叶太中(7月任职)

杨 勇(7月离任)

党委副书记:蒋学远(2月任职)

副主任:高 进

林 箭

曾佑勇

教委

党工委书记:朱朝阳

党工委委员、区教委主任:张 忠

党工委副书记:张继仁

党工委委员、区教委副主任:徐安茂

吴明平

彭 鹏

党工委委员、区纪委派驻教委纪检组长:叶龙娟(4月任职)

党工委委员、区政府教育督导室副主任:唐刚(7月离任)

党工委委员、区政府教育督导室副主任:彭文宾(7月任职)

科委

党组书记、主任:周 梁

副主任:孙 华

李泽元

城乡建委

党组书记、主任:刘全模

党委委员、副主任:邱 仟

胡 洲

邓绍红

交委

党委书记、主任:钱蜀光

党委副书记:陈荣明

副主任:谢永胜

邹 勇

黄 忠(12月任职)

赖晓明(11月离任)

农委

主 任:舒 俊(7月任职)

欧文礼(7月离任)

农工委副书记:陈 宇

副主任:刘家洪

李 刚

杨万洪(5月任职)

罗亨伦(5月离任)

商务局

党委书记、局长:侯咏梅(女)
党委副书记:洪　彬
党委委员、副局长:黎　端(女)
王姝尹(女)
汪　建

公安局

党委书记、局长:张树金
常务副局长:姚文华(5月任职)
副局长:雷　勇
张　静
邹　宇(7月任职)
治安管理支队支队长:杨帮强
区纪委监委驻区公安局纪检监察组组长:胡廷东
交巡警支队支队长:吕华(7月任职)
区公安局治安管理支队政委:胡勤勇
区公安局刑侦支队政委:赵荣(8月任职)
区公安局交巡警支队政委:廖伟

监察局

局　长:刘廷忠(1月职务随机构改革自然消失)
副局长:祝晓琴(女,1月职务随机构改革自然消失)
蒋学远(1月职务随机构改革自然消失)
常爱书(女,1月职务随机构改革自然消失)

民政局

党组书记、局长:刘子立
党组成员、副局长:雷　荣
雷贵建
谷山岗
党组成员、老龄办主任:向义华

司法局

党组书记、局长:谢玉红
党组成员、副局长:秦俊才(5月任职　)
谭　信
郑富华
副局长:周成伟(5月离任)

人力社保局

党委书记、局长:李定明(女)
党委副书记:刘敞发
党委成员、纪检组长:李贵春
党委成员、副局长:程锡萍
周厚建
邱长江
副局长:张　伟

国土房管局

局党委书记、局长:郭逢义
党委委员、副局长:周善平
梁安华
党委委员、区纪委驻局纪检组组长:甘华学

土地整治中心

主　任:张　东
副主任:孙　伟
曹　伟
支部书记:仇剑波

征地拆迁办

主　任:刘　洪
副主任:陈福萍
副主任:卢青春

环保局

党组书记、局长:杨中亮
党组成员、副局长:毛发蓉
罗　俊
党组成员、区纪委派驻区环保局纪检组组长:孙登洪(12月离任)
党组成员、支队长:赵选亮

规划局

党组书记、局长:蒋杭航(女)

副局长:张　兴

左　斌

杨　雪(女)

城市管理局

党委书记、局长:谭良宽

党委委员、副局长:梁德平

王　宇

刘世界

党委副书记:胡　光

党委委员:刘　昀

水务局

党委书记、局长:唐应容(女)

党委副书记:杨毅(女)

副局长:傅福明

刘　铁

冯大俊

党委委员、区水利水库管理中心主任:岳文杰

文旅委

主任、党组书记:黄　林

副主任:洪　军

李高超(女)

何中政

卫生健康委

党委书记、主任:柯真碧(女)

党委委员、区卫生计生监督执法局局长:刘隆平

党委委员、副主任:黄　杰

唐怀彬

叶和定(11月任职)

李正洪(7月离任)

党委委员、爱卫办主任:赵治中

党委副书记:伍晓琴(女)

党委委员、区纪委派驻区卫生计生委纪检组组长:汪永燚(11月任职)

区纪委派驻区卫生计生委纪检组副组长:李贵春(11月任职)

党委委员、区纪委派驻纪检组组长:李　好(女,11月离任)

审计局

局　长:舒朝勇

副局长:杨用明

戴雪平

龚建烈

纪检组长:周　波

经济责任审计办公室主任:刘　诚

张　伟

调研员:黄志强

安监局

党组书记、局长:杨　俊

党组成员、副局长:张世帝

刘玉强

党组成员、安监执法支队支队长:李江涛

统计局

党组书记、局长:郑发利

党组成员、副局长:王洪波(8月离任)

黄　伟

鲁兴华(8月任职)

副局长:杨　玲

林业局

党组书记、局长:陈根然

党组成员、副局长:曾　率

王　春(11月任职)

肖绍国(11月离任)

任志成(5月离任)

副局长:李　勇

机关事务局

党组书记、局长：丁翠碧

副局长：杨后平

晏昌飞（1月任职）

信访办

党组书记、主任：肖祖海（7月任职）

刘子立（7月离任）

党组成员、副主任：肖其建

朋晓波

杨成文

党组成员、信访督查专员：苟映平

信访督查专员：杨　梅

区政府派出机构

绿岛新区管委会

党工委书记：万　容（女）

党工委副书记、管委会主任：张　川

党工委副书记、管委会副主任：李佳敏（5月任职）

尚晓波

胡正国

周国福

党工委委员、区绿岛中心主任：蔡迎霞（11月任职）

黄　忠（11月离任）

璧山高新技术产业开发区管理委员会

党工委书记、管委会主任：罗志军

党工委委员、管委会常务副主任：戈　刚

党工委委员、管委会副主任：刘志鸣

党工委委员、派驻纪检组组长：王登益（5月离任）

党工委委员、派驻纪检组组长：王复健（12月离任）

党工委委员、派驻纪检监察组组长：李　好（女，12月任职）

派驻纪检监察组副组长：曹立

办公室主任：陶小瑜（女）

投资促进局局长：李正洪（7月任职）

任仲泉（7月离任）

经济发展局局长：刘文岳（5月任职）

唐　刚（5月离任）

财务局局长：刘隆英（女）

创新服务中心主任：龚　茜（女）

两山公司

董事长、总经理：曾维波

副总经理：代修智

傅　鑫

邓光强

国家农业科技园区管委会

党工委书记、管委会主任（兼）：程　虎

党工委副书记、管委会常务副主任：

曹　彬

董其鑫

梁　勇

周基伟（8月离任）

局馆合一机构

档案局（档案馆、地方志办公室）

党组书记：龙泽会（5月任职）

局（馆）长、地志办主任：周成伟（5月任职）

党组书记、局（馆）长、地志办主任：陈启江（5月离任）

党组成员、副局（馆）长：赵德奎（11月任职）

刘　静

曾　健（11月离任）

其他机构

供销社

主任、党委书记：甘昌福
党委副书记：张　宁
副主任：吴光学
副主任：徐孝辉

区政协工作机构

区政协办公室

主　任：周厚强
副主任：柯昌蜀(女)、舒　畅

提案社法办公室

主　任：张兴亮
副主任：岳万勇、钟晓涛

社事学习文史办公室

主　任：瞿显贵
副主任：罗亨伦(女，5月任职)

经济人环建设办公室

主　任：李元荣
副主任：廖　涛、何孔其

委员联络办公室

主　任：罗庆利
副主任：刘智国

社情民意信息中心

主　任：石怀伟

专门委员会(由相关办公室、中心负责人兼任)

提案委员会

主　任：张兴亮
副主任：岳万勇

学习及文史委员会

主　任：傅应明
副主任：柯昌蜀(女)

经济委员会

主　任：李元荣(12月任职)
副主任：廖　涛

农业委员会

主　任：郭清洪

人口资源环境建设委员会

主　任：何大树
副主任：何孔其、石怀伟

科教文卫体委员会

主　任：瞿显贵
副主任：罗亨伦(女，5月任职)

社会和法制委员会

主　任：刘宗彬
副主任：钟晓涛

审判机关

法院

党组书记、院长：陈宏宇
党组副书记、副院长：伍顶军
党组成员：王雪松(8月离任，继续担任审判委员会专职委员)
党组成员、副院长：吴宏斌
副院长：赵红敏
党组成员、纪检组组长：陈贵宗(8月任职)
党组成员、政治处主任：王昌遂
党组成员、执行局局长：曾星灿

检察机关

检察院

党组书记、检察长：孟卫红（女）
副检察长：唐　洪　刘海东　赖　华
纪检组长：石孝忠
政治处主任：张海军
专职检委会委员：肖忠荣
　　　　王云蜀（5月离任）

区级部门管理事业单位

区委研究室领导成员名单

主　任：莫　珣
副主任：陈兴谊

区行政服务中心管理办

党组书记、主任：代兴义
党组成员、副主任：肖绍波
　　　　李　川
　　　　周厚和

公共资源交易中心

党组书记、主任：祝晓琴（11月任职）
副主任：伍琼琦
　　　　周开绪（4月离任）
　　　　严国锋

广播电视台

党组书记、台长：胡玉华（女）
副台长：罗时全
　　　　左三刚
　　　　李春鸣

国资中心（重庆联交所璧山支所）

党委书记、主任：黄建
副主任：王洪波（8月任职）
　　　　彭定勇
　　　　刘文模
党委副书记：凌财全（4月任职）

党政信息中心

主　任：黄义臣
副主任：徐　刚
　　　　马孝荣

绿岛公司

董事长、总经理：陈国庆
副总经理：刘　锋
　　　　邹胜勇

远教中心

主任：曾顺禹（8月任职）

社保局

局　长：何中毅（区人力社保局党委委员）
副局长：钱大学
　　　　张　黎
　　　　巫晓东（7月任职）

就业和人才服务局

局　长：郑　勇
副局长：巫晓东
　　　　钟克均
　　　　郑　英

疾控中心

主　任：王旭
副主任：苏德模

文化执法支队

支队长：周显勇
副支队长：杨　春

方勇

组织委员:李小琴(女)

党工委委员、办事处副主任:朱奕桦(女)

万　华(8月任职)

党工委委员、纪工委书记:万阳(女,5月任职)

张华勇(5月离任)

宣传委员、统战委员:汪　建(11月任职)

万东洪(女,11月离任)

办事处副主任:周志刚(7月任职)

青杠街道

党工委书记:张　余

党工委副书记:王　涛

李　德

党工委委员:曾永德

张　健

张诚(11月任职)

欧文龙(11月离任)

党工委委员、武装部长:蓝建(8月任职)

党工委委员、纪工委书记:胡天伦(5月任职)

田　强(5月离职)

党工委委员、政法书记:周华林

党工委组织委员:陈　楠(8月任职、女)

张元毅　(5月离职)

党工委宣传统战委员:刘明利(女)

办事处主任:王　涛

办事处副主任:蓝　建(8月任职)

张　诚(11月任职)

欧文龙(11月离职)

张　健

张　礼

人大工委主任:曾永德

人大工委副主任:李　德

人大工委委员:万　霞(女)

黄　星(女)

来凤街道

党工委书记:石德军

党工委副书记、办事处主任:夏庆龙

党工委委员、人大工委员主任:蒋道军

党工委副书记、人大工委员副主任:

赖晓明(11月任职)

罗秀君(5月离任)

党工委委员:方平萍(女)

陈　兵(4月任职)

张福友(4月离任)

唐云财(4月离任)

纪工委书记:方平萍(女,4月任职)

唐云财(4月离任)

宣传委员、统战委员:方平萍(女,4月离任)

办事处副主任:陈　兵(5月任职)

陈　勇

张福友(5月离任)

党工委委员、办事处副主任:薛祖泉

党工委委员、政法书记:刘　华

党工委委员、人武部长、办事处副主任:余永波

党工委组织委员:杨　瑜(女)

丁家街道

党工委书记:张光汉

党工委副书记、办事处主任:刘　刚

党工委副书记、人大工委副主任:罗　东(7月离任)

党工委委员、人大工委主任:袁　遥(5月任职)

党工委宣传、统战委员:唐云财(5月任职)

高道素(女,5月离任)

党工委委员、办事处副主任:曾利维

党工委组织委员:徐世超

党工委委员、纪工委书记:雷玉建(5月任职)

刘开金(5月离任)

党工委委员、办事处副主任:张光德(5月任职)　陈　兵(5月离任)

党工委委员、办事处副主任、武装部长：谭智勇（7月任职） 周志刚（7月离任）

办事处副主任：唐光军

大路街道

党工委书记：魏　虹（女，5月任职）
代兴义（4月离任）

办事处主任：魏　虹（女，5月离职）
彭　昱（5月任职）

党工委委员、人大工委主任：严灿丰

党工委副书记：彭　昱
唐刚（7月任职）

党工委委员、纪工委书记：邓义忠

党工委委员、政法书记：万　洪

党工委委员、副主任：邓勇刚

党工委委员、办事处副主任、人武部长：郭义斌（11月离任）

党工委委员、办事处副主任：韩　艳（女）

党工委宣统委员：凯祥孟

办事处副主任：胡姗戎（女）

党工委组织委员：江宗志

正兴镇

党委书记：黄佑强

党委副书记、镇长：罗　东（7月任职）
肖祖海（7月离任）

党委委员、人大主席：熊　文

党委副书记、人大副主席：马安利（4月离任）

党委委员、政法书记：李正伦

党委委员、副镇长：李祖彬
何　强（4月任职）
张元春（11月任职）
叶宝利（女，7月离任）

人武部长：何强（4月任职）

党委宣传委员、统战委员：郑　兵

党委委员、纪委书记：何万良（8月任职）
赵学玲（4月离任）

党委组织委员：朱静（女，7月离任）

副镇长：王长征

大兴镇

党委书记：向勇

党委副书记、镇长：李剑锋

党委委员、人大主席：李荣宝

党委副书记：艾强（8月任职）

党委委员、政法书记：龙贻坤

党委委员、副镇长：姚　敏（女）

党委宣传统战委员：雷　华

党委委员、武装部长、副镇长：易军

党委委员、副镇长：张钢

党委组织委员、人大副主席：陶亚兰（女）

党委委员、纪委书记：杨万洪（5月离任）

党委委员、纪委书记：王纯伟（12月任职）

副镇长：万亚东

八塘镇

党委书记：林华伟（5月任职）
陈力胜（5月离任）

党委副书记、镇长：钟　攀

党委副书记：叶和定（11月离任）

人大主席：沈　林

党委委员、纪委书记：熊　燕（女）

党委委员、副镇长：姜胜宇（11月任职）
张　诚（11月离任）

党委委员、政法书记、副镇长：彭定余（11月任职） 艾　强（8月离任）

党委组织委员：兰　萍

党委宣传、统战委员：彭定余（11月离任）

副镇长：刘小东

七塘镇

党委书记：范祥波

党委副书记、镇长：张华荣（5月任职）
林华伟（5月离任）

党委委员、人大主席：叶合全

党委副书记：袁遥（5月离任）
纪委书记：杨秀成（5月任职）
胡天伦（5月离任）
政法书记：李勋富
武装部长：颜复军
组织委员：范永宏
宣传统战委员：彭朝富
副镇长：李勋富
刘 鑫

河边镇

党委书记：曹登桥
党委副书记、镇长：余利华（1月任职）
党委委员、人大主席：李小红（7月任职）
党委副书记、人大副主席：牟 标（8月任职）
党委委员、纪委书记：向怀宇
党委委员、政法书记、副镇长：叶宝利（8月任职）
党委委员、武装部长、副镇长：毕贵礼
党委委员、宣传统战委员：陈立国
党委委员、组织委员：曾沫然
副镇长：周华鹏

福禄镇

党委书记：张咏梅（女，4月任职）
彭长春（4月离任）
党委副书记、镇长：马安利（4月任党委副书记、7月当选为镇长）
张咏梅（女，4月免党委副书记、7月辞去镇长职务）
党委委员、人大主席：邓胜超
党委副书记、人大副主席（兼）：张 琴（女）
党委委员、政法书记、副镇长：程 建
党委委员、人武部长、副镇长：王 斌（7月任职） 周厚和（4月离任）
党委组织委员：刘庆荣（女）
党委宣传统战委员：张 引
党委委员、纪委书记：陈昌洪
副镇长：周基贵

广普镇

党委书记：徐开祥
镇 长：汪 勇
党委委员、人大主席：袁平安（5月任职）
党委副书记：汪 勇
杜俊明
党委委员、人武部长：黄常见
党委委员、政法书记：张 军
党委宣传、统战委员：何祖秋
党委组织委员：沈 攀
党委委员、纪委书记：代 柯
副镇长：石国永

三合镇

党委书记：陈 健
党委副书记、镇长：高 锋
党委委员、人大主席：王光常
党委副书记：刘 勇（8月任职）
纪委书记：王祖全
党委委员、政法书记、副镇长：刘 勇（8月离任）
党委委员、人武部长、副镇长：胡忠明（7月任职）
党委组织委员：徐庆瑜（女，5月任职）
凌财全（5月离任）
宣传委员、统战委员：张世会（女，8月离任）
人大副主席：何 剑

健龙镇

党委书记：韩 霄
党委副书记、镇长：万 华（2月任职）
党委副书记、人大主席：徐 刚
党委副书记：张 杰（12月离任）
纪委书记：冯 胜（10月任职）
周世俊（5月离任）
政法书记：张 正

武装部长:向宗孝

副镇长:张　正

　　　向宗孝

组织委员:严灿源

统战委员:邓定轩

宣传委员:邓定轩

人大副主席:程　莉

市级以上部分在璧国有重点企业

国网重庆璧山供电公司

总经理、党委副书记:洪　涛

党委书记、副总经理:陈　宾(女)

党委副书记、纪委书记、工会主席:游文钧(7月任职)　杨友利(6月离任)

副总经理、党委委员:黄　伟(10月任职)

　　　王　勇(7月任职)

　　　周　馨(女,8月任职,总工程师)

　　　陈兴宇(8月任职)

　　　游文钧(6月离任)

　　　陈特炜(9月离任)

璧山天然气公司

党委书记、执行董事:胡浩

党委副书记、总经理:帅兴德

党委副书记、工会主席:易惠勤(女)

安全总监、副总经理、纪委书记:贺志强

副总经理:罗诗斌

渝山水资源公司

党支部书记、董事长、总经理:卢祖华

副总经理:李　军

　　　黄　丽

　　　陈伦生

重庆盐业集团璧山分公司

总经理:张忠

副总经理:殷义森

重庆广电璧山分公司

总经理:张健

副总经理:杨　磊

　　　王永红

二级业务指导:郑开春

索　引

一、本索引采用主题分析索引法编制。按主题词首字汉语拼音（同音字按声调）顺序排列，若首字拼音相同则按第二字音序排列，以此类推。索引主题词后的阿拉伯数字表示该主题内容所在页码。

二、“大事记”“统计资料”“文献”“附录”等具体内容，各部目“综述”“概况”，各镇街的“经济建设”“政治建设”“文化建设”“社会建设”“生态文明建设”等统一条目，以及正文中的图、表、名单未做索引。

三、以字母、数字开头的索引词放在索引末。

A

B

C

D

E

F

G

H

J

T

W